漢唐文獻用字研究叢書

漢字類化研究

——以中古碑誌文獻爲中心

董憲臣 著

清華大學出版社
北京

内 容 簡 介

漢字類化指漢字在發展過程中，受到來自心理、語言、社會、文字系統層面的各類因素的影響，在形體、結構、音讀等方面產生的類推性或類聚性變化。碑刻墓誌作爲一種出土文獻和文字載體，蘊含着極爲豐富的語言文字資訊，客觀地呈現了各歷史時期文字的真實面貌及流通使用的基本情況，便于從中梳理中古文字的形體、結構、職能變遷的流變脉絡。碑誌文獻中的漢字類化現象十分普遍，值得進行歷時性、專題性的考察研究，并從中提取規律性認識。

本書致力于系統、全面地彙總中古（東漢至隋唐）碑誌文獻中出現的類化字形，探討和梳理漢字類化的基本面貌、類型、特徵、影響、傳承與流變等問題；在充分研究的基礎上，總結研究方法與演變通例，爲碑刻文獻整理、大型字書編纂及漢字發展史研究提供若干可靠資料和依據。

版權所有，侵權必究。舉報：010-62782989，beiqinquan@tup.tsinghua.edu.cn。

圖書在版編目（CIP）數據

漢字類化研究：以中古碑誌文獻爲中心/董憲臣著.—北京：清華大學出版社，2024.6
（漢唐文獻用字研究叢書）
ISBN 978-7-302-66250-1

Ⅰ.①漢…　Ⅱ.①董…　Ⅲ.①漢字－漢語史　Ⅳ.①H12

中國國家版本館 CIP 數據核字（2024）第 095624 號

責任編輯：張維嘉
封面設計：何鳳霞
責任校對：王淑雲
責任印制：劉　菲

出版發行：清華大學出版社
　　網　　址：https://www.tup.com.cn, https://www.wqxuetang.com
　　地　　址：北京清華大學學研大廈 A 座　　郵　編：100084
　　社 總 機：010-83470000　　郵　購：010-62786544
　　投稿與讀者服務：010-62776969，c-service@tup.tsinghua.edu.cn
　　質量反饋：010-62772015，zhiliang@tup.tsinghua.edu.cn
印 裝 者：大廠回族自治縣彩虹印刷有限公司
经　　销：全國新華書店
開　　本：170mm×240mm　　印　張：15.75　　字　數：288 千字
版　　次：2024 年 8 月第 1 版　　印　次：2024 年 8 月第 1 次印刷
定　　價：99.00 元

產品編號：104745-01

敬獻先師毛遠明教授

本書係 2021 年度國家社會科學基金重大招標項目（21&ZD295）、2014 年度教育部人文社會科學研究一般項目（14YJC740018）階段性成果

"漢唐文獻用字研究叢書"總序

自漢至唐，是一個解構與重構的時代。這種"解構與重構"表現于多個方面，在漢語文獻用字和字詞關繫上同樣體現得相當明顯。

漢代以來，漢語發生了多方面、一系列的變化，詞彙、語法和語音均呈現出與上古漢語相比具有區別性特徵與分期性意義的現象。歷經六朝板蕩直至隋唐一統，漢語從上古漢語發展爲中古漢語再演變爲近代漢語。漢字經由"隸變"，從古文字進入近代漢字階段，形體、結構和職用都發生了巨大的變化；隨着漢語演變和社會發展，不少新字或新字形也應運而生。

六朝以降，社會用字逐漸陷入混亂無序的狀態，"世易風移，文字改變，篆形謬錯，隸體失真"，出現了"追來爲歸，巧言爲辯，小[少]兔爲㲋，神蟲爲蠱"等一大批流行于民間的俗字。雖然早在北魏初期太武帝就針對當時妄制新字以致"文體錯謬，會義不愜"而下詔"制定文字，世所用者，頒下遠近，永爲楷式"，但"專輒造字"的風氣非唯未曾消歇，反而愈來愈烈。北朝"書迹猥陋"，南朝同樣"改易字體""頗行僞字"。隨着隋唐統一四海，天下底定，字樣之學大興，強調文字規範，但民間俗體仍如燎原之火。用字規範與流俗之間的張力充斥着整個中古時代。

與此同時，紙張的出現與廣泛應用導致文獻載體發生了革命性的變化，從此進入寫本時代。這一時期戰爭頻仍，人口播遷，民族融匯，佛教東傳，整個社會也經歷了由統一到分裂再到統一。在上述種種因素的影響下，漢唐時期文獻用字與字詞關繫自具面貌，形成了與上古迥然有別的鮮明特點，亟待開展研究。

漢唐文獻用字與字詞關繫研究涉及漢語史、漢字史、文獻史、書籍史、制度史、社會文化史等多個方面，是一個具有多元意義的綜合性學術命題。總體而言，這一領域的研究目前還比較薄弱，相關成果處于點狀的散發狀態，系統性、全域性的研究還很不足，不少問題有待進一步厘析，有些畛域有待進一步開拓，某些誤說有待進一步廓清，相關認識有待進一步深化。加強漢唐文獻用字與字詞關繫研究，既是漢字史研究本身的基本任務，也是建構并完善歷史漢字學理論體繫的實際需求，更是溝通歷史漢字學與歷史語言學的有效手段。

基于上述緣由，我們于2021年申報了國家社科基金重大招標專案"東漢至唐朝出土文獻漢語用字研究"，并獲得立項。在清華大學出版社的大力支持下，我們編纂了這部"漢唐文獻用字研究叢書",持續刊布與漢唐文獻用字與字詞關繫研究相關的著作,一方面推進項目研究并展示階段性成果,另一方面也希望據以鼓吹并推動這一領域的研究。

這套叢書含括的時代範圍是漢唐時期,上起西漢,下及五代。從事漢唐文獻用字與字詞關繫研究,必須利用能夠真實反映文獻用字與字詞關繫的材料。基于這一原則,本叢書所指的"文獻"主要有兩類,一是出土漢唐文獻,二是能夠反映相關有效資訊的傳世文獻。

嚴格意義的出土漢唐文獻,其內容撰寫于漢唐時期,文本(物質形態)也生成于這一時期,二者同屬一個時代,是"同時"資料,因而能夠真實反映和體現文獻用字的實際情況。比如作爲文書檔案的漢晉簡牘、漢唐碑刻與墓葬文獻、樓蘭簡紙文書、敦煌吐魯番寫經與社會經濟文書等。出土漢唐文獻是開展漢唐文獻用字研究的基本材料,是本叢書重點關注的對象。先秦典籍的漢唐抄本也是重要材料,不過此類材料可能承沿先秦用字,須注意甄辨。

傳世漢唐文獻雖然屬于"後時"資料(文本生成時代後于內容撰寫時代),但也貯存了豐富的有關用字和字詞關繫的真實有效資訊,不可忽視;尤其是一些字書、韻書、音義書以及古書注釋,更應爬梳整理。比如顧野王《玉篇》(據《原本玉篇殘卷》)記述了不少"今作某字",有助于考察南朝齊梁時期的文獻用字情況;《經典釋文》記載的"一本作(某本作)"異文大體反映"經典"的六朝寫本的用字狀況;唐代佛經音義提到的"近字""時用字""時俗字""通用字"及"經(律、論)文作某"等均爲極有用的材料;漢代學者(如毛亨、鄭玄等)注釋古書有以今字注古字之例,《漢書》顏師古注也有不少關于唐初社會用字的記載。凡此均應大力搜討,積極利用,也均在本叢書關注之列。

"用字"可以從兩個基本維度去理解,一是立足于"字",考察漢字作爲符號記錄了哪些詞語,也就是字元的記詞功能及其演變;二是立足于"詞",考察詞語在書面上使用了哪些字,也就是詞的書寫形式及其演變。這兩個維度構建了漢唐文獻用字和字詞關繫研究的主體內容和基本任務。凡是從這兩個維度開展研究的成果,均合乎本叢書之旨趣。

編纂出版本叢書,根本目的在于進一步推動漢唐字詞關繫史研究,具體而言,意欲實現以下幾個目標:

展現漢唐字詞關繫的圖景。全面利用出土與傳世文獻,詳細測查、整理與描述字詞關繫的基本事實,在現有條件下重返歷史場域,從共時層面最大程度地展現漢唐字詞關繫的真實圖景,把握總體面貌,凸顯時代特點。

考察漢唐字詞關繫的差異。字詞關繫受地理區域、文獻物質形態、文獻生成方式以及文本文體等因素的影響會出現或隱或顯的差異，探明這些差異及相關問題同樣是漢唐字詞關繫研究的重要任務。

探索漢唐字詞關繫的演變。在共時描寫的基礎上，以動態視角考察漢唐字詞關繫的歷時演變，包括但不限於單字記詞職能與單詞書寫形式的發展演變、語義語音的分化與用字分化、字形演變與職能分工、字的記詞職能互易、詞的慣用形式的更替、從寫本時代到刻本時代的用字變化等方面。

分析漢唐字詞關繫演變的原因。字詞關繫變化的原因是很複雜的，往往受到多種因素的影響和制約。從語言文字、文獻載體、社會文化、制度政策、物質生產以及漢字使用主體等視角綜合研討漢唐字詞關繫演變的原因是本叢書力圖解決的重點和難點。

尋繹漢唐字詞互相關聯與因應的過程、動因和機制。漢字作為記錄漢語的符號，與漢語的關繫極為密切。漢唐時期，漢語、漢字都發生了巨大變化，二者之間互相影響、互相關聯的事實、原因和機制理應探賾索隱，特別是漢語系統和漢字系統中的新質之間的對應關繫和互動作用，中古漢語常用詞、口語詞的用字表現，義素外顯與變形義化，漢語語音系統從上古音到中古音的轉變對字詞關繫的影響等都是值得關注的問題，進而加強漢語史和漢字史的勾聯。

發揮漢唐字詞關繫的應用價值。疏理、溝通字與詞之間的對應關繫，能夠準確釋讀疑難字詞的含義，從而正確理解歷史文獻（出土文獻與傳世文獻）；能夠促進文獻本體研究，對文獻校理、斷代、辨僞均有助益；能夠有資于辭書編纂修訂，比如在確立字頭、列舉書證、解釋意義、溝通字際關繫等方面均有參考價值；能夠助力當下通用語言文字規範和推廣工作；等等。將漢唐字詞關繫本體研究的成果應用于相關學科與工作，同樣是本叢書的旨趣之一。

漢唐文獻用字與字詞關繫是學術苑圃中尚待着力墾辟的處女地，我們期待通過學界同人的共同努力在這片園地上結出豐碩的果實。

汪維輝　真大成
2024 年 7 月 30 日于浙江大學漢語史研究中心

序

　　以實物文字作爲漢字史的研究材料,具有重要意義。若要研究中古時期的漢字,碑刻文獻則是不可或缺的極其重要的材料。我校文學院副教授董憲臣博士的新作《漢字類化研究——以中古碑誌文獻爲中心》一書,正是基于漢唐碑刻材料進行類化研究取得的一項專題成果,值得引起漢字研究特別是近代漢字研究領域的重視。該書即將由清華大學出版社出版,我得以先睹爲快。綜觀全書,我認爲該書在以下幾個方面是應該予以充分肯定的:

　　第一,選題方面。目前圍繞類化的研究成果,多數以單篇論文的形式呈現,或在著作中有所涉及,討論難免不够深入、周全。據本人目力所及,該書應該是首部漢字類化現象系統理論研究著作,具有必要性及補白性。同時,該書的内容涉及類化的定義、類型、動因、性質及作用等一系列問題,討論全面,結構嚴謹,尤其能够從學理上進行多角度、多層次的深入考察,屢有創見,令人耳目一新。

　　第二,材料方面。該書以事實爲依據,從中古碑刻中遴選字料,碑刻及拓本搜集範圍涵蓋東漢、魏晉、南北朝、隋唐等各個時期,類型涵蓋碑碣、摩崖、墓誌、造像記諸多類型,可以看出作者在材料整合方面頗下了一番苦功。在材料處理方面,一方面注重微觀考察,挖掘到了不少"奇形怪字",對它們的來源進行了合理闡釋;一方面在大量案例的基礎上,從宏觀層面對漢字類化的整體面貌予以了正確把握。

　　第三,方法方面。該書注意共時與歷時層面考察的相互結合,將碑刻材料與敦煌文獻、明清小説等相互對照,考察了類化字在後世的承用、淘汰等情况,從漢字發展史的角度進行關照。同時注重理論與實踐的相互結合,能够從材料提煉理論,并反過來用理論指導實踐,專章探討了漢字類化研究在字書編纂及文獻整理方面的實際應用價值。

　　第四,構架方面。該書分別從以下幾個方面進行了研究:漢字類化的基本類型,類化作用對漢字的影響,漢字類化與雙音詞的發展,類化研究與大型字書編纂,類化研究與碑誌文獻整理,漢字類化的特點、成因及作用,等等。由此可知,該書是對漢字類化的全面系統研究。

　　第五,創獲方面。該書有不少精彩的考釋成果,僅舉一例:唐《張善墓誌》"列宇銅**鈍**之前,灌園金谷之右"之"**鈍**",《唐彙編》照録作"鉈"。《大字典·金部》"鉈"字下列了兩個音項："shī,同'鈶（鍦）'。矛"和"yí,同'匜'。古代一種盛水或酒的器具"。畢沅《經典文字辨證書·匚部》曰："匜,正；鉈,俗。"均無法以之釋讀本方墓誌。作者認爲,誌中的"鉈"當是"駝"的涉形類化字,不當按"鉈"或"匜"的異體索解。"銅鉈"即"銅駝","銅駝陌（街）"的省稱,指隋唐時期東都洛陽東城區内的一個里坊,古代著名的繁華區域,因道旁曾有漢鑄銅駝兩枚相對而得名。"駝"俗作"馳",此處又在"馳"形基礎上涉上字"銅"而換爲"金"符。經作者如此考辯,上引誌文焕然冰釋,文從字順。

我這裏想多說兩句該書在宏觀研究方面所取得的成果,書中歸納抽繹出了不少理論性的東西,例如：

> 類化是一種類推趨同性變化,屬于同化的範疇。促動漢字類化現象發生的因素繁多,在漢字系統、思維、語言、社會等層面均有體現。

> 類化既是一種漢字現象,也是漢字演變過程中的一則通例,它貫穿于漢字發展的各個時期,與繁化、簡化、優化等通例協同發揮作用,也與音化、義化、記號化、成字化、字形糅合、構件的訛混與换用等文字現象存在密切關聯。當人們有意識地利用這條通例來"規範"歧異字形時,類化也是一種漢字改造和整理手段。

> 類化有廣義和狹義之分。廣義的類化通常具有系統性和聚合性,狹義的類化通常具有個案性和偶發性。相應地,類化字也有廣義和狹義之分。通常所説的"類化字"大多指的是狹義類化字,它們通常具有臨時性、無理性和任意性,受限于特定的産生條件,在文獻中出現頻率一般較低,生命力較弱；廣義的類化字則與分化字、增形字、繁聲字、累增字、異體字、同形字、俗字、訛字等均有不同程度的交疊。

> 類化對個體漢字的影響直接體現爲書寫元素、形體及結構的改變（包括俗變、訛變）,形體及結構的改變又可能導致構字理據、記詞職能（包括漢字所記録詞語的音和義）及字際關繫（異體或同形）的變遷,進而可能引發包含類化字的雙音詞的詞形、理據發生變化。

有關這樣的理論性的結論還有不少,此不再贅述。不得不説,書中的這些理論成果是非常寶貴的,書中的微觀考釋成果和宏觀理論成果,均是十分可喜的,也是難能可貴的,值得充分肯定！

當然,該書的研究還存在需要改進之處,比如,對類化及類化字的界定似過于寬泛,對一些文字的考釋稍嫌單薄,對其他材料（如簡帛）也應予以關注等。這些問題留待作者進一步思考、修正。總之,類化是漢字演變中的一種常見現象,但相關研究仍基本處于探索階段，憲臣博士能率先進行嘗試，從微觀和宏觀兩個層面對類化進行研究，爲我們審視漢字系統提供了一種比較新穎的視角和思路，這本身就是值得鼓勵的。

憲臣博士是毛遠明教授2009級的博士。我與毛公相識、共事多年，彼此感情深厚。有關毛公的碑刻研究，與我尚有不解之緣。1996年5月，我與喻遂生、蔣宗福二兄參加在彭州舉辦的四川省語言學學術年會（當時的重慶尚未成爲直轄市），得知毛公頗想調離阿壩師專，鑒于當時文獻所給研究生開課的人手不够，于是便決定引進他，但學校人事處不同意，理由是毛遠明年齡偏大（47歲）、學歷偏低（本科）、本科學校層次偏低（南充師院）、在低層次學校工作時間偏長（14年）。時任副所長的喻遂生兄便對我說："老張，你是博士，你去給人事處說。"當時的博士很緊俏，與領導打交道也比較容易，于是我便以引進人才考察人的身份與人事處交涉，力陳引進毛遠明的理由，終于博得了學校的同意。1997年3月，毛公調至我文獻所，我們大家都熱情相助，爲他在分配住房、上碩士導師、出版著作《左傳詞彙研究》等方面出力。然而不久毛公便發現，文獻所的喻遂生兄在做甲金文和東巴文研究，我在做簡帛研究，蔣宗福兄也開始做敦煌研究了，大家都在做新材料，而他仍圍于老材料《左傳》的研究，故心裏多有不安，他多次給我講："老張，你們都有出土文獻研究的新方向新領域，你看我來做什麼？你給我個建議嘛。"我本打算先做簡帛，然後一并做碑刻，在毛公的再三言語下，我便決定今後不再治碑刻，于是建議他做碑刻研究，并將我的有關碑刻資料如《金石萃編》《八瓊室金石補正》等給了他（這些書直到他去世都一直在其書架上）。從1998年開始，毛公便着手治碑刻。由于他有良好的傳世文獻基礎，也很勤奮，僅兩年時間，便開始產生了碑刻研究的成果，2008年，其《漢魏六朝碑刻校注》由綫裝書局出版，標志着其碑刻研究已取得重大成果，繼後的《碑刻文獻學通論》（中華書局2009年出版）、《漢魏六朝碑刻異體字典》（中華書局2014年出版），則更是奠定了毛公碑刻學專家的地位。可惜上蒼不與之壽，2012年，毛公查出患上了肺癌，2017年3月23日上午在成都華西醫院逝世，享年69歲。毛公的去世，不光是我西南大學文獻所的巨大損失，也應是碑刻學的損失。

不過，好在他的碑刻研究的薪火在傳承，他的學生董憲臣博士的這本《漢字類化研究——以中古碑誌文獻爲中心》就是明證。愿毛公在天之靈安息且放心，你的學生自會在碑刻研究的這塊肥沃土壤上不斷耕耘下去。

董憲臣睿智聰明、勤奮上進，讀博期間在毛公的培養下入門很快，他的畢業論文是關于東漢碑刻異體字研究的，論文對材料的把握和分析相當扎實，給我留下了深刻印象。畢業後他也能够做到始終以碑刻文獻爲治學陣地，持之以恒地在這個領域深耕細作，這幾年也取得了不少成績。如今新書出版，囑我寫序，我主要從事簡帛研究和中醫文獻研究，偶涉碑刻和吐魯番文獻語言文字研究，雖對碑刻了解不够，但我也愿意爲之序。作爲師長，我由衷地爲憲臣博士感到喜悦，希望他以此爲新起點，百尺竿頭，更進一步！

張顯成

2024 年 1 月 10 日于西南大學竭駑齋

目　　録

第一章　緒論 1
　第一節　類化名義説略 1
　第二節　前人研究回顧 7
　　一、類化實例考察 7
　　二、類化理論研究 9
　　三、前人研究之不足 11
　第三節　類化研究的價值 12
　　一、爲疑難字詞考釋提供思路 12
　　二、爲文獻整理及考證提供支持 13
　　三、爲大型字典的編纂提供佐證 14
　　四、爲詞彙發展研究提供視角 15
　　五、爲漢字教學提供借鑒 15
　　六、爲漢字學理論的完善提供參考 16
　第四節　研究對象與字料彙集 16
　　一、研究對象的界定 16
　　二、研究字料的彙集 17
　　三、字料擇取原則 19
　第五節　研究內容與研究方法 20
　　一、研究內容 20
　　二、研究方法 20
　　三、行文說明 20

第二章　漢字類化的基本類型 22
　　一、字内類化與字外類化 23
　　二、涉形類化、涉義類化與涉聲類化 32
　　三、顯性類化與隱性類化 41
　　四、筆畫類化、偏旁類化與全字類化 48
　　五、順推類化與逆推類化 51

六、有理類化與無理類化 ································· 53
七、個別類化與系統類化 ································· 55

第三章 類化作用對漢字的影響 ································· 56
  第一節 形體方面 ································· 56
    一、增添飾筆 ································· 56
    二、改變筆畫交接方式 ································· 61
    三、調整構件布局 ································· 62
    四、調整構件置向 ································· 66
  第二節 結構方面 ································· 67
    一、單字結構改變 ································· 68
    二、多字結構類變 ································· 69
  第三節 構字理據方面 ································· 73
    一、理據的重構 ································· 74
    二、理據的強化 ································· 75
    三、理據的破壞 ································· 76
  第四節 職用方面 ································· 78
    一、職用的減縮 ································· 78
    二、職用的擴展 ································· 80
    三、職用的轉移 ································· 81
  第五節 字際關繫方面 ································· 83
    一、異體關繫 ································· 83
    二、同形關繫 ································· 85

第四章 漢字類化與雙音詞的發展 ································· 90
  第一節 漢字類化與雙音詞的新詞形 ································· 90
    一、聯綿詞 ································· 90
    二、地名詞 ································· 94
    三、典故詞 ································· 96
    四、其他詞語 ································· 101
  第二節 漢字類化在雙音詞發展中的作用 ································· 104
    一、導致大量異形詞產生 ································· 105
    二、導致合成詞構詞理據隱沒 ································· 106

三、標示句法成分之間的緊密關繫 ················108
　　四、促使雙音詞詞形整齊化 ····················109

第五章　類化研究與大型字書編纂 ·················112
　第一節　增補字頭 ·····························112
　第二節　增補條目 ·····························114
　第三節　增補例證 ·····························116
　第四節　提前例證 ·····························117
　第五節　溝通異體 ·····························119
　第六節　糾正謬誤 ·····························122
　　一、刪改誤設音義 ·························122
　　二、糾正條目訛誤 ·························124

第六章　類化研究與碑誌文獻整理 ·················127
　第一節　類化字的考辨方法 ·····················127
　　一、類比文例 ·····························127
　　二、審查語境 ·····························130
　　三、辨析同形 ·····························131
　　四、偏旁分析 ·····························132
　　五、追溯形源 ·····························133
　　六、明辨典章 ·····························135
　第二節　碑誌文獻整理舉隅 ·····················137
　　一、疑難字詞考釋 ·························137
　　二、錄文及注釋補正 ·······················142

第七章　漢字類化的特點、成因及作用 ·············147
　第一節　漢字類化的基本特點 ···················147
　　一、類推性 ·······························147
　　二、多向性 ·······························150
　　三、通俗性 ·······························157
　　四、傳承性 ·······························159
　　五、任意性 ·······························162
　第二節　漢字類化的促動因素 ···················164
　　一、心理機制 ·····························165

二、語言系統……………………………………………………174
　　三、社會文化……………………………………………………176
第三節　類化在漢字演進中的作用………………………………179
　　一、類化與異體字形的生成……………………………………180
　　二、類化與偏旁構件的歸并……………………………………183
　　三、類化與部首體系的沿革……………………………………186
　　四、類化與傳統六書理論………………………………………200
第四節　類化與其他漢字演變通例………………………………210
　　一、類化與簡化…………………………………………………211
　　二、類化與繁化…………………………………………………213
　　三、類化與分化…………………………………………………215
　　四、類化與優化…………………………………………………216

結　語……………………………………………………………219

參考文獻…………………………………………………………222

引書簡稱表………………………………………………………233

後　記……………………………………………………………234

第一章 緒 論

第一節 類化名義説略

漢字學上的"類化",通常指某字受上下文其他字形的影響而增加或改換偏旁一類的現象。漢字類化現象古已有之,至今仍在社會用字層面表現活躍。只要留心觀察,不難在生活中發現其踪迹。例如農貿市場的標牌,有時將"番茄"寫成"蕃茄",將"胡蘿卜"寫成"葫萝卜";某些大排檔、連鎖店的招牌上赫然寫着"大排擋""鏈鎖店"等。可見,類化與俗訛字的產生存在密切的關聯。

傳統文獻中的漢字類化現象,我國古代學者已有所留意。如《文字雕龍·練字》從修辭的角度出發,提出文章用字要盡量規避"聯邊":"綴字屬篇,必須練擇:一避詭異,二省聯邊,三權重出,四調單複……聯邊者,半字同文者也。狀貌山川,古今咸用,施于常文,則齟齬爲瑕,如不獲免,可至三接,三接之外,其字林乎!"[①]"聯邊"作爲一種修辭手段,其宗旨是通過連續使用相同偏旁的漢字增強詞句的視覺衝擊效果,加深讀者印象,如《詩經·秦風·蒹葭》"蒹葭蒼蒼""蒹葭萋萋"之類。然而西漢初期,以鋪叙事物見長的大賦興起,作者往往極盡鋪陳渲染之能事,在用字上亦着意連綴"半字同文者",以漢字的圖形之美增益漢賦的恢弘氣勢。如司馬相如《上林賦》"洶湧澎湃""滂濞沆溉""鴻鵠鷫鴰"。有時作者甚至不惜造出一些"莫須有"的類化字形或改變構件組合方式,以造成字形在感官上的整齊劃一。如東漢張衡《南都賦》:"其山則崆峒嶱嵑,嵣崍嶚剌,崟峇嵦嵬,嶔巀屹嶙""爾其川瀆,則瀢沱濚濜……没滑溿潏,布濩漫汙,潒沇洋溢""其鳥則有鴛鴦鵠鷺,鴻鴇鴐鵞,鶨鶔鶹鵃,鷫鵝鷗鷚"。然而文采藻飾太盛則矯,如果連篇使用同一偏旁的字形,頗顯佶屈累贅,令人不忍卒讀。故劉勰批評説:"及長卿(司馬相如)之徒,詭勢瑰聲,模山範水,字必魚貫,所謂詩人麗則而約言,辭人麗淫而繁句也。"[②]上述"三接"言論亦指出"聯邊"的使用應堅持適度原則。

---

① (南梁)劉勰著,周振甫注《文心雕龍注釋》421頁,人民文學出版社,1981年。
② (南梁)劉勰著,周振甫注《文心雕龍注釋》493-494頁,人民文學出版社,1981年。

清代學者尚未發明專門的術語來指稱漢字類化現象。他們多從"訂誤正譌"的角度出發，認爲經典中出現類化字屬於用字上的訛誤。

王引之稱之爲"上下相因之誤"，并將其劃分爲"本有偏旁而誤易"與"本無偏旁而誤加"兩類：

> 經典之字，多有因上下文而誤寫偏旁者。如《堯典》"在璿機玉衡"，機字本從木，因璿字而從玉作璣。《大雅·綿》篇："自土徂漆。"徂字本從彳，因漆字而從水作沮。《爾雅·釋詁》："簡菿，大也。"菿字本從艸，因簡字而從竹作箌。此本有偏旁而誤易之者。
>
> 《盤庚》"烏呼"，烏字因呼字而誤加口。《周南·關雎》"展轉反側"，展字因轉字而誤加車。《魏風·伐檀》"河水清且漣猗"，猗字因漣字而誤加水。①《小雅·采薇》"玁允之故"，允字因玁字而誤加犬。《大戴禮·勸學篇》"水潦屬焉"，屬字因潦字而誤加水。《月令》"地氣且泄"，且字因泄字而誤加水。《樂記》"及優朱儒"，朱字因儒字而誤加人……此本無偏旁而誤加之者。②

俞樾也指出古籍中存在"文隨義變而加偏旁例"及"字因上下相涉而加偏旁"的情形，并對個別字例進行了考證和說明。如：

> 《詩·載芟》篇："有飶其香"。傳曰："飶，芬香也。"《釋文》曰："字又作苾。"按：苾，本字；飶，俗字也。後人因其言酒醴，變而從食。《說文》遂於《食部》出飶篆曰："食之香也。"……經典之字，若斯者衆，山名從山，水名從水，鳥獸草木，無不如是；而字亦孳乳浸多矣。
>
> 字有本無偏旁，因與上下字相涉而誤加者。如《詩·關雎》篇："展轉反側"，展字涉下轉字而加車旁；《采薇》篇："玁允之故"，允字涉上"玁"字而加犬旁，皆是也。
>
> 《周官·大宗伯職》："以禬禮哀圍敗。"鄭注曰："同盟者會合財貨以更其所喪。"按：《周禮》原文本作"會禮"，故鄭君直以"會合財貨"說之。若經文是禬字，則爲禬禳之"禬"，非會合之"會"，鄭君必云"禬讀爲會"矣。鄭無讀爲之文，知其字本作"會"，涉下禮字而誤加"示"旁也。
>
> 《大戴記·夏小正》篇："緹縞。"按："緹"字，古《夏小正》當作"是"，

---

① "漣猗"，碑誌又作"漣漪"。東魏天平元年《程哲碑》："隱顯之機，比德於伊傅；待時之歎，必俟於漣漪。"（《校注》7/125）

② （清）王引之撰，魏鵬飛點校《經義述聞》1617-1619頁，中華書局，2021年。

"是"與"寔"通,"寔"與"實"同,故傳曰:"是也者,其實也。"今作"緹",涉下"縞"字而誤加"糸"旁。①

金石學家葉昌熾用"連類及之"來指稱碑誌文字的類化現象:

> 隋《元洪儁》、唐《張易》,皆從"金"作"銘",則以"銘"字從"金"連類及之,猶"鉅鹿"北碑皆作"鉅鏕",而不知"詺"字本從"言"不從"金"也。②

二十世紀四十年代,王力撰寫《漢字的形體及其音讀的類化法》一文,首次對漢字類化問題進行了相對深入的探討。他受到印歐語言中存在的"類化法(analogy)"的啓發,指出每個時代的漢字都受到類化作用的影響,發生形體或音讀上的變遷,如"鳳皇"之後字變作"凰"、"蛾眉"變作"峨嵋"、"旗袍"之前字或被誤寫作"祺"、國語中"婿"本應讀如"細"但受聲符"胥"的影響而被改讀如"絮"等。③

唐蘭從文字演化的角度出發,認爲許多漢字形體的增繁、簡省,是受到"同化作用"的影響。同時,他對這種"同化作用"的性質和作用進行了簡要的說明,指出"凡同化了的字,往往是由類推作用來的","很多形聲字的偏旁總是似是而非,文字的類別,因之漸少,這也是一種同化"。④

二十世紀八十年代以來,漢字類化問題作爲漢語言文字學領域的一項研究課題,逐漸受到專家學者的重視。然而,目前學界對漢字類化的界定仍存在不小的差異,各家在概念表述上并未達成一致,勢必會影響此問題的深入探討。試列舉一些較具代表性的説法:

> 類化是漢字形體演變中的一種現象,是字形與字形之間互相影響的一種運動和結果。在字形的相互影響中,某些字把它們在形體結構上所

---

① (清)俞樾等《古書疑義舉例五種》145-146頁,中華書局,2005年第2版。
② (清)葉昌熾撰,姚文昌點校《語石》125頁,浙江大學出版社,2018年。葉氏所舉兩誌之"誌"字從"金"作"銘",當就墓誌蓋字形所言。考隋開皇五年《元洪儁墓誌蓋》"故潁州別駕元洪儁墓誌"之"誌"正從"金"作"銘"(《故宫博物院藏歷代墓誌彙編》1/83),《張易墓誌》之墓誌蓋似已亡佚,無從察考。唐顯慶元年《王卿及妻任氏墓誌額》"大唐故王君故任夫人墓誌銘并序"之"誌"亦從"金"作"銘"(《北圖》13/27),《集韻·志韻》:"銘,銘也。"《正字通·金部》:"銘,俗字。經史通作志,或作誌,俗加金。"又唐景龍二年《袁景愼墓誌額》"唐故陳州參軍事袁君墓誌銘并序"之"銘"從"言"作"詺"(《北圖》20/68),亦可視爲"連類及之"的情况。
③ 王力《漢字的形體及其音讀的類化法》,《王力文集》第19卷,山東教育出版社,1990年;原載《國文月刊》第42期,1946年4月。
④ 唐蘭《中國文字學》105-106頁《文字的演化·尚同》,上海古籍出版社,2005年。

共有的特點推及到別的字身上,使被影響的字在形體結構上也具有這個特點,這就是類化。換句話説,一個字和另一些字原來的形體構造是不同的,由于互相影響,使它們之間由原來的不同而變爲一部分結構相同了,這種現象就是類化。①

根據漢字發展的大勢來看,愈是古老的系統,形體差別愈豐富,分類越多,而特殊例外的現象愈複雜。與此相應,規範性就要弱得多。從某種意義上來講,這種現象對語言是一種負擔。最好的解決辦法之一就是以類相從,按照類的關繫發展,特殊的書寫符號向形、音、義相近的某一類靠攏,逐步減少例外和特殊,簡言之可稱爲"類化"。②

文字形體的早期演變,固然受到每個文字基本符號單位原來是由什麽圖形簡化的制約。但是,隨着文字逐漸喪失圖形性,而在學習和使用者的意識中僅成爲區別音義的單純符號。上述的制約性就越來越弱。起源于完全不同的圖形的諸字,只要在局部形體上有某方面的雷同,往往便在字形演變上相互影響而采取類似的方式變化字形。這種現象可稱之爲"類化"。③

漢字構字部件從意、音兩方面呈現歸類集中化的特點,我們稱之爲類化。類化有廣義與狹義之分。狹義的類化是指混合或統一偏旁的現象,如從"月"的期、從"肉"的胡、從"舟"的服,混同爲"月";如"峨眉"統一爲"峨嵋"、"昏姻"統一爲"婚姻"等。廣義的類化則指表示與某一意義相關的一群漢字其意符往往固定地類化集中在一個或少數幾個偏旁上,一群讀音上相同或相近(因語音發展變化而讀音不完全相同)的形聲字其聲旁固定地類化集中由少數偏旁來表示。例如,從意義上看,表示與"水"之意義有關的字,其表意偏旁多集中由"氵"表示……再從讀音上看,讀 huáng 音之字,《新華字典》1992年重排本收字共23個,聲符只類化集中由"黄""皇"表示。④

"類化"是指物象相近的文字,在演變過程中產生合并的現象,如小篆"琴""瑟"本來都是獨體象形字,二者因爲物象相近,進而產生文字合并現象,而減省了"瑟"的獨體象形字。又如"黽"部中的"鼃""黿""鼉"

---

① 王夢華《漢字形體演變中的類化問題》,《東北師大學報(哲學社會科學版)》,1982年第4期。
② 趙誠《古文字發展過程中的內部調整》,載《古文字研究》第10輯,中華書局,1983年。
③ 林澐《釋古璽中從"朿"的兩個字》,載《古文字研究》第19輯,中華書局,1992年。
④ 俞紹宏《漢字構字類化現象研究》1頁,寧夏大學碩士學位論文,2003年。

等字，本來不與"黽"同類，以物象外形輪廓相近而合并。①

類化，又稱類推，指的是一種語言形式受另一種語言形式的影響而發生了類同于另一種語言形式的變化。類化現象遍及語言文字、語音、詞彙、語法各個方面。文字類化現象是指甲字的偏旁或部件因受上下文或其他因素的影響而發生了類同于乙字的偏旁或部件的現象。②

人們在書寫的時候，因受上下文或其他因素的影響，給本沒有偏旁的字加上偏旁，或者將偏旁變成與上下文或其他字一致，這就是文字學上所謂的類化。③

類化又稱"同化"，是指文字在發展演變中，受所處的具體語言環境和同一文字系統內部其他文字的影響，同時也受自身形體的影響，在構形和形體上相應地有所改變的現象。這種現象反映了文字"趨同性"的規律，是文字規範化的表現。④

漢字在發展演變過程中，形體的某一部分與其自身另一部分或與其他漢字的某一部分產生類同形變的演變現象。（《語言學名詞》"類化"條）⑤

文字受自身形體或者相鄰文字結構的影響，以及受使用環境中相關詞彙語義的沾染，在思維類推作用下，產生的非理性形體類推，增加或者改變其中一個字的構件或偏旁，這種現象稱文字類化。⑥

所謂構件的類化是指將原來具有個體性構意的構件向表示更大意義類別的構件靠近。⑦

排除名目上的差異不談⑧，前賢針對"（漢字）類化"所給出的定義可以用"大異小同"來形容，即各家對"類化"這一術語所指的核心內容似乎達成了一定的共識，至于邊界和外延則各有各說、觀點紛紜。我們不妨從各家說法中提取一個相對輪廓化的表述框架：類化指漢字受某種（些）因素的促動而產生的與該因素

---

① 宋建華《從〈說文·黽部〉收字看小篆構形演變之類化現象》，載《（台灣）第九屆中區文字學學術研討會集》，2007年。
② 黄文杰《秦至漢初簡帛文字研究》114頁，商務印書館，2008年。
③ 張涌泉《漢語俗字研究（增訂本）》63頁，商務印書館，2010年。
④ 劉釗《古文字構形學（修訂本）》95頁，福建人民出版社，2011年。
⑤ 語言學名詞審定委員會《語言學名詞》23頁，商務印書館，2011年。
⑥ 毛遠明《漢魏六朝碑刻異體字研究》335頁，商務印書館，2012年。
⑦ 王立軍《從"篆隸之變"看漢字構形系統發展的方向性調整和泛時性特徵》，《語文研究》，2020年第3期。
⑧ 如上文列舉王力稱"類化法"，唐蘭稱"同化"。此外又如王鳳陽稱"類推律"（《漢字學（修訂本）》769頁，中華書局，2018年），潘重規稱"偏旁連類"（《龍龕及其引用古文之研究》，載《敦煌學》第7輯，台灣敦煌學會，1985年）等。

趨同的某種變化。從中不難看出，爭議的焦點主要集中在以下三個方面：

其一，"某種促動因素"具體指何種因素？是指"字形"，還是指"語言環境（或上下文）"，還是指"思維類推"，抑或指"相關詞彙語義"？某些學者概括的"其他因素"又包括哪些内容？

其二，漢字所產生的"某種變化"具體指何種變化？是指"字形"的改變，還是指"構件"的更替，抑或指"音讀"的變遷？

其三，類化的作用對象是什麽？是作用於構字部件或偏旁，還是作用於個體漢字，抑或是作用於整個漢字系統？

對這幾個問題所持有的不同看法，勢必又進一步影響各家對類化的類型、性質、作用等問題的判定結論。例如：類化是"文字規範化的表現"，還是"非理性的形體類推"？類化是一種單純的漢字現象，還是一種漢字演變途徑，或是一種漢字整理手段？類化與同化、簡化、繁化、假借等其他漢字現象或通例之間存在何種關繫？

核心概念的釐清，是建構系統理論的基本前提。綜合各家之説，結合筆者的觀察思考，本書對漢字類化的定義是：漢字類化指漢字在發展過程中，受到來自心理、語言、社會、文字系統層面的各類因素的影響，在形體、結構、音讀等方面產生的類推性或類聚性變化。它的含義有廣狹之分：狹義類化通常指漢字受字内構件、上下文語境、他字形義等因素影響而產生的變化，這種類化具有個案性、臨時性和偶發性，也可稱爲個別類化；廣義類化除涵蓋狹義類化以外，還包括漢字受構形法、偏旁類聚、構件混用或换用、字形上的簡易律和平衡律①等因素影響而產生的變化，這種類化通常具有系統性和聚合性，也可稱爲系統類化。

上述定義尚存在諸多不盡完善之處，但基本可以用來界定本書的研究範圍，進而有助於對類化的性質、作用等問題進行探討和總結。

與"類化"相關的一個概念是"類化字"，通常認爲它是"由類化產生的文字"②，是類化的產物及表現形式。對"類化字"的界定，專家觀點趨於一致，爭議不大。類化有廣義、狹義之分，類化字也相應地有廣義、狹義之分。通常意義的"類化字"，往往是就狹義而言，它們大多具有臨時性、使用頻率低等特點。廣義的類化字則涵蓋面極廣，與分化字、古今字、簡化字、假借字等均有不同程度的交疊與糾纏。

---

① "簡易律"指文字趨向構造簡單、學習使用容易的規律。參王鳳陽《漢字學（修訂本）》810頁，中華書局，2018年。"平衡律"指漢字在書寫及内部結構方面追求美觀的規律。參梁東漢《漢字的結構及其流變》76-80頁，上海教育出版社，1959年。

② 如毛遠明《漢魏六朝碑刻異體字研究》335頁，商務印書館，2012年。

第二節　前人研究回顧

類化問題的探討，與漢字發展演變規律研究緊密相關，因此受到一定程度的關注。但目前似無專門性的探討著作面世，相關的研究成果主要以學術論文及專著章節兩種形式呈現，成果內容則大體可分爲實例考察和理論研究兩個方面。以下略作綜述。

一、類化實例考察

這是目前漢字類化研究的主體內容，一般是學者就各類出土文獻及傳世文獻中所見的漢字類化現象或類化字（詞）進行分類歸納和列舉性考察。根據文獻的類型，又可粗分爲以下一些小類。

（一）甲金文獻。劉釗《古文字構形學》設專章探討古文字中的類化現象，不僅列舉了 50 組甲骨文、金文中存在的類化案例，而且順帶探討了《詩經》等典籍中的偏旁類化、後世雙音節詞類化等相關問題。[①]

（二）《説文》。李國英以《説文・示部》字爲例考察了形聲字的義符類化功能。[②]宋建華通過觀察《説文・黽部》所收"黿""鼇""鼈"等小篆字形的類化情況，指出類化是以"物象相近"爲條件產生的字形合并現象。[③]洪承裕以《説文》爲論述核心，觀察了小篆的類化現象，并從歷時的角度探究了漢字類化的理據問題。[④]

（三）碑誌文獻。歐俊昌等將"字形同化類"歸爲六朝唐五代石刻俗字類型之一，并進行了分類例述。[⑤]陸明君[⑥]、郭瑞[⑦]分別對魏晋南北朝碑刻文字類化現象進行了分類考察，後者還進一步探討了石刻文字類化的類型、原因、特點等問題。董憲臣對東漢碑刻中的文字類化現象進行了分類考察，并總結了類化對東漢碑刻文字形體的影響。[⑧]此外，張育州對唐代墓誌中的類化字進行了初步考察，并討論了類化字的定義、動因、分類等問題。[⑨]

[①] 劉釗《古文字構形學（修訂本）》95-108 頁，第六章《古文字中的"類化"》，福建人民出版社，2011 年。
[②] 李國英《小篆形聲字研究（修訂本）》51-55 頁，中華書局，2020 年。
[③] 宋建華《從〈説文・黽部〉收字看小篆構形演變之類化現象》，載《（台灣）第九屆中區文字學學術研討會集》，2007 年。
[④] 洪承裕《〈説文〉小篆類化現象研究》，台灣逢甲大學中國文學系碩士學位論文，2011 年。
[⑤] 歐俊昌、李海霞《六朝唐五代石刻俗字研究》189-193 頁，巴蜀社，2004 年。
[⑥] 陸明君《魏晋南北朝碑別字研究》192-203 頁，文化藝術出版社，2009 年。
[⑦] 郭瑞《魏晋南北朝石刻文字類化現象分析》，載《中國文字研究》第 14 輯，大象出版社，2011 年。
[⑧] 董憲臣《東漢碑刻文字類化現象研究》，《重慶與世界》，2015 年第 4 期。
[⑨] 張育州《從唐代墓誌觀察楷書的類化現象》，載《（台灣）第十六屆中區文字學學術研討會集》，2014 年。

（四）簡帛文獻。黄文杰初步考察了秦至漢初簡帛文字中偏旁或部件的類化情況①，并以上博簡爲主體材料，對戰國文字中的類化現象進行了專門的探討。②林清源③、何家興等④分别結合楚簡材料，對楚文字的類化現象進行了探討。

（五）敦煌文獻。張涌泉對敦煌寫卷中的字形類化現象作了初步考察，并討論了類化字研究之于敦煌寫卷校理的重要意義。⑤蔡忠霖將類化列爲敦煌漢文寫卷俗字類型之一，并列舉所見6例類化情形。⑥

（六）民間文書。徽州文書是20世紀50年代大規模問世的文書檔案，年代爲南宋至民國，保存了大量手寫俗字。方孝坤將類化類俗字歸爲徽州文書中的一個俗字類型，并進行了專門考察。⑦石倉契約是浙南松陽石倉古村落陸續發現的清代及民國時期的數千件手寫契約文書。唐智燕對其中部分契約的類化字及其類型進行了歸納描寫，并指出類化字是書寫者在用字上追求和諧形式美的表現手段。⑧儲小旵等將類化視爲宋元以來契約文書俗字的主要類型之一，并進行了舉例闡釋。⑨劉瓊考察了民國《申報》中的異形同用字，認爲使用中的類化影響是民國時期用字現象的成因之一。⑩

（七）佛教經典。《祖堂集》成書于南唐，是禪宗的早期著作。馬丹丹對文中出現的30餘例類化俗字進行了分類考察。⑪《新集藏經音義隨函録》是五代時期可洪輯録佛教典籍之字詞意義的著作。鄭賢章⑫、宋建華⑬分别對書中類化字的類别和釋讀問題進行了專題性討論。

（八）文學作品。王赫崗考察了《詩經》中聯綿詞的偏旁類化現象，并分析了該現象沿用的原因。⑭易敏考察了漢代大賦用字中的義符類化現象，并認爲該現象是文學表現與漢字發展交互作用的結果。⑮曾良將"同化"歸爲明清小説中的俗字

---

① 黄文杰《秦至漢初簡帛文字研究》114-121頁，商務印書館，2008年。
② 黄文杰《戰國文字中的類化現象》，載《古文字研究》第26輯，2006年。
③ 林清源《楚國文字構形演變研究》，台灣東海大學中國文學系博士學位論文，1997年。
④ 何家興、劉靖宇《楚文字類化例釋》，《巢湖學院學報》，2014年第1期。
⑤ 張涌泉《敦煌文書類化字研究》，《敦煌研究》，1995年第4期。
⑥ 蔡忠霖《敦煌漢文寫卷俗字及其現象》168-169頁，（台北）文津出版社，2002年。
⑦ 方孝坤《徽州文書俗字研究》80-83頁，人民出版社，2012年。
⑧ 唐智燕《論民間契約文書用字的和諧美——基于〈石倉契約〉類化字的考察》，《湘南學院學報》，2013年第4期。
⑨ 儲小旵、張麗《宋元以來契約文書俗字研究》71-74頁，人民出版社，2021年。
⑩ 劉瓊《民國〈申報〉異形同用字》，《漢字職用研究·使用現象考察》，中國社會科學出版社，2016年。
⑪ 馬丹丹《〈祖堂集〉類化俗字之探析》，《赤峰學院學報（漢文哲學社會科學版）》，2012年第6期。
⑫ 鄭賢章《〈新集藏經音義隨函録〉研究》，湖南師範大學出版社，2007年。
⑬ 宋建華《〈新集藏經音義隨函録〉類化字釋例》，《台灣東海中文學報》第28期，2014年。
⑭ 王赫崗《由〈詩經〉看連綿詞偏旁的類化現象》，《漢字文化》，2019年第24期。
⑮ 易敏《〈文選〉漢大賦用字中的義符類化現象》，《北京師範大學學報（人文社會科學版）》，2002年第4期。

類型之一，進行了專門考察。①

（九）其他。王振枝對《戰國古文字典》所收錄文字的形體類化現象進行了分類歸納和考察分析。②徐正考等依據漢字構形學理論，從筆畫、構件、偏旁、整字等方面對漢鏡銘文中的類化字進行了描寫與分析。③

二、類化理論研究

一些學者在考察類化實例的基礎上，對漢字類化的相關問題進行了理論層面的探索和總結。研究大致圍繞如下幾個主題展開：

（一）關于類化的動因。周秀紅認爲範疇化的相似性和模糊性是推動漢字字形類化的内在認知動力，語言發展、詞義引申和文字假借是推動漢字字形類化的外在動因，内外因相互作用，共同推動漢字向系統化發展。④孫鵬飛等以認知基本範疇理論爲核心，對漢字類化進程背後的認知成因及認知規律進行了探究，并揭示了認知範疇化在漢字字形上的投射及賦形過程。⑤俞紹宏等認爲表義性是漢字構字發生類化的内因，人們在使用漢字過程中提出的書寫簡單、表義明確的要求是漢字構字發生類化的外因或動力。⑥黄曉偉通過考察"搢紳"與"縉紳"在文獻中的歷時使用情况，認爲受人們類推心理及上下文語境影響而形成的形符類化是促使"搢紳"走向"縉紳"的動力。⑦羅琦等認爲文字類化時，偏旁的選擇受到字形和詞義的雙重制約，字形所記録詞的基義（核心義、基礎義）或陪義（附屬義、次要義）會制約字形類化方向和偏旁類别選擇，從而形成不同的類化形體。⑧

（二）關于類化的影響和作用。王鳳陽將"類推律"視爲字形發展規律之一，并探討了"類推律"在字形演進中的作用。⑨羅慶雲認爲少數記録雙音詞的字在類化後，由于字形已發生變化，可能對它所記録的詞的構造、理據、意義等方面產生一定的影響。⑩張海媚探討了類化字產生後，在理據、詞義等方面對其記録的詞

---

① 曾良《明清小説俗字研究》56-59頁，第三章《明清俗字的構形和分析》第一節《俗字類型》，商務印書館，2017年。
② 王振枝《〈戰國古文字典〉中的字形類化現象考察》，《漢字文化》，2016年第6期。
③ 徐正考、焦英杰《漢鏡銘文類化字研究》，《復旦學報（社會科學版）》，2020年第4期。
④ 周秀紅《漢字字形類化的可能性及其動因分析》，《現代語文（語言研究版）》，2007年第10期。
⑤ 孫鵬飛、裴蓓《基于認知的漢字類化探研》，《現代語文（語言研究版）》，2012年第12期。
⑥ 俞紹宏、許光輝、王光海、王海嘯、黄振《漢字構字類化動因探析》，《巢湖學院學報》，2006年第1期。
⑦ 黄曉偉《從"搢紳"和"縉紳"看形符類化的動力》，《牡丹江大學學報》，2009年第11期。
⑧ 羅琦、何山《論詞義制約與中古碑刻類化字偏旁選擇》，《綿陽師範學院學報》，2022年第4期。
⑨ 王鳳陽《漢字學（修訂本）》769-779頁，中華書局，2018年。
⑩ 羅慶雲《漢字的類化對雙音詞的影響》，《語言研究》，2002年特刊。

語所造成的影響。①毛遠明以"息婦"與"媳婦"的變化爲例,分析了漢字形旁類化對詞義的影響。②董憲臣以漢魏六朝碑刻文字類化現象爲例,探討了漢字類化與雙音詞衍生、發展之間的交互作用;③也比較系統地考察了類化對漢字形體、字際關繫、構字理據、構形系統等方面的影響。④楊淑茜從淘汰、分化、理據重構、系統優化等角度考察了古文字中類化的結果及其對漢字整體發展演變的影響。⑤

(三)針對類化某個或某些具體類型的研究。鮑善淳初步探索了字義類化問題,并分析了該現象的產生原因。⑥毛遠明比較全面地討論了形旁類化,内容涉及形旁類化字的類型及特性、形旁類化對詞義及文字的影響等問題。⑦賈愛媛通過對一些從"尸"字的考辨,探討了偏旁同化與類化在漢字部首形成過程中的作用。⑧梁春勝將楷書部件的類化分爲部件自身的内部類化及受其他部件影響而發生的類化兩類,并分別舉例考察。⑨

(四)關於類化與其他漢字現象之間關繫的研究。孫建偉以文字符號所處的聚合與組合關繫爲視角,從動因、實指、基本類型等方面説明了"類化"與"同化"的區別與關聯。⑩楊淑茜討論了古文字演變過程中類化與美化的聯繫與區別,并分析了二者出現交叉的原因。⑪鄧章應等探討了漢魏六朝石刻專用字的類型及特點,并指出類化字與專用字是從不同角度出發定義的不同概念。⑫

(五)關於類化研究的價值與應用的研究。沃興華對利用類化釋讀古文字的問題進行了舉例探討。⑬董憲臣等以碑刻文獻整理爲例,討論了類化研究在釋讀文字、解釋字形、匡補辭書謬誤、探討字詞發展規律等方面的重要意義。⑭蕭欣浩通過對

---

① 張海媚《類化字產生的理據及其影響》,《安陽師範學院學報》,2006年第3期。
② 毛遠明《字詞考釋兩篇——從"息""媳"二字看形旁類化對詞義的影響》,《中國語文》,2006年第4期。
③ 董憲臣《漢魏六朝碑刻文字類化與雙音詞的發展》,載《繼承與創新:慶祝西南大學漢語言文獻研究所建立三十週年論文集》,西南師範大學出版社,2014年。
④ 董憲臣《論漢字形體發展中的類化作用》,載《後學衡》,西南師範大學出版社,2017年。
⑤ 楊淑茜《古文字中類化結果研究》,《湖南廣播電視大學學報》,2015年第3期。
⑥ 鮑善淳《漢字字義類化初探》,《安徽師範大學學報(哲學社會科學版)》,1990年第2期。
⑦ 毛遠明《漢字形旁類化研究》,《西南師範大學學報(人文社會科學版)》,2006年第6期。
⑧ 賈愛媛:《試論漢字偏旁的同化與類化——兼談"尸"部字類意義的形成》,《青海師範大學學報(哲學社會科學版)》,2008年第3期。
⑨ 梁春勝《楷書部件演變研究》273-289頁,綫裝書局,2012年。
⑩ 孫建偉《從聚合與組合視角看漢字的"類化"與"同化"現象》,《内蒙古社會科學(漢文版)》,2016年第1期。
⑪ 楊淑茜《論古文字演變中的類化與美化》,《麗水學院學報》,2015年第1期。
⑫ 鄧章應、張永惠《漢魏六朝石刻專用字類型、特點及與類化字的區別》,載《汉语史研究集刊》第26輯,四川大學出版社,2019年。
⑬ 沃興華《類化字及其訓詁法》,載《于省吾教授誕辰100周年紀念文集》,吉林大學出版社,1996年。
⑭ 董憲臣、毛遠明《漢字類化研究與碑刻文獻整理》,《古籍整理研究學刊》,2012年第2期。

戰國齊、燕、晉、楚、秦五係文字之間類化構形特徵的詳細比對，指出各係文字的演變與規範速度彼此各異，爲戰國文字分係的研究方法提供了支持。①許嘉璐較早談及漢字形符類化現象對漢字教學的啟發意義。②穆聰③、劉婕④、張瑞鵬⑤立足于對外漢字教學，從漢字類化的角度出發，探討了留學生漢字書寫偏誤的類型及其成因等問題，并提出相應的教學策略。吳國升等⑥、郭愛平⑦各自從漢字類化的角度出發，揭示了漢字在傳遞信息、記憶學習等方面的優越性，以及漢字所具有的文化鏡像功能。

（六）綜合性理論研究。毛遠明對漢魏六朝碑刻中的類化字進行了專題研究，內容涵蓋類化字的分類考察、類化字的特徵、類化對文字形體的影響、類化字與假借字及區別字的異同等諸多方面。⑧

三、前人研究之不足

總體而言，目前漢字類化研究取得了一定的進展，前賢時修不僅在各類文獻材料中發掘了大量的類化實例，同時進行了相關的理論探討。但也存在一些不足之處：

（一）缺乏專題研究。從成果形態來看，漢字類化問題的討論大多附麗於古文字構形研究或俗字的類型化研究，尚未呈現出剝離和獨立態勢。其一，在通論性著作中，類化問題沒有得到足夠的關注，或被略去不談，或片語帶過，或以章節的面貌出現，但又通常篇幅不長，沒有展開討論。其二，以類化問題爲研究主題的學術論文雖然達到百十篇的數量級，但在全部語言文字學論文中所占的比例極低，而且水平頗顯參差，高水準的專題理論成果不多。其三，除筆者搜集材料過程中所見的《漢字構字類化現象研究》《〈說文〉小篆類化現象研究》《古文字演變類化現象研究》等几篇碩士學位論文具有一定篇幅之外，至今似乎尚無以類化爲專門研究對象的漢字學專著問世。

（二）缺乏歷時關照。前輩學者多采用共時性資料，歸納同一時期的漢字類化

---

① 蕭欣浩《略論戰國文字構形特徵》，《（台灣）第16屆中區文字學學術研討會集》，2014年。
② 許嘉璐《漢字形符的類化與識字教學》，《漢字文化》，1992年第1期。
③ 穆聰《語境對外國留學生漢字字形偏誤的影響及教學對策》，《教育教學論壇》，2012年第S3期。
④ 劉婕《漢字類化偏誤與對外漢字教學》，《青年文學家》，2013年第36期。
⑤ 張瑞鵬《上下文語境對留學生漢字書寫偏誤的影響因素分析》，《語言教學與研究》，2015年第5期。
⑥ 吳國升、俞紹宏《從構字類化角度談漢字的優越性》，《巢湖學院學報》，2005年第4期。
⑦ 郭愛平《從"糸"字彙的類化看中國古代漢字文化》，《湖北民族學院學報（哲學社會科學版）》，2006年第1期。
⑧ 毛遠明《漢魏六朝碑刻異體字研究》335-366頁，商務印書館，2012年。

實例，由此得出的研究結論難免以偏概全。實際上，類化是漢字發展演變過程中的一種常見現象，在古今各時期、各類型文字材料中都有所體現。我們有必要將類化研究置于動態的、歷時的漢字發展史層面進行關照，將不同時期、不同材料中的類化情形進行縱向梳理與串聯，在此基礎上獲取更爲全面、深入的理論認識。

（三）研究模式單一。多數成果只是對某一時期某種材料的類化現象進行簡單分類及列舉式探討，而且在分類上多因襲舊説，所列舉的實例亦有雷同之處，研究方法缺乏創新，富于新意的發明不多。

（四）缺乏理論解釋。其一，多數成果雖然兼顧了理論與事實兩個層面的探討，但或重材料羅列而輕理論闡發，或理論先行而材料粗疏，由此導致理論解釋或不深入，或與事實脱節。其二，對類化問題的理論探討雖然覆蓋面比較廣泛，但普遍不夠深入。一些相關問題，如類化的性質、作用、與其他漢字現象之間的關繫，尚存在商討的空間和餘地。

第三節　類化研究的價值

漢字類化現象的考察及類化理論的提取和應用，對于宏觀、微觀層面的漢字研究都具有一定的方法論價值和指導意義。這種價值和意義至少體現在如下一些方面：

一、爲疑難字詞考釋提供思路

歷代文獻、字書載録的異體字、俗訛字繁多，其中也存在不少構形特異的疑難字詞，其形義之間不存在明確的對應關繫，非但來歷不明，甚至無法以傳統的六書進行解析，前人不識，或者存疑，或有誤釋。此時，如果能把上下文語境或他字形義影響等類化因素考慮進來，則可能會對字詞的產生理據作出合理解釋，由此反推字詞的本來面貌，取得另闢蹊徑的效果。

實際上，不少文字學專家在疑難字詞考釋過程中，都曾有意識地利用過類化這條思路。例如"忓恡"一詞，辭書不載，但在歷代買地券中却高頻出現。毛遠明通過考證指出，"忓恡"通常作"干吝"，義即擾亂侵辱。"恡"本作"吝（㤁）"，表吝惜、悔恨等義，因與心性相關，故俗字或增"忄（心）"符作"悋（恡）"；"干"常與"恡"搭配組詞，受其字形影響而類化作"忓"。這種考釋既破解了"忓恡"的形體由來和構詞理據，又可繫聯文獻中出現的"干悋""忓悋"等一系列變體，進而糾正前人的錯誤釋讀。①

---

① 毛遠明《釋"忓恡"》，《中國語文》，2008 年第 4 期。

此外，對一些形體來歷不明的俗字也能從類化的角度發現構形的端倪。如《八瓊室金石補正》卷七八《唐處士太原郡王浮圖銘》："蠢蠢含靈，知微之因緣善現契聖心。"陸增祥跋："契字字書所無，疑是契之俗訛。"北魏正光元年《李璧墓誌》："登員憲閧，分竹海湄。"（《北圖》4/97）正光元年《元賄墓誌》："西成梁益，岷蜀高其義；旋瓔閧閭，朝庭稱其仁。"（《校注》5/87）《廣韻·梗韻》："閧，閧府，今爲省字。"張涌泉指出："契""閧"二字當即"契""省"之俗體，習語"契約""省閭"連用，書手書寫前揭二字時受"約""閭"影響，遂類化致訛。①敦煌寫卷《葉淨能詩》"裝束"一詞原卷"裝"作"䒾"，黃征認爲"䒾"涉下"束"而類化，故不從"衣"而從"束"，并分析其字形來源説："雖然書寫時先寫'裝'，但是受心理暗示，未寫出的'束'字已經進入思維的瞬時記憶，即俗所謂'胸有成竹'也，筆畫未落，竹形已在心中生成，因此不知不覺就把'裝'字下半寫成'束'了。"②

二、爲文獻整理及考證提供支持

漢字類化在各類文獻材料中都屬于比較常見的現象，因此類化研究與文獻的整理校勘存在密切的關聯。類化字的辨識，有助于匡糾誤校誤釋，提高文獻整理的準確度。

例如唐文明元年《金義墓誌》："徽芳名于閨閧，列藻質于朝端。"（《唐彙編》717）其中"閨閧"一詞不見于他處，語義難解。姚美玲從類化的角度出發，指出"閨閧"爲"里閧"之誤，"里"拓本作"閧"（《北圖》17/7），外圍多一"門"符，是受"閧"之類化而增加偏旁而成。③

此外，漢字形體的變遷受到思維、義類等多種因素的制約和促動，有些字形可能記錄了豐富的歷史文化信息，爲文獻考證提供綫索。

例如聞一多考證《周易·旅》上九"鳥焚其巢"：

> 案：《大壯》六五"喪羊于易"，《旅》上九"旅人先笑後號咷，喪牛于易"，并用王亥兄弟事，顧頡剛氏已發其覆矣。（《周易卦爻辭中的故事》，載《古史辨》三上）然《大荒東經》曰："有人曰王亥，兩手操鳥，方食其頭，王亥托于有易河伯僕牛，有易殺王亥，取僕牛"，《天問》曰："恒秉季德，焉得夫樸牛，何往營班禄，不但還來？昏微遵跡，有狄不寧，

---

① 張涌泉《漢語俗字研究（增訂本）》68-69頁，商務印書館，2010年。
② 黃征《敦煌俗字典（第二版）》25頁，上海教育出版社，2019年。
③ 姚美玲《唐代墓誌詞彙研究》150頁，華東師範大學出版社，2008年。

何繁鳥萃棘,負子肆情?"二書説亥、恒事,皆有鳥,《易》於"旅人先笑後號咷喪牛於易"上,亦曰:"鳥焚其巢",而卜辭王亥名且有從"鳥"作"䳅"者,"辛巳卜,貞王䳅上甲鄉(饗)于河"(《佚》八八八)是"鳥"確爲此故事"母題"之一部分。考傳説謂簡狄吞燕卵而生契,是爲殷祖,是殷之先世曾以鳥爲圖騰。此蓋以鳥喻殷人,"鳥焚其巢",猶言王亥喪其居處。①

馮勝君評論:"聞氏以詩人的想象結合神話學的視角,對《周易》中'鳥焚其巢'一語反映出的歷史真相給予了令人信服的闡釋,而殷墟卜辭中王亥之'亥'從'鳥'寫作'䳅'這一古文字形體在整個論證過程中無疑起到了畫龍點睛的作用。"② "玄鳥生商"的感生神話,在《詩經》《楚辭》《史記》中均有記載。王亥作爲商族先公之一,卜辭中其名之"亥"出現增飾"鳥"符的類化字形,一方面説明了刻寫者可能受到玄鳥崇拜的潛在影響,另一方面也印證了商族曾以鳥爲圖騰這一史實。③

三、爲大型字典的編纂提供佐證

類化研究對《大字典》等大型字書編纂的意義主要體現在增補字頭、增補條目、溝通異體、糾正謬誤等諸多方面,本書將闢專章對這個問題進行詳述。這裏試舉前輩學者的一例成果進行説明:

【衬】《大字典·示部》(一版2386):"衬,災禍。宋王禹偁《謝降御剳表》:'覃恩而已滅祅星,轉衬而尚憂時雨。'明鄭之珍《目蓮救母勸善戲文·社會插旗》:'只教你閉門屋裏坐,衬從天上來。'"

張涌泉考釋曰:"這是個有義無音的疑難字,這個'義'顯然是編字典的人根據文義猜出來的。其實這個字就是'災'的俗字。《説文解字》載'災'字古文作'𤆍',爲從火、才聲的形聲字。漢代俗字又改易形旁寫作'衬',成爲從示、才聲的形聲字。'衬'就是'𥜽'的俗體。"④

《大字典》修訂時參考該意見對釋義進行了增補。《示部》(二版2555):"衬,同'𥜽'。……按:'衬'字右旁爲'𥜽'字右旁之形變而已。"所引例證保持原樣。并在"衬"前增補字頭"𥜽"。《示部》(二版2554):"𥜽,同'災(灾)。'《馬王堆漢墓帛書·經法·十六經·觀》:'正名脩刑,執(蟄)虫不出,雪霜復清,孟

---

① 聞一多《周易義證類纂》,《清華學報》,1941年第2期。
② 馮勝君《二十世紀古文獻新證研究》58頁,齊魯書社,2006年。
③ 亦有學者質疑玄鳥圖騰説。參孫機《鷙鳥、神面與少昊》,載《遠望集》卷上,陝西人民美術出版社,1998年。
④ 張涌泉《試論漢語俗字研究的意義》,《中國社會科學》,1996年第2期。

穀乃蕭（肅），此材口生，如此者舉事將不成。'"

按：《大字典》增設字頭以溝通文字之間異體關繫的做法是可取的，但結論却值得商榷。曾良列舉明清小説中多個例子證明"衬"是"禍"的俗寫。究其俗寫原因，則與類化作用密切相關："過"俗寫作"过"，依此類推，"禍"的右旁也俗寫爲"寸"，成爲"衬"。①相較而言，曾説符合同期字形演化通例，且有大量語料佐證，誠爲確論；張涌泉認爲"衬"由"灾"之古文"扗"輾轉訛變而來，雖然演變路徑成立，但缺乏歷時文獻用例的正面支持，其説不甚可靠。

四、爲詞彙發展研究提供視角

漢字的主要職能是記録語詞。因此，漢字類化并不單純是一個文字學命題，也具有詞彙學上的討論價值。

漢字類化可視爲詞彙發展在文字層面的一個表現形式。以詞彙化問題爲例。董秀芳曾指出："漢語史上的詞彙化缺乏外部明顯的形式標志。"②因此，我們在探討複音詞的衍生問題時，往往只能從句法組配和功能的角度入手來尋找證據。也有學者嘗試從語音變化的角度出發，尋找詞彙化過程中的語音證據。例如，江藍生通過歷史文獻和方言材料證明了漢語實詞虛化的過程伴隨着一個連續漸進的語音弱化的過程。③而漢字類化則爲我們提供了研究詞彙化問題的一個新視角。包含類化字的新詞形的出現，在一定程度上能夠作爲雙音詞産生、語義變化、內部結構進一步黏合等方面的形態標記，反映了語言使用者將分立的句法單位逐步當作一個詞語整體的心理處理過程。

五、爲漢字教學提供借鑒

許嘉璐指出："既然類化現象的出現與人的歸納、聯想能力有關，那麼在進行識字教學時也就應該啓發學習者（尤其是兒童）對形符進行歸納，調動其聯想類推能力，由此及彼，舉一反三。""形聲字的系統性并非只體現于形符及其類化一方面；形聲字的另一半——聲符也是有規律、有系統的。"④形聲是漢字最能産的構形法，形聲字在漢字中所占的比例也占據絶對優勢。形符和聲符的類化，强化了漢字的系統性，以二者（主要是形符）爲綱領實施漢字教學，可以提高學習者對漢字規律的認識，幫助他們從整體上有條理地掌握漢字。

---

① 曾良《明清小説俗字研究》70-71 頁，商務印書館，2017 年。
② 董秀芳《詞彙化——漢語雙音詞的衍生和發展（修訂本）》28 頁，商務印書館，2011 年。
③ 江藍生《語法化程度的語音表現》，載《中國語言學的新拓展》，香港城市大學出版社，1999 年。
④ 許嘉璐《漢字形符的類化與識字教學》，《漢字文化》，1992 年第 1 期。

六、爲漢字學理論的完善提供參考

張涌泉在談及敦煌寫卷類化字研究時曾指出："類化是古今漢字共同存在的一種字形類推現象。類化字的研究應該是漢語文字學研究的一個重要課題，它對探討漢字形體演變的規律，對現行漢字的簡化和規範，對傳世文獻的整理和校勘，都具有十分重要的意義。"①即是說，類化研究的價值不應局限于某一時期某種材料的範圍之內，更應該體現在更爲廣闊的漢字學及相關研究領域。

漢字形體的發展演變往往是多種因素交疊作用的結果，類化是其中的重要促動因素之一，也是研究漢字發展問題不可或缺的動態觀察維度，針對類化現象進行專門考察及理論提取，對豐富及完善整個漢字學理論具有重要意義。

第四節　研究對象與字料彙集

碑誌作爲一種出土文獻和文字載體，蘊含了極爲豐富的語言文字資訊，既真實地載錄了漢字的形體構造和變異情況，也客觀地呈現了漢字演變的大致脉絡，值得我們進行深入的專題性研究。碑誌中的漢字類化現象十分普遍，幾乎囊括了類化的全部情形。我們以碑誌文獻爲中心對類化現象進行歷時性、專門性研究，正是基于上述考慮。

一、研究對象的界定

本書的主要研究目標是對中古時期（東漢至隋唐）碑誌文獻中的漢字類化現象進行專項描寫和清理，并在此基礎上，對類化的促動因素、類型、性質、作用等問題進行深入探討。考慮到研究的全面性，在類化的概念上取其廣義，將個別類化與系統類化等情形都納入討論範圍。類化字的生成是類化的結果和體現，也是類化現象發生的判定依據，因此我們選擇中古碑誌類化字作爲研究出發點和實際考察對象。類化字的概念也相應地取其廣義。

從碑誌的發展來看，東漢是我國古代碑刻發展史上的第一個高峰期。這個階段，墓碑、摩崖、石闕、畫像石、石經等碑刻形制已基本完備，同時碑文作爲一種文體正式形成。魏晉南北朝時期，統治者禁碑政策的推行，導致墓碑由地上轉移到地下，以墓誌的面貌繼續發展。同時因佛教文化的傳播、推廣，又產生出造像記這種嶄新的碑刻文獻樣式。造像題記、墓誌銘成爲該時期數量最多、最有特

---
① 張涌泉《敦煌文書類化字研究》，《敦煌研究》，1995 年第 4 期。

色的兩種碑刻文獻。①唐代則是我國碑刻發展的第二個黃金期。這一時期，碑刻各體俱全，數量衆多，内容豐富。唐碑的書法藝術，也達到空前絶後的高度。根據目前的幾種大型碑誌拓本彙編集保守估計，東漢至隋唐碑誌的總量超過20000種，字料總量極其龐大，足敷本書研究之用。

從漢字的發展來看，中古是漢字史的重要時期，漢字承古文之餘緒，主流書體經歷了脱篆入隸、由隸入楷的過程，自此步入今文階段。此外，行書、草書也完成了從萌芽到成熟的蜕變。一時衆體雜厠、正俗紛呈，蔚爲大觀。陸錫興參考20世紀70年代以來陸續出土的大批秦漢簡帛中的篆隸資料，認爲隸變至少經歷了三個階段，在秦代以前是準備階段，秦漢到東漢是劇烈變化階段，東漢中後期到唐代中期是完善階段。②東漢至隋唐的碑誌材料則恰好處于隸變的完善階段，與秦漢簡帛構成了相互銜接的隸變研究序列。可以説，中古碑誌不僅是考察漢字類化現象的堅實物質載體，也爲漢字流變、漢字屬性、字詞關繋、隸變理論等宏觀課題研究提供了極其寬廣的平台。

二、研究字料的彙集

本書研究字料的主體範圍爲中古碑誌中的隸楷書類化字及相關字形。此處"碑誌"亦取廣義概念，涵蓋碑碣、摩崖、墓誌、墓記、葬誌、畫像題記、造像記等包含文字内容的、充當文字載體的各類石刻。

在碑誌字料擇取及考察方面，本書所涉及的文獻資料可粗略分爲以下三類，擇要言之：

（一）拓本圖版彙編類

北京圖書館金石組編《北京圖書館藏中國歷代石刻拓本滙編》101册。該書是目前我國最大的一部通代碑誌拓本圖録彙編集，共收録拓本近20000種，起自戰國秦漢，終于中華民國。其中前35册收録漢至唐的碑誌拓本。該書各朝代所收録拓本均不及斷代性拓本彙編集完備，所選拓本不少并非精拓，間有失拓情况，對釋讀有一定的影響。

徐玉立主編《漢碑全集》6册。該書共收漢碑近300種，幾乎囊括了所有存世的漢碑及拓本，是目前可見收録漢碑最爲全面、選拓最爲精良的彙編集。同時附有碑刻簡介及録文。録文未作標點，偶見錯訛之處。

---

① 毛遠明《碑刻文獻學通論》16頁，中華書局，2009年。
② 陸錫興《論隸變研究的新進展》，載《中國文字學報》第1輯，2006年。

隋唐五代墓誌滙編總編輯委員會編《隋唐五代墓誌滙編》30 册。該書共收錄隋唐五代墓誌拓本 5000 餘種，搜羅全面，誌文清晰，對墓誌的出土時間、地點、撰寫者、書丹者、收藏等信息也有詳細的介紹。按收藏地域和單位分爲《洛陽卷》《河南卷》《陝西卷》《北京卷》（附《遼寧卷》）《北京大學卷》《河北卷》《山西卷》《江蘇山東卷》《新疆卷》共九卷。

此外，在研究過程中也偶爾參考或采用以下一些碑誌彙編集中的圖版資料，作爲對上述材料的補充：

中國文物研究所編《新中國出土墓誌》；河南省文物研究所編《千唐誌齋藏誌》；高峽主編《西安碑林全集》；胡戟著《珍稀墓誌百品》；宗鳴安等主編《豐碑大碣》；趙君平、趙文成等編《秦晋豫新出墓誌蒐佚》《秦晋豫新出墓誌蒐佚續編》《秦晋豫新出墓誌蒐佚三編》；賈振林編著《文化安豐》；葉煒等主編《墨香閣藏北朝墓誌》；清陸增祥撰《八瓊室金石補正》130 卷；清王昶撰《金石萃編》160 卷等。

（二）碑誌録文及校注類

南宋洪适撰《隸釋》《隸續》。《隸釋》27 卷，共收錄漢魏隸碑 180 餘種，所收碑刻在題材和種類上相當齊全，包括碑碣、石闕、摩崖、題名、石經、畫像題記等。《隸續》21 卷，承襲《隸釋》的編寫體例，兼收漢晋金器銘文，是《隸釋》的後續之作。二書是現存最早的集録碑刻文字的金石學專著，以楷書迻録碑文，保留了大量異體字信息。東漢碑刻亡佚甚夥，很多碑文内容依靠二書得以保存。

毛遠明編著《漢魏六朝碑刻校注》11 册。該書是目前所見對漢魏六朝碑刻整理最爲全面者，共收錄石刻 1400 餘通。體例完備，包括碑石簡介、拓本圖版、録文、校注等内容。在校注方面，尤其重視對文字的考釋，兼及歷史、文化、職官等各個方面内容。

王其褘、周曉薇編著《隋代墓誌銘彙考》6 册。該書共收錄隋代拓本 521 通，存目 117 通。該書體例完備，包括拓本圖版、碑石簡介、著錄情況、録文、考證等内容，是目前隋代墓誌收録最爲全面、質量最高的著作。

毛漢光撰《唐代墓誌銘彙編附考》18 册。該書共收集唐代武德元年至開元十五年碑誌拓本約 5000 餘通。體例上包括録文、拓本圖版、著錄情況、附記（包括碑誌來源、拓本形制、誌主世系、異形字等）等内容，其中録文質量較高。

《唐代墓誌彙編》及《唐代墓誌彙編續集》。前者由周紹良主編，收録《全唐文》未收唐代墓誌 3600 餘種；後者由周紹良、趙超主編，收録 1984 年以後出土的唐代墓誌 1500 餘種。兩書專門抄錄、編輯唐代墓誌録文而不收圖版，在録文方面存在一些繁簡轉換、識讀、標點方面的失誤，使用時最好與原拓進行核對。

（三）異體字、碑別字纂集類

毛遠明著《漢魏六朝碑刻異體字典》。該書是我國的第一部碑刻異體字典，也是對漢魏六朝碑刻異體字進行的一次全面搜集和整理，爲漢字學、漢字發展史及訓詁學、辭書學、辭書編纂、文獻整理等學科提供了具體材料和查詢工具。取材上限斷自漢代，下限迄於南北朝，收錄碑刻1400餘通，字料數量豐富。所有字形一律以拓本爲依據，可靠性強，同時對文字異體關繫進行了極好的溝通。

臧克和主編《漢魏六朝隋唐五代字形表》。該書以石刻、簡牘爲主體收字材料，按書體（篆、隸、楷）及時代對字形進行編排，具有字料數量龐大、所選字形真實、來源材質多樣、書體類型豐富、時代寬度廣闊等特點。

秦公等編著《碑別字新編（修訂本）》。該書收錄之別字采自碑碣、墓誌、摩崖、造像、石經等各類石刻材料，上起秦漢，下迄民國。全書共收字頭3500餘個，重文別字21300餘個，尤其注重搜羅罕見特異形體，爲漢字形體演變研究提供了極佳素材。因書中字形由人工摹寫而成，難免偶有失真，使用時要注意與原拓進行對照。

此外，在研究過程中也注意從南宋婁機《漢隸字源》6卷、清顧藹吉《隸辨》8卷、清邢澍《金石文字辨異》12卷等傳統碑別字纂集中采集字形，作爲對上述材料的補充。

三、字料擇取原則

中古碑誌總量龐大，文字現象複雜，從中提取和整理類化字殊爲不易。我們圍繞研究目標，確立了如下幾條字料擇取的基本原則：

第一，可靠原則。本書盡量從碑刻原拓中提取字形，力求保持文字書寫原貌。若同一拓本見於多處載錄，則選取字迹清楚、氈拓精良的版本；對碑誌錄文及碑別字纂集類著作中的迻錄或摹寫字形，盡量查找、校驗其相應拓本出處，確保其字形的準確可靠。

第二，全面原則。本書研究在彙集及考察類化字形時力求全面，因此在字料擇取方面，爭取克服以往僅以存世拓本作爲來源文獻的局限，將《隸釋》《隸辨》《金石文字辨異》等傳統金石學著作中所迻錄的碑誌字形也納入擇取範圍，歸並與拓本重複者，淘汰字形不確者。

第三，典型原則。廣義的類化字，涵蓋範圍極廣。本書在討論漢字類化問題時，盡量擇取形體特異的字形作爲描寫分析對象，以加強典型性。

第五節　研究内容與研究方法

一、研究内容

本書研究主要涉及以下幾個方面的内容：

（一）漢字類化現象的分類描寫。參考諸家對類化（類化字）的分類及各類名義，選取多個觀察維度，對漢字類化的類型進行全方位的分別概括。同時搜集、彙總中古碑誌文獻中的類化字形，進行詳盡的分類描寫。

（二）漢字類化問題的理論探討。依據信實的碑誌字料及考察所得，對漢字類化問題進行理論探討，内容包括類化的動因、性質、特點、影響，及與其他文字現象的異同、在漢字系統及詞彙系統演進中的作用等諸多方面。

（三）漢字類化研究的應用探討。結合碑誌具體字例，對類化字的考辨方法進行總結，并充分利用前人研究所取得的成果，探討類化研究在碑刻文獻整理、大型字書編纂方面的實踐意義。

二、研究方法

在研究過程中，注意采取以下幾種研究方法：

（一）理論研究與實證研究相結合。充分結合文字學、詞彙學理論及相關研究成果，立足詳實的碑誌類化字料，細緻探討類化的類型、性質、特點、影響等問題，總結形體演化通例，提取規律性認識，進行理論升華。

（二）共時考察與歷時考察相結合。類化字的發展既具有階段性，也具有漸變性。本書擇取的碑誌材料刻寫時間跨度有限，文字均質性較强，適合將其視爲一個封閉性、共時性的系統，對這個系統内部的組合模式、構成要素及各要素之間的關繫等進行靜態的描寫分析。而在探討類化字的傳承與流變問題時，則適宜將其置于動態性、歷時性的文字發展史層面進行關照，探尋字形演變的原因及其走向。

（三）宏觀建構與微觀剖析相結合。彙集碑誌類化字形，對其進行詳細測查，從宏觀上把握中古碑誌類化字的類型、特點及分布情况。微觀上注意單個字詞的形體、意義、用法考察，力求由點到面、點面結合。

三、行文説明

（一）本書引用碑誌語例通常采取"朝代+年號紀年+碑誌名稱+語例+拓本出

處"的格式，例如：隋大業八年《宫人陳氏墓誌》："原其濫觴，姚墟置胡公之祀；語其世系，潁川有陳寔之碑。"（《隋彙》4/218）。

（二）碑誌刻立年份不明者，根據時間的具體程度，或采取"朝代+年號+某年""朝代+年號+年間""朝代"等表達方式。

（三）碑誌名稱通常采用"姓名+墓誌"的簡稱格式。簡稱的擬定，以通用、簡要、避重名爲基本原則。

（四）語例中，涉及所要討論的碑（誌）字及相關字，盡量采用拓本字形，無拓者采用迻録字形，以便于保留字形的真實樣貌；上下語境中出現的異體、別體，一般改爲通行正體。語例中凡有闕字者，每字以"□"代之；闕字可據文獻增補者，以"[ ]"標明；闕字過多者，以"……"標明。

（五）字形出處文獻有些采用簡稱，詳見後附《引書簡稱表》。書名斜綫前的數字表册數，斜綫後數字表頁碼。如"《隋彙》4/218"表示"《隋代墓誌銘彙考》第4册第218頁"。如文獻爲單册，則書名後數字表示頁碼。個別散見拓本字形隨文標明出處。

（六）爲求簡潔，行文中凡稱引前賢時修之説，通常直書其名，不贅"先生"等字樣，祈請諒解。

第二章　漢字類化的基本類型

基于不同的文獻材料及研究視角，學者對漢字類化（或類化字）類型的劃分存有一定的分歧。張涌泉將漢語俗字的類化現象分爲"受上下文影響的類化""受潛意識影響的類化"及"字的内部類化"三類。[①]黄征將敦煌寫卷中的類化俗字分爲"涉上""涉下""涉左""涉右""涉内""部首"六類。[②]陸明君將魏晉南北朝碑别字的類化現象分爲"上下文間的類化""本體的字内類化""間接的類化"三類。[③]郭瑞將魏晉南北朝石刻文字的類化現象分爲"語境類化""本體類化"及"系統類化"三類。[④]毛遠明將形旁類化字區分爲"受字形影響產生的類化字"及"受文字使用的具體語境語義的影響而產生的類化字"兩個大類，同時還存在"既受上下文字形影響，也受具體語境文意影響而發生形旁類化"的情形。[⑤]劉釗將古文字中的類化現象分爲"文字形體自身的類化"及"受同一系統内其他文字影響而發生的類化"兩類。[⑥]黄文杰將秦至漢初簡帛文字中偏旁或部件的類化現象分爲"受上下文影響的類化""受字的内部偏旁或部件影響的類化""受潛意識影響而形成的類化"三類。[⑦]鄭賢章將漢文佛經中類化字的類型分爲"受上下文用字影響的類化字""受上下文語境影響的類化字""受語義常配字影響的類化字""受自身構件影響的類化字""受漢字表意特性影響的類化字"五類。[⑧]

綜合來看，目前學界對漢字類化現象的分類尚缺乏相對統一、明晰的標準。上述諸家所作出的分類既難涵蓋漢字系統中發生的全部類化情況，也未能總括所有類化字的類型；此外，若嚴格推敲，一些分類方式相對籠統，層次不夠明晰，即將從不同角度概括得出的類型雜糅并列，由此導致所劃分出來的某些類型之間可能實際上并不處于同一類别平面。

毛遠明較早指出漢字類化的類型應作多角度的分别概括：

[①] 張涌泉《漢語俗字研究（增訂本）》63-73頁，商務印書館，2010年。
[②] 黄征《敦煌俗字典（第二版）》24-26頁，上海教育出版社，2019年。
[③] 陸明君《魏晉南北朝碑别字研究》192-203頁，文化藝術出版社，2009年。
[④] 郭瑞《魏晉南北朝石刻文字類化現象分析》，載《中國文字研究》第14輯，大象出版社，2011年。
[⑤] 毛遠明《漢字形旁類化研究》，《西南師範大學學報（人文社會科學版）》，2006年第6期。
[⑥] 劉釗《古文字構形學（修訂本）》95-108頁，福建人民出版社，2011年。
[⑦] 黄文杰《秦至漢初簡帛文字研究》114-121頁，商務印書館，2008年。
[⑧] 鄭賢章《〈新集藏經音義隨函録〉研究》63-67頁，湖南師範大學出版社，2007年。

從我們掌握的具體材料（按：指漢魏六朝碑刻異體字料）出發，對類化字可以作不同分類。按照形體類別劃分，漢字形體類化可分爲構件類化、偏旁類化、整字類化三大類，而偏旁類化可分成形旁類化和聲旁類化。按照類化動因分，形體類化可以分爲因字形影響而類化和因詞義影響而類化兩大類，而以字形影響而類化爲主。按照影響類化的主體分，形體類化可分爲字內構件因素影響和字外他字因素影響兩大類，而以字外因素影響爲主。按照類化字改變形體的方式劃分，可以分爲增加符號和改換符號兩大類。[①]

類型劃分是討論漢字類化現象及理論的前提工作之一，需要進行全方位的綜合考量。結合具體的文獻字料并參考諸家分類，從不同的觀察維度出發，本书對漢字類化作出如下分類：

第一，根據類化的作用範圍，分爲字內類化與字外類化兩類。
第二，根據促動因素的性質，分爲涉形類化、涉義類化與涉聲類化三類。
第三，根據促動因素的顯隱，分爲顯性類化與隱性類化兩類。
第四，根據類化的作用對象，分爲筆畫類化、偏旁類化與全字類化三類。
第五，根據類化路徑的方向性，分爲順推類化與逆推類化兩類。
第六，根據是否具有理據性，分爲有理類化與無理類化兩類。
第七，根據是否具有系統性，分爲個別類化與系統類化兩類。

上面作出的分類可能不盡完備，不同類型之間可能存在相互交疊的情況，所採用的個別術語亦有虛造之嫌，但希望這種分類模式的嘗試性建構能夠有助於相關問題的厘清。以下分別對每種類型的具體情況展開討論。

一、字內類化與字外類化

從類化作用的發生範圍考量，類化既可發生于文字內部，也可發生于文字外部，如詞語內部及語境內部等。其中，發生于一字內部的類化現象可稱爲"字內類化"；與之相對的提法應是"字外類化"，統稱發生于一字外部的類化現象。

（一）字內類化

字內類化或稱"本體類化"[②]"涉內類化"[③]"文字形體自身的類化"[④]"部件

[①] 毛遠明《漢魏六朝碑刻異體字研究》338頁，商務印書館，2012年。
[②] 郭瑞《魏晉南北朝石刻文字類化現象分析》，載《中國語言文字研究》第14輯，大象出版社，2011年。
[③] 黃征《敦煌俗字典（第二版）》25頁，上海教育出版社，2019年。
[④] 劉釗《古文字構形學（修訂本）》95頁，福建人民出版社，2011年。

自身的内部類化"①等，是文字内部發生的類化現象，指某構件（或局部形體）受到字内其他構件（或局部形體）的影響而在寫法上與之趨同。構件是漢字構形的基本單位。多數漢字由不同構件逐層累加而成，内部包含層次性。對合體字進行切分，按照構件被切分出的先後次序，可將構件分爲一級構件、二級構件、三級構件等。②字内類化發生于同級構件之間的情況相對常見，但也可能發生于不同層級的構件之間，乃至發生于不易分清層次的局部形體之間。此外，還存在因類化而贅增同形構件的情形。

1. 同級構件類化

一級構件通常充當全字的形符或聲符，具有提示字義或標示字音的功能，故一級構件之間的類化容易造成全字理據的破壞或改變。

【此—阯】東魏天平二年《嵩陽寺碑》："阯山先來，未有塔廟。"又"後窮來際，咸鍾阯福。"（《北圖》6/28）"阯"據文意即"此"之異體，"匕"受"止"影響亦類化作"止"。俗書"匕"與"止"形近相混，如"老"或作"耂"。故此處"此"之作"阯"，既是字内類化的結果，也與構件訛混相關。

【顛—顛】"顛"本從頁真聲，碑誌或見作"顛"，"頁"受"真"影響亦類化作"真"。隋大業七年《張濤妻禮氏墓誌》作"顛"（《北圖》10/53），唐開元十五年《楊孝恭碑》作"顛"（《西安碑林全集》9/947），天寶十一年《齊子墓誌》作"顛"（《北圖》26/66），元和七年《李瞻妻蘭陵蕭氏墓誌》作"顛"（《隋唐》陝西卷 2/40）。以"顛"爲構件的字，或發生同步變異。如"巔"，唐開元十五年《喬崇敬墓誌》作"巔"（《北圖》22/123），武周年間《樓嚴寺詩刻》作"巔"（《北圖》19/140）。

【黍—柔】"黍"，甲骨文作""（《合集》9980）、""（《合集》9942），象黍形，旁或增"水"符；《仲叡父盤》作""（《金文集成》4102），改從禾形，以表植物。《説文·黍部》小篆作""，亦從禾、水構形。③東漢光和四年《三公山碑》作"柔"（《隸釋》卷三），下部構件受上部"禾"的影響而類化作"禾"。以"黍"爲構件的字，或發生同步變異。如"香"，《説文·香部》小篆作""，"從黍從甘"。東漢延熹八年《華山廟碑》作"香"（《北圖》1/125）。

【轉—轉】唐大曆二年《王訓墓誌》："三歲尚輦奉御，四轉至光禄卿。"（《北圖》27/60）誌字當即"轉"之異體，形符"車"受聲符"專（專）"的影響亦類化作"專"。

---

① 梁春勝《楷書部件演變研究》278 頁，綫裝書局，2012 年。
② 王寧《漢字構形學導論》99 頁，商務印書館，2015 年。
③ 許慎析爲"從禾、雨省聲"的形聲字，殆非。

第二章 漢字類化的基本類型

【燮—爕】《説文‧又部》："燮，和也。從言，從又、炎。"北魏永安二年《元純陁墓誌》："奉姑盡礼，剋匪懈於一人；處姒唯雍，能爕諧于衆列。"（《北圖》5/126）"燮"之"又"符受"火"符影響亦變作"火"。《字彙‧火部》："燮，俗作爕。"

一些字内類化也可能發生在第二層級乃至第三層級的構件内部。

【嘉—嚞】"嘉"，從壴加聲。隋開皇三年《寇奉叔墓誌》："未麋好爵，邐稱嚞謐。"（《北圖》9/9）"嚞"據文意即"嘉"的異體，聲符"加"發生内部類化，"力"受"口"之影響亦變作"口"。

【始—姶】"台"本從口㠯聲，《説文‧口部》小篆作"𠯑"，隸作"台"。"台"作爲構件參與組字時，或寫作"呂"，其構件"厶"受下部"口"的影響也變成"口"。如"始"，東漢《戚伯著碑》作"姶"（《隸釋》卷十二）、北魏正始四年《奚智墓誌》作"姶"（《北圖》3/98）。又如"治"，東漢永康元年《孟郁脩堯廟碑》作"洺"（《隸釋》卷一）、《張角等字殘碑》作"洺"（《漢碑全集》6/2157）等。

【盟—盟、䀎、𥁰】"盟"，《説文‧囧部》小篆從"囧"作"䀎"，古文從"明"作"𥁰"，隸楷書大多承襲《説文》古文字形而改下部"血"作"皿"。碑誌或作"盟"，如北齊武平元年《劉悅墓誌》"策勳盟府"之"盟"作"盟"（《北圖》8/11），"月"受"日"之影響類化作"日"。"明"單獨成字時或從"目"作"眀"，故"盟"或改從"眀"作，如北魏延和二年《張正子父母鎮墓石》作"盟"。在該形基礎上，或字内類化作"盟"，如北魏熙平元年《楊胤墓誌》"鴻啼盟津"之"盟"作"盟"（《北圖》4/40），北齊武平二年《徐顯秀墓誌》"盟府已盈"之"盟"作"盟"（《校注》9/394），"月"受"目"之影響類化作"目"。①佛經又見作"盟"者，如《可洪音義》："盟，音明，約也。"②此則"目"受"月"之影響類化作"月"。

【廬—廬】"廬"，從广盧聲。聲符"盧"，《説文‧皿部》小篆作"盧"，隸楷書中部"㕚"省作"田"形；上部"虍"常省變作"雨"，與"田"形約略近似，如東晋升平三年《王丹虎墓誌》"虎"作"雨"（《校注》3/4）、北魏孝昌二年《元乂墓誌》"廬"作"廬"（《北圖》5/32）等。東漢永壽二年《禮器碑側》"亓廬城子二百"之"廬"作"廬"（《漢碑全集》3/822），"虍"作"田"形，此當是受其下"田"形之影響，在"雨"形基礎上進一步省形變異的結果。

2. 跨級構件類化

有時，類化也可能發生于不同層級的構件（或局部形體）之間。這種情況不

---

① "明"單獨成字時或字内類化作"眀"，馬王堆簡帛可見數例。參魯普平《馬王堆簡帛校讀札記二則》，《古漢語研究》，2018 年第 1 期。

② 韓小荆《〈可洪音義〉研究——以文字爲中心》585 頁，巴蜀書社，2009 年。

25

妨籠統地稱之爲"跨級構件類化"。例如：

【勢—𫝑】"勢"，《説文·力部》小篆作"𫝑"，"從力埶聲"。東魏武定八年《廉富等造義井頌》："弥綸千嶸，𫝑通河海。"（《北圖》6/166）"𫝑"當即"勢"的異體，右上"丸"（"丮"的變體）受下部"力"的影響亦變作"力"。

【煙—烬】"煙"，從火垔聲。其聲符"垔"也是形聲字，從土西聲。唐永隆二年《處士王君墓誌》："琴酒契風月之賞，林泉洽烬霞之志。"（《千唐誌齋藏誌》330）"烬"即"煙"之異體，右下"土"受左旁"火"的影響亦變作"火"。

【曜—昍】隋大業六年《薛保興墓誌》："長辭昍眼（朗），永歎幽昏。"（《北圖》10/41）誌字據文意當即"曜"的異體。"曜"，從日翟聲。聲符"翟"之構件"羽"受形符"日"的影響而變作"昍"。

【賵—賵】北周保定四年《賀屯植墓誌》："主上嗟悼，賵賻有加。"（《北圖》8/111）"賵"據文意即"賵"之異體。右旁"冒"即"冒"之俗寫，如北魏孝昌三年《元曄墓誌》"深攻冒嶮"之"冒"作"冒"（《校注》6/91）。《説文新附·貝部》："賵，贈死者。從貝從冒。冒者，衣衾覆冒之意。"此處左旁"貝"受右下"目"的影響而省變作"目"。

【淵—渊、㳶】"淵"，《沈子它簋》作"淵"（《金文集成》4330），《説文·水部》小篆作"淵"，"回水也。從水，象形。左右，岸也，中象水兒。"段玉裁注："左右謂丨丨，中謂𠔼。"蓋字形已不大能體現水盤旋之貌，隸楷書或改"𠔼"作二"水"上下相重形，這是一種表義改造，亦可視爲受左旁"氵（水）"影響的字内類化。如東魏武定八年《廉富等造義井頌》："處火脩冥，履渊救[溺]。"（《北圖》6/166）或省"𠔼"之撇筆。北齊河清四年《薛廣墓誌》："士行佐劉，渊源相庾。"（《北圖》7/149）再省作"㳶"。《龍龕·水部》："㳶，俗渊（淵）。"

【旋—蹝】《説文·㫃部》："旋，旌旗之指麾也。從㫃，從疋。疋，足也。""疋""足"同源，形義皆近，作構件時常見換用，故"旋"或從"足"作"蹝"。如東漢元初二年《子游殘碑》作"蹝"（《漢碑全集》6/1981）、西晋元康九年《徐義墓誌》作"蹝"（《北圖》2/65）等。"㫃"，甲骨文作"𣃘"（《合集》22758），象旌旗飄揚之形；小篆作"㫃"，離析爲"方""人"組合，隸楷書承之。北齊河清三年《尔朱元静墓誌》："折蹝府仰，參謀得失。"（《北圖》7/128）誌字據文意當即"旋"之異體，在上述"蹝"形基礎上，左側"方"受右下"足"之影響亦變作"足"。

【騎—騎】"騎"，從馬奇聲。唐乾元二年《崔夐墓誌》："左衛騎曹參軍。"（《千唐誌齋藏誌》911）誌字當即"騎"的異體，形符"馬"之"灬"變作"口"形，大概是受到聲符"奇"之"口"符的影響，字内類化所致。

26

【融—融】"融"之左旁"鬲",《大盂鼎》作"鬲"(《金文集成》2837),象鬲形,《説文·鬲部》小篆作"鬲","鼎屬。象腹交文,三足"。北齊武平四年《臨淮王像碑》:"孔融之見圍也,史慈冒難於都昌;袁譚之被攻焉,王脩赴禍於高密。"(《北圖》8/49)碑字據文意即"融"的異體,左部"鬲"之中足部分涉右部"虫"符亦類化作"虫"。孔融是東漢末年文學家,"建安七子"之一。又唐天寶四年《王文成墓誌》:"神光赫弈,歷萬[載]以傳芳;靈液沖融,冠千齡而啓胤。"(《隋唐》洛陽卷11/48)"融"亦字内類化作"融"。

3. 增加同形構件

在字内增飾同形構件,可視爲一種特殊的字内類化現象。如北魏建義元年《元周安墓誌》:"式鐫徽範,永晰山眉。"(《北圖》5/109)梁春勝認爲此處"眉"當即"眉"的類化增旁字,亦是字内類化之例。① 增加同形構件的目的大概是爲了強化構字理據或實現字形的方正化等,有些則意圖不明,與字形的表音表義關繫不大。

【棘—棘】《説文·束部》:"棘,小棗叢生者。從并束。""束"俗書常譌作"朿""來"等形,故"棘"或作"棘""棘"等。如北魏太和二十三年《韓顯宗墓誌》作"棘"(《北圖》3/44)、太昌元年《元頊墓誌》作"棘"(《北圖》5/167)。又從四"束"作"棘"。《集韻·職韻》:"棘,或作棘。"北齊武平五年《李祖牧墓誌》"趙郡平棘"之"棘"作"棘"(《校注》10/71),《龍龕·來部》:"棘、棘,二俗,今作棘。""棘""棘"皆"棘"之異寫。"棘"形繁複,左右二"棗"又分别發生不同程度的黏合,變體多樣。如北魏永安二年《王翊墓誌》作"棘"(《北圖》5/117),隋開皇十四年《侯肇墓誌》作"棘"(《隋彙》2/144)等。

【森—森】《説文·林部》:"森,木多皃。從林從木。"隋開皇三年《梁邕墓誌》:"巖巖萬仞,森森千丈。"(《隋彙》1/81)誌字據文意當即"森"之異體,復增一"木"。

【累—纍】"纍"本從糸晶聲。隸楷書通常省作"累",聲符"晶"變爲"田",失去表音性。北魏孝昌二年《公孫猗墓誌》:"基堂爲帝,纍構成王。"(《北圖》5/49)誌字即"累"之異體,下部復增一"糸"作"絲",即"絲"之省變。"糸""絲"義近通作,故"纍"亦可視爲"累"的換形字。

【雲—雲】《説文·雲部》:"雲,山川气也。從雨,云象雲回轉形。"東漢建寧五年《郭仲奇碑》:"枝葉雲布。"(《隸釋》卷九)碑字復增一"云",蓋會雲氣回轉連綿衆多之狀。

---

① 梁春勝《楷書部件演變研究》275-276頁,綫裝書局,2012年。

【曹—曺】"曹",《説文・曰部》小篆作"㯥",隸楷書或省作"曹""曹""曺"等形。東漢光和五年《孔耽神祠碑》:"縣請署主薄功曺"。(《隸釋》卷五)碑字當即"曹"之異體,下部構件"曰"變爲二"日"形。此形不見于他處,增加構件大概是爲了求得字形的方正化。同碑"遭元二之輗軻"之"遭"作"遭",屬于同步變異。

【僉—驗】"驗"之構件"僉",《説文・人部》小篆作"僉","從亼、從吅、從从"。隸楷書通常作"僉",變"从"爲"㣺"。東漢永康元年《孟郁脩堯廟碑》:"圖紀萬世,功驗永著。"(《隸釋》卷一)"僉"中部復增一"口"作"品"。類例又如東漢光和元年《徐氏紀産碑》"澰"作"澰"(《隸釋》卷十五)。

【區—區】唐永隆二年《崔懷儉造像記》:"恒州房山縣人崔懷儉在軍之日願造觀世音佛一區。"(《北圖》16/140)"區"當即"區"之異體。"區"在造像記中常用作計量佛像的量詞,此處則變構件"品"爲"品",復增一"口"。

(二)字外類化

字外類化,其影響因素來自于文字外部,通常出現在上下文語境中,表現爲特定的偏旁、構件、字形等;有時也可能不出現,而表現爲思維層面的相關字或義類等。字外類化的涵蓋範圍較廣,其中以語境類化最爲典型。

語境,指語言單位(如語素、詞、句子)出現和使用的環境。當一個語言單位出現在語流中時,其前或其後出現的其他語言單位都是該單位的語境。在口語中體現爲前言後語,在書面語中則體現爲上下文。語境類化,又稱"受上下文影響的類化"[①]"上下文間的類化"[②]等,指文字受其所出現的上下文語言環境影響而改變形體的情況。

嚴格來説,構成一個合成詞的兩個或多個語素(書面體現爲單字)也是彼此互爲語境的,它們存在相互制約的關繫。故詞語類化也是語境類化的一個重要類型。因爲碑刻材料中詞語(主體是雙音詞)的類化情形極其常見,且研究價值較大,我們另設專章探討。這裏主要討論語境内詞際發生類化的情況。

語境類化的促動因素,可能是具體的語境義,也可能是語境中出現的他字,抑或兼而有之。據此可將語境類化分爲如下三個次類:

1. 受語境義影響而類化

語境能够制約語言單位的理解和選用。文字作爲記録詞語的書寫工具,有時

[①] 張涌泉《漢語俗字研究(增訂本)》63頁,商務印書館,2010年。
[②] 陸明君《魏晉南北朝碑別字研究》193頁,文化藝術出版社,2009年。

會依據詞語的具體使用環境而增加或改換構件（主要爲形符），以適配字形表義性的需求。換言之，文字受語境內相關詞義的沾染，也可能產生類化變體。有時，這種類化字形只與特定的語境相互關聯，成爲記錄某個義項的專字。

【阿—岡】"阿"指大丘陵或指山的彎曲處。《爾雅·釋地》："大陵曰阿。"《說文·阜部》："阿，曲阜也。"北周建德元年《李元海造像記》："敢竭周身之物，采石首陽之岡"。（《北圖》8/154）"首陽"爲山名，"阿"蓋受其詞義影響而增"山"符作"岡"。《字彙補·山部》："岡，山之阿也。"

【湎—酺】《說文·水部》："湎，沈於酒也。從水面聲。《周書》曰：'罔敢湎于酒。'"北魏建義元年《元譚墓誌》："中山豈酺，汲冢遺箋。"（《北圖》5/91）西晉張華《博物志》卷五載，劉元石到中山酒家買酒，酒家與之千日酒，元石回家後大醉不醒，家人疑其已死，遂葬之。千日後，酒家來訪，乃皆同其家人開棺，元石遂醒。後因以"中山"喻指美酒。誌中"湎"涉語境之"酒"義而換爲"酉"符。《玉篇·酉部》："酺，飲酒失度也。或作湎。"《龍龕·面部》："酺、酺，俗，通湎。""酺"殆即"酺"的字內類化形體。

【適—嫡】"適"本義爲到、往，引申有女子出嫁義。如西晉永平元年《管洛墓碑》："年有十七，始適徐氏。"（《北圖》2/54）。碑字即"適"的異寫。受使用語境影響，"適"或增"女"符作"嫡"，成爲表該義的專字。① 東魏武定二年《崔元容墓誌》："大女字仲猗，適彭城劉氏。"（《校注》7/392）北周建德六年《張滿澤妻郝氏墓誌》："年十有一，嫡南陽人、驃騎大將軍、大都督張敬恩第二息滿澤爲妻。"（《北圖》8/166）又作"擿"，"才"當是"女"符之訛。北齊天保十年《崔孝直墓誌》："女擿與梁州刺史河南元士亮。"（《北藝》134）

2. 受語境內他字形體影響而類化

在具體的書寫環境中，文字使用者在書寫某字時，有時會受到同一語境內其他文字形體的影響而對該字進行改造，使之與他字具有同樣的偏旁。根據他字與該字的相對位置，大體分爲涉上類化與涉下類化兩種情況：前字影響後字，爲涉上類化；後字影響前字，爲涉下類化。這裏則更詳細地區分爲以下四類情況：

（1）因鄰字而類化

這是較爲常見的一類情形，即一字受鄰近的上字或下字影響而發生類化。若該字與鄰字語義關聯較強或經常連用，則更易發生類化。

【秦—溱】北魏孝昌三年《寧懋墓誌》："溱漢之際，英豪競起。"（《北圖》5/73）誌字本當作"秦"，受下字"漢"的影響而增"氵"符，與"溱洧"字同形。

---

① 在出嫁義上，"適"亦或換符作"嫡"，與"嫡庶"字同形。

【邆—蘧】北魏正光四年《元斌墓誌》："春蘭蘧撋（揃），報施無誡。"（《北圖》4/155）誌字本當作"邆"，表倉猝義，涉上字"蘭"而增"艸"符。《説文·艸部》："蘧，蘧麥也。從艸邊聲。"誌字與之同形。

【剖—荊】東漢建寧四年《西狭頌》："是以三荊符守，致黄龍、嘉禾、木連、甘露之瑞。"（《校注》1/310）洪适跋："碑以荊爲剖。"（《隸釋》卷四）剖符，即剖分信符。古代帝王分封諸侯、功臣時，以竹符爲信證，剖分爲二，君臣各執其一，後因以"剖符"爲分封、授官之稱。《戰國策·秦策三》："穰侯使者操王之重，決裂諸侯，剖符於天下，征敵伐國，莫敢不聽。""三剖符守"謂三次受符爲太守。隸楷書"竹""艸"相混，故"符"或作"苻"，"剖"又涉"苻"而增"艸"符。《集韻·厚韻》："荊，艸名。"此與碑字同形。"剖符"固化成詞已久，人們在觀念中已將其作爲一個高頻組合的整體來使用。①碑中"剖""符"雖没有作爲一個詞來使用，但"剖"類化作"荊"可以反映二者的密切關聯。

（2）因對文而類化

碑誌常以駢體行文，崇尚對仗、辭藻、聲韻等修辭美感。對文是其廣泛使用的修辭表達方法之一。"對文"，或稱"相對爲文""相對成文""對言""對舉"等，指在相近或相同的語法結構中，處于相對應位置上的詞或短語。從形式上看，對文又可分爲句内對文和多句對文兩種類型。碑誌中對舉的詞語，不僅要求詞性相同及意義相關（近同或相反），有時也追求外在字形上的一致。

【擥—擥】"擥"，從手監聲，通常作上下結構。東漢建寧元年《衡方碑》："擥英接秀，踵迹晏平。"（《北圖》1/130）碑中"擥"改爲左右結構作"擥"，或是受下文"接"字結構影響所致。"擥""接"對文，皆表采持義。《正字通·手部》："擥，同擥。"

【操—悰】唐龍朔元年《房寶子墓誌》："湫隘有居貞之悰，沈冥得大隱之情。"（《北圖》14/22）"悰"據文意當即"搡（操）"之異體。"居貞之操"謂遵循正道的操守。此處"操"與"情"對舉，故受其影響而换爲"忄"符，與"悰"之異體同形。

【曉—膮】隋大業十年《鮑宫人墓誌》："玄夜難膮，何時復朝。"（《隋彙》5/94）誌字據文意當爲"曉"之異體，蓋涉下文"朝"而改從"月"作。"朝"小篆從"舟"作，隸楷書訛從"月"。《説文·肉部》："膮，豕肉羹也。"誌字與之同形。

---

① 東魏天平三年《王僧墓誌》"剖符東夏"之"剖"作"荊"（《校注》7/155），西魏大統八年《和照墓誌》"四爲剖符"之"剖"作"荊"（《校注》8/179），皆是涉"苻（符）"而類化的增旁俗字，構件"阝"是"刂"之訛變。參《石刻叢考》（352）。

【懷—攃】唐永淳二年《孟君妻麻氏墓誌》:"攃想增悲,撫心長號。"(《北圖》16/194)"攃"當即"懷"之異體。"懷想"謂懷念、眷念,如《文選·李陵〈答蘇武書〉》:"遠託異國,昔人所悲,望風懷想,能不依依。"此處"懷""撫"對文,蓋受"撫"之形體影響,"懷"換爲"扌"符。

(3) 因其他位置上的字而類化

有時,一字與他字在綫性順序上并不緊緊相連,二者也不處在對文位置上,但由于彼此語義上存在一定關聯,該字仍可能受到他字形體影響而發生類化。

【黨—儻】唐永徽五年《李信墓誌》:"虛襟鄰儻之伍,善誘幼童之類。"(《北圖》12/122)"儻"據文意當是"黨"之異體。"鄰黨"謂鄰里鄉黨,泛指同鄉之人。《宋書·臨川王義慶傳》:"行成閨庭,孝著鄰黨。"此處"黨"蓋受下文"伍"之形體影響而增"亻"符作"儻",與"倜儻"字同形。

【族—姺】唐乾封元年《支郎子墓誌》:"毓慶高門,嬪媛公姺。"(《北圖》15/9)誌字據文意當即"族"之異體,蓋涉上文"嬪媛"而改從"女"符。公族,指豪門家族,猶言"大族"。

(4) 因多字而類化

若一段文字中具有相同偏旁的字不止一個,就很難説一個類化字形的出現具體是受到哪個字的影響,不妨將其視爲多字形體影響的結果。這種形體的改換,與書碑者追求全段文字對應、齊整的視覺效果不無關聯。

【巨—泹】北魏正始元年《法雅與宗那邑一千人造像碑》:"玄池之流必歸于泹海。"(《北圖》3/73)"泹海"即"巨海",指大海。碑字受語境中"池""流""海"等字的影響而增"氵"符作"泹"。《集韻·語韻》:"泹,水中物夥曰泹。"碑字與之同形。東魏武定三年《朱永隆等七十人造像銘》:"夫鏡日輝玄,啓妙識於净海;澄波泹壑,連境目於生源。"(《北圖》6/124)"泹"字拓本模糊,《八瓊室金石補正》卷一九録作"泹"并注:"'泹壑'者,'泹'之訛,當只作'巨'。"可從。俗書"巨"或訛作"臣"。此處"臣(巨)"受語境中"海""澄""波"等字影響而增"氵"符。

【枲—綶】北魏熙平元年《馮會墓誌》:"絲綶紃組,無不悉練。"(《北圖》4/32)"綶"即"枲"的異體。絲枲,指生絲和麻,引申指繅絲績麻等婦職。《周禮·天官·内宰》:"以婦職之法教九御,使各有屬,以作二事。"鄭玄注引漢杜子春曰:"二事謂絲枲之事。"紃組,指絲繩帶,引申指婦女從事的女紅。《禮記·内則》:"女子十年不出,姆教婉娩聽從。執麻枲,治絲繭,織紝組紃,學女事,以共衣服。"孔穎達疏:"組、紃俱爲絛也……然則薄闊爲組,似繩者爲紃。"誌中"絲""枲"

"紃""組"四字連文，故"枲"受其他幾字影響而類化增"糸"符，以求得形體上的一致性。《龍龕·糸部》："線，與枲同。"

3. 兼受語境內形義影響而類化

有些語境類化的影響因素較爲複雜，彼此較難清晰剝離。有些類化字形的出現，既與語境內他字形體的影響有關，也與自身語義、語境內包含的句義或詞義的影響存在密切關聯。

【膏—潽】北魏正光五年《元昭墓誌》："其訓俗禮民之教，若濛雨之潽春萌。"（《北圖》4/160）"潽"據文意當是"膏"之異體。"膏"原指肥肉、油脂，此處引申爲動詞，指潤澤、滋潤。"濛雨"，謂毛毛細雨。此處"膏"增"氵"符作"潽"，既與自身表義有關，大概也受到了上文"濛"之形體的影響。

【氏—妭】東漢《梁相費汎碑》："有功封費，因妭爲姓。"（《隸釋》卷十一）洪适跋："妭即氏字。"《資治通鑒·外紀》："姓者，統其祖考之所自出；氏者，別其子孫之所自分。"秦漢以後，姓、氏合一，混然不別，通稱姓，或兼稱姓氏。南宋羅泌《路史·禪通紀·太昊》："正姓妭，通媒妁。"此處"氏"增"女"符作"妭"，應是受到了下文"姓"的形體、語義的雙重影響。

二、涉形類化、涉義類化與涉聲類化

賈愛媛指出，以往探討漢字的類化主要着眼於形聲字形符的類化，其實類化不僅有以義相從的類化，還有以音相從的類化和以形相從的類化。[①]根據促動因素的性質，大致可將類化分爲涉形類化、涉義類化與涉聲類化三種類型。有時一字的形體演變，可能兼受他字形、音、義等因素的多重影響。

（一）涉形類化

涉形類化是受字形或構件形體因素影響而導致的類化。上文所提及的"字内類化"和"受語境內他字形體影響而類化"就屬于這種情形。此外，在漢字發展過程中還廣泛存在着兩種涉形類化的情況：其一是受同一系統內形近他字影響而類化，我們稱之爲"類成字化"；其二是受優勢構件影響而類化。兩者的共性是均以形近和高頻爲演變指向。

1. 構件的類成字化

"類成字化"是齊元濤等基於"成字化"所提出的一個概念，指一些形體在發

---

① 賈愛媛《漢字形體類化現象綜析》，《青海師範大學學報（哲學社會科學版）》，2014年第1期。

展過程中變成了與成字構件同形的形體，但這些同形形體不提供成字構件的音義，不是真正意義上的成字構件。①這種情況，劉釗稱之爲"受同一系統內其他文字影響而發生的類化"②，張涌泉稱之爲"把罕見的、生僻的偏旁改成常見的偏旁"。③梁春勝亦指出："爲了便于書寫和記憶，人們有時會將一些不成字的部件改造爲形近的成字部件，這就是楷書部件的改造成字規律。"④各家出發點和說法不同，然其揆一也。

從本質來說，類成字化是一種比較純粹的字形訛變現象，與音義無涉，即在漢字使用過程中，將既有字形或字形的某些部分誤寫或改造爲形近的其他構形要素，這些構形要素形式上表現爲成字構件或成字構件組合體，但在新字中并不提供標音或示意功能，與全字音義缺乏關聯。爲表述方便，我們稱這些與成字構件同形異質的構件爲"類成字構件"及"類成字構件組合體"。

與通常意義的字形訛變不同的是，類成字化具有明確的演變指向，即原有形體向形近的高頻構件或構件組合體靠近。正如張涌泉在討論唐佛經中"擾"（"擾"的本字）右旁或俗寫作"憂"時所指出的："其實這與寫字的人厭生喜熟的心理有關。由于種種原因，有些字的偏旁構件看起來比較陌生，俚俗往往會把這種陌生的偏旁改爲相近的比較熟悉的偏旁……據《說文》，'夒'釋'貪獸也。一曰母猴'，所指本來就含糊不清，并且文獻中也沒有實際用例，所以這個字對普通人來說顯得很陌生；而'擾'字恰恰從這個讓人討厭的'夒'字，稱說書寫都不方便，于是寫字的人便把它寫成了形近的'憂'。"⑤即是說，人們在書寫、識記漢字的過程中，每遇到"不成字"或陌生的構件，便傾向于將其改造爲"成字"或熟悉的構件，以便記寫。

結合文獻和字書字例，依據轉變前後原形與新形的不同屬性和對應關繫，大致可將類成字化的表現形式概括爲拆分式、黏合式及轉寫式三種。

（1）拆分式

獨體字或單個構件拆解爲類成字構件組合體，新形中各構件均不表音義。這是一對多的轉變，在隸變過程中相對常見。

---

① 齊元濤、符渝《漢字發展中的成字化》，《語言教學與研究》，2011年第3期。該文同時對成字化的概念及指稱範圍進行了界定："成字化指漢字發展過程中非字構件轉變爲成字構件的現象；成字化的含義有廣狹之分，狹義的成字化專指非字構件轉變爲成字構件，廣義的成字化還包括飾筆的成字化、低頻構件高頻化及類成字化三種情況。"
② 劉釗《古文字構形學（修訂本）》100-108頁，福建人民出版社，2011年。
③ 張涌泉《漢語俗字研究（增訂本）》85頁，商務印書館，2010年。
④ 梁春勝《楷書部件演變研究》273-289頁，綫裝書局，2012年。
⑤ 張涌泉《漢語俗字研究（增訂本）》85-86頁，商務印書館，2010年。

【㐌—它】《説文·它部》小篆作"㐌","虫也。從虫而長，象冤曲垂尾形"。"它"是"蛇"的本字，原是獨體象形字，隸變離析爲"宀""匕"的組合。

【𠀚—宁】《説文·宁部》小篆作"𠀚","辨積物也。象形"。段玉裁注："積者，聚也。'宁'與'貯'蓋古今字。""宁"本象貯物容器之形，隸變離析爲"宀""丁"的組合。

【屮—耑】《説文·耑部》小篆作"屮","物初生之題也。上象生形，下象其根也"。"耑"本象草木出生之形，隸變離析爲"山""而"的組合。

【𠙹—甾】《説文·甾部》小篆作"𠙹","東楚名缶曰甾。象形"。徐灝注箋："隸變作甾。""甾"本象缶形器之形，隸變離析爲"巛""田"的組合。

【叕—叕】《説文·叕部》小篆作"叕","綴聯也。象形"。徐鍇繫傳："叕，交絡互綴之象。""叕"當是"綴"的本字，以互相連接的筆畫表示抽象的連綴義，隸變離析爲四個"又"的組合。

【滿—㵩】"滿"，從水㒼聲。聲符"㒼"，文獻未見單獨成字用例。趙平安認爲即"輓"的本字。①北魏太昌元年《元恭墓誌》作"㵩"（《北圖》5/172）、北齊河清三年《高百年妃斛律氏墓誌》作"㵩"（《北圖》7/131）、唐開元六年《嚴識玄墓誌》作"㵩"（《隋唐》陝西卷 1/94），皆將"㒼"離析爲"廿""雨"的組合體。

（2）黏合式

字内位置臨近的幾個構件（可能分屬不同構字層級）黏合成單個類成字構件，該構件通常作爲整體直接參與構字，但不提供音義資訊。這是多對一的轉變，在今文字形體演變過程中相對常見。

【莽—莽】"莽"本指叢生的草。唐玄應《一切經音義》卷十一引《説文》："木叢生曰榛，衆草曰莽也。"構件"犬"與"卄"（"艸"的變體）的組合與"奔"形似，故該字或從"奔"作"莽"。北魏武泰元年《元宥墓誌》作"莽"（《北圖》5/100）。《字彙·艸部》："莽，俗作莽。"

【懿—懿】《説文·壹部》："懿，嫥久而美也。從壹，從恣省聲。"段玉裁注："'從恣省聲'四字，蓋或淺人所改竄，當作從心從欠，壹亦聲。"依段説，則《説文》字形有誤，字本當作"懿"。碑誌"懿""懿"二形皆見。構件"壹""欠（或次）"的組合或訛作形近的"鼓（皷）"形。北魏永熙二年《元肅墓誌》作"懿"（《校注》7/45）、唐顯慶五年《姚弟墓誌》作"懿"（《北圖》13/181）。

【嗣—嗣】"嗣"，《説文·口部》小篆作"嗣","諸侯嗣國也。從册，從口，司

---

① 趙平安《説文小篆研究（修訂版）》262-263 頁，上海古籍出版社，2022 年。

聲"。構件"口""册"的組合與"扁"形近，故全字或從"扁"作"嗣"。北魏孝昌二年《于纂墓誌》作"嗣"（《北圖》5/51），北齊天保四年《崔頠墓誌》作"嗣"（《北圖》7/26）。

（3）轉寫式

全字的某個構件或構形成分訛爲單個類成字構件，或構件組合體訛爲類成字構件組合體。這是一對一或多對多的對應性轉換。主要包括以下三種情形：

第一，小篆中的表形成分訛爲類成字構件。齊元濤等所舉"肩（肩）"的上部構件變作"户"形即是其例。^①又如"朶（朶）"的上部、"曺（曺）"的下部、"耴（耴）"的曲筆部分，小篆各象禾的垂穗、車軸末端、耳垂之形，隸變後分別作"乃""口""乚"。這些構件在字中只是書寫單位，不提供音義資訊。

第二，構件組合體重組爲高頻類成字構件組合體。齊元濤等所舉"要（要）"訛爲"西""女"的組合即其例。^②又如：

【䇂—音】"音"，《説文·言部》小篆作"䇂"，"聲也。從言含一"。"音"本爲會意字，隸變後訛爲"立""日"的組合。

【勖—勗】《説文·力部》："勖，勉也。從力，冒聲。"俗書或訛作"勗"，變爲"曰""助"的組合。《正字通·力部》："勗，俗勖字。"

第三，單個構件訛爲高頻類成字構件。這種情況在隸楷書俗寫中較爲常見。

【步—步】"步"，《説文·步部》小篆作"步"，"行也。從止、少相背"。"少"即"止"之反形，在隸楷書中"不成字"，且形體與"少"極近，故導致"步"產生了增筆作"步"的寫法，碑誌常見。如西晉泰始六年《郭休碑》作"步"（《北圖》2/40），隋仁壽三年《張儉墓誌》作"步"（《隋彙》3/80）。構件"止"與"山"相混，故"步"又作"步"。如北魏正始四年《奚智墓誌》作"步"（《北圖》3/98），東魏天平三年《王僧墓誌》作"步"（《校注》7/155）。

【戚—戚】"戚"，甲骨文作"戚"（《合集》34400），象斧類兵器之形。《戚姬簋》作"戚"（《金文集成》3569），斧頭部分訛作"尗"形。《説文·戉部》小篆作"戚"，"從戉尗聲"。俗書或改"尗"爲"赤"。唐永徽六年《元勇墓誌》作"戚"（《北圖》12/147），開元十六年《崔齊榮墓誌》作"戚"（《北圖》22/152）。或再變作"憱"。《龍龕·人部》："憱，與戚同。憂懼也。"

【鐵—鐵】"鐵"本從金戴聲，俗書或改聲符爲"截"。如北魏正光五年《元昭

---

① 齊元濤、符渝《漢字發展中的成字化》，《語言教學與研究》，2011年第3期。
② 齊元濤、符渝《漢字發展中的成字化》，《語言教學與研究》，2011年第3期。"要"，《説文·臼部》小篆作"要"，"身中也。象人要自臼之形。從臼，交省聲。"段玉裁依《玉篇》《九經字樣》改訂篆形作"要"。

墓誌》作"鐵"(《北圖》4/160),北齊河清三年《石佛寺迦葉經碑》作"鐵"(《北圖》7/141)等。《龍龕·金部》:"鐵,俗;鐵,正。"

【迎—迎、迎】"迎"本從辵卬聲,俗書或改聲符爲"卯",如北魏太和二十三年《元弼墓誌》"奉迎鑾蹕"之"迎"作"迎"(《北圖》3/41);或改作"印",如建義元年《元彝墓誌》"竹馬相迎"之"迎"作"迎"(《北圖》5/90)。《干禄字書》:"迎迎:上通下正。"

2. 涉優勢構件而類化

在漢字構件系統中,有些構件使用頻率較低,構字能力較弱,處于劣勢地位,人們在書寫由這些構件參與組構的漢字時,傾向于將該構件改換爲形近的高頻使用的優勢構件。例如:

【須—湏】"須"是"鬚"的本字。甲骨文作"𩑋"(《合集》816),象人面長鬍鬚形。《周駱盨》作"𩑋"(《金文集成》4380),人之頭面變作"頁"。《説文·頁部》小篆作"須",表鬍鬚形之"彡"與"頁"相互離析。中古碑誌所見從"彡"作"須"的字例罕見,絶大多數字形都訛從"氵"作"湏"。①考其緣由,今文字系統中"彡"符參構且居于左側的字極少,常用字似乎僅"須"一例,這種結構相對生僻,于是將"彡"改造爲形近且常用的"氵"符。《類篇·須部》:"須,俗書從水。"

優勢構件對劣勢構件的替代往往具有類推性,能夠影響一系列相關字形,使它們産生同類變體。如俗書"匚(匸)"旁常寫作"辷"或"辶"(或第二筆"𠃊"徑作"辶"),碑誌中此類變例甚夥:

【匹—迊】北魏孝昌二年《崔鴻墓誌》"遠未茲匹"之"匹"作"迊"(《校注》6/30),普泰二年《韓震墓誌》"取匹玉瑩"之"匹"作"迊"(《校注》6/347)。北周建德六年《鄭生墓誌》"匹諸貞幹"之"匹"作"迊"(《燕趙碑刻》先秦魏晋南北朝卷 868)。《干禄字書》:"迊匹:上俗下正。"

【匱—遺】北周天和二年《拓跋昇墓誌》:"爲峰始遘(構),一遺遽頽。"(《秦蒐三》1/102)"遺"即"匱"的異體,此處通"簣",指盛土筐。《尚書·旅獒》:"爲山九仞,功虧一簣。"誌文即化用此語。《龍龕·辵部》:"遺、遺,俗,正作匱。""遺"當是"遺"的進一步形訛。

【匪—逪】劉宋大明二年《爨龍顔碑》:"綢繆七經,騫騫逪躬。"(《北圖》2/132)誌字即"匪"的異體。"騫騫匪躬"語出《易·蹇》:"王臣蹇蹇,匪躬之故。"匪躬,謂忠心耿耿、不顧自身。

---

① 字例參《漢魏六朝隋唐五代字形表》(1696)及《漢魏六朝碑刻異體字典》(1007)。

【匼—迊】北魏正光五年《檀賓墓誌》："舉世追慕，迊字流哀。"(《北圖》4/178)此處"迊"即"匼"之異體，恰與"迎"之俗寫同形。

【陋—陋】北魏延昌二年《何伯超墓誌》"側陋名□"之"陋"作"陋"(《校注》4/244)，唐大中十二年《盧宏及妻崔氏墓誌》"陋巷高閑"之"陋"作"陋"(《北圖》32/151)。《説文·匸部》："㔻，側逃也。"徐灝注箋："㔻、陋古今字。"兩誌則改"陋"之"𠃊"旁爲"辶"。

【匣—迊】唐會昌元年《張澤墓誌》"鸞鏡閉匣"之"匣"作"迊"(《隋唐》河南卷110)。《干禄字書》："迊匣：上通下正。"

【匠—近】唐永徽四年《程寶安墓誌》："謹因良近，勒此遺文。"(《北圖》12/75)開元十八年《大忍寺門樓碑》："始以經論成近，終以功福宅心。"(《北圖》23/40)"近"據文意當即"匠"之異體。

【匜—迤、迆】唐永徽五年《張隴墓誌》："誡子斷綜，承天奉迤。"(《北圖》12/125)咸亨五年《王則墓誌》："清規有曜，奉迆無虧。"(《北圖》15/212)毛遠明認爲此處"迤""迆"皆"匜"之俗寫，可從。①

(二) 涉義類化

涉義類化是受語境義或文字所記錄詞義的沾染所導致的類化。因類化而產生的新字形，通常在原字的基礎上增加或改換形符，以達到突顯詞義或義類的效果。除上文提及的"受語境義影響而類化"的情況之外，涉義類化還包括以下幾類情形：

1. 涉相關義而類化

有些構件增換或字形調整與特定的某字及其記錄的意義相互挂鈎，一般不具有類推性和普遍適用性，原構件與新構件之間也不一定具有必然的意義關聯。②這是一種對文字的表義改造，亦可視爲文字受相關義影響而發生的類化現象。

【響—礌、韽】東漢永康元年《孟郁脩堯廟碑》："孟府君深惟礌應，效之經典，知聖堯精靈，與天通神。"(《隸釋》卷一)《字彙補·石部》："礌與響同。出漢《孟郁碑》。"《説文·音部》："音，聲也。生於心，有節於外，謂之音。宮商角徵羽，聲；絲竹金石匏土革木，音也。""石"，即石磬，古代樂器，爲八音之一。"音""聲"義近，"聲"又從"殸"(籀文"磬")作。可見，"音""石"意義關聯密切，這大概是"響"改從"石"符的思維動因。

---

① 毛遠明《典故破解與石刻文字考證》，《古漢語研究》，2013年第3期。
② 董憲臣《東漢碑刻異體字研究》139頁，九州出版社，2018年。

又東漢建寧二年《史晨碑》："血書著紀，黄玉𩲸應。"（《北圖》1/135）洪适跋："𩲸，古響字。"（《隸釋》卷一）該形又見宋羅泌《路史後紀·太昊紀下》："生而神靈，亡景亡𩲸。"此以"景（影）""𩲸"對舉。《説文·音部》："響，聲也。從音鄉聲。"徐鍇繫傳："聲之外曰響……響之附聲，如影之着形。"迴響附着于聲音，猶如影子附着于形體，"響""景（影）"的屬性有共通之處，這大概是"響"改從"景"符的思維動因。

【導—𡩋、𡪹】東漢熹平三年《周憬功勳銘》："弱水之邪性，順𡩋其經脉。"（《隸釋》卷四）《隸辨·號韻》引注碑字："碑復變寸從示。"又光和六年《李翊夫人碑》："節義踰古，訓𡩋不煩。"（《隸釋》卷十二）《説文·寸部》："導，導引也。從寸道聲。"引申有疏導（水流）、啓發、指示等義。此處"導"換從"示"或"水"符，既是一種字形的就近改造，大概也兼有提示字義的目的。

【孕—𡥨】唐垂拱二年《張起墓誌》："耀□松姿，偃嵩丘而并竣；𡥨懷金寶，涵□德以凝神。"（《北圖》17/48）誌字據文意當即"孕"的異體。"孕"甲骨文作"𠕁"（《合集》21071），象腹部隆起的人形，中有"子"，示懷胎之義。《説文·子部》小篆作"𡥈"，人形訛作"乃"。隸楷書通作"孕"，承襲小篆構造。蓋懷孕者皆爲女子，故此處又于中部增"女"符。俗書又作"妤"，"女"符居于左部。《正字通·女部》："妤，俗孕字。"

2. 涉所屬義類而類化

黄征提出敦煌俗字中存在"由于分類學的應用而同化部首的俗字"，并稱之爲"部首類化俗字"。例如"園"或作"蔨"，因園内一般種植草木之類，故歸類草部而加草頭；"遠志""澤瀉""甘蔗"等詞語，"遠""志""澤""甘"皆有加草頭者。①此類俗字的產生正可體現今文字階段部首構形及構義功能的擴展。

仍以草部字爲例。《説文·艸部》："艸，百芔也。""艸"同"草"，隸省作"艹"，是草本植物的總稱。從"艹"的字多與草本植物的名稱、性狀等有關。碑誌所見加草頭的字，有些屬于草類，有些則僅與草義相涉。例如：

【圃—蔨】北魏正光元年《趙光墓誌》："尔其昭灼之儀，若望舒之拂秋幃；含璋内敏，如蕙蘭之納春蔨。"（《北圖》4/91）建義元年《元瞻墓誌》："泗河漢之滄浪，蒂玄蔨之蓊蔚。"（《北圖》5/89）《説文·囗部》："圃，種菜曰圃。""圃"本指菜園，引申指種植花草的園地，故或增"艹"符。

【園—蔨】北魏延昌三年《元潜嬪耿氏墓誌》："依禮送終，備御東蔨。"（《北

---

① 黄征《敦煌俗字典（第二版）》24、26頁，上海教育出版社，2019年。

圖》4/17）正光二年《王遺女墓誌》："賷東崗祕器及輼輬車。"（《北圖》4/110）《字彙·艹部》："崗，同園。"《後漢書·和熹鄧皇后紀》"東園祕器"下李賢注："東園，署名，屬少府，主作凶器，故言祕也。"

【果—菓】北魏建義元年《元湛墓誌》："奇花異菓，莫不集之。"（《北圖》5/102）《廣韻·果韻》："菓，同果。"

【韭—韮】北齊武平元年《劉悅墓誌》："天未悔禍，剪韮復生。"（《北圖》8/11）《廣韻·有韻》："韭，俗作韮。"

【枲—菓】北魏孝昌二年《元瑛墓誌》："親事荇蘩，躬察麻菓。"（《校注》6/1）《正字通·艹部》："菓，俗枲字。"

【棘—蕀】北魏太和十八年《弔比干文》："荊蕀荒朽，工爲縣蔑。"（《北圖》3/21）"棘"俗作"棘"，此處又在"棘"形基礎上增"艹"符。

【樵—蕉】隋仁壽元年《王季墓誌》："唯餘神道，空禁蕉蘇。"（《隋彙》2/405）樵蘇，此處指打柴砍草者。《集韻·宵韻》："樵，《説文》'散木'也。或作蕉。"

【馥—蘛】北周天和二年《乙弗紹墓誌》："體珠玉之明，資桂蘭之蘛。"（《校注》10/213）"馥"指植物所散發的香氣，此處涉義而增"艹"符。該形又見《佛典》（368）引《法華經玄贊要集》卷四"華蕊芬馥"，注云："'馥'蓋受上'芬'的影響類化增'艹'旁而作'蘛'。"其説亦通。

3. 涉詞義而類化

一些詞語（通常爲雙音詞）受其所記錄的詞義的沾染，出現包含類化字的詞形。通常表現爲形旁的增添或替換，或單字改變，或全詞皆變。

【折—浙】唐開元十五年《魏靖墓誌》："方流圓浙，珠玉生焉；曾峰喬岫，雲雨出焉。"（《北圖》22/114）聖曆三年《王媛墓誌》："然則方浙澄瀾，彩孕成虹之寶；圓流瀉媚，[光]浮蜀蚌之珍。"（《千唐誌齋藏誌》471）兩誌之"浙"據文意當是"折"的異體。《淮南子·地形訓》："水圓折者有珠，方折者有玉。""圓折"指水流旋轉曲折，"方折"指水流直角轉折，後常用以代稱珠玉。因二詞的生成皆涉水義，故"折"增"氵"符作"浙"，與"江浙"字同形。

【武夫—碔砆】唐顯慶二年《張相墓誌》："刻此碔砆，垂芳不朽。"（《北圖》13/37）"武夫"，古代神話中的山名。《山海經·海內經》："（南海之外）有九邱，以水絡之。名曰陶唐之丘……武夫之邱。"郭璞注："此山出美石。"引申指似玉的美石。《戰國策·魏策一》："白骨疑象，武夫類玉，此皆似之而非者。"誌作"碔砆"，乃涉石義而增符。

【澎濞—愱憞】"澎濞",或作"彭濞""滂濞""泙濞"等,形容波浪相撞擊聲。《文選·王褒〈洞簫賦〉》:"澎濞慷慨,一何壯士!"李善注:"澎濞,波浪相激之聲。"東漢光和四年《殷阮君神祠碑》:"彭濞涌溢。"(《隸釋》卷二)洪适跋:"碑以彭爲澎。"又作"愱憞"。東漢漢安二年《北海相景君碑》:"孝子愱憞,顛倒剥摧"(《北圖》1/91)。碑以"澎濞"喻内心悲痛激蕩,故改二字爲"忄(心)"符。

【綠耳—騄駬】"綠耳",馬名,周穆王八駿之一。《穆天子傳》卷一:"天子之駿:赤驥、盜驪、白義、逾輪、山子、渠黄、驊騮、綠耳。"郭璞注:"魏時鮮卑獻千里馬,白色而兩耳黄,名曰黄耳,即此類也。"可見"綠耳"之得名當因此馬兩耳呈綠色的緣故。因涉馬義,或作"騄耳",改"綠"爲"騄"。《史記·秦本紀》:"造父以善御幸于周繆王,得驥、温驪、驊騮、騄耳之駟。西巡狩,樂而忘歸……繆王以趙城封造父,造父族由此爲趙氏。"裴駰集解引郭璞曰:"八駿皆因其毛色以爲名號。"又作"騄駬"。東魏元象二年《凝禪寺三級浮圖碑》:"其先與秦同姓,至周穆王,造父有騄駬之勳,賜姓趙氏。"(《八瓊室金石補正》卷十八)唐開成四年《仇志誠墓誌》:"□奇騄駬。"(《北圖》31/48)亦省稱爲"騄"或"駬"。唐聖歷二年《趙慧墓誌》:"系自射熊,榮分馭騄。"(《北圖》18/155)北魏永熙二年《元鑽遠墓誌》:"驥騄并驤(鑣),駕鶯比翰。"(《北圖》5/190)《韓非子·難勢》:"是猶乘驥駬而分馳也,相去亦遠矣。""驥騄""驥駬"殆即赤驥、騄駬的合稱。

(三)涉聲類化

由于古今語音系統的演變,很多形聲字的聲符與全字的讀音產生較大差别,導致聲符不能準確地表示全字讀音,于是換用更契合現今字音的新聲符。正如張世禄所言:"乃若流俗字體,有更易聲旁,以諧今讀者,如'戰'之爲'战'、'猶'之爲'犹'、'廟'之爲'庙'、'懼'之爲'惧'……揆諸古今音變,頗能吻合,雖詭更正文,無當大雅。似非肆意簡化可比,亦可藉以覘語變之迹焉。"①李榮以明代小説中"蹲"作"蹾"、"輩"作"軰"、"恥"作"耻"等爲例,指出形聲字聲旁的改變一般是新的聲旁更接近于全字音。②從類化的角度看,這種聲旁的替換亦可視爲受他字字音影響而產生的類化現象。碑誌例如:

【悼—倒】東漢熹平二年《魯峻碑》:"匪究南山,遐邇忉悼。"(《隸釋》卷九)碑字當即"悼"之異體。《金石文字辨異·號韻》引注碑字:"《詩》:'倬彼甫田',《韓詩》'倬'作'菿'……'倬'字或作'菿',則'悼'字亦可通'倒'矣。""悼"

---

① 張世禄《字形孳乳説》,《中國文字》,1945年第1卷第5期。
② 李榮《文字問題(修訂本)》40-43頁,商務印書館,2012年。

從"卓"得聲,"卓"古音端母藥韻,"悼"古音定母藥韻。由于語音演化,"悼"轉爲徒到切,與"卓"讀音分化,故此處將聲符換作"到",以與全字實際音讀更爲貼合。

【妃—妽】東漢中平二年《曹全碑》:"大女桃妽等,合匕首藥、神明膏,親至離亭。"(《北圖》1/176)。碑字當是"妃"的異體。《隸辨·微韻》引注碑字:"《郭輔碑》'娥娥三妃',其銘辭也。文云'有四男三女','三妃'即此'三女'。則知漢人以'妃'爲'女'之通稱。""非""妃"聲母旁紐雙聲,同韻部,音近,故"妃"或換聲符爲"非"。

三、顯性類化與隱性類化

根據類化促動因素的顯現與否,大致可將類化分爲顯性類化與隱性類化兩類:前者指文字受字內構件、上下文語境中出現的他字形體等可見因素影響而發生的類化現象;後者指受語境義、相關義類、頭腦中相關他字等不可見因素影響而發生的類化現象。這裏主要談一談隱性類化。

張涌泉指出:"類化現象的發生并不一定受上下文的影響。由于受習語或相關因素的影響,有時人們在寫甲字時却受到乙字的類化,儘管乙字在特定的上下文裏并没有出現。我們把這種類化稱爲受潛意識影響的類化。"[①]這種情況,陸明君稱爲"間接的類化"[②],曾良稱爲"受潛在字形影響而同化"。[③]我們所說的"隱性類化",與幾位先生的提法大抵相當。上文述及的"類成字化""涉義類化"等都可以納入隱性類化的範疇。此外,在漢字發展過程中還普遍存在字形糅合的情況,我們認爲這也是隱性類化的一種重要表現形式。

所謂"字形糅合",是指漢字系統中在形、音、義、用等方面存在關聯的幾個字(通常爲兩個字)的形體相互糅合而構成一個新字的現象。[④]由此產生的新字不妨稱爲"糅合字",它與參與糅合的幾個字或其中一字構成異體關繫。糅合現象發生的先決條件是參與糅合的兩字(爲表述方便,下稱"甲字""乙字")先于糅合字存在,其基本框架模式可表述爲"甲字+乙字>糅合字"。關于此類現象,前賢時修已多有留意,吳振武、周志鋒、張涌泉、孫偉龍、毛遠明、曾良等學者均

---

① 張涌泉《漢語俗字研究(增訂本)》68頁,商務印書館,2010年。
② 陸明君《魏晋南北朝碑別字研究》200頁,文化藝術出版社,2009年。
③ 曾良《明清小說俗字研究》57-59頁,商務印書館,2017年。
④ "字形糅合"或稱"雜糅""揉合",它不同于"合文"。後者或稱"合書",指"把兩個或兩個以上的字合寫在一起,構成一個整體,好像是一個字,實際上代表兩個或兩個以上的字,也就是說它讀成兩個或兩個以上的音節。"參曹錦炎《甲骨文合文研究》,載《古文字研究》第19輯,中華書局,1992年。例如甲骨文合文"田""萬"分別代表并讀作"上甲""三萬";而字形糅合的結果則是形成一個單字,該字只讀成一個音節。

有舉例性論及①，江學旺、何家興、于淼分別結合甲金文、戰國文字及漢隸中的字例，對異體糅合、通假糅合兩類字形糅合現象及字形糅合的發生條件等問題進行討論。②

字形糅合是漢字演化進程中客觀存在的一種現象，其產生的主要原因大概是受到思維聯想的促動，即書寫甲字時受到乙字的潛在影響，導致最後寫出來的字形兼具甲字、乙字的形體特徵。該現象至少可從以下兩個角度進行分類觀察：一是甲字、乙字的取形要素；二是甲字、乙字的字際關繫。

（一）從甲字、乙字的取形要素分類

取形，即糅合字的形體分別擇取甲字、乙字的哪些部分參與構形，是擇取全字還是局部。可大致分爲三種情形：

1. 各取甲字、乙字局部

張涌泉曾對這種情況有所關注。他指出，俗字中存在一個比較特别的小類，它們在同字異體的基礎上組合而成，如"玡""叝""躬"就是分別取"耶"與"邪"、"辞"與"辟"、"體"與"軆"的左半部分而糅合成字。③

又如《小説集成》清刊本《大清全傳》第九十四回："這幾天鬧的甚不像，這正事全然不玌。"末字"玌"，據《字彙》釋爲"玉名"。然以此義植入文中則扞格難通。《明清小説俗字典》（355）收該字爲"理"的異體，并釋曰："'理''礼'常相通借，故各取二字的一半。"可從。

2. 取甲字局部與乙字全形

【煞】《大字典·火部》（2387）"煞"：同"煞"。《改併四聲篇海·火部》引《奚韻》："煞，所殺切。"《直音篇·火部》："煞"，同"煞"。按：從字形演變看，"煞"是"殺"的後起俗字。《説文·殺部》："殺，戮也。從殳、杀聲。"漢隸或作"敎"（見《隸釋》卷十六《武梁祠堂畫像題字》），進一步訛爲"煞"。《廣韻·黠韻》："煞，同殺。""煞"當是取"煞"下的"灬"與"殺"構成的糅合字。

---

① 參吳振武《戰國文字中一種值得注意的構形方式》，載《漢語史學報專輯：姜亮夫、郭在貽先生紀念文集》第 3 輯，上海教育出版社，2003 年；周志鋒《明清小説俗字俗語研究》，中國社會科學出版社，2006 年；張涌泉《漢語俗字研究（增訂本）》，商務印書館，2010 年；孫偉龍《也談文字雜糅現象——從楚文字中的倉、寒等字説起》，載《古文字研究》第 29 輯，中華書局，2012 年；毛遠明《漢魏六朝碑刻異體字研究》，商務印書館，2012 年；曾良《明清小説俗字研究》，商務印書館，2017 年。

② 參江學旺《淺談古文字異體揉合》，《古漢語研究》，2004 年第 1 期；何家興《"通假糅合"補説——兼釋〈郭店楚簡〉中的"彖"》，載《中國文字研究》第 23 輯，上海書店出版社，2016 年；于淼《漢隸"糅合"現象補説——兼談糅合現象發生的條件》，載《古文字研究》第 32 輯，中華書局，2018 年。

③ 張涌泉《漢語俗字研究（增訂本）》68-70 頁，商務印書館，2010 年。

【伱】"伱"即"個（个）"的俗體，明清小說常見。字例參《明清小說俗字典》（197）。周志鋒亦舉多例并釋云："量詞'个'先秦即有之，字又作'個''箇'等。取'個'之人旁與'个'組合，即成'伱'字。"①説是。

【𦘠】徽州文書《1954 年立收支賬》："𦘠千𦘠百。"（安徽師範大學皖南歷史文化研究中心藏）按：劉道勝以該字爲"肆"的異體②，可從。"肆"在明清文書中常用爲"四"的大寫數目字。清朱駿聲《説文通訓定聲·履部》："今官書書目一二三四作壹貳叁肆，所以防奸易也。"文書中"𦘠"即"肆""四"的糅合字，采用這種寫法當亦有預防篡改數目的作用。此外，"肆"有集市貿易場所義，"𦘠"在這個意義上也與"肆"構成異體。清吳貽先《風月鑒》第七回："（嫣娘）找著胡小廝，拉到對門茶𦘠裏坐下，吃了兩碗茶。"周志鋒釋云："𦘠同肆。"③

3. 各取甲字、乙字全形

一種情形是甲、乙兩字全形相互糅合。楊寶忠所舉"匃"（"丐""勾"糅合）、"鬼"（"屮""塊"糅合）等"異體疊加"諸例④，屬于這種情形。又如：

【罒】《重訂直音篇·四部》："罒，同四。"按：《説文·四部》："四，陰數也。象四分之形。三，籀文四。"徐灝注箋："三與一、二、三皆古指事文。""罒"當是"四""三"的糅合字，"四"之底橫與"三"之上橫共用筆畫，蓋避其繁複。

【夥】《大字典·夕部》（927）"夥"：同"多"。《龍龕·多部》："夥，音多。"《字彙補·夕部》："夥，音義與多同。見《篇海》。"按："多"，《説文·多部》小篆作"㣇"，古文作"竹"。《字彙補·彐部》："彐，古文多字。"則"彐"當源自《説文》古文形體的隸定。"夥"即"彐""多"的左右疊加。

另一種情形是甲、乙兩字原本就包含相同的構件，糅合時取其相同構件，其餘部分相互疊加。如"緍"，即"紙"的異體，見敦煌寫卷伯 2305 號《解座文彙抄》。張涌泉認爲該字字形來自"紙""帋"（"紙"的換形字）的糅合。⑤該形又見《字彙補·糸部》："緍，紙字之訛。《呂涇野語錄序》：'緍敝墨渝。'蓋誤合紙、帋二字爲一也。"又如：

【宬】《大字典·宀部》（1009）"宬"：同"宬"。《借月山房彙抄·明內廷規制考·宮闕》："再南則皇史宬，藏貯累朝宸翰及實錄。"按：皇史宬是明清皇家收藏歷代帝王實錄的地方。故從文意判斷，"宬"即"宬"之異體無誤。但該字左下贅

---

① 周志鋒《明清小説俗字俗語研究》6-7 頁，中國社會科學出版社，2006 年。
② 劉道勝《徽州文書稀俗字詞例釋》33 頁，中國社會科學出版社，2019 年。
③ 周志鋒《明清小説俗字俗語研究》42 頁，中國社會科學出版社，2006 年。
④ 楊寶忠《談談近代漢字的特殊變易》，《中國語文》，2019 年第 5 期。
⑤ 張涌泉《敦煌俗字研究（第二版）》774-775 頁，上海教育出版社，2015 年。

增"乃"符,寫法特殊,不見他處。《大字典·宀部》(996)"宬":同"寴(宬)"。《借月山房彙抄·明内廷規制考·國史》:"皇史宬在重華殿西,建于嘉靖十三年。門額以史爲叓,以宬爲寴。"可知"宬"或作"宬",此形蓋由行書楷化得來("成"行書作"**成**",似"乃""戈"的組合)。故可推知,"寴"由"宬""宬"糅合而成。

(二)從甲字、乙字的字際關繫分類

李運富指出,考察漢字的字際關繫必須結合字形的表詞職能纔有意義。①參與糅合的兩字通常在形、音、義、用上存在密切關聯。何家興將字形糅合分爲異體糅合、通假糅合和義同糅合三種類型②,即基于甲字、乙字的字際關繫作出的分類,極富見地。此處沿用何文的分類方式。

1. 異體糅合

互爲異體(異寫或異構)的兩字相互糅合,由此構成的新字又兼爲二者的異體。從廣義上説,甲字、乙字之間可能有繁簡、古今之別。考察近代字書和文獻中的糅合字例,以下一些情形比較常見。

(1)《説文》正篆與重文糅合

《説文》重文是于正篆下附錄的音義相同而形體不同的古文字③,包括古文、籀文、或體、俗體等不同名目,它們與正篆構成歷時或共時異體關繫。在隸楷書層面,《説文》正篆與重文可能發生糅合,構成新字。

【毓】《玉篇·厶部》:"毓,同育。"按:《説文·厶部》:"育,養子使作善也。從厶、肉聲。毓,育或從每。""毓"即"育"的或體。"毓"當是取"毓"的左符"每"與"育"糅合而來。

【襐】《字彙補·衣部》:"襐,《耳目資》:與傀同。"按:《説文·人部》:"傀,偉也。從人,鬼聲。《周禮》曰:'大傀異。'瓌,傀或從玉、褱聲。""襐"當是取"瓌"之"衣"符與"傀"糅合而來。

【𥼚】《大字典·力部》(416)"𥼚":同"勞"。《玉篇·力部》:"𥼚","勞"的古文。按:《説文·力部》:"勞,劇也。從力,熒省。熒火燒冂,用力者勞。𤊻,古文勞從悉。"王筠句讀:"('勞')字形不可解,許君委屈以通之。""勞"之形源不易求索,其古文從"悉"作。"悉"或訛從"米"作"悉"。從字形分析,"𥼚"當是由"勞""𤊻"糅合而來,居中構件"釆"變作"米"。

---

① 李運富《論漢字的字際關繫》,載《語言》第3卷,首都師範大學出版社,2002年。
② 何家興《"通假糅合"補説——兼釋〈郭店楚簡〉中的"𢆶"》,載《中國文字研究》第23輯,上海書店出版社,2006年。
③ 王平《〈説文〉重文研究》10頁,華東師範大學出版社,2008年。

第二章　漢字類化的基本類型

【瑟】《大字典·大部》（594）"瑟"：同"瑟"。《集韻·櫛韻》："瑟，古作瑟。"按：《説文·珡部》："瑟，庖犧所作弦樂也。從珡、必聲。爽，古文瑟。""瑟"之正篆作"𩇕"，可隸定作"瑟"，隸楷書省略中部"人"形。"瑟"的上半部分與"爽"形體近似，"瑟"當是"瑟""爽"二形糅合而來。

【䰞、煑】《大字典·弓部》（1072）"䰞"：同"煮"。《字彙補·弓部》："䰞，古文煑字。"又《火部》（2405）"煑"：同"煑（煮）"。《玉篇·火部》："煑，亦作煑。"按："煮"，《説文·鬻部》小篆作"𩰾"，"從鬻者聲"；或體作"𩰿"，改從火。隸變後分別寫作"𩰾""煮（煑）"。後世多以"煮"爲通用字形。取"𩰾"之上半部與"煑"相互糅合即成"䰞"或"煑"。

（2）隸定字形與隸變字形糅合

同一古文字形體由于傳承演變、隸定楷化方式不同，而在隸楷書平面上出現了兩個或兩個以上不同的形體，這些字形之間構成了異體字關繫。① 一些俗字的形體即來自隸定字形與隸變字形的糅合。

【甝】《字彙補·比部》："甝，與毗同。"按："毗"，《説文·囟部》小篆作"𦜉"，"人臍也。從囟，囟，取氣通也；從比聲。"隸定作"甿"。隸楷書通作"毗"，形符"囟"訛爲"田"。《集韻·脂韻》："甿，隸作毗。""甝"當即"甿""毗"之上下糅合。

【㾫】《大字典·廾部》（2545）"㾫"：同"疾"。《改併四聲篇海·牀部》引《餘文》："㾫，音疾。患也；退也；病也。《字彙補·廾部》：'㾫，與疾同。'"按："疾"，《説文·疒部》小篆作"𤕫"，可隸定作"疢"。其形符"疒"，隸變訛爲"广"，與"厂""广"訛混類同。故"疢"隸變作"疾"。"㾫"當是取"疢"之"廾"符與"疾"糅合而成的字形。

【𢆙、𢆚、𢆘】《龍龕·雜部》："𢆚，正；幵，今。堅、牽二音。羌名。又音研。正貌。"又"𢆙，同幵。"《字彙·干部》："𢆘，經天切。音堅。平正貌。"按：《説文·幵部》："幵，平也。象二干對構，上平也。"《隸辨》卷六《偏旁》："幵……亦作开，㓞、并、趼、研、刑、形、開等字從之……研或作研，訛從并；開或作開，訛從井。"因隸變，"幵"參構時或作"开""井""并"等形。結合形音義可知，"𢆙""𢆚""𢆘"三字當皆爲"幵"之異體，由"幵"分別與"开""并""井"上下疊加而來。

（3）早期字形與後起字形糅合

異體字本身是歷時積澱的産物，一個異體序列的各成員産生和通行的時間往

---

① 章瓊《漢語異體字論》，載《異體字研究》，商務印書館，2004年。

往有先有後。記錄同一個詞的早期字形與後起字形構成歷時異體關繫。兩種字形有時可能發生糅合，構成新字。

【僲】《大字典·人部》（257）"僲"：同"仙"。唐康駢《劇談錄·李德裕》："東都平泉莊，去洛城三十里，卉木臺榭，若造僲府。"明何景明《盡鶴賦》："偉茲羽之獨靈，考僲經之遺篇。"按："僲"即"僊（仙）"的俗體。又見于明清小說，例證參《明清小說俗字典》（663）。考其形源，當由"僊""仙"糅合得來。《說文·人部》："僊，長生僊去。從人從䙴，䙴亦聲。"漢碑始作"仙"，見《唐公房碑》（《隸釋》卷三）及《嚴訢碑》（《隸續》卷三）。段玉裁注"僊"引《釋名》："老而不死曰仙。仙，遷也，遷入山也。故其制字人旁作山也。""仙"是"僊"的後起字，自產生後逐漸取代了"僊"的正體地位。"僲"則是以"仙"之"山"代"僊"右下之"巳（'卩'的變體）"而構成的糅合字。

【羛】《小說集成》清刊本《大清全傳》第二十六回："咱們這些年的羛兄弟，不能不知道他的性氣。"按："羛"即"義"的俗體。考其形源，當是"義""义"糅合而來。"义"是"義"的簡化字，明清小說常見，據《宋元以來俗字譜》（128），始見于元抄本《京本通俗小說》及元刊本《朝野新聲太平樂府》。"羛"也可視爲以"义"代替"義"之聲符"我"而構成的換聲字。

【腳】《集韻·質韻》："卻，《說文》：'脛頭卩也。'或作膝。亦從卻。"按："卻"本從"卩"，後改從"月（肉）"作"膝"。依《集韻》，"腳"爲"膝"的繁聲字。從字形糅合的角度看，"腳"也可視爲"膝""卻"的糅合字。

2. 通假糅合

相互通假的兩字形體糅合而構成新字，新字通常是其中一字的異體。甲字、乙字記錄相同的某個義項，在這個義項上構成同用關繫。它們可能一個是本字，另一個是借字（假借字或通假字），或者都是記錄該義項的借字。通假糅合現象較早由吳振武發覆，同時他指出這種現象在古文字中是相當罕見的。①我們在近代漢字中也發現了一些通假糅合的字例，似可作爲補充。

【霸】徽州文書《洪乾章立爭訟底蘊》："才橫如故，依然霸奸汪氏。"（安徽師範大學皖南歷史文化研究中心藏）按：劉道勝以該字爲"霸"的異體②，可從。霸奸，謂依仗勢力奸淫婦女。"霸"，本義指農曆每月初始見的月亮（或月光），或假借爲"伯"，指稱古代諸侯聯盟的首領，此處又引申爲霸占義。《說文·月部》："月

---

① 吳振武《戰國文字中一種值得注意的構形方式》，載《漢語史學報專輯：姜亮夫、郭在貽先生紀念文集》第3輯，上海教育出版社，2003年。
② 劉道勝《徽州文書稀俗字詞例釋》4頁，中國社會科學出版社，2019年。

始生,霸然也。承大月,二日;承小月,三日。從月䨣聲。"段玉裁注:"俗用爲王霸字。實伯之假借字也。"《白虎通·號》:"霸者,伯也。行方伯之職……霸猶迫也,把也。迫脅諸侯,把持其政。"此處"䨣"當是取"霸"之上部構件"䨣"("雨"的訛變)與"伯"構成的糅合字。

【觔】《龍龕·角部》:"觔,同觓。"按:該字僅見《龍龕》,且缺乏例證。據形義判斷,疑爲"斤""觓"的糅合字。"斤"本指斧斤,或借用爲重量單位。《漢書·律曆志上》:"十六兩爲斤……十六兩成斤者,四時乘四方之象也。""觓"是"筋"的異體,亦或借用爲重量單位,與"斤"同音通假。《淮南子·天文訓》:"天有四時以成一歲,因而四之,四四十六。故十六兩而爲一觓。"《字彙·角部》:"觓,今俗多作斤字。""觔"當是取"觓"左部之"角"與"斤"糅合而成的新俗體,也可視爲"觓"的涉義換旁俗字。

【屎、粿】《玉篇·尸部》:"屎,糞也,與矢同。俗又作屎。"《龍龕·米部》:"粿,俗。音矢。正作屎。屎尿也。"按:《甲骨文字典》(943)"屎"解字:"(甲骨文)從ㄔ(人)下數點,象人遺屎形……《說文》無屎字。《艸部》:'菌,糞也。'音式視切,爲後起之形聲字。""屎"形當源自甲骨文之隸定。文獻多假"矢"爲之。《史記·廉頗藺相如列傳》:"廉將軍雖老,尚善飯,然與臣坐,頃之三遺矢矣。"司馬貞索隱:"矢,一作屎。"在糞便義上,"屎"爲本字,"矢"爲通假字,取"屎"之"尸"符與"矢"糅合則作"屎"。"粿"則是"屎"的增旁俗字,亦可視爲"屎""矢"的全形糅合字(構件"米""矢"互換位置)。

3. 義同糅合

記錄同義詞的兩字形體糅合而構成新字,新字通常是其中一字的異體。從廣義上來說,無論是本義還是引申義,只要兩字所記錄的詞有一個義項近同,我們就可以視它們爲同義關繫(有時是同源關繫)。在辭書或文獻裏,它們往往可以同訓、互訓或遞訓。絕大多數合體字(形聲字或會意字)的表意構件(形符)與字義只是存在某種聯繫,而同義糅合字的構形中則包含了與全字同義的表意構件(形符),因此也可將其看作一種特殊的形符換用字。例如:

【偺】《大字典·人部》(243)"偺":同"伐"。《集韻·月韻》:"伐,或作偺。"《太玄·斷》:"勇侏之偺,盜蒙決央。"范望注:"偺音伐,無道爲侏,反義爲偺。"按:"伐""討(討)"都有討伐義,在這個義項上二者可互訓。《左傳·桓公十二年》:"及鄭師伐宋。"孔穎達疏:"伐者,討有罪之辭。"《呂氏春秋·行論》:"親帥士民以討其故。"高誘注:"討,伐也。"故"偺"當是取"伐"之左符與"討"糅合而來。

【逜】東漢中平二年《高彪碑》："敏逜義理，恢廓天地之道。"（《隸釋》卷十）洪适跋："逜即達字。"建寧二年《肥致碑》："故刊茲石，逜情理願。"（《校注》1/297）北魏熙平三年《昭玄沙門大統僧令法師墓誌》："三空靡遺，九典咸逜。"（《校注》7/77）《龍龕·辵部》："逜，《隨函》音達。""達""進"皆與行義相涉，在引進義上可互訓。《後漢書·范升傳》："深知（呂）羌學，又不能達。"李賢注："達，進也。"故"逜"可視爲"達""進"的糅合字形。①

【貣】《大字典·貝部》（3882）"貣"：同"背"。違背。《集韻·隊韻》："背，違也。亦作貣。"《字彙補·貝部》："貣，與背同。"按："背""負"同源，古音接近且意義相通。②二者在"違背"義上同訓。《史記·五帝本紀》："鯀負命毀族。"張守節正義："負，違也。"《楚辭·離騷》："背繩墨以追曲兮。"洪興祖補注："背，違也。"故"貣"當是取"背"之聲符與"負"糅合而成。

【妻】中古碑誌"妻"或見從"事"作"妻"，如北魏延昌三年《孟敬訓墓誌》作"妻"（《北圖》4/16），神龜二年《元遥妻梁氏墓誌》作"妻"（《北圖》4/70），隋開皇九年《鄭令妃墓誌》作"妻"（《北圖》9/55），唐顯慶四年《蘇斌墓誌》作"妻"（《隋唐》陝西卷1/30）。按："妻"甲骨文作"𡞾"（《合集》331），從"又"持女髮，會奪女子爲妻之意。《説文·女部》："妻，婦與夫齊者也。從女、從屮、從又。又，持事，妻職也。"趙平安認爲"事""妻"是音近義通的同源字，"妻"之作"妻"是一種表義改造。③"妻"亦不妨視爲"妻""事"的糅合字。

四、筆畫類化、偏旁類化與全字類化

根據類化的作用對象，可將類化分爲筆畫類化、偏旁類化與全字類化三類。

（一）筆畫類化

筆畫是構成漢字字形的最基礎單位。單字的某個筆畫有時會受到他字形體或習慣寫法的影響，造成筆形的改變，這種情況不妨稱爲"筆畫類化"。

隸楷書中，有些單筆的書寫形態不定，這可能源自對古文字寫法的承襲。如"丂"之作"丁"、"于"之作"亐"，這種豎直筆與豎曲筆相互改易的寫法可上溯

---

① 陸明君認爲"逜"是在"達"的基礎上所改造的"從進大聲"的形聲字。參氏著《魏晉南北朝碑別字研究》50頁，文化藝術出版社，2009年。其説亦通。
② 王力《同源字典》270頁，中華書局，2014年。
③ 趙平安："妻字的出現和《説文》'持事，妻職也'這一類理念有關。這可視爲意識反作用于存在在漢字構形上的一個突出表現。……事與妻在上古的讀音是極近的。在許慎的心目中，事、妻有同源關繫。"參氏著《漢字形體結構圍繞字音字義的表現而進行的改造》，載《中國文字研究》第1輯，廣西教育出版社，1999年。

至甲金文字。①碑誌仍頗見其例。如東漢熹平二年《景雲碑》"考"作"考"(《校注》1/344)，北魏正光五年《元昭墓誌》"兮"作"亏"(《北圖》4/160)，北齊天統二年《董季和墓誌》"乎"作"乎"(《墨香閣》143)，北周建德七年《宇文儉墓誌》"寧"作"寧"(《校注》10/302)等。諸字皆本從"丂"，但碑誌中從"亏"、從"丁"的寫法皆見。這種書寫習慣具有一定的類推性，導致局部形體近似的字發生類變。例如：

【手—手】東漢熹平元年《吳仲山碑》"飲食空手"之"手"作"手"(《隸釋》卷九)。"手"的下部形體似"丁"，此處改作"亏"形。

【榦—榦】東魏武定八年《姬景神墓誌》"吐榦凌霜"之"榦"作"榦"(《文化安豐》208)。"吐榦"謂顯露樹榦。《說文·木部》"榦"，段玉裁注："榦俗作幹"。"幹"右下部"干"形近"于"，此處改作"亏"形。

【汗—污】北魏建義元年《元端墓誌》"皇基浩汗"之"汗"作"污"(《校注》6/193)。"汗"本從水干聲，此處易"干"爲"亏"，全字與"污"之異體"污"恰好同形。

【蕚—蕚】"蕚"之聲符"咢"，《說文·吅部》小篆作"咢"，"從吅屰，屰亦聲"。隸楷書"屰"常訛省作"亏"，與"亏"形近。故"蕚"或亦從"亏""于""干"等作。北魏神龜二年《寇憑墓誌》作"蕚"(《北圖》4/63)，正光六年《元茂墓誌》作"蕚"(《校注》5/317)，東魏天平五年《崔令姿墓誌》作"蕚"(《校注》7/196)。

【土—圡】隋開皇九年《暴永墓誌》："祚圡千里之畿，位尊八命之禮。"(《隋彙》1/324)"圡"據文意當即"土"之變體，其豎筆"丨"中部彎折作"卜"。這種中部彎折的筆形可視爲豎曲筆形的變體。推究原因，大概是受到了上述書寫慣性，尤其是"下""上"等形近字相應變體寫法之影響。"下"，《說文·丄部》篆文作"下"，秦《嶧山刻石》作"下"(《北圖》1/8)，東漢《應遷等字殘碑》作"下"(《漢碑全集》6/2148)。"上"，《說文·丄部》篆文作"上"，東漢延熹八年《鮮于璜碑》"皇上頌德"之"上"作"上"(《漢碑全集》3/1061)。隋仁壽元年《申穆及妻李氏墓誌》"碑上金生"之"上"作"上"(《北圖》9/145)，上揭《暴永墓誌》"碑上金生"之"上"作"上"。上述碑誌"上""下"之豎筆皆保留了中部彎折的寫法。"土"當是受到這些寫法的影響而類化作"圡"。

(二) 偏旁類化

偏旁類化大體可分爲形符類化與聲符類化兩類。其中，形符類化的情況占據主導。其原因與形聲字的形符、聲符各自特點密切相關。毛遠明指出："漢字特別

---

① 梁春勝《楷書部件演變研究》309、312頁，綫裝書局，2012年。

強調字形與詞義的緊密聯繫，形符被特別關注；形符表示意義類別，抽象程度高，呈封閉性，數量有限，完成思維類推比較容易；形符結構相對于聲符要簡單得多，易于添加或改換，因此類化字以形旁類化爲主，應是理所當然的。它既是碑刻類化字的首要特徵，也是整個漢字史上類化字的突出特徵。"①上文提及的類化情形也以形符類化居多，這裏略舉幾個聲符類化的字例。

【醜—媿】東漢《武梁祠堂畫像題字》："無鹽女鬼女鍾離春。"（《隸釋》卷十六）洪适跋："以媿女爲醜女。""醜"本從鬼酉聲，指形貌陋劣。此處涉下字"女"而改聲符"酉"爲"女"，與"愧"字異體同形。《集韻·有韻》："醜，古作媿。"

【氛—盆】氛氳，指陰陽二氣交合之狀，引申指繁盛貌、香氣濃烈貌等。碑誌多見作"盎盆"者，"氛"涉下字"氳"而增"皿"符，全字變爲以"盆"爲聲符的形聲字。北魏孝昌三年《元融墓誌》："葳蕤赤文，盎盆綠錯。"（《北圖》5/60）北齊武平二年《道略等三百人造像記》："花菓盎盆，桂蘭綺合。"（《偃師碑志選粹》46）唐開元二十年《和運墓誌》："盆氳十室，聲射一時。"（《隋唐》陝西卷3/156）《集韻·文韻》："氛，《説文》：'祥氣也。'亦作盎。"

【祚—社】唐貞觀十年《宮惠墓誌》："若夫社土開基，位列光於周世；受符作牧，妙譽馳於漢朝。"（《洛陽流散唐代墓誌彙編》2）單從字形上看，誌字即"社"之異寫，然而據文意則當是"祚"字之訛，蓋涉下字"土"（"土"字俗寫）而換聲符爲"圡"。祚土，謂封賜土邑，該詞碑誌常見。"社土"則不辭。

（三）全字類化

全字類化，指一字基于全字形體與他字近似而在寫法上與之趨同。例如隸楷書"兜"字受形近字"兒"的影響而產生"兜"這種寫法；②"夐"（"奂"字俗寫）與"夐"（"叟"字俗寫）形近，于是彼此發生交互類化，"奂"產生了"夐"這種寫法，"叟"產生了"夐"這種寫法。③碑誌中亦見類似之例，如"龍""就"之間的交互類化。

"龍"本爲象形字，《説文·龍部》小篆作"龖"，右下"彡"象鱗狀。隸楷書常作"龍"，整體上與"就"字形近。如東漢建寧二年《肥致碑》作"龍"（《校注》1/297），西晉元康六年《郭槐柩記》作"龍"（《北圖》2/62），北魏太和八年《司馬金龍墓表》作"龍"（《校注》3/266）等。大概是受"龍"的形體影響，"就"產

---

① 毛遠明《漢魏六朝碑刻異體字研究》359頁，商務印書館，2012年。
② 毛遠明《漢魏六朝碑刻異體字研究》356-357頁，商務印書館，2012年。
③ 梁春勝《楷書部件演變研究》286-287頁，綫裝書局，2012年。

生右下增"彡（二）"的寫法，如東漢延熹七年《蜀郡造橋碑》作"龍"（《隸釋》卷十五），熹平二年《魯峻碑》作"龍"（《隸釋》卷九），隋大業十二年《楊厲墓誌》作"龍"（《北圖》10/148）。反過來，"就"的形體又對"龍"產生影響，使之產生省略"彡"的寫法，如北魏正始二年《李蕤墓誌》作"就""就"（《北圖》3/89）。

五、順推類化與逆推類化

根據類推思維路徑的方向，可將類化分爲順推類化和逆推類化兩類。其中順推類化最爲常見，上文所舉諸例皆屬此類情形。

逆推類化，來源于思維的逆向類推，與常規的字形演變路徑相反，通常體現爲字形的錯誤還原。毛遠明稱之爲"逆向類化"，他指出："由于某一訛混之後的形體是由多個不同的構件、偏旁經過不同途徑同化而來，依據混同後的形體逆推混同前的形體，照理想必須依照各自不同的路徑予以還原，如果路徑弄錯，甚至忽略不同的路徑，成批逆推，便可能錯誤還原，成爲訛字。"①曾良專門探討了明清小說中的俗寫錯誤還原現象。②碑誌例如：

【迷—迷】北魏正始四年《元思墓誌》："移牧魏壤，迷醜改識。"（《北圖》3/99）"迷"據文意即"迷"之異體。"匚"俗書常變作"辶"，如北魏延昌二年《何伯超墓誌》之"陋"作"陋"（《校注》4/244）；反過來，"辶"亦可能寫作"匚"。

【外—外】北周保定五年《李明顯造像記》："外孫女趙□長妃。"（《北圖》8/121）"外"據文意當即"外"之異體，左旁"歹"爲"歹"之異寫。《說文·夕部》："外，遠也。從夕、卜，卜尚平旦，今夕卜，於事外矣。""外"本從"夕"，此處從"歹"作，當是構件互訛的結果。《隸辨》卷六《偏旁》釋"歺"云："歺，《說文》作'冎'，從半冎。……省作歹。從歹之字，姐或作'姐'，訛從夕。"東漢光和六年《李翊夫人碑》："顛□夭姐。"（《隸釋》卷十二）《隸辨·模韻》引注碑字曰："即姐字"。從"歹"之字或訛從"夕"，逆推之，則從"夕"之字亦可從"歹"，故"外"或作"外"。"外"俗又增撇筆作"外"，故"外"可類推作"外"。如北魏普泰二年《薛鳳規造像碑》碑陽題名第二列"外舅姚顯義，外生宗建兆，外生程英儁"之"外"皆作"外"（《校注》6/359）。

【當—當】東漢建寧五年《鄐閣頌》："路當二州，經用袚沮。"（《北圖》1/147）碑字即"當"之異體，下部本從"田"，此處變作"囶"。"田"符是隸楷書高頻構

---

① 毛遠明《漢魏六朝碑刻異體字研究》357 頁，商務印書館，2012 年。
② 曾良《明清小說俗字研究》299-313 頁，商務印書館，2017 年。

件之一，其産生途徑多樣，"囟"也是其來源之一。如"思"小篆從"囟"作"㥯"，隸定作"恖"，再省作"恩"。北齊河清四年《薛廣墓誌》："將拒唐堯之誅，恩逆天王之命。"（《北圖》7/149）隋大業九年《蕭瑾墓誌》："山晦雲愁，林空鳥罬。"（《北圖》10/94）逆推之，原本從"田"的字或改從"囟"，"當"之作"㽅"即是一例。

【參—喿】"操""摻"相混由來已久。《説文》未收"摻"字，段玉裁補入，并釋曰："斂也。從手參聲。各本無'摻'篆及解。今依《鄭風·遵大路》正義所引補。《詩》：'摻執子之袪'。傳曰：'摻，攬也。'正義引《説文》：'摻，參聲。斂也。操，喿聲。奉也。'蓋因俗二字相亂，故分引之。今本無摻篆。亦由南朝以來摻、操不別之故。"

俗書"操"常作"摻"，源自聲符書寫相亂。"操"之聲符"喿"，《説文·品部》小篆作"喿"，"從品在木上"。俗書"品"或訛作"厽"，"木"或訛作"尒""尔""㐱"等形，于是"喿"相應地變作"㣺""㣺""參"等形。如北魏正光五年《檀賓墓誌》"靡識其操"之"操"作"摻"（《北圖》4/178），神龜二年《寇演墓誌》"刺史韋嘉其囟操"之"操"作"摻"（《北圖》4/62），東漢延熹二年《元賓碑》"即有殊操"之"操"作"摻"（《隸釋》卷六），皆與"摻"及其異體同形。

反過來，從"參"的字亦偶從"喿"作。隋仁壽元年《申穆及妻墓誌》："九扃掩月，孤月慅照於高墳；碑上金生，楊風告哀於兆埏。"（《隋唐》山西卷 5）唐萬歲通天二年《梁師亮墓誌》："新封暫啓，賓御慅而野雲愁；舊壟長扃，松檟昏而山霧起。"（《北圖》18/100）兩誌之"慅"據文意當是"慘"字俗寫。"參"單獨成字時亦偶作"喿"。隋開皇八年《楊暢墓誌》："喿贊宗朝，翼宣機務。"（《北圖》9/42）隋開皇九年《暴永墓誌》："徵爲晋州城局喿軍。"（《隋彙》1/324）

多數的逆推類化是基于常規形體演變路徑的直接反向推導，但也存在以某個中介性形體爲紐帶的間接反向推導。例如"灬"是隸楷書中的高頻構件之一，其來源通常是小篆構件或局部形體的隸省，如"魚—魚""燕—燕""然—然"；有時則是構件省并的結果，如"蒹—兼—蒹""薪—甚—甚""僉—僉—僉""絲—絲—絲"。一些字形的訛變源自以"灬"爲中介的錯誤還原。

【庶—庻】北魏正光四年《奚真墓誌》："外撫黎庻，内讚樞衡。"（《北圖》4/156）孝昌元年《元誘墓誌》："仍遷中庻子。"（《北圖》5/11）"庻"即"庶"之異體。"庶"小篆從"火"作"庶"，隸楷書變"火"爲"灬"。又因"从"也是"灬"的來源之一，錯誤還原，于是"庶"訛從"从"作"庻"。

【聯—聦】北魏建義元年《元洛神墓誌》："纂氣承天，聦暉紫蕚。"（《北圖》

5/83）北周宣政二年《寇胤哲墓誌》："資蔭豪華，蟬聰冠冕。"（《北圖》8/172）"聰"即"聯"之異體。"聯"，《説文・耳部》小篆從"絲"作"聯"，俗省作"聯"。

隸楷書"心"符居于字形下部時常變作"㣺"形（參"恭""慕"等字），"聰"所從之"灬"與"㣺"形近，故可逆推作"心"。北魏永安元年《元欽墓誌》"聰涉五省"之"聰"作"聯"（《北圖》5/112），可視爲過渡字形。

此外，受草寫影響，"灬"符構字時四點常發生黏連，或逕直拉通作"一"。如"烈"，東魏武定元年《王偃墓誌》作"烈""烈"（《北圖》6/99），北魏武泰元年《元舉墓誌》作"烈""烈"（《北圖》5/79）。反向推之，原本從"一"的字，有時也把"一"錯誤還原爲"灬"。碑誌之例甚多，如東魏興和三年《封延之墓誌》"巫"作"䛜"（《北圖》6/79），正光三年《盧令媛墓誌》作"㪍"（《北圖》4/123），東魏武定二年《隗天念墓誌》"丞"作"丞"（《北圖》6/118），北魏正光二年《封魔奴墓誌》"拯"作"拯"（《北圖》4/115）。①

六、有理類化與無理類化

根據是否具有理據性，可將類化分爲有理類化與無理類化兩類：前者指經由類化所產生的字形依然具有可解釋性，即組構理據得到重構的情形；後者指經由類化所產生的字形不具有可解釋性或失去部分可解釋性，即組構理據完全或部分喪失的情形。試以成字化與類成字化爲例來説明二者的區別與聯繫。

類成字化與成字化都是基于形近而對既有字形作出的調整或改造，在表現形式上極爲接近。二者的主要差別在于改造後的新字形是否具有理據性：類成字化是一種無理改造，僅以形近爲改造指向，新字形喪失或局部喪失構字理據；成字化是有理改造，在字形改造過程中亦兼顧音或義，體現了漢字演變的義化及音化趨勢，新字形依然保留構字理據或經重新分析而獲得構字理據（有時表現爲俚俗理據）。如"歠"，甲骨文作"𩚫"（《合集》4284），象人俯首吐舌捧尊就飲之形，後因"歠"字與"今"字音近，與"今"形近的舌形演變爲表音部件"今"。"老"或俗寫作"兝"，從先、人會意，全字理據重構。又如：

【寶—寶、珤】《説文・宀部》："寶，珍也。從宀，從玉，從貝，缶聲。"②"寶"與"珍"同義，故或將"寶"字居中的"珏"（《玉篇》以爲古文"寶"字）就近改造爲"珍（珎）"。如東漢建寧三年《夏承碑》"早喪懿寶"之"寶"作"寶"（《北

---

① 關于構件"一""灬"互作的情況，前賢述之已詳。參曾良《隋唐出土墓誌文字研究及整理》215頁，齊魯書社，2007年；毛遠明《漢魏六朝碑刻異體字研究》357-358頁，商務印書館，2012年；梁春勝《楷書部件演變研究》356-357頁，綫裝書局，2012年。

② "寶"當由"寶"加注"缶"聲而來。參喻遂生《文字學教程》328頁，北京大學出版社，2014年。

圖》1/138），北魏景明四年《元誘妻馮氏墓誌》"昧生滅寶"之"寶"作"寶"（《北圖》3/64）。或字内類化作"寶"。如隋大業六年《段模墓誌》"仰弘人寶"之"寶"作"寶"（《北圖》10/43）。

【舞—舞】《説文·舛部》："舞，樂也。用足相背，從舛；無聲。"唐垂拱元年《張貞墓誌》："粉白黛黑，清歌妙舞。"（《北圖》17/22）"舞"指舞蹈，與行走義關聯，誌字將"舛"就近改造爲"行"，兼有提示意義的作用。

【發—引】北魏景明二年《元澄妃李氏墓誌》："英引前輝，光飛後武。"（《校注》3/344）北魏正始元年《山公寺碑頌》："遂引誠心，開造禪堂。"（《校注》4/26）"引"當即"發"之異體，右下"殳"變作"丨"，與左下構件"弓"合而爲"引"。《説文·弓部》："發，射發也。從弓癹聲。""發"本義指射箭，"引"本義指拉弓，二字義近且得義均與"弓"相關，故"發"或改從"引"作。

當然，類成字化與成字化同屬于形近變異①的範疇，都是造成漢字形體和結構變化的重要原因，兩者之間存在密切關聯：

一方面，兩者可能表現在同一字形的不同演化階段。如"憂"，《説文·夂部》小篆作"憂"，"從夂惪聲"。隸楷書承襲小篆結構，但聲符"惪"小訛作"惪"，"頁"之底橫與"八"形黏合爲"𠆢"，全字作"憂"。或作"惪"，見東漢熹平元年《吴仲山碑》："孤憨亡父，惪在夙夜。"（《隸釋》卷九）《隸辨·尤韻》引注碑字："即憂字，變頁爲百，移夂於中。"構件"百""夂"黏合爲"夏"，與全字音義無涉，這是一個類成字化的過程。"惪"或繼而作"憂"。"憂"之上部構件"百"與"百"形近，餘下部分粗看與"念"相近，于是干脆將全字改造爲"百""念"的上下組合。如北齊天統元年《郭顯邕造經記》"憂心悄悄"之"憂"作"憂"（《北圖》7/163）。《顏氏家訓·雜藝》所謂"百念爲憂"，即指"憂"字。"憂"本是形聲字，"憂"則變爲會意字，全字構造理據重解。這可視爲一個成字化的過程。

另一方面，兩者可能表現在同一構件的不同演變方向。如"遷"的聲符"䙴"，在漢代實際上已經極少使用，一般人不明其音義，于是將其下部改作"升"，"遷"全字變作"遷"，凸顯了升高義②，這是一種成字化改造。另一條路綫是將"䙴"改造爲形近的"零"。如北魏太昌元年《元恭墓誌》"遷"作"遷"（《北圖》5/172），隋大業十年《鮑宫人墓誌》"僊"作"僊"（《隋彙》5/94），這是一種類成字化改造。又如"宛"，在參構時或被改寫爲形近的"死"，這是一種類成字化改造；也

---

① 形近變異指漢字書寫者在書寫過程中將漢字的某個部件寫成與它形體相近而意義不同的其他部件，從而造成字形理據的喪失或重構。參張素鳳《漢字結構演變史》，上海教育出版社，2012年。

② 趙平安《漢字形體結構圍繞字音字義的表現而進行的改造》，載《中國文字研究》第 1 輯，廣西教育出版社，1999 年。

可能被改寫爲"宛",這是一種成字化改造,大概是因爲在書寫者的心目中,"宛"比"夗"更爲熟識,更像一個"字"的緣故。對同一個字的改造來説,這兩種改造趨勢似乎并行不悖:如"苑",唐天寶五年《侯方墓誌》從"死"作"苑"(《北圖》25/106),北魏神龜二年《元祐墓誌》從"宛"作"苑"(《北圖》4/61);"怨",北魏太昌元年《元恭墓誌》從"夗"(死)作"怨"(《北圖》5/172),武泰元年《元舉墓誌》從"宛"作"怨"(《北圖》5/79);"鴛",唐天授二年《陳崇本墓誌》從"死"作"鴛"(《北圖》17/153),開元五年《朱貞墓誌》從"宛"作"鴛"(《北圖》21/66)。

七、個別類化與系統類化

根據類化是否具有系統性,可將類化分爲個別類化與系統類化兩類:前者指具有個案性和偶發性的類化;後者指具有普遍性和聚合性的類化。

郭瑞通過對魏晉南北朝石刻類化字的調查,較早察覺到漢字類化現象表現出兩個完全對立的特點,即單字變異的局限性和構件變異的類推性,并基于後者提出"系統類化"的概念。[①]這"兩個完全對立的特點",同個別類化與系統類化之間的差别大致對應:個別類化通常受特定的語境或他字等因素影響而發生,經由這個途徑產生的類化字往往是臨時變體,生命力不强,較難得到承用;系統類化則通常受義類、書寫慣性、構件訛混或互作通例等因素影響而發生,其作用往往能够輻射相關的一批字,使之發生類變,甚至也能對整個漢字系統的發展造成影響。一些學者認爲類化是漢字形體發展的基本趨勢之一,就是針對系統類化來説的。

---

① 郭瑞:"字形中某個構件受到漢字系統中同類構件普遍變異的影響,而發生的趨同變異現象,屬于系統類化。"參氏著《魏晉南北朝石刻文字類化現象分析》,載《中國文字研究》第 14 輯,大象出版社,2011 年。

第三章　類化作用對漢字的影響

汉字是形、音、义、用多种要素相互结合的统一体，各要素之间存在密切的共变关系。形体、结构的演变可能引起构字理据的重新分析，而职用的转移又可能导致字际关系的重新调整。本章主要从形体、结构、构字理据、职用、字际关系五个方面出发，综合考察类化作用对个体汉字及汉字系统所造成的影响。①

第一節　形體方面

類化作用是促成漢字形體演變的重要因素之一，按其作用形式和範圍不妨分爲兩類：一類是書寫慣例，即漢字在古今演變的過程中，基於書寫簡便及美觀規整②需要而形成的一些書寫慣例和字形改造手段，能夠引導人們在書寫時對字形作出某些趨同性調整；一類是具體字形的影響，如某字仿照形近的他字或一批字的形體演變方式而發生的趨同性調整。前者的類推性較強，作用範圍較大；後者類推性較弱，作用範圍相對較小。歷時來看，兩者之間缺乏明確的界限，書寫慣例的形成往往是某些字形改易方式推而廣之的結果。

漢字形體的區別取決于漢字的書寫元素和書寫風格。書寫單位的種類、書寫單位的數量、書寫單位的交接、書寫單位的置向、書寫單位的形態以及字形的各種風格體式等，都會影響漢字的形體。它們是區別漢字不同形體的要素。③結合中古碑誌材料來看，類化對字形演變所造成的影響主要包括以下幾個方面。

一、增添飾筆

在原有字形相對空疏之處增加點、撇、豎等飾筆，可以使全字看上去疏密有致、平衡勻稱，以取得更佳的審美效果。此類筆畫的添加，最初通常與書寫者追

---

① 類化作用可能引起漢字音讀的變化，前文所舉"婿"受聲旁"胥"的影響而改讀如"絮"即是一例。又如鄭張尚芳指出，"爪"在方言中多讀巧韻（zhǎo），讀"zhuǎ"可能是受了"抓"的類化。參氏著《合口音辨義分化》，載《胭脂與焉支——鄭張尚芳博客選》，上海教育出版社，2019年。本書對這種情況暫且存而不論。

② 張素鳳指出："在刻、鑄和書寫過程中，人們會從美觀的要求出發，對原來不太滿意的字形作必要的調整，以達到平衡、對稱、整齊或有意識的變化美。"參氏著《漢字結構演變史》234頁，上海古籍出版社，2012年。

③ 李運富《漢字學新論》123頁，北京師範大學出版社，2012年。

求某些字形的結構平衡、整體協調有關，慢慢形成一種書寫定勢，一旦遇到整體或局部結構近同的字形，就會習慣性地在相應位置增添同類的飾筆或羨畫。黃德寬指出古文字中也存在相同的情形。例如"凡斜角向上的字，如果朝左斜出，往往會在左旁加一撇筆；如果朝右斜出，往往會在右旁加一捺筆。……（商代的）一些原來沒有撇筆或捺筆的字，在西周時期往往也加了"。①中古碑誌字形中增筆現象也十分常見，或增點、撇、短豎等單一筆畫，或增"丷（八）""宀""く"等組合筆畫。

（一）增單一筆畫

1. 增點筆

點筆一般增飾于全字外圍右上部或右下部的空餘位置，對維持字形在視覺上的左右均勢起到一定的作用；或增飾于全字內部封閉或半封閉的中空位置，以填實空位，使字形顯得飽滿。

【丈—丈】東漢建寧五年《郙閣頌》："臨深長淵，三百餘丈。"(《北圖》1/147)

【民—民】北魏延昌二年《何伯超墓誌》："視民如子，人和。"(《校注》4/244)

【支—支】北魏正光五年《元昭墓誌》："度支尚書。"(《北圖》4/160)

【友—友】北魏孝昌二年《于纂墓誌》："孝友絕倫，節義勘等。"(《北圖》5/52)北魏太昌元年《宋虎墓誌》："外施篤信，義結交友。"(《北圖》5/170)

【力—力】北齊河清二年《阿鹿交村七十人造像記》："金剛力士。"(《北圖》7/124)

【克—克】東魏天平二年《趙氏妻姜夫人墓誌》："女功克允，母儀式章。"(《校注》7/149)

【羌—羌】北魏正光四年《元秀墓誌》："護羌戎校尉。"(《北圖》4/135)

【升—升】北魏建義元年《元彝墓誌》："升降詳雅，蘊藉可觀。"(《北圖》5/90)

【卯—卯】東魏武定二年《楊顯叔造像記》："□月乙卯朔。"(《北圖》6/104)

【乃—乃】北魏普泰元年《元誨墓誌》："乃假撫軍將軍。"(《北圖》5/145)

【丹—丹】北魏建義元年《元順墓誌》："符玄鳥之嘉膺，契丹陵之聖緒。"(《北圖》5/87)

【馭—馭】北魏太昌元年《元瑱墓誌》："垂衣馭宇。"(《北圖》5/167)

---

① 黃德寬《古漢字發展論》182頁，中華書局，2014年。

2. 增撇筆

撇筆一般增飾于全字外圍右上部或右下部，大多是通過反向交接的方式來發揮維持字形視覺平衡的作用。如"天"字有個常見俗體作"天"，張涌泉分析説："'天'頂部的一撇使整個字形有向左側傾倒之勢，俗書在其右下側加上一撇，全字便協調安穩了。"①又如：

【外—夘】東漢建寧二年《史晨後碑》："西流里夘，南注城池。"(《北圖》1/137)

【胤—胤】北魏正始三年《寇臻墓誌》："漢相威侯之裔，侍中榮十世之胤。"(《北圖》3/91)

【礼—礼】北魏熙平元年《元彦墓誌》："長幼慈孝，敬尊礼卑。"(《北圖》4/36)

【式—式】北魏普泰元年《穆紹墓誌》："流品既清，喉脣式叙。"(《北圖》5/153)

【武—武】東魏天平四年《崔鸊墓誌》："武泰元年。"(《校注》7/173)

【代—伐】北魏景明三年《孫秋生等造像記》："大伐太和七年。"(《校注》3/350)

3. 增短豎筆

某些字内部的上下構件或筆畫之間存在狹窄縫隙，書寫者或施一短豎筆（有時是點筆）使之相互溝通關聯，同時形成下部對上部的支撐，增强全字的整體感。

【直—直】北魏景明年間《楊大眼造像記》："直閤將軍。"(《北圖》3/71)

【其—箕】東漢建寧三年《夏承碑》："君鍾箕美，受性淵懿，含和履仁。"(《北圖》1/138)

【宣—宣】北周建德四年《叱羅協墓誌》："廣益稱賢，文宣武暢。"(《校注》10/282)

【旦—旦】北魏永平元年《石婉墓誌》："如何一旦，與世長違。"(《北圖》3/119)

【竺—竺】北齊武平五年《等慈寺殘造塔銘》："天竺。"(《北圖》8/61)

【巨—臣、臣】北魏神龜二年《元祐墓誌》："崇巖千刃，景山之不可踰；洪波萬頃，臣海之不可測。"(《北圖》4/61)隋大業七年《姚辯墓誌》："戈船掩渚，臣艦浮州。"(《隋彙》4/152)

(二) 增組合筆畫

1. 增 "丷 (八)" 形筆畫

有些局部包含"十""丁""大"等形的字，或在横筆之下方左右側各增點筆，以起到補白或支撐作用。

---

① 張涌泉《漢語俗字研究（增訂本）》148頁，商務印書館，2010年。

【欣—歆】東漢光和五年《孔耽神祠碑》:"目睹工匠之所營,心歆悅於所處。"(《隸釋》卷五)

【神—祌】東漢《吳仲山碑》:"祌零有知。"(《隸釋》卷九)

【索—索】北魏武泰元年《元瞱墓誌》:"草隸之工,邁於鍾索。"(《北圖》5/80)"鍾索"指鍾繇與索靖。

【辛—亲】北魏太和二十二年《元偃墓誌》:"太和廿二年六月亲亥朔。"(《北圖》3/35)"亲"兼爲"親"之俗省,此形晚出。《改併四聲篇海·立部》引《俗字背篇》:"亲,與親義同。"《宋元以來俗字譜·見部》引《通俗小説》《目連記》等"親"作"亲"。今"亲"爲"親"的簡化字。

【掩—揜】唐廣明元年《柳延宗墓誌》:"俄揜泉夜,永別高堂。"(《北圖》34/2)

【妻—妻】北魏太和二十年《一弗造像記》:"妻一弗爲造像一區。"(《北圖》3/31)

【訊—詠】西晋元康九年《徐義墓誌》:"皇帝陛下、皇后慈仁矜愍,使黄門旦夕問詠。"(《北圖》2/64)"訊"本從言卂聲,聲符"卂"俗作"卆"形。如北魏太和二十年《元楨墓誌》"訊"作"許"(《北圖》3/30),北齊太寧二年《法懃禪師塔銘》"迅"作"迏"(《北圖》7/112)等。《徐義墓誌》字在"許"形基礎上增"八"形筆畫。其增筆原因,應該是爲了保持漢字形體的對稱性與協調性。①

2. 增"亠"形筆畫

"馳""阤"等右旁從"也"的字,"也"或變作"㐌",這大概是仿照形近字"施"的寫法所致。"施"本從㫃也聲,隸楷書"人"訛作"亠"形,居"也"之上。因構件"㐌""它"往往混寫,故"馳""阤"等字又與"駞""陀"等字之異體構成同形關繫。

【馳—馳】北魏永熙三年《李盛墓誌》:"馳馹飛書,授君除常山太守。"(《校注》7/89)"馳馹"即"馳馹",謂駕乘驛馬疾行。"馳"與"駱駝"字之異體同形。

【弛—弛】北齊天保四年《司馬遵業墓誌》:"天綱既闊,風俗頗弛。"(《北圖》7/25)北魏孝昌元年《元寶月墓誌》:"長乘弛禁,離倫肆虐。"(《北圖》5/14)《集韻·紙韻》:"弛,或作弛。"

【阤—阤】東漢熹平元年《東海廟碑》:"每飾壺切,旋則阤崩。"(《隸釋》卷二)洪适跋:"碑中以阤爲阤。""阤崩"謂崩毀。《集韻·紙韻》:"阤,或作阤。""阤"又與"沙陀"字之異體同形。

---

① 李建廷《魏晋南北朝碑刻疑難字例釋》,載《中國文字研究》第13輯,大象出版社,2010年。

【酏—醀】北魏孝昌二年《元瑛墓誌》:"其幂製用,醴**醀**程品。"(《校注》6/1)"醴""酏"皆甜酒之屬。《集韻·支韻》:"酏,或作醀"。"醀"又與"酡紅"字之異**體**同形。

3. 增"ㄑ"形筆畫

從"豸"的字,"豸"或變作"豕"形,碑誌常見。如東漢光和六年《唐扶頌》"貉"作"**貉**"(《隸釋》卷五),熹平二年《魯峻碑》"豹"作"**豹**"(《隸釋》卷九),和平元年《嚴訢碑》"頹"("貌"之異體)作"**頹**"(《隸續》卷三),東魏武定六年《元延明妃馮氏墓誌》"貂"作"**貂**"(《北圖》6/151)等。①

此外,"獨""傷"等局部包含"勹(勿)"形的字,亦或右增"ㄑ"形筆畫。如北魏神龜二年《寇憑墓誌》"處群若鵠,暾然獨杰"之"獨"作"**獨**"(《北圖》4/63),正始二年《元始和墓誌》"四海悽泪,八表悼傷"之"傷"作"**傷**"(《北圖》3/87)。有學者認爲這是仿照形近的"豕"字書寫所致②,我們認爲這與書寫時求取字形的左右對稱和均勢也有關繫。

(三)複雜情形

通常來説,一字内可增筆的位置不止一處,可增添的飾筆也不止一種,因此也存在增筆于不同位置、增不同筆畫于相同位置或累增飾筆等複雜情形,由此衍生出不少異體字形。

【氏—氐、氏】"氏"俗書多增點于右上。北魏正光五年《元昭墓誌》:"曾祖親太妃劉**氐**。"(《北圖》4/160)亦見增點于右下者。北周建德六年《楊濟墓誌》:"本姓楊**氏**。"(《校注》10/300)

【齓—齔、齓③】"齓"指兒童換牙。《説文·齒部》:"齓,毀齒也。男八月生齒,八歲而齓;女七月生齒,七歲而齓。從齒從匕。"段玉裁注:"今按其字從齒匕。匕,變也。"或右下增撇作"齔"。北魏正光五年《杜法真墓誌》:"忠孝發自弱齡,廉平起於韶**齔**。"(《校注》5/287)或累增撇、點作"齓"。北魏建義元年《元瞻墓誌》:"周童惡其奇,魏**齓**懷其妙。"(《北圖》5/89)

---

① "ㄑ"或從"豕"上脱開,獨立爲"亻",如北魏建義元年《元彝墓誌》"貂"作"**貂**"(《北圖》5/90),北齊武平六年《范粹墓誌》"豹"作"**豹**"(《校注》10/79)。"豸"旁或變作"犭(犬)"旁,如北魏神龜二年《元祐墓誌》"貂"作"**貂**"(《北圖》4/61),孝昌二年《侯剛墓誌》"豺"作"**豺**"(《北圖》5/35)。由此形成了"豸—豕—豸亻—犭亻"的演化脉絡。

② 何山《魏晉南北朝碑刻文字構件研究》292頁,人民出版社,2016年。

③ 字書亦見"齓"右上增點作"齓"的寫法。《字彙補·弋部》:"齓,音禩。義闕。"據字形及音讀分析,"齓"即"齓"之俗寫。

【拜—拜、拜】"拜"或增點于右下作"拜"。北魏永平元年《趙超宗墓誌》："拜左中郎將。"(《校注》4/101)或在右旁下方左右側各增點筆作"拜"。北魏延昌四年《皇甫驎墓誌》："刺史嘉君忠篤，即拜爲主薄。"(《北圖》4/25)

【九—九、九、九】"九"或增點筆，但增點位置多變。北魏孝昌二年《李頤墓誌》："正光元年，歲次庚子，五月十有九日薨。"(《北圖》5/20)此增于右上。北齊武平元年《隴東王感孝頌》："九原之中，恒浮玉樹。"(《北圖》8/1)此增于右下。隋開皇十五年《謝岳墓誌》："春秋九十有三，開皇三年薨於胡公里。"(《隋彙》2/179)此增于下部中空位置。

【夭—夭、夭、夭】"夭"或增撇于右下。北魏普泰元年《元誨墓誌》："方年夭秀，聞見傷感。"(《北圖》5/145)或增點于右上。北魏正光四年《元譚妻司馬氏墓誌》："夭夭攸歸，祁祁是矚。"(《北圖》4/139)或累增撇、點作"夭"。北魏正光五年《元子直墓誌》："福極蓼茖（參差），惑壽惑夭。"(《北圖》4/169)

二、改變筆畫交接方式

筆畫的組合方式包括相離、相接、相交三種，多數漢字是綜合運用其中兩到三種方式構成的。類化有可能導致筆畫的拆分、合并、變形或組合方式的變化。例如：

【步—步】

隋仁壽四年《符盛墓誌》："窆於閑居鄉黃門橋之西北一百餘步。"(《隋彙》3/122)"步"當即"步"之異體。"步"，或作"步"，下部訛爲"少"。此處又因上部"止"形體的影響，"少"原本相離的點、撇筆變爲相接的豎、橫筆，呈現爲反"止"形。

【豆—豆】

"豆"是古代盛裝食品之器皿。器淺似盤，圈足，多數有蓋。甲骨文作"豆"(《合集》24713)，《豆閉簋》作"豆"(《金文集成》4276)，《大師虘豆》作"豆"(《金文集成》4692)，《說文·豆部》小篆作"豆"，中部表示器腹的"○"皆作封閉圈形。隸楷書"○"形通常方化作"口"形。"豆"作構件時或出現"豆"形變體，器腹下部缺口并與器足相連貫通。如東漢建寧三年《夏承碑》"禮"作"禮"(《北圖》1/138)，北齊武平七年《傅華墓誌》"豈"作"豈"(《校注》10/104)，唐開元十五年《楊孝恭碑》"豐"作"豐"(《西安碑林全集》9/947)，天寶四年《石臺孝經》"體"作"體"(《北圖》25/83)等。考其緣由，可能與"亞""壺"等形近字的影響有關。"亞""壺"與"豆"之下底部分近似，唯"口"形是否封閉有別。"豆"類推而產生"豆"這種寫法，在隸楷書中大多相離的"口""丷"兩部分合并爲一體。

【命—命、令】

北魏孝昌二年《于仙姬墓誌》："醫不救命，去二月廿七日，薨於洛陽金墉之宫。"(《北圖》5/22) 建義元年《元毓墓誌》："方當羽儀九命，毗亮台階，而福報無徵，殲我良人。"(《北圖》5/106) "命"據文意當即"命"之異體，右下構件"卩"受左下構件"口"之影響而離析爲"丨""口"的組合，全字形體因此也獲得了中軸對稱感。俗又作"令"，"口""卩"黏合作"中"。《宋元以來俗字譜·人部》引《古今雜劇》《三國志平話》《目連記》作"令"。《小說集成》明刊本《詳情公案》卷五："此時正欲謀害，渠令未遭其難。"(《明清小説俗字典》424)①

三、調整構件布局

漢字在通過一定的模式組構起來以後，構件呈現出平面的布局圖式，這種圖式雖然不是構形屬性，而是書寫時的一種結體樣式，但它也可以區別漢字的結構，是漢字結構靜態的樣式。漢字在古文字時期構形的圖畫性強，平面圖式呈現爲個體性的不規則狀態；到小篆和今文字時期的隸書和楷書正體字，構形圖案性加強，平面圖式可以用幾何圖形來規範化。②在今文字階段，促使漢字構件布局調整（或相對位置變化）發生趨同性調整的因素大致有三：一是字形的方正化改造，二是相關字形的影響；三是優勢構件組合模式的影響。前者的類推性極强，後兩者的類推性則相對較弱。

（一）字形的方正化改造

隨着古文字的象物性淡化，漢字不再用直觀的物象來表達詞義。因此，可以考慮從字形的整齊、美觀出發來安置構件布局。隸楷書主要通過調整構件相對位置的方法來改變篆書的圓長形體，實現字形輪廓的平衡方正。具體手段如：

1. 縱排改爲橫排

在甲骨文、金文和戰國時期的文字裏，因爲受篆書細長的時代風格的影響，多採取上下結構；在後期篆書和隸楷書中，受字的扁化的影響，它們逐漸擺脱篆書影響，變爲左右排列了。③構件左右橫排比上下縱排更便於字形結體的上下收緊和左右分展，因此前一類字形更容易在後世異體字形的競爭中勝出。

---

① "命"俗又作"仒"，趙平安認爲這是一種表音改造。可從。參氏著《漢字形體結構圍繞字音字義的表現而進行的改造》，載《中國文字研究》第 1 輯，廣西教育出版社，1999 年。我們認爲這種改造并非一步到位，結合文獻字例來看，中間大致經歷了"命—命—仒—仒"的過程。參董憲臣《東漢碑刻異體字研究》156 頁，九州出版社，2018 年。

② 王寧《漢字構形學導論》147-148 頁，商務印書館，2015 年。

③ 王鳳陽《漢字學（修訂本）》742 頁，中華書局，2018 年。

【悁】《説文・心部》小篆作"㤪",東漢永和六年《冀州從事馮君碑》作"悁"(《漢碑全集》2/455)。

【鞍】《説文・革部》小篆作"鞌",北齊天統三年《韓裔墓誌》作"鞍"(《校注》9/255)。

【群】《説文・巾部》小篆作"羣",北魏正光二年《馮迎男墓誌》作"群"(《北圖》4/104)。

【峰】《説文・山部》小篆作"峯",北魏神龜二年《元祐墓誌》作"峰"(《北圖》4/61)。

2. 構件整體縮移

一些由多個構件組成的複雜字形,通過將某個構件整體縮移至一角或中心的方式來重新布局,以達到字形方正化的目的。這個過程也往往伴隨着構件的黏合省變及構件層級的調整。

【槃】《説文・木部》小篆作"槃"。北魏孝昌三年《胡明相墓誌》作"槃"(《校注》6/111),"木"符縮移至全字右下部。

【壁】《説文・土部》小篆作"壁"。東魏武定二年《元顯墓誌》作"壁"(《北圖》6/112),"土"符縮移至全字左下部。

【臂】《説文・肉部》小篆作"臂"。北魏普泰二年《赫連悦墓誌》作"臂"(《校注》6/321),"月(肉)"符縮移至全字左下部。孝昌二年《于景墓誌》作"臂"(《校注》6/55),再省"口"符。

【蠻】《説文・虫部》小篆作"蠻"。東漢中平三年《張遷碑》作"蠻"(《北圖》1/179)。"虫"符縮移至全字中下部,又省"言"之"口"符。

【龔】《説文・共部》小篆作"龔"。北魏正光四年《席盛墓誌》作"龔"(《校注》5/176),"共"符縮移至全字右下部。西晉太康四年《鄭烈碑》"龔"作"龔"(《隸續》卷四),"共"符縮移至全字居中位置。

不難看出,這種字形改造方式雖然有利于實現字形的方正化,但新字形往往局部構造相對擁擠,不利于達到疏密有致的布局效果,因此在後世通常沒有得到廣泛使用。

3. 構件筆畫異寫

字形方正化,也可以通過異寫構件筆畫的方式實現,例如通過筆畫的延展或收縮,以更明確地界定字形的外圍輪廓或實現構件之間的相互讓就。例如:

"走""辶"等構件參與組字且位于字左部時,通常將末筆拉長,使其他構件居于右上方，全字由左右結構變爲半包圍結構。這種寫法具有一定的類推性，影響了一批具有類似結構特點的構件發生趨同性變化，如"足""且"等。

【起】《説文·走部》小篆作"㲟"，北魏永安二年《元純陁墓誌》作"起"（《北圖》5/126）。

【遷】《説文·辵部》小篆作"𨘢"，北齊武定五年《馮令華墓誌》作"遷"（《北圖》6/145）。

【踊】《説文·足部》小篆作"踊"，東漢建寧三年《夏承碑》作"踊"（《北圖》1/138）。

【助】《説文·力部》小篆作"助"，西晉咸寧四年《臨辟雍碑》作"助"（《北圖》2/43）。

【彭】《説文·壴部》小篆作"彭"，曹魏太和五年《曹真殘碑》作"彭"（《北圖》2/7）。

"此""戈""弋"等構件參與組字且位于字上部時，或將豎彎鈎（或斜鈎）向下拉長，使其他構件居于左下方，全字由上下結構變爲半包圍結構。例如：

【紫】《説文·糸部》小篆作"紫"，北魏熙平元年《元廣墓誌》作"紫"（《北圖》4/39）。

【戒】《説文·収部》小篆作"戒"，北魏永平四年《元英墓誌》作"戒"（《校注》4/153）。

【忒】《説文·心部》小篆作"忒"，北魏永平三年《李慶容墓誌》作"忒"（《校注》4/151）。

一些左右或上下結構的隸楷字，位于左側或上部、下部的構件通常進行聚斂性調整，筆畫發生收縮變異，爲其他構件讓渡空間，以更好地實現全字的方正化。同時也有利于不同構件之間的筆畫銜接，提高書寫流暢度。例如，"土""牛""米""元"等參與組字且位于字左部時，末筆分別變作提、點、豎提等，形體瘦化。

【均】《説文·土部》小篆作"均"，北魏孝昌二年《楊乾墓誌》作"均"（《北圖》5/43）。

【牧】《説文·攴部》小篆作"牧"，北魏正始四年《元思墓誌》作"牧"（《北圖》3/99）。

【精】《説文·米部》小篆作"精"，北魏太昌元年《元文墓誌》作"精"（《校注》6/398）。

【頑】《説文·頁部》小篆作"頑"，北魏太昌元年《元襲墓誌》作"頑"（《北圖》5/175）。

"爪""艸""竹""火"等參與組字且位于字上部或下部時,分別收縮爲"爫""艹""竹""灬"等,形體扁化。

【采】《說文·木部》小篆作"𤓯",北魏延昌四年《王紹墓誌》作"采"(《北圖》4/28)。

【芥】《說文·艸部》小篆作"𦫵",北魏永安二年《元純陁墓誌》作"芥"(《北圖》5/126)。

【竺】《說文·二部》小篆作"𥫗",曹魏太和五年《曹真殘碑》作"竺"(《北圖》2/7)。

【烈】《說文·火部》小篆作"𤋱",北魏熙平元年《吐谷渾璣墓誌》作"烈"(《北圖》4/38)。

(二) 受相關字形影響

類化對字形的影響有時表現爲詞語或語境內的某字構件發生移位,從而與他字的構件組合方式趨同。張涌泉曾對敦煌寫卷中的此類現象進行舉例闡述,如"咨嗟"之"咨"作"吹"、"懈怠"之"怠"作"怡"等。① 又如:

【嶷—嶬】《詩經·大雅·生民》:"誕實匍匐,克岐克嶷。"毛傳:"岐,知意也;嶷,識也。""克岐克嶷"後縮略爲"岐嶷",用以形容幼年聰慧。"嶷"本作上下結構,或受"岐"的影響而變爲左右結構。東漢《劉熊碑》:"誕生照明,岐嶬踰絕。"(《隸釋》卷五)北魏永安二年《元純陁墓誌》:"岐嶬發自韶年,窈窕傳於卅日。"(《北圖》5/126)北齊天統元年《孫顯墓誌》:"岐嶬挺秀,顯於弄璋。"(《墨香閣》139)隋大業二年《董敬墓誌》:"君生而岐嶬,長而倜儻。"(《隋彙》3/175)後世通常把"岐嶬"當作一個整體的詞來進行訓釋。如南宋朱熹《詩經集傳》:"岐嶷,峻茂之狀。"

【巍—巇】唐貞觀元年《關道愛墓誌》:"派源浩汗,道江河而洸瀁;析基巇峭,峙山嶽以巇峨。"(《北圖》11/8)"巍",字書文獻或見作"巍""巍""巍"等形,"山"在字內的位置多變。此處則涉下字"峨"而移"山"于左側。

【塹—壍】北魏太昌元年《元恭墓誌》:"填壍踰城,中霄突入。"(《北圖》5/172)《史記·司馬相如列傳》:"隳牆填壍,使山澤之民得至焉。""壍"即"塹"之異體,指壕溝,此處則涉上字"填"而移"土"于左側。《字彙補·土部》:"壍,與塹同。"

【鄂—𨛸】唐顯慶二年《杜文貢墓誌》:"父原始,隋𨛸州江夏縣令。"(《北圖》

---

① 張涌泉《敦煌文書類化字研究》,《敦煌研究》,1995年第4期。

13/32)"咢"當即"鄂"的變體，此處蓋受上字"隋"的影響而構件左右換位，與"崿"之異體同形。鄂州爲隋朝所置州名，治所在今湖北省武漢市武昌區。《龍龕·阜部》："咢，國名。同鄂。"

（三）受優勢組合模式影響

某些字內構件相對位置的調整變動則與漢字構件的常規布局有關，或者説是受到了更具優勢的構件組合模式的影響。

【彌—弼（弼）】"彌"本作"彌"，"囟"皆居于字右。《説文·弜部》小篆作"彌"，"輔也，重也。從弜囟聲"。考察古文形體，《毛公鼎》作"彌"（《金文集成》2841），《番生簋》作"彌"（《金文集成》4326），《者沪鐘》作"彌"（《金文集成》121），"囟"本象簟席之形，後訛作"囟""百"等。隸楷書"囟（百）"以居中爲常。如東漢中平三年《張遷碑》作"弼"（《北圖》1/179），西晉元康九年《徐義墓誌》作"弼"（《北圖》2/64），北魏正始四年《元鑒墓誌》作"弼"（《北圖》3/100），唐開成二年石經《尚書》作"弼"（《北圖》31/19）等。《玉篇·弓部》："彌，左輔右弼也。弼，今文。"

"彌"之作"弼（弼）"，大概一方面與形近字"彌""鷖"的構形影響有關，另一方面也與漢字在書寫布局上追求中軸對稱有關。但凡左右結構的二疊字與其他文字組合成新字時，通常將該字置於兩個同形構件的中部，這樣比較符合對稱美感。如"辯""辨""瓣"等從"辡"得聲的字，往往將形符置於字中而割裂聲符。此外，包含二疊構件的字，如"樊""巒""燮"，上部的"林""絲""炊"（"炎"的異體）均左右分離以容納中間的構件。這種相對強勢的書寫模式潛在地影響了"彌"的構件移位。

【裔—裛】《説文·衣部》小篆作"裔"，"衣裾也。從衣，冏聲"。俗寫常見作"裛"，"衣"符下移，"冏"訛作"商（商）"。北魏建義元年《元彝墓誌》作"裛"（《北圖》5/90），太昌元年《元文墓誌》作"裛"（《北圖》5/171），熙平元年《元廣墓誌》作"裛"（《北圖》4/39）。《干禄字書》："裛裔：上俗下正。"考其緣由：一則"衣"作爲構件參與組字時，通常位于文字下部，如"裝""裂""裘""襲"等，"裔"之"衣"符下移應當是受到了這種優勢性組合模式的影響；一則"冏"字罕見，故在書寫時將其改爲形近且習見的"商（商）"。

四、調整構件置向

古文字構件的置向有時具有顯示或區別構義的作用。如"県（鼎）"象倒首（"𩑋"）之形，今作"懸"；"从（𠈌）""北（𠉳）"分別以兩人同向或相背之形來表示跟隨或背離義。今文字構件的置向基本不具有別義作用，單個構件置向的調整可能是爲了實現平正化，也可能是受到了其他字形或構件的影響。

【屮】《説文·屮部》小篆作"屮"，"物初生之題也。上象生形，下象其根也"。上部構件偏右傾仄，隸楷書則通常平置作"山"形。如北魏永平元年《元詳墓誌》"端"作"端"（《校注》4/103），永安元年《元誕業墓誌》"瑞"作"瑞"（《校注》6/242），北齊天保十年《尉孃孃墓誌》"顓"作"顓"（《校注》9/42）等。亦偶見豎置作"⼂"的寫法，如隋大業九年《宋仲墓誌》作"端"（《北圖》10/93）。但這種改造手段不太符合常規，故字形未流通。

【彦】《説文·彣部》小篆作"彦"，"美士有文，人所言也。從彣厂聲"。該字下底的"彡"符不夠平正，使全字看上去有向右傾倒之虞，故或改"彡"爲"三""二""匕"等。東漢《朝侯小子殘碑》作"彦"（《漢碑全集》6/2020），北魏正光二年《穆纂墓誌》作"彦"（《北圖》4/101），北齊武平元年《劉雙仁墓誌》作"彦"（《北圖》8/8）。類例如"參"或作"叁"。東魏武定元年《李祈年墓誌》作"叁"（《北圖》6/100），北周大象二年《李雄墓誌》作"參"（《北圖》8/201）等。

【澁】《説文·止部》小篆作"澁"，"不滑也。從四止"。隸楷書上部二倒"止"訛爲"刃"。東漢建和二年《石門頌》"塗路澁難"之"澁"作"澁"（《北圖》1/101），《隸辨·緝韻》引注碑字："《説文》作'澁'，不滑也。從四止，二正二倒。後人加水于旁。碑省上一止而復不倒，今俗因之，澁遂作澁。"倒"止"變作正"止"，可視爲字内類化造成的構件置向的改變。

【鄉】甲骨文作"鄉"（《合集》31042），象兩人對食之形，當是"饗"的初文。《説文·㗊部》小篆作"鄉"，許慎析爲"從㗊皀聲"的形聲字。據小篆可隸定作"鄉"，二"邑"相背。北魏正光四年《元引墓誌》作"鄉"（《北圖》4/133），正光五年《檀賓墓誌》作"鄉"（《北圖》4/178），皆承襲篆形。又作"鄉"，左側"邑"受右側"邑"的影響而反向作"邑"。如東魏武定元年《李贊邑等五百人造像碑》"義冠鄉閭，譽聞邦邑"（《北朝佛教石刻拓片百品》113）。

第二節　結構方面

類化對個體漢字結構的影響主要體現在增加構件或改換構件兩個方面，偶有導致簡省構件的情況發生。這種結構的演變，可能會觸發構字理據的重新分析。從系統的角度看，具有共性的影響因素又能夠引導個體漢字結構產生趨同性類變。

一、單字結構改變

（一）增加構件

【觴—灝】隋大業八年《宮人陳氏墓誌》："原其濫灝，姚墟置胡公之祀；語其世系，潁川有陳寔之碑。"（《隋彙》4/218）誌字即"觴"之或體，涉上字"濫"而增"氵（水）"符。濫觴，本指江河發源處水很小，僅可浮起酒杯。《荀子·子道》："昔者江出於岷山，其始出也，其源可以濫觴。"此處比喻家族的起源、發端。

【蘭—瀾】北魏永平四年《元侔墓誌》："傷瀾源之絶浦，哀桂渚之斷淑。"（《北圖》3/144）東魏武定二年《元湛墓誌》："九畹滋瀾，百畝樹蕙。"（《北圖》6/110）梁春勝認爲兩誌之"瀾"皆是"蘭"的增旁類化字形，可從。①

【犴—狺】東漢《高彪碑》："獄狺生中，邦無怨聲。"（《隸釋》卷十）洪适跋："狺即犴字。""犴"指鄉亭牢獄。《荀子·宥坐》："獄犴不治，不可刑也。"楊倞注："犴，亦獄也。""獄"從二"犬"，碑中"犴"蓋涉"獄"形而又增一"犬"。

【凡—芃】北魏建義元年《元譚墓誌》："地重應韓，戚親芃蔣。"（《北圖》5/91）《左傳·僖公二十四年》："昔周公弔二叔之不咸，故封建親戚以蕃屏周。……邢晉應韓，武之穆也。凡蔣邢茅胙祭，周公之胤也。"應、韓、凡、蔣，皆爲西周分封的姬姓諸侯國。誌中"芃"本作"凡"，受下字"蔣"的影響而增形符"艹"作"芃"，恰與表草盛貌義的"芃"同形。

【脣—嚌】北魏建義元年《元順墓誌》："任屬喉嚌，亟居近侍。"（《北圖》5/87）誌字本作"脣"，涉上字"喉"而增"口"符。"喉脣"，本指喉嚨和嘴脣，此處引申比喻宮廷中親近帝王的重要職位。

【麗—孋】東漢《郭輔碑》："有四男三女，咸高賢姣孋，富貴顯榮。"（《隸釋》卷十二）"姣孋"即"姣麗"，漂亮美麗。"麗"涉上字"姣"而增"女"符。《集韻·霽韻》："孋，美也。"

（二）改換構件

【牖—牖】"牖"指木窗。《説文·片部》："牖，穿壁以木爲交窗也。"段玉裁注："交窗者，以木橫直爲之，即今之窗也。在牆曰牖，在屋曰窗。"北魏孝昌三年《胡明相墓誌》"户牖之教既成"之"牖"作"牖"（《校注》6/111），右旁訛作"庸"。北齊天保四年《司馬遵業墓誌》"任參户牖"之"牖"作"牖"（《北圖》7/25），此則因涉上字"户"而在"牖"形基礎上而改左旁"片"爲"户"。

---

① 梁春勝《楷書部件演變研究》276-277 頁，綫裝書局，2012 年。

【烈—迾】唐顯慶三年《楊道綱墓誌》："敢述德於遺迾，勒沉石而永固。"(《北圖》13/88)誌字據文意當是"烈"之異體，涉上字"遺"而換爲"辶（辵）"符。遺烈，謂前人留下的烈節、風操。《說文·辵部》："迾，遮也。"誌字恰與之同形。

【碧—澛】北齊武平三年《樊上墓誌》："景行共澛沼均清，宣言與黃金等價。"(《文化安豐》353)唐萬歲通天二年《劉子墓誌》："恐田成澛海，河變爲陵。"(《隋唐》河南卷40)上元三年《孟貞墓誌》："左臨像水，碧瀨洪流；右望酎祠，清池渌沼。"(《唐彙編》623)"碧"據《八瓊室金石補正》卷三八作"澛"。諸誌之"碧"當即"碧"之異體，各涉文中"沼""海"或"瀨"而變"王（玉）"符爲"氵（水）"符。

【鴻—䑏】東魏武定四年《王忻墓誌》："父昌，䑏臚卿。"(《秦蒐續》1/110)鴻臚卿，官名，南北朝主掌朝會時贊導禮儀。"䑏"據文意當是"鴻"之異體，涉下字"臚"而類化換爲"月"符。

（三）簡省構件

【蜉—𧈅】隋大業九年《蘇恒墓誌》："木槿朝榮，𧈅蚙夕死。"(《隋唐》洛陽卷1/94)"𧈅蚙"當即"蜉蝣"之異。蜉蝣，或作"浮游""蜉蝤""渠略"等，屬蟲類，壽命極短。《詩經·曹風·蜉蝣》："蜉蝣之羽，衣裳楚楚。"毛傳："蜉蝣，渠略也，朝生夕死。"誌中"蝣"字省中部之"方"，與上字"蜉"的形體趨同。

【爨—㸑】"爨"，《說文·爨部》小篆作"爨"，"齊謂之炊爨。臼，象持甑；冂，爲竈口；廾，推林內火"。"爨"字形體繁複，不便書寫，故往往有所簡省。其中一路形體下底作"焱"，如北魏延昌年間《溫泉頌》"無樵薪之爨"之"爨"作"㸑"(《校注》4/289)，正光二年《張安姬墓誌》"親爨悲悼"之"爨"作"㸑"(《北圖》4/105)。《龍龕·火部》："㸑，俗爨字。"該形可視爲"冖（冂）"下部分受構件"火"影響而發生了字內類化。通過改寫，整字形體簡化，構意似乎也相對明晰了一些。

二、多字結構類變

曾良曾專門探討漢字體系對創造俗字的影響："中國古人以爲漢字字形是要表達概念的，故在創造某一俗字時，往往會根據漢字體系考慮加上某一義類偏旁。……漢字經過數千年的歷史傳承，本身的體系性很強，以致個別字詞如果與整個漢字系統相衝突的話，自然會產生字形的調整。"[①]漢字的發展往往要受到這種統一性力量的規範和制約，從而使得原本形體結構有別、面貌各異的個體字符

[①] 曾良《明清小說俗字研究》190頁，商務印書館，2017年。

習慣通過增換構件、表義改造等方式來獲得構形的某種一致性。這一點在高頻形符（或部首）對涉義字形及其演變的統攝方面體現得尤爲顯著。黃德寬曾列舉春秋出土文字中表示國名的詞，其相應的字符多產生增改爲"阝（邑）"符的異體，如"呂—邱""尋—鄩""越—郕""潘—鄱"等。①試以"心（忄）""歹（歺）""犬（犭）"三個高頻形符爲紐帶，對中古碑誌所見的部分類化字形進行繫聯，以此管窺類化在今文字發展階段所發揮的規整作用。他處已舉字例不贅。

（一）"心（忄）"符

"心"，甲骨文作"♡"（《合集》6），象心臟之形。參與構字時的構義涵蓋心理活動、品性、情緒等。

【驕—憍】北魏熙平二年《元新成妃李氏墓誌》："歡恚弗形於顏，憍矜莫現於色。"（《北圖》4/50）憍矜，驕傲自誇。《集韻·宵韻》："憍，矜也。通作驕。"

【傲—慠】北魏熙平二年《元新成妃李氏墓誌》："聽其聲則無鄙吝之心，睹其容則失慠慢之志。"（《北圖》4/50）《集韻·号韻》："傲，《說文》'倨也。'或從心。"

【熙—憘】唐天寶二年《隆闡法師碑》："故亦菩薩憘怡，似救下方之苦。"（《長安碑刻》上108）熙怡，指和樂喜悦。此處"熙"涉下字"怡"而增"忄"符。

【果—惈】隋開皇二十年《馬穉墓誌》："甫就勝衣，不爲錢杖之戲；纔喻弱冠，有懷英惈之心。"（《北圖》9/131）《文選·左思〈魏都賦〉》："風俗以韰惈爲嬻，人物以戕害爲藝。"李善注："《方言》曰：'惈，勇也。'果與惈，古字通。"

【倦—惓】北魏建義元年《元子正墓誌》："屬辭摛藻，怡情無惓。"（《北圖》5/108）《集韻·線韻》："倦，《說文》'罷也'。或作惓。"

【哲—悊】唐龍朔三年《獨孤澄墓誌》："天不慭遺，悊人斯謝。"（《北圖》14/73）哲人，賢明而才智卓越的人。《說文·口部》："哲，知也。悊，哲或從心。""悊"可視爲"哲""惁"的糅合字形。

【濃—憹】北周大象二年《張子開造像記》："嵩山可礪，心願永憹。"（《校注》10/342）"憹"據文意及用韻殆同"濃"，謂感情深厚。

【腴—愗】東魏武定六年《邑主造石像碑》："馨茲愗果，庶勉鼎鑊。"（《北圖》6/150）《金石文字辨異·虞韻》引注碑字："愗即腴。""腴"，指豐厚、美好。

【哀—懐】東漢建寧二年《柳敏碑》："嗚呼懐哉。"（《隸釋》卷八）東漢延熹六年《平輿令薛君碑》："懐懐士偁。"（《隸續》卷一）《字彙·心部》："懐，同哀。"

---

① 黃德寬《古漢字發展論》291頁，中華書局，2014年。

第三章　類化作用對漢字的影響

【痛—㾁】北魏熙平二年《張宜墓誌》："望轜[扶]柩，貴賤同㾁。"（《校注》4/334）"痛"本義爲疼痛，此處引申指悲痛，故增"心"符。

【吝—悋】北魏正光六年《元茂墓誌》："爰居且處，非驕與悋。"（《北圖》4/180）誌字右旁作"䒳"，即"吝"之俗寫。《廣韻·震韻》："悋，鄙悋，本亦作吝。"

【婪—惏】北魏孝昌二年《侯剛墓誌》："蕃收庶政，惏心斯絕。"（《北圖》5/36）《説文·心部》："河之北謂貪曰惏。"段玉裁注："惏與《女部》婪音義同。"

【竊—窃】北魏正始元年《山公寺碑頌》："窃惟孝文皇帝叡哲欽明，淵暉洞遠。"（《校注》4/26）"竊"本指偷盜，此處用爲謙辭，含私自、私下義。清劉淇《助字辨略》卷五："凡云竊者，謙詞，不敢徑直以爲如何，故云竊也。"《龍龕·穴部》："窃，俗；竊，正。"

【酸—㥄】北魏景明四年《張整墓誌》："皇上㥄悼，朝間悲惻。"（《北圖》3/68）北周保定五年《宇文猛墓誌》："親朋號慕，朝野㥄愕。"①此處"㥄"即"酸"之異體，表心酸、悲痛義，故換爲"忄（心）"符，與"㥄改"字同形。

【厭—懕】北齊武平三年《徐之才墓誌》："物不懕其高，世皆樂其富。"（《北圖》8/39）《集韻·艷韻》："厭，足也。亦作懕。"

【順—愼】北魏永平二年《元願平妻王氏墓誌》："貞愼自性，聰令天骨。"（《北圖》3/128）貞順，貞潔柔順。"順"本從川，此則就近改"川"爲"忄"。《集韻·稕韻》："順，古作愼。"

（二）"歺（歹）"符

《説文·歺部》："歺，剡骨之殘也。從半冎。""歺"本指剔去肉後的殘骨。隸省作"歹"。從"歺（歹）"的字，多與死亡、災禍、不祥等義相涉。

【凋—殂】東漢建寧元年《張表碑》："殂周芝華兮殱彦良。"（《隸釋》卷八）《金石文字辨異·蕭韻》引注碑字："殂即凋。"唐大曆四年《崔緼墓誌》："殂落摧痒兮奄在中年。"（《北圖》27/82）《説文·仌部》："凋，半傷也。從仌周聲。"段玉裁注："仌霜者傷物之具。故從仌。""凋"本義是草木衰落，引申指人死亡義，故或改從"歹"。

【終—殑】北齊河清四年《封子繪墓誌》："其年閏九月二十日遘疾，殑於京師。"（《北圖》7/146）唐會昌六年《崔隋妻趙氏墓誌》："夫人之終不恨矣。"（《北圖》31/151）《玉篇·歹部》："殑，歿也。今作終。"

【卒—殚】東漢中平四年《劉衡碑》："年五十有三，以中平四[年]二月戊午殚。"

---

① 徐超，朱小平《固原出土北周宇文猛墓誌考》，《文物天地》，2020年第11期。

(《隸釋》卷十七）北齊天統二年《盧脩娥墓誌》："以天保二年二月乙亥廿九日癸卯殔于鄴縣之脩人里舍。"（《校注》9/245）《玉篇·歹部》："殔，死也。"

【萎—痿】北魏孝昌二年《元朗墓誌》："痿蘭桂如早亡，摧青松以凤殞。"（《北圖》5/53）東魏武定八年《穆子巖墓誌》："茫茫天道，痿我哲人。"（《北圖》6/176）《廣雅·釋詁一》："痿，病也。"王念孫疏證："痿字亦作萎。草木枯死謂之萎。"

【凶—殎（殉）】東漢延熹八年《鮮于璜碑》："如何凤隕，丁此咎殎。"《集韻·鍾韻》："凶，《説文》：'惡也，象地穿交陷其中。'或從歹。"又作"殉"，換聲符爲"匈"。東漢中平四年《譙敏碑》："昊天不惠，降兹殉疾。"（《隸釋》卷十一）《隸辨·鍾韻》引注碑字："即殎字。"

(三)"犬（犭）"符

"犬"，甲骨文作"犭"（《合集》738），象犬側面直立之形。隸楷書居於字左時變作"犭"形。從犬的字多爲獸名或與獸相關。

【貙—貙】北齊天統三年《韓裔墓誌》："擁貙虎之師，勒次飛之士。"（《校注》9/255）"貙"即"貙"的異體。"貙"爲虎屬猛獸，似貍而大。《爾雅·釋獸》："貙，似貍。"郭璞注："今貙虎也。大如狗，文如貍。"《正字通·犬部》："貙，俗貙字。"

【貔—猑】北魏太昌元年《元恭墓誌》："率是熊羆，厲兹猑虎。"（《北圖》5/172）"猑"即"貔"之異體，"豸"換作"犭（犬）"符，又訛"皋"爲"昆"。貔是虎豹一類的猛獸。《説文·豸部》："貔，豹屬，出貉國。"《尚書·牧誓》："如虎如貔。"孔安國傳："貔，虎屬也。"

【貍—狸】北魏太和十八年《弔比干文》："召熊狸而叙釋兮，問重華之風榘。"（《北圖》3/21）"狸"即"貍"的異體。《説文·豸部》："貍，伏獸，似貙。"段玉裁注："謂善伏之獸，即俗所謂野貓。"

【豺—犲】東魏興和二年《劉懿墓誌》："去草逐雀，懷鵾鷹之氣；誅犲制咒，起卧虎之威。"（《校注》7/240）《説文·豸部》："豺，狼屬，狗聲。"《干禄字書》："犲豺：上通下正。"

【豬—猪】唐長慶二年《邢真賢墓誌蓋》四周環書十二地支字，其中"豬"從"犭"作"猪"（《隋唐》北京大學卷2/74）。《干禄字書》："猪豬：上通下正。"

【豨—狶】北魏永安二年《元馗墓誌》："奉命鷹闕，載驅狶陌。"（《北圖》5/119）狶陌，即"狶貘"。指勇猛的军队。"豨"是"豬"的別稱。《方言》卷八："豬……南楚謂之豨。"《爾雅·釋獸》："豕子，豬。"郭璞注："江東呼豨，皆通名。"

【貂—狢】《説文·豸部》："貂，鼠屬。大而黄黑，出胡丁零國。"後通作"貂"。《玉篇·鼠部》："貂，古貂也。"又《豸部》："貂，鼠如犬。"北魏正始四年《元嵩墓誌》："麗績兩辰，聯*貂*二主。"(《北圖》3/104)建義元年《元湛墓誌》："*貂*瑠紫殿，鳴玉雲閣。"(《北圖》5/102)"貂"即"貂"之異體。《正字通·犬部》："貂，俗貂字。"

【禽—獝】《説文·内部》："禽，走獸總名。"北魏正光五年《元崇業墓誌》："思鳥喟噍，哀*獝*躑躅。"(《北圖》4/174)"獝"據文意即"禽"之增形異體，與"獝"之異體同形。

【犬—狄】東魏武定元年《房蘭和墓記》："凡任歷政，*犾*不夜吠。"(《校注》7/352)《漢魏六朝碑刻異體字典》(737)收"*犾*"爲"犬"之異體，按語云："'犬'加衍畫作'犮'，'*犾*'從二犬，是'犬'的加形字。"説是。"犬"或作"犮"①，如北魏建義元年《元瞻墓誌》"夜犬莫吠"之"犬"作"*犮*"(《北圖》5/89)。此處又贅增"犭"符，與"狄"之異體同形。

第三節　構字理據方面

漢字是表意體系的文字，其形體構造與所記録的詞義具有一定的對應關繫。因此，漢字的形體總是携帶着可供分析的意義信息，體現字形生成所憑借的道理和依據。我們稱這種可供分析的意義信息爲"構字理據"。這種理據因社會約定而與字形較穩定地結合在一起，它是漢字表意性質的體現。②

一般來説，漢字初文大多具有"畫成其物，隨體詰詘"的象物性特點，其構造理據是比較顯明的，據其形可知其義。但在歷時演進的過程中，伴隨着字體及書體的變遷，漢字的象物性逐漸弱化乃至喪失。尤其是隸變的發生，導致漢字形體發生劇烈變化，滋生了大量訛變、混同現象；横、竪、撇、捺等現代筆畫形成，最終使得適應物象的筆意轉變爲適應書寫布局的筆勢。這些都對漢字的組構理據造成了較大的衝擊和影響。

類化作用也是導致漢字形體和結構發生變化的一個重要因素，也相應地引發構字理據的重構③、強化或破壞等動態變化。

---

① "犮"兼爲正字。《説文·犬部》小篆作"犮"，"走犬皃。從犬而丿之。曳其足則剌犮也"。《字鑑·末韻》："犮……與'朋友'字不同。凡'跋''拔''獘''軷''髮''鈸'諧聲者從'犮'。俗作'犮''犮'。"其俗體"犮"又與"友"之異體同形。

② 王寧《漢字構形學講座》24頁，上海教育出版社，2002年。

③ 理據重構又稱"理據重解"。林志強、龔雪梅："狹義的理據重解是指當某一漢字原有的構形理據變得晦澀難明時，人們重新對這個漢字的形義關繫給予新的解釋。這種解釋往往結合詞義的新變化和思想觀念的新發展來進行。"參《漢字理據的顯隱與漢字和漢語的内在關繫》，載《中國文字研究》第13輯，大象出版社，2010年。我們認爲，人們在解釋新字形時，有時不免夾雜一定的主觀性，即包含主觀解釋的成分，因此"理據重解"這個提法在一定程度上要優於"理據重構"。這裏依然采用較爲通行的"理據重構"。

一、理據的重構

所謂理據重構，是指漢字結構經過演變之後，構件或構件的功能發生了變化，但是仍然可以與整字所記錄的詞語的音義聯繫起來，能夠從另外的角度説明爲什麼用這個形體來表示這個語詞，也就是能對演變後的結構進行重新分析或重新解釋。①有些類化産生的新字形具有明確的構成理據，全字形體與其所記録的詞語之間的對應關繫能够得到重新解釋。

【窺—窥】《説文·穴部》："窺，小視也。從穴規聲。"北齊天保二年《元賢墓誌》"憓愢莫窺"之"窺"作"窥"（《北圖》7/14)，河清三年《高百年妃斛律氏墓誌》"未窺肜筆之史"之"窺"作"窥"（《北圖》7/131），蓋受"視"之形義影響，皆改聲符"規"爲"視"。"窺"本爲形聲字，經過改造之後，成爲"從穴從視"的會意字，可會"經由孔穴進行探視"之義。

"窺"有或體作"闚"。《説文·門部》："闚，閃也。從門規聲。"蓋"窺""闚"本爲兩字，後世用法發生混同，皆表窺視義。東漢熹平元年《吴仲山碑》"未嘗闚城"之"闚"作"闚"（《隸釋》卷九)，北魏太和十八年《弔比干文》"闚寒門之層冰"之"闚"作"覞"（《北圖》3/21），字形改造方式與"窺"正同。

【兼—𥡜】"兼"從手持二禾會意，引申指同時做幾件事情或占有幾樣東西。《説文·秝部》小篆作"兼"，"并也。從又持秝。兼，持二禾；秉，持一禾"。蓋受相關字"秉"的形體影響，"兼"或再增一"又"，析爲二"秉"之形。東魏武定二年《元均及妻杜氏墓誌》："公受脈出郊，威信𥡜著。"（《北圖》6/111）《字彙·禾補》："𥡜，同兼。""𥡜"可視爲從兩手各持一禾會意，其構字理據較原字形已發生變化。

【雙—䨇】東魏武定八年《廉富等造義井頌》"現滅雙樹"之"雙"作"䨇"（《北圖》6/166），後周《二聖廟碑》②"前雙鳳舞"之"雙"作"䨇"（《北圖》8/213）。《説文·雔部》："雙，隹二枚也。從雔，又持之。""雙"爲會意字，以手持二隹形會禽鳥兩隻之意，引申指一雙、一對。"䨇"在"雙"的基礎上復增一"又"，以兩手各持一隹以示成雙之意。

由于隸變等原因造成形體的改易，使得一些隸楷書字形的組構理據已不易解析，于是對局部形體進行表義（或標音）改造，結果新字形獲得了局部的可解釋性，全字呈現出半記號狀態。這可視爲理據的部分重構。

---

① 李運富《漢字學新論》173 頁，北京師範大學出版社，2012 年。
② 《二聖廟碑》，《北圖》題爲"北周刻"，無具體年月。據章紅梅考證，此碑應是五代後周建造，今依章説。參見章紅梅《〈二聖廟碑〉產生時間辨誤》，《江海學刊》，2012 年第 4 期。

【寬—寬】"寬"本從宀莧聲。其聲符"莧",《說文·莧部》小篆作"莧","山羊細角者"。隸楷書通常變作"廿""見（見）"的組合。"寬"本指房屋寬敞,引申有寬宏義。東漢碑刻或作"寬",改"廿"爲"心",如東漢延熹六年《平輿令薛君碑》："寬猛以濟,藐矣惟清。"（《隸續》卷一）建和元年《武斑碑》："慈惠寬□,孝友玄妙。"（《隸釋》卷六）新字形中僅"心"符具有示義功能,但全字的構意已不大容易解析,可視爲半記號字。

【慧—慧】北齊天保九年《魯思明等造像記》："十力慧日,沉暉唯遠。"（《北圖》7/71）"慧"據文意當即"慧"之異體。"慧日",佛教用語,以日光喻佛之智慧普照眾生,能破無明生死痴暗,與"慧光""慧照"等同義。"慧"本從心彗聲,其聲符"彗",據《說文·又部》小篆作"彗","掃竹也。從又持甡"。"甡"或爲掃帚形之訛,隸變作"丰"。"慧"之"丰"下部分與"思"字形近,此處就近改爲"思"。"慧"指智慧,與"思"意義相關,故"思"亦有提示字義的作用。但"慧"全字的構意已不易解析,可視爲半記號字。

二、理據的强化

這裏主要列舉碑誌所見的一些累增字。①累增字與原字在表義上本無差别,往往受形聲格局影響或語境内他字形體影響而贅增形符,于是原字形通常轉化爲新字聲符,新字大多仍可分析爲形聲結構。與原字形相比,新字形的形符所處位置更加直觀,構字理據得到了進一步的强調。嚴格來說,理據强化也是理據重構的一種表現形式。

【胃—䐑】唐永隆元年《王善相妻禄氏墓誌》："痛傷脾䐑,切甚心腸。"（《北圖》16/143）"胃"本從"月（肉）",此處又涉上字"脾"而累增形符"月（肉）"作"䐑"。慧琳《一切經音義》卷六八："胃,論作䐑,俗字也。"

【悟—憶】北齊武平二年《道略等三百人造像記》："天人覺憶,超投大康。"（《偃師碑志選粹》46）"憶"當即"悟"之異體,下底累增"心"符。覺悟,即覺醒。

【惻、悥—憶】東漢延熹四年《王純碑》："憶隱□至,恩加窮民。"（《隸釋》卷七）"惻"或作"悥",碑字在"惻"或"悥"形基礎上累增"心（忄）"符。

---

① "累增字"是清代文字學家王筠發明的術語,指"字有不須偏旁而義已足者……其加偏旁而義仍不異者"。參氏著《說文釋例》卷八,中華書局,1987年。"其加偏旁而義仍不異者"指"本字"與在其基礎上"加偏旁"構成的"累增字"二者所承擔的記錄職能一致。參李運富、蔣志遠《論王筠"分别文、累增字"的學術背景與研究意圖》,《勵耘學刊（語言卷）》,2012年第2期。

【怨—㤕】北齊武平三年《周无墓誌》："朝廷嘷咷，閭里㤕痛。"（《秦蒐三》1/116）誌字當即"怨"之異體，左旁累增"忄"符。

【梁—樑、梁】北魏孝昌元年《元煥墓誌》："樑後夏彫，棟先秋折。"（《北圖》5/7）《正字通・木部》："樑，俗梁字。"或又省"氵"符作"梁"，如北魏太昌元年《楊津墓誌》"梁木摧根"之"梁"作"梁"（《秦蒐續》1/80），北齊天保四年《獨孤忻墓誌》"棟梁魏室"之"梁"作"梁"（《北大》112），東魏興和三年《郁久閭肱墓誌》"宜任梁棟"之"梁"作"梁"（《秦蒐續》1/97）等。

【含—唅】北魏景明年間《魏靈藏薛法紹等造像記》："自雙林改照，大千懷綴映之悲；慧日潛暉，唅生銜道慕之痛。"（《北圖》3/72）東魏武定六年《王叔義造像記》："上願皇帝陛下，唅生之類，生生世世，治佛聞法。"（《校注》8/74）"唅""唅"皆"唅"字俗省。"唅生"即"含生"，指有生命的衆生。《正字通・口部》："唅，俗含字。"

【昏—晘、暙】"昏"俗作"晘"。《龍龕・日部》："晘，正音昏，闇也。"《字彙補・日部》："晘，音昏，暗也。"俗書"氏""民"相混，"昏"或作"昬"，故"晘"又作"暙"。北魏延昌三年《元濬嬪耿氏墓誌》"暝暝長夜，暙暙悠晘"（《北圖》4/17）。《大字典・日部》（1638）收"晘"同"涽"，失收"同'昏'"之條目，宜據補。

【烈—烮】北魏永安二年《元馗墓誌》："拯將溺於深淵，救垂炭於猛烮。"（《北圖》5/119）"淵"即"淵"之異體①，"烮"即"烈"之異體。《説文・火部》："烈，火猛也。從火列聲。""猛烈"猶言猛火，與"深淵"對仗工整。《大字典》失收"烮"字，可據補。

【眷—瞽】唐貞觀十八年《王通墓誌》："瞽彼犧牛，有莊周之感；觀兹廡鼠，息李斯之驚。"（《北圖》11/125）《説文・目部》："眷，顧也。從目关聲。"誌字據文意當是"眷"之異體，左部累增"目"符。

【岳—崒】北齊武平七年《宋始興一百人等造像記》："今在嵩崒之南，下宅伽葉之所，崇成此福。"（《北圖》8/80）"嵩崒"即"嵩岳"，指嵩山。"岳"涉上字"嵩"及所屬義類而增"山"符。

【峰、峯—峯】北魏太昌元年《王溫墓誌》："江月中晦，山峯半摧。"（《北大續》138）誌字當即"峰（峯）"之異體，涉上字"山"及所屬義類而累增"山"符。

三、理據的破壞

類化作用也可能導致原本組構理據明確的字形部分或完全喪失構意，字形的

---

① 梁春勝《楷書部件演變研究》386頁，綫裝書局，2012年。

第三章　類化作用對漢字的影響

示義功能遭到削弱。這是類化所具有的任意性的一種體現。例如經過類成字化改造的字形，原本的構字理據變得隱晦或更加隱晦。

【履—履】"履"，《睡虎地秦簡·法律答問》作"履"，《説文·履部》小篆作"履"，"足所依也。從尸從彳 從夂，舟象履形。一曰尸聲"。"夂"上構件本象履形，小篆訛作"舟"。隸楷書中，"尸"下的三個構件"彳""舟""夂"組合起來頗似"復"字，故全字或改從"復"作"履"形。如北齊河清三年《鄭述祖重登雲峰山記》作"履"（《北圖》7/140），唐開元二十三年《馬君妻董氏墓誌》作"履"（《北圖》23/143）。"復"或作"復"（依小篆"復"隸定而來），"履"也相應地產生從"復"的變體。如東漢光和六年《唐扶頌》作"履"（《隸釋》卷五），唐天寶四年《石臺孝經》作"履"（《北圖》25/83）等。

【席—帶】"席"，《説文·巾部》小篆作"席"，"籍也。從巾、庶省聲"。于省吾等認爲許慎析形有誤，"席"本當作"帚"，從巾石聲。後訛變，"厂"變作"广"，"口"變作"廿"。①字内構件"廿""巾"的組合與"帶"形近，故"席"或訛從"帶"作"帶"。該形碑誌常見，如北魏正光元年《元譓墓誌》作"席"（《北圖》4/84），隋開皇三年《寇奉叔墓誌》作"席"（《北圖》9/9）。《顏氏家訓·書證》所謂"席中加帶"正指該形。

【宿—宿】"宿"，《説文·宀部》小篆作"宿"，"止也。從宀佰聲。佰，古文夙"。許慎析形恐誤，"宿"本爲會意字，甲骨文作"宿"（《合集》19586），示人在席上休息之義；又作"宿"（《合集》31233），上加表房屋的"宀"符。隸楷書席形訛作"因（百）"。北魏太和二十年《姚伯多兄弟造像碑》"星宿"之"宿"作"宿"（《校注》3/287），將"宀"下部分就近改爲"借"，與原本的字形更加乖離。

此外，具有記號性質的高頻構件及簡化符號的使用亦具有類推性。漢字形體簡化呈現出一定的輪廓化傾向。這一點在複雜字形的簡化上體現尤爲明顯。結構繁雜的文字，往往由多構件、多筆畫組成，文字區別度比較高，但受書寫空間的限制，構件布局和筆畫安排相對不便，書寫和刊刻有一定難度。書寫求簡易，而過簡則不利於辨識。因此，保留文字的特徵部位和框架輪廓，簡省或忽略一些細節形體，既可有效提高書寫效率，也不會對人們對文字的識別造成太多困難，如此不失爲一種相對合理的折中手段。②輪廓性簡化導致構件區別度降低，造成了大批構件形體混同的局面，進而引發一批具有記號性質的高頻構件（如"口""田"

---

① 于省吾、陳世輝《釋"庶"》，《考古》，1959年第10期。
② 董憲臣《東漢碑刻異體字研究》98頁，九州出版社，2018年。

"灬""西"等）及簡化符號（如"、""一""㇏""厶"等）的生成。它們通常占據被替代構件的位置，起到維持整個字形大致輪廓的作用，也使得原本形體各異的字具有了相同的構件或局部形體，在字形上呈現類聚性特徵。

以簡化符號"刂"爲例。周志鋒以明清小説文字材料爲依據，比較全面地考察了"刂"的由來及使用情況。① 其中一些替代用法在中古碑誌中已見端倪。例如：

【師—师】隋仁壽元年《古寶輪禪院記》："藏稽禪刂建道秀之壇。"（《北圖》9/140）

【收—攵、攴】隋大業十三年《鄭善妃墓誌》："如何不永，容儀遽收。"（《隋彙》5/414）北魏正光五年《元昭墓誌》："遂妻菲交構，攴君封爵。"（《北圖》4/160）

【牧—攴】北魏正光五年《元隱墓誌》："方游攴豎，復戲蒻童。"（《校注》5/257）。此與"收"之異體同形。"牧豎"指牧童。

【賢—贤】唐咸通十二年《閻肇墓誌》："有心膂之贤，有股肱之智。"（《隋唐》河南卷 122）

【歸—帰】唐天寶九年《李系墓誌》："令而帰之，孝有終也。"（《北圖》26/33）貞元十九年《崔千里墓誌》："請護弟喪帰於邙山。"（《北圖》28/180）

以上均包含簡化符號"刂"，它分別替代了原字中的"自""丩""牛""臣"等構件或構件組合，使字形得到簡化，同時全字的組構理據也遭到破壞。

第四節　職用方面

所謂漢字的職用，是指漢字作爲字符記錄漢語的功能。漢字的職用是一個動態系統，通常與形體結構的變化相伴而行。由于類化字與原字構成異體關繫，理論上説二者的記詞職能應該是全同的。但實際上，很多類化字脫胎于具體的語境，其記詞職能可能受到一定的限制，不及原字寬泛。從結果來看，職用的變化主要有減縮、擴展、轉移三種情況。②

一、職用的減縮

由于詞義引申及文字假借等原因，個體字符的記詞功能往往不是單一的。即

---

① 周志鋒《明清小説俗字俗語研究》70-79 頁，中國社會科學出版社，2006 年。
② 李運富《論漢字職能的變化》，載《漢字職用研究·理論與應用》，中國社會科學出版社，2016 年。

一個字通常負載了一個詞的多個義項或多個詞的不同義項。類化字有時與原字構成部分異體關繫，只分擔原字某項或幾項記詞職能。例如：

【摧—慛】《說文·手部》："摧，擠也。一曰挏也，一曰折也。"段玉裁注："今此義（'折'）行而上二義（'擠''挏'）廢矣。""摧"引申有悲摧、憂傷義，如北魏建義元年《元湛墓誌》："羊公薨殞，淮南心摧。"（《北圖》5/102）在該義項上，"摧"或換從"心（忄）"符作"慛"。東漢建寧元年《楊著碑》："凡百隕涕，縉紳慛傷。"（《北圖》1/132）中平元年《郭究碑》："喆人其徂，萬夫慘慛。"（《隸釋》卷十）洪适跋："慛爲摧。"《廣韻·灰韻》："慛，傷也。""慛"即"摧"在悲摧、憂傷義上的換形分化字。與"摧"相比，其記詞職能變窄。

【冢—塚、塚】《說文·勹部》："冢，高墳也。從勹豕聲。"段玉裁注："《土部》曰：'墳者，墓也。'墓之高者曰冢。""冢"之本義蓋指高大的墳墓，引申有大義、嫡義。①在高墳義上，或涉土義而增符作"塚""塚"。唐開成六年《王鍊墓誌》："咸備貞石，誌于塚陰。"（《北圖》31/77）北齊天統元年《崔德墓誌》："曹操雀臺，望墳無益；孫皓飛閣，造塚徒然。"（《校注》9/219）《干祿字書》："冢塚：上冢嫡；下塚壟。"可見，唐時"冢""塚"二字已各有分工，"塚"成爲"冢"表高墳義的分化字。

類化又是專字生成的重要途徑之一。專字是專爲表示某一專義而造的字。相比于一般漢字，專字所表示的意義往往是臨時產生的具體義、特指義或一般漢字無法體現的"言外之意"，不具有概括性和普適性。②專字通常在原字基礎上增改形符而成，縮小原字記詞職能以適應特定語境的表意需求。劉釗曾列舉先秦典籍中一些由類化而產生的專字：

> 如《詩·大雅·靈台》"賁鼓維鏞"，賁乃鼓的修飾語，後類化加鼓旁作"鼖"，從此產生鼖字。《說文》"鼖，大鼓也。"《易·豐卦》"豐其屋"，《說文》引豐作豐。豐是形容屋的形容詞，《說文》"豐，大屋也"。《左傳·僖公十六年》"隕石於宋五"，《說文》引隕作磒。《尚書·堯典》"至於岱宗，柴"，《說文》引柴作祡。《詩·小雅·車攻》"助我舉柴"，《說文》引柴作骴。③

---

① 或曰"冢"是"㒭"之本字，引申有大、高墳等義。參何儀琳《句吳王劍補釋——兼釋冢、主、开、丂》，載《安徽大學漢語言文字研究叢書·何儀琳卷》，安徽大學出版社，2013年。
② 張爲《字用學視角下漢字專字職用問題新探》，《勵耘語言學刊》，2017年第1輯。
③ 劉釗《古文字構形學（修訂本）》99頁，福建人民出版社，2011年。

碑誌所見字例如：

【息—㿊】"息"本義爲氣息。《説文・心部》："息，喘也。從心、從自，自亦聲。"段玉裁注："自者鼻也。心氣必從鼻出，故從心、自。"引申指滋息、生長，再引申指子女。《正字通・心部》："息，子息。子吾所生者，故曰息。"北齊武平六年《畢文造像記》："魏故并州刺史、司隸校尉、屯留令畢軓之□㿊。"（《北圖》8/73）"㿊"據文意當即"息"之異體，涉兒子義而增"子"符，專指息男。①

【弄—哢】"弄"本義指把玩（玉器）。《説文・収部》小篆作"弄"，"玩也。從廾持玉"。引申表玩耍、戲弄、賣弄、逗引、曲調、鳥鳴等義。唐劉長卿詩《酬郭夏人日長沙感懷見贈》："流鶯且莫弄，江畔正行吟。"詩中"弄"即表鳥鳴義。因鳴叫爲口部動作，故在這個義項上或增"口"符分化出"哢"字。隋大業九年《皇甫深墓誌》："每以春朝鶯哢，揮蔡子之絃；秋葉蛩鳴，步陳王之月。"（《隋彙》4/312）唐上元三年《明徵君碑》："鳥哢巖虛，猨吟澗静。"（《北圖》16/33）"哢""哢"皆"哢"之異寫。"哢"承擔了"弄"若干項記錄職能中的一項，成爲記錄鳥鳴義的專字。《龍龕・口部》："哢，正音弄，鳥鳴；哢，俗。"

【蓋—幰】"蓋"，《説文・艸部》小篆作"蓋"，隸省作"盖"。"蓋"指器物頂蓋，因車蓋多以布爲之，故"蓋"或增"巾"符作"幰（幰）"，成爲表車蓋義的專字。東魏武定元年《王偃墓誌》："丹車紫幰之貴，雄俠五邑；調風漢鼎之豪，聲華三輔。"（《北圖》6/99）"紫蓋"即紫色車蓋，代指豪華車駕。"巾"或訛作"忄"。劉宋大明二年《爨龍顔碑》："金章紫綬，榮戟幢幰。"（《北圖》2/132）幢蓋，即赤幢曲蓋，古代將軍、刺史的儀仗，代稱刺史、郡守。《大字典・巾部》（868）據《字彙補》收"幰"而闕釋，可據此處碑誌增補釋義。

二、職用的擴展

若類化字恰與他字同形，則可能導致該字形在既有職能的基礎上，同時能够記錄類化字所負載的詞義，記詞職用得到擴展。

【嫡】"嫡"本義指封建宗法制度中的正妻。《詩經・召南・江有汜序》："勤而無怨，嫡能悔過也。"陸德明釋文："嫡，正夫人也。"孔穎達疏："嫡，謂妻也。"引申指封建宗法制度下家庭的正支。如北齊天保九年《皇甫琳墓誌》："秦州史君之嫡孫。"（《北圖》7/77）"嫡"又兼"適"的類化字，表女子出嫁義，涉女義而換爲"女"符。唐龍朔二年《王君妻馮氏墓誌》："年甫初笄，出嫡王氏。"（《北

---

① 毛遠明《漢魏六朝碑刻異體字研究》348-349頁，商務印書館，2012年。

圖》14/37）"嫡"是"適"在特殊語境下的類化變體，只記錄"出嫁"一個義項，記詞職能比較狹窄。但因其與"嫡庶"字同形，造成了"嫡"字的一形兩用，使之記詞職能擴展。

【楯】《説文·木部》："楯，闌檻也。從木盾聲。""楯"兼爲"盾"之異體，涉資料而增"木"符。唐長慶二年《梁守謙功德銘》："嘗欲戢矛楯，親稼穡，使人安居，各得其壽。"（《北圖》30/21）《字彙·木部》："楯，與盾同，又檻楯。""楯"兼記"檻楯""盾牌"兩義。

【蕈】"蕈"指傘菌一類的植物。《説文·艸部》："蕈，桑莪。從艸，覃聲。"段玉裁注："莪之生於桑者曰蕈。""蕈"兼爲"覃"之涉形類化字。葛覃，典出《詩經·周南·葛覃》："葛之覃兮，施於中谷。"毛序："《葛覃》，后妃之本也。后妃在父母家，則志在於女功之事，躬儉節用，服澣濯之衣，尊敬師傅，則可以歸安父母，化天下以婦道也。"後多用以歌詠婦德。"覃"爲動詞，指蔓延、延伸。碑誌數見作"葛蕈"者，"覃"涉上字"葛"而增"艸"符。如北魏孝昌二年《元恪嬪李氏墓誌》："葛蕈不足踰其懃，師氏莫能增其訓。"（《北圖》5/33）北齊天統三年《吐谷渾静媚墓誌》："窈窕之望轉隆，葛蕈之德彌紹。"（《校注》9/261）或倒作"蕈葛"。北魏正光四年《常季繁墓誌》："蕈葛倫功，流淇比德。"（《北圖》4/136）"蕈"兼記"桑莪""蔓延"兩義。

三、職用的轉移

類化字職用的轉移通常與詞義或語境義的沾染有關。某字由於長期處於同一組合關繫中，受常配語境或常配字的影響，形義皆變，即在字形類化的同時，記詞職能也相應地發生變化。例如"伙伴"，初作"火伴"。考察該詞來歷，"火"是南北朝時期產生的一種軍隊編制。"火伴"本指軍旅中同於一竈起火做飯之人，後引申指商旅結伴之人，進一步泛化爲同伴的通稱。詞形方面，"火伴"變作"伙伴"，"火"受"伴"的形體影響而類化作"伙"。"伙"從"水火"字裏分化出來後，又脫離"伴"而參與構詞，如"伙計""伙食""合伙""同伙"等，其字形來歷及原初意義就更加隱晦了。①又如：

【溘—殈】《説文·水部》："溘，奄忽也。"文獻中"溘"經常用於表示或暗指死亡的語境中，修飾"死""逝""謝"等詞語，構成一種比較穩固的搭配關繫。《離騒》："寧溘死以流亡兮，余不忍爲此態也。"王逸注："溘，猶奄也。"北魏太

---

① 陸宗達、王寧、宋永培《訓詁學的知識與運用》197 頁《伙伴與伙計》，中華書局，2018 年。

和十八年《弔比干文》："但至櫱之不悛兮，寧溘死而不移。"（《北圖》3/21）北齊河清三年《狄湛墓誌》："賦命不融，溘隨時謝。"（《校注》9/163）

由于語境義的沾染，"溘"或換爲"歹（歺）"符作"殟"，以適配表義的需求。《廣韻·合韻》："殟，殟死。本作溘。"《集韻·盍韻》："溘，《説文》：'奄忽也'。或從歹。""殟"本與死義無涉，但用字者受字形的誤導，或用它單獨表示死亡、消失義。隋大業十一年《王弘墓誌》："如何不弔，殟先蒲柳。"（《北圖》10/128）蒲柳，即水楊，枝葉易凋。《世説新語·言語》："蒲柳之姿，望秋而落；松柏之質，經霜彌茂。""殟先蒲柳"即感傷誌主之早亡，此處"殟"當解作死義。北宋蘇舜欽《檢書》詩："疏密交及戚，前後生與殟。"詩中"生""殟"對言，很明顯"殟"表死義。"殟"或訛從"盍"作，如北魏延昌元年《崔猷墓誌》："朝露殟焉，儵同丘阜。"（《北朝墓誌精粹》4/1）

綜上，"殟"本爲"溘"的異體字，表奄忽、突然義，但義隨形變，其記詞職能發生了轉移，改表死亡、消失義。

類例又如"奄"作"殗"。"奄"有忽然義。《文選·潘岳〈西征賦〉》："雖萬載之不傾，奄摧落於十紀。"李善注："奄，忽也。""奄"常用于表死亡義的語境中，故類化而增"歹"符作"殗"。字書望形立訓，釋"殗"爲死義。《集韻·鹽韻》："殗，歿也。""殗"記詞職能的演變軌迹與"殟"正同。

【髫—齠】文獻常以"髫齔"代稱童年。"髫"指古時兒童下垂的髮式，"齔"指兒童脱乳牙換長恒齒。《後漢書·文苑傳下·邊讓》："髫齔夙孤，不盡家訓。"由于"髫"常與"齔"連用，于是受"齔"的字形影響而換爲"齒"符作"齠"。"齠"又可脱離"齔"而與"年""歲"等組合成詞。北魏正始二年《李蕤墓誌》："齠年播淑，綺歲流風。"（《北圖》3/89）唐貞觀十五年《梁凝達墓誌》："齠歲早成，弱齡夙慧。"（《北圖》11/97）

"髫"本非動詞，亦無換齒義，但形符的改換導致了對詞義的誤解。如《韓詩外傳》卷一："男八月生齒，八歲而齠齒。"清俞樾《曲園雜纂》卷十七《讀韓詩外傳》："'齠'爲'髫'字。因變從髟爲從齒，又適與'齔'連文，讀者誤以爲亦毀齒之名。"碑誌亦見錯誤沿用"齠齒"之例。北魏正光四年《高貞碑》："清量發于載弄，秀悟表乎齠齒。"（《北圖》4/143）

從字書收錄的變化來看，《説文》《玉篇》皆不載"齠"字；《干禄字書》《廣韻》皆以"齠"爲"髫"的俗字；《集韻》《洪武正韻》則均釋"齠"爲"毀齒也"。字書的立形設訓，也鞏固了"齠"的換齒義。

綜上，"齠"本爲"髫"的類化異體字，涉"齔"而換爲"齒"符，其記詞職能也發生了轉移。鮑善淳對"髫(齠)"的形義演變歷程已有闡發。①

【涼—輬】輼輬車源于先秦的輼車,初爲高級車種,漢代起主要作帝王或柱臣的喪車。原名"輼車","輼"取久積義,但以其有窗門可開可合,可"溫"可"涼",故又取"輼"的溫義,又輔以"輬(涼)",別出新名作"輼輬"。②《史記·李斯列傳》:"置始皇居輼輬車中,百官奏事上食如故。"裴駰集解引孟康曰:"如衣車,有窗牖,閉之則溫,開之則涼,故名之'輼輬車'也。"

《説文·車部》:"輬,臥車也。"徐灝注箋:"此當作輼輬,臥車也。《史記·秦始皇紀》:'棺載輼涼車中。'涼與輬同。析言之,或單呼曰輼、曰輬。"東魏武定八年《閭叱地連墓誌》:"輕**輬**轉轂,飛旐從風。"(《校注》8/153)誌中"輬"即"輼輬(車)"的省稱。

總之,"輬"初作"涼",涉"輼"字而類化換爲"車"符。當它作爲"輼輬(車)"的省稱時,記詞職能已發生了轉移。

第五節 字際關繫方面

類化作用導致一批新字形的產生。結合碑誌材料,這些字形的出現對字際關繫的影響主要體現在兩個方面:一是類化字與原字構成異體關繫;一是類化字的形體與其他漢字形體偶合,導致異字同形的情況出現。前一種情況比較常見,前文已多有涉及。本節着重討論後一種情況。

一、異體關繫

異體字是同一文字系統中,爲記錄同一個詞而造的同音異形、意義和功能完全或部分相同的一組字。③從形成方式看,異體字大體可分爲異寫字和異構字兩種類型。很多碑誌文字的異體序列中都包含了若干成員,各形體來源不同,其中類化是異體成員產生的源頭之一,經由類化產生的字,與原字之間通常構成異構關繫。若類化所產生字形不止一個,它們之間則形成了一個異體字組。例如:

【舅】北魏正光元年《趙光墓誌》:"上虔*煬*姑,傍協娣姒。"(《北圖》4/91)

---

① 鮑善淳《漢字字義類化初探》,《安徽師大學報(哲學社會科學版)》,1990年第2期。

② 黃金貴《古代漢語文化百科詞典》747-749頁,上海辭書出版社,2016年。或以爲輼車、輬車本是兩種車,因其功能和用途類似,故合稱爲輼輬(車)。《漢書·霍光傳》:"載光屍柩以輼輬車。"顔師古注:"輼輬,本安車也,可以卧息。後因載喪,飾以柳翣,故遂爲喪車耳。輼者密閉,輬者旁開窗牖,各别一乘,隨事爲名。後人既專以載喪,又去其一,總爲藩飾。而合二名呼之耳。"黃金貴認爲非是:"輬車"既無其物,也無其稱。

③ 董憲臣《東漢碑刻異體字研究》8頁,九州出版社,2008年。

《漢魏六朝碑刻異體字典》(447)收誌字爲"舅"的異體，按語云："因'舅、姑'常連用，受'姑'的影響類化，或加偏旁'女'作'媧'。"可從。姑舅，指丈夫的母親和父親。《爾雅·釋親》："婦稱夫之父曰舅，稱夫之母曰姑。"該形又見《佛典》(152)引《天台菩薩戒疏》卷上"二母之親即姨媧等"，注云："'舅'蓋受上字'姨'的影響類化增'女'旁而作'媧'。""媧"又省作"姆"。北魏普泰二年《薛鳳規造像碑》題名有"外姆姚顯義"(《校注》6/360)。《碑別字新編》(347)收碑字爲"甥"之異體①，不確。碑中另見題名"外生宗建兆"及"外生程英儔"。"外生"即"外甥"。兩相參比，可知"姆"當是"舅"之異體。②

【阜】"阜"，甲骨文作"𠂤"(《合集》7860)，象山崖邊的石磴形，本義指土山。《說文·阜部》小篆作"𨸏"，承襲甲骨文字形。隸變作"阜"，本義不顯。北魏《楊侃墓誌》"逶迤山阜"之"阜"作"㠯"，改下部"十"形爲"山"以突顯字義。北魏正始四年《元思墓誌》"山陵東阜"之"阜"從"土"作"埠"(《北圖》3/99)、孝昌元年《殷伯姜墓誌》"與先君合葬於旦甫山之高阜"之"阜"從"山"作"岠"(《校注》5/333)，則通過增添構件的方式來表現字義。"㠯""埠""岠"均可視爲"阜"受自身意義影響而產生的類化字，彼此互爲異體。

【燕】"燕"，甲骨文作"𣫠"(《合集》5285)，象燕子張嘴展翅向上飛之形。《說文·燕部》小篆作"𠔉"，"玄鳥也。䶑口，布翅，枝尾。象形"。燕形已離析。隸楷書通作"燕"，身訛爲"口"，翅訛爲"北"，尾訛爲"灬(火)"。北周武成元年《侯遠墓誌》"燕州"之"燕"作"𦯧"(《校注》10/150)，兩翅受燕身"口"形影響分別類化作"口"。東魏天平四年《長孫囧墓碑》"燕州"之"燕"作"𦯦"(《北圖》6/42)，左翅受右翅影響而反向作"匕"。燕爲鳥屬，隸變之後，燕形不顯，故或增"鳥"符以強化表義。北魏正光四年《王基墓誌》"神燕"之"燕"作"鷰"(《北圖》4/151)。《集韻·霰韻》："燕，亦書作鷰。"唐顯慶二年《王玄墓誌》"紫燕"之"燕"作"鷔"(《北圖》13/47)，"鳥"符居下并省燕尾。以上"燕"的各異體字，"𦯧""𦯦"屬字內構件類化而造成的異寫字，"鷰""鷔"屬涉義類化而造成的異構字。③

---

① 《碑別字新編》題名爲《魏比丘僧智造像》，與《薛鳳規造像碑》同碑異名。
② "姆"字又見朝鮮統一新羅時代景德王十七年(758)靈妙寺言寂法師兄姐妹三人所建石塔上的銘文，此爲朝鮮創製字，義爲兄弟。參何九盈、胡雙寶、張猛主編《漢字文化大觀》397-398頁，人民教育出版社，2009年。
③ 除碑誌材料外，"鷰""鷔"還常見于中古各類文獻，可見這種寫法在當時頗爲流行。北周庾信詩《入彭城館》："夏餘花欲盡，秋近鷰將稀。"唐元稹詩《遣春十首》之六："高屋童稚少，春來歸鷰多。"敦煌寫卷斯214《燕子賦》"鷰""鷔"兩形皆現："遂喚鷔子，且飲二升""鷔雀同詞而對"(《敦煌俗字典(第二版)》932)。

二、同形關繫

同形字是形體相同的幾個字，有着不同的構形來源與理據，記録意義無關的幾個詞（詞素），分屬不同的字位。[①]同形字的來源及成因比較複雜，其一便是偏旁類化，即文字受語境内他字形體或相關詞彙語義等因素的影響，增加或改换構件偏旁，産生新的異體字形（即"類化字"），偶然與其他字的形體相互重合。我們稱這種因類化而導致同形的現象爲"類化同形"，稱其中因類化而産生的字形爲"類化同形字"。

較早關注類化同形現象的學者是金國泰，他以"芭蕉"的"芭"、"傢伙"的"傢"、"蚘蚘"的"蚘"（三字本作"巴""家""尤"，受詞内鄰字影響而增符，分别與表香草義的"芭"、"像"的譌體、"蛔"的異體同形）等字爲例，指出類化字可能與其他字發生同形的情况。[②]其後，鄭賢章、毛遠明、李軍等學者分别對類化同形問題有所闡述。鄭賢章指出："同形字的産生有多方面的原因，如字形的演變、簡化、譌變、構件的更换及文字類化等。"[③]毛遠明將"偏旁類化，字形相重，構成同形字"列爲同形字産生的一個原因。[④]李軍以"茯""瓣""跓"等字爲例，對因類化引起的異構同形現象進行了考察。[⑤]

我們認爲，類化同形現象可以從多個角度進行觀察。其一，從類化字的來源看，大致可分爲涉形類化與涉義類化兩類；其二，從類化字結構改變方式上看，大致可分爲添加偏旁與改换偏旁兩類；其三，從與類化字同形的他字的來源看，可分爲既有他字、他字異體（包括俗譌體）、他字的分化字等幾類；其四，從同形字的使用時間是否相同看，可分爲共時同形與歷時同形兩類；其五，從同形字的數量看，可分爲二字同形與多字同形兩類等。綜合上述角度，中古碑誌文字的類化同形現象可粗略分爲以下幾種情况。

（一）類化字與既有他字同形

類化字與漢字系統既有他字偶然同形，這是類化同形中最爲常見的一種情况。

【鶣】①"扁"的涉形類化字。唐永徽六年《張才墓誌》："是以俞跗、鶣鵲之術，争盡其能，餌藥無瘳，而其病彌篤。"（《北圖》12/154）鶣鵲，文獻通作"扁鵲"，先秦時期著名醫學家。此處"扁"涉下字"鵲"而增"鳥"符。《集韻·銑

[①] 李軍《漢語同形字研究》27頁，商務印書館，2018年。
[②] 金國泰《同形字來源例析》，《吉林師範學院學報（哲学社会科学版）》，1991年第2期。
[③] 鄭賢章《〈新集藏經音義隨函録〉研究》60頁，湖南師範大學出版社，2007年。
[④] 毛遠明《漢魏六朝碑刻異體字研究》385頁，商務印書館，2012年。
[⑤] 李軍《漢語同形字研究》123-127頁，商務印書館，2018年。

韻》："扁，姓也。古有扁鵲。或作鶣。"②聯綿詞"鶣鷉"字。《文選·傅毅〈舞賦〉》："鶣鷉燕居，拉揩鵠驚。"李善注："鶣鷉，輕貌。"

【濫】①"臨"的涉形類化字。東魏武定八年《源磨耶壙記》："司州魏郡濫漳縣。"（《北圖》6/165）臨漳，今屬河北省邯鄲市，因地臨漳河而得名。此處"臨"涉下字"漳"而增"氵（水）"符。②表山谷或寒冷義。《説文·水部》："濫，谷也。從水，臨聲。讀若林。一曰寒也。"

【痟】①"消"的涉義類化字。隋開皇十年《于儀墓誌》："馬相如之痟渴多年，張子房之纏痾累歲。"（《珍稀墓誌百品》26）"痟渴"當即"消渴"之異。消渴，簡稱"消"，今稱糖尿病。《釋名·釋疾病》："消澉：澉，渴也。腎氣不周於胸胃中，津潤消渴，故欲得水也。"從"消渴"的得名理據來看，"消"蓋爲消化義。《黃帝内經·素問》："二陽結，謂之消。"唐王冰《重廣補注黃帝內經素問》卷七《陰陽別論篇》："二陽結，謂胃及大腸俱熱結也。腸胃藏熱，則喜消水穀。"作爲病症名稱，"消（渴）"涉疾病義或作"痟（渴）"。《廣韻·宵韻》："痟，渴病也。司馬相如所患。"《正字通·水部》："消，又消渴病。俗作痟。"②頭痛。《説文·疒部》："痟，酸痟，頭痛。"

【樌】①"灌"的涉形類化字。唐景雲二年《李君妻裴氏墓誌》："黃鳥鳴於樌木，淑譽早聞；綵鳳昌於鯀詞，言歸李氏。"（《北圖》20/141）"樌木"本作"灌木"，典出《詩經·周南·葛覃》："黃鳥于飛，集于灌木。"毛傳："灌木，叢木也。"此處"灌"涉下字"木"而換爲"木"符。《集韻·換韻》："樌，木叢生。或作樌。"則"樌"又與"樌"互爲換聲異體字。②木名。《説文·木部》："樌，黃華木。"

（二）類化字與他字的異體同形

他字的異體來源多途，如形訛、俗寫、增換偏旁等。

【姤】①"后"的涉義類化字。北魏孝昌二年《郭法洛等造像記》："伏願皇帝、聖姤……"（《北圖》5/19）誌字據文意當即"后"的異體，指皇后，涉女性義而增"女"符。②"妒"的形訛字。《説文·女部》："妒，婦妒夫也。從女，戶聲。"段玉裁注："從女，石聲。各本作戶聲。篆亦作妒。今正。此如柘、橐、蠹等字皆以石爲聲。戶非聲也。""石"與"后"隸楷書形近相混，故"妒"又作"姤"，碑誌常見。如北魏正光五年《元昭墓誌》："縉紳嫉君能，衣冠姤君美。"（《北圖》4/160）東魏天平四年《張玉憐墓誌》："性不姤忌，寤寐思賢；撫視庶子，同之自生。"（《校注》7/170）《龍龕·女部》："姤，俗；妒，通；妒，正。"

【篆】①"綠"的涉形類化字。唐永徽六年《李表墓誌》："青松藹藹，篆筍森森。"（《北圖》12/157）"篆"與"青"對文，本當作"綠"，涉下字"筍"而改從

"竹"符。②"簏"的換聲異體字。《説文・竹部》："簏,竹高篋也。從竹,鹿聲。簶,簏或從彔。""鹿"與"彔"古音相同,"簶"當是"簏"的換聲字。

【澪】①"零"的涉形類化字。北齊武平三年《劉通墓誌》："金儀荒隴,相看涕澪。"(《文化安豐》351)唐永徽二年《李敬墓誌》："親姻悲泫,僕馭涕澪。"(《北圖》12/30)誌字即"零"之或體,涉上字"涕"而增"氵(水)"符。涕零,流泪。《詩經・小雅・小明》:"念彼共人,涕零如雨。"②"泠"的繁聲俗字。《説文・水部》:"泠,水。出丹陽宛陵,西北入江。從水,令聲。"《正字通・水部》:"澪,俗泠字。"

【㛥】①"便"的涉形類化字。唐貞觀四年《張娥子墓誌》："儀容窈窕,麗質㛥娟。"(《北圖》11/27)"㛥"本當作"便",涉下字"娟"而換"亻"爲"女"符。便娟,輕盈美好貌。《文選・張衡〈南都賦〉》:"致飾程蠱,偀紹便娟。"李善注:"便娟,則蟬蜎也。"又作"㛥娟","便"涉"娟"而增"女"符。北齊河清三年《高百年妃斛律氏墓誌》:"寶珥㛥娟,畫輪容與。"(《北圖》7/131)②"嫂"的俗訛字。《集韻・皓韻》:"嫂,或從叟,俗從更。"《後漢書・西羌傳》:"十二世後,相與婚姻,父沒則妻後母,兄亡則納釐㛥。"北魏永熙二年《李暉儀墓誌》:"亡㛥故司徒孝貞公夫人崔氏。"(《校注》7/55)北齊天保八年《崔孝直墓誌》:"㛥姪諸孤,藐然未識。"(《北藝》134)北周保定二年《李曇信兄弟等造像記》:"師僧父母,兄弟妻㛥子侄。"(《校注》10/166)皆其例。

(三)類化字與他字的分化字同形

爲使字詞對應關繋更爲明確,用更多的字形來分擔一字的記詞職能,即文字的分化。用來分擔原字記錄職能的字形就是分化字。分化字與狹義的類化字往往都以原字爲基礎,通過增換形符等方式產生,結構形式也比較相似,具有一定的迷惑性。

【抻】①"紳"的涉形類化字。唐貞觀七年《張叡墓誌》:"仙舟已遠,搢抻仰其風流;玉山攸峙,人倫欽其令則。"(《北圖》11/45)"抻"本當作"紳",涉上字"搢"而換爲"扌(手)"符。搢紳,本義是插笏于紳,引申代指官宦或儒者。搢表插義,紳指古代仕宦者和儒者圍于腰際的大帶。②"伸"的換形分化字。"伸"當是"申"表伸直義的後起字。《説文・人部》:"伸,屈伸。從人,申聲。"段玉裁注:"伸,古經傳皆作信……古但作詘信,或用申爲之……宋毛晃曰:'古惟申字,後加立人以別之。'""伸"引申有拉長義,在這個義項上用分化字"抻"來表示。《廣韻・震韻》:"抻,抻物長也。"《集韻・真韻》:"伸,申也。或作抻。"

【懈】①"解"的涉義類化字。北魏永平四年《元悦墓誌》:"妙懈驚群,清賞絶俗。"(《北圖》3/145)"妙懈"當即"妙解"之異，謂精妙解悟。"懈"本當作"解"，蓋涉心性義而增"忄（心）"符。②"解"的加形分化字。"解"，本義爲用刀分割動物或人，引申有剖開、解除、解悟、懈怠等義。"懈"是"解"表懈怠義的分化字。《詩經・大雅・烝民》："夙夜匪解，以事一人。"《韓詩外傳》作"夙夜匪懈"。

【抓】①"爪"的涉義類化字。北魏普泰元年《張玄墓誌》："羽翼天朝，抓牙帝室。"(《北圖》5/151)抓牙，即"爪牙"，爪子和牙齒，比喻輔佐的人。此處"抓"當即"爪"的異體，涉手義而增"扌（手）"符。慧琳《一切經音義》卷七六"長爪"條："下音爪。爪，手甲也，或從手也。"②"爪"的加形分化字。"爪"本義爲鳥獸的脚趾或趾甲，引申指人的指甲、趾甲，用爲動詞則有搔撓義。《説文・爪部》："爪，丮也。覆手曰爪。象形。"王筠釋例："爪，俗作抓，把搔其義也。""抓"即"爪"在動詞義上的分化字，因涉手部動作而增"扌（手）"符。

（四）類化字與他字歷時同形

根據使用時間是否相同，可將同形字分爲共時同形字和歷時同形字兩類。一些類化字形的産生時期較早，直至近晚期纔有同形字出現，二者構成了歷時同形關繫。

【鉀】①"甲"的涉義類化字。中古碑誌所見的"鉀"皆爲"甲"的異體，涉金屬義而增"金"符。如北魏武泰元年《元瑋墓誌》："王案鉀徐歸，抽戈後殿。"(《北圖》5/80)永安三年《元彧墓誌》："積鉀陵山，横尸斷壑。"(《北圖》5/140)唐貞觀四年《毛祐墓誌》："揮戈薄指，似傾之陣先披；戎羽裁臨，如山之鉀可聚。"(《北圖》11/28)《廣韻・狎韻》："鉀，鎧屬。今單作甲。"②一種化學元素。鉀（Kalium），元素符號K，原子序數19。銀白色，蠟狀，有延展性。其化合物在工業上用途很廣。此"鉀"是近現代采用形聲法新造的字。

【豬】①"豬（猪）"的涉形類化字。北齊武平六年《都邑師道興造像記并治疾方》(《北圖》8/69)"豬脂"一詞凡三現。"豬"即"豬（猪）"的異體，涉下字"脂"而類化換符而來。《金石文字辨異・魚韻》引注碑字："豬即豬。"《玉篇・肉部》："豬，豕也。亦作豬。"又《古文苑・揚雄〈蜀都賦〉》："耀米肥豬。"章樵注："豬，豕也。"②"肚"的換聲異體字。此形晚出。元李行道《灰闌記》："是娘的心肝，娘的豬子，娘的後脚跟。"《正字通・肉部》："豬，同肚。"

（五）類化字與多字同形

根據同形字的數量，可將同形字分爲二字同形和多字同形兩類。一些類化字同時與兩個或兩個以上的他字同形，造成一形兼記多詞的複雜局面。

【洫】①"血"的涉形類化字。唐景雲元年《薛突利施匐阿施墓誌》："痛當擗踴，泣洫難任。"(《隋唐》陝西卷1/90)"洫"本當作"血"，涉上字"泣"而增"氵"符。泣血，極言悲慟。②古井田制，成與成之間的水道。也泛指田間水溝。《說文·水部》："洫，十里爲成，成間廣八尺深八尺謂之洫。"③"溢"的俗省字。《莊子·齊物論》："其厭也如緘，以言其老洫也。"陸德明釋文："洫，本亦作溢。"尹灣漢簡《神烏傅》"洋溢不測"之"溢"作"洫"。按："溢"的聲符"益"，《說文·皿部》小篆作"益"，上部"水"符橫置，隸楷書變作"丷""三"等形，或繼省爲"一""丿"，導致全字與"洫"相混。從"益"的字，或發生此類省變。如東漢建寧元年《衡方碑》："諡以旌[德]，銘以勒勳。"(《北圖》1/130)碑字即"諡"之省寫。

【湏】①唐垂拱三年《張成墓誌》："磣硌千尋，自挺凌雲之節；汪洋萬湏，還開浴日之陂。"(《北圖》17/68)誌字據文意當釋爲"頃"，受上下文"汪""洋""浴"諸字影響而換"匕"符爲"氵"符。②"須"的形訛字。北魏永熙三年《韓顯祖等造塔像記》："建立湏彌塔石像二軀。"(《北圖》5/199)③"沬"之古文。《說文·水部》："沬，洒面也。從水，未聲。𩒽，古文沬從頁。""湏"即"𩒽"的隸定。④"潤"之異體。《說文·水部》："潤，水流浼浼貌。"《集韻·賄韻》："潤，水貌。湏，或從頁。"

【鑢】①"鹿"的涉形類化字。東漢熹平六年《尹宙碑》："分趙地爲鉅鑢。"(《北圖》1/169)北魏景明年間《魏靈藏薛法紹等造像記》："鉅鑢魏靈藏，河東薛法紹二人等。"(《北圖》3/72)巨鹿，又作"鉅鹿"，古郡、縣名，秦置，位于今河北省中南部。此處"鹿"涉上字"鉅"而增"金"符。《玉篇·金部》："鑢，鉅鹿，鄉名。俗作鑢。"②"鑢"的構件移位異體字。《說文·金部》："鑢，溫器也。一曰金器。從金，麁聲。"《正字通·金部》："鑢，俗麁字。《六書故》：'鑢亦作麁，麁省聲。'據此說，鑢、麁橫直小別，義通。"③"鑢"的俗省字。北魏正光五年《元璨墓誌》："迴鑢勝母。"(《北圖》4/172)迴鑢，猶回車、回馬。

第四章　漢字類化與雙音詞的發展

中古時期，漢語詞彙系統與文字系統都發生了急劇變動：文字方面，古文字向今文字轉變，篆隸楷行衆體繁雜，異體字、俗訛字大量滋生；詞彙方面，單音詞向複音詞（主要爲雙音詞）轉變，漢語詞彙系統開始步入複音化階段。漢字屬于意音體系文字，字形與它所記錄的詞義之間存在某種默契和對應，人們對漢字的改造又總是想方設法地讓字形顯現詞義，以更明確有效地記錄詞語。①因此，這一階段詞彙系統的調整與變動必然在文字層面有所表徵。漢字的類化（主要是形旁類化）大多是因爲受到詞語或句法結構內部相鄰漢字形義的影響而發生的字形趨同。據此，漢字類化可視爲句法結構詞彙化在文字層面的表現形式之一；同時，類化字的出現也可能促使成詞後的雙音詞內部形式發生重新分析，導致其詞義和功能發生進一步演化。可以說，在漢語發展史上，漢字類化與句法結構詞彙化這兩個過程是相互交織、相互促動的兩條綫索，有必要結合起來進行研究。

本章擬從歷時的、動態的視角出發，通過考察中古碑誌中的類化詞形，探討漢字類化與雙音詞衍生、發展之間的交互作用，從中提取規律性認識，以期對碑刻文獻整理及漢語字詞研究提供一些有益的思路。

第一節　漢字類化與雙音詞的新詞形

中古碑誌材料中，漢字類化現象十分常見，類化字大量涌現，不少雙音詞相應地出現了包含類化字的詞形（可以簡稱爲"類化詞形"）。雖然這種詞形通常屬于一種非典型的、臨時性的形態變化，不具備較強的生命力，但能夠說明在當時的用字者的觀念中是將這些詞語作爲一個內部緊密結合的整體而不是分立的單字組合來看待的。據我們考察，聯綿詞、地名詞、典故詞較常出現類化詞形。

一、聯綿詞

聯綿詞又稱"連綿詞"，是漢語中一類比較特殊的雙音詞，大致可分爲雙聲（兩

---

① 毛遠明《字詞考釋兩篇——從"息""媳"二字看形旁類化對詞義的影響》，《中國語文》，2006 年第 4 期。

個音節聲母相同）及疊韻（兩個音節韻母近同）兩類。它們由兩個音節連綴成義而不能拆開進行訓釋。早在先秦時期，聯綿詞已經大量存在。由於記錄聯綿詞的每個單字只發揮記音功能，字形與整體詞義之間缺乏必然聯繫，因此一個聯綿詞往往有多種書寫形式。人們在書寫時，習慣于用具有同樣形式特徵的字形（如相同的形符）來凸顯詞語的整體性，例如"徘徊""蹣跚""彷徨""躑躅""窈窕""逍遙""滂沱"等。這一類的詞形也更容易固化并流傳下來。中古碑誌裏的聯綿詞也較易出現類化詞形，有些表現爲單字類化，有些表現爲全詞類化。但由於這些聯綿詞的書寫形式已趨于穩固，新詞形不大容易得到留存。

（一）雙聲聯綿詞

【抪攄】西晉咸寧四年《臨辟雍碑》："西嵎抪攄，揚越內侵。"（《北圖》2/43）"抪攄"即"跋（拔）扈"，謂專橫暴戾。《文選·張衡〈西京賦〉》："緹衣韎韐，睢盱拔扈。"李善注："拔與跋古字通。"北魏永安三年《元彧墓誌》："戍卒跋扈，搖蕩壇塞。"（《北圖》5/140）《集韻·末韻》："抪，抪扈，自任無憚也。"此處"扈"涉上字"抪"而增"扌"符。

又東漢光和六年《成陽令唐扶頌》："夷粵抪攄，忮強難化。"（《隸釋》卷五）。洪适跋："抪攄，音如布户，不順理也。"跋文恐誤。"抪攄"即"抪攄"，"抪"當是"抪"的異寫，音如"拔"而非"布"。①

【侏傂】北魏孝昌三年《張斌墓誌》："值牧豎侏傂，獫狁紛擾，汗馬朔南，揚塵漠北。"（《邙洛碑誌三百種》21）誌字右下部殘泐，杜瑩認爲即"傂"字。②可從。"侏傂"爲雙聲聯綿詞，指專橫跋扈。晉竺法護譯《佛說濟諸方等學經》卷一："在諸菩薩凶堅自用，分別經典，侏傂匿功，獨謂己達，以爲二行。"宋本作"侏張"。

【萘茬】北魏正光五年《元子直墓誌》："福極萘茬，惑壽惑夭。"（《北圖》4/169）東魏天平三年《孟氏妻元氏墓誌》："福極萘茬，或壽或折。"（《秦蒐續》1/90）"萘茬"即"參差"，雜亂不齊之貌。"茬"即"差"之俗寫。北魏普泰元年《張玄墓誌》"瓊玉參差"之"差"作"茬"（《北圖》5/151），永安元年《元欽墓誌》："報善參差"之"差"作"茬"（《北圖》5/112），皆其例。故"參差"或作"參（糸）茬"。此處"糸"又受"茬"形體影響而增"艹"符，与表人參義之"萘（蔘）"同形。

【溜灝】北魏太和十八年《弔比干文》："步懸圃以溜灝兮，咀玉英而折蘭。"（《校注》3/278）"溜灝"即"溜（瀏）亮"，清楚明朗貌。《文選·陸機〈文賦〉》：

---

① 董憲臣《東漢碑刻異體字研究》208頁，九州出版社，2008年。
② 杜瑩《〈漢魏六朝碑刻校注〉未收北魏碑刻整理與研究》112頁，西南大學碩士學位論文，2014年。

"賦體物而瀏亮。"李善注:"瀏亮,清明之稱。"此處"亮"涉上字"溜"而增"氵"符。又作"瀏浣"。唐李德裕《秋聲賦》:"客有貞詞瀏浣,逸氣縱橫。"

【流漣】北魏孝昌二年《高廣墓誌》:"罪驗雖窮,每流漣不能已;辭單壟結,實九死其猶疑。"(《校注》6/55)北魏太昌元年《元延明墓誌》:"奉詔册以流漣,猶榱桷之在目。"(《校注》6/372)唐貞觀六年《張濬墓誌》:"薤歌哀噭,僕御流漣。"(《北圖》11/43)"流漣"即"流連",此處"連"涉上字"流"而增"氵"符。結合語境分析,三誌中"流漣"當指哭泣流泪之貌。

(二)疊韻聯綿詞

【聮縣】北齊天統元年《趙征興墓誌》:"華胄聮縣,清瀾遙裔。"(《校注》9/230)"聮縣"即"聯縣",謂連續不斷。"聮"是"聯"的俗寫。《正字通·耳部》:"聯,以聯爲正……俗省作聮。""縣"本從系從帛作,此處受"聮"字形體影響,改右符"系"爲"絲"。又隋大業十二年《王世琛墓誌》:"有感無瘳,日增縣瘵。"(《隋彙》5/330)"縣"與"縣"字形略同,亦是"縣"字俗寫。

【飙䂫】東漢永元四年《公乘田鮪畫像石墓題記》:"精浮游而擢旌兮,魂飙䂫而東西。"(《校注》1/61)《校注》注云:"飙䂫,當是'鐮搖'的俗字,飄忽不定的樣子。""鐮搖"不成詞,疑"鐮"當是"飆"或"麃"字誤排。"飆飆"爲疊韻聯綿詞,文獻又作"麃搖""飆搖""漂搖""飆飆"等形。此處"飙䂫"殆即"飆飆"之變,受上文"魂"的字形影響而換作"云"符。

【巉嶒】北齊河清二年《長孫彦墓誌》:"王(玉)殿嵽嶢,金臺巉嶒。"(《北大續》153)唐咸亨四年《楊晟墓誌》:"靈臺巉嶒,鬱槩日之崇標;神宇簫(蕭)條,寫陵雲之逸氣。"(《北圖》15/201)"巉嶒"即"塞産"。"塞産"爲疊韻詞,謂詰屈之貌。《楚辭·九章·哀郢》:"心絓結而不解兮,思蹇産而不釋。"王逸注:"蹇産,詰屈也。言己乘船蹈波,愁而恐懼,則心肝縣結,思念詰屈,而不可解釋也。"亦形容山勢高峻盤曲。西漢東方朔《七諫·哀命》:"戲疾瀨之素水兮,望高山之蹇産。"在後義上又作"蹇嶒"或"巉嶒",因涉山義而增"山"符。《廣韻·獼韻》:"巉,巉嶒,山屈曲也。"

【嬋娟】唐天寶十一年《南川縣主墓誌》:"生而的皪,幼而嬋娟,長而明敏,成而淑慎。"(《隋唐》陝西卷1/139)"嬋娟"即"連娟",纖弱、苗條之貌。《漢書·外戚傳上·孝武李夫人》:"美連娟以脩嫮兮,命樔絶而不長。"顔師古注:"連娟,孅弱也。"此處"連"涉下字"娟"而增"女"符。

【砢磳】東漢光和四年《無極山碑》:"□砑砢磳。"(《隸釋》卷三)"砢"不見于字書，《隸辨》卷五將其歸入音義未詳的疑字；"礙"，《金石文字辨異·隊韻》收爲"碍"之異體。今謂"硯礙"當視爲一詞，本作"崱嶷"，指交錯不齊之貌。《楚辭·九辯》："葉煙邑而無色兮，枝煩挐而交橫。"王逸注："柯條糾錯而崱嶷也。"《詩經·曹風·下泉》："浸彼苞稂。"陸機疏："禾秀爲穗而不成，崱嶷然，謂之童梁。"引申指山石參差不齊之狀。如南齊永明七年《隗先生銘》："嶔崟崱嶷。"（《北大續》116）"山""石"義近，參構時常見互作，故"硯礙"當是"崱嶷"之異，亦狀山石參差。

【嶇嶋】唐龍朔元年《張興墓誌》："苔蘚壟首，嶇嶋山足。"（《北圖》14/25）"嶇嶋"即"邐迆（迤）"，山勢曲折連綿貌。《文選·吳質〈答東阿王書〉》："夫登東岳者，然後知衆山之邐迆也。"劉良注："邐迆，小而相連貌。"此處作"嶇嶋"，兩字皆涉山義而換爲"山"符。

【嵂屼】唐會昌元年《蘇恩妻盧氏墓誌》："唯餘令德，嵂屼崔嵬。"（《北圖》30/12）突兀，形容山勢高聳或人物特出。此處該詞涉山義而增"山"符。又作"突屼"，唐黃滔《祭先外舅文》："東尋玉籙，則龍虎崟峩；南訪金沙，則羅浮突屼。"

【岇巆】北魏熙平元年《元鬱墓誌》："岇巆世裏，隆崇物外。"（《秦蒐》1/17）"岇巆"即"昂藏"，形容山勢高峻或人物出類拔萃，故此處增"山"符。又作"崇藏"。東魏興和二年《段淵墓誌》："長川浩汗，崇嶺崇藏。"（《燕趙碑刻》先秦魏晉南北朝卷592）"崇"據文意即"崑"之俗省。

【嬿婉】隋開皇九年《崔長暉墓誌》："紅顏嬿婉，玉貌娉娟。"（《北圖》9/50）大業九年《牛諒墓誌》："嬿婉芳春，綢繆偕老。"（《北圖》10/91）"嬿婉"即"燕婉"，安詳溫順貌。《詩經·邶風·新臺》："燕婉之求，籧篨不鮮。"毛傳："燕，安；婉，順也。"《韓詩》作"嬿婉"。又引申代指丈夫。北周宣政二年《寇嶠妻薛氏墓誌》："嬿婉忽違，孀幃邊奄。"（《北圖》8/173）"嬿婉忽違"，指突然喪夫。

【芊茸】"丰茸"，繁密茂盛貌。文獻或作"芊茸"，"丰"涉下字"茸"而增"艹"符。《集韻·鐘韻》："丰，或作芊。"唐溫庭筠《長安寺》詩："烟樹含蔥蒨，金剎映芊茸。"唐先天元年《長孫氏墓誌》："裁紈剪[紗]，花蘂芊茸於綵刀；裂素圖真，烟露巉嵒於畫筆。"（《北圖》21/2）誌字下部"丰"訛近"手"形。

【葰蕤】唐麟德元年《柳鼓墓誌》："舄奕英緒，葰蕤茂轍。"（《隋唐》洛陽卷4/176）"葰蕤"本作"萎（委）蕤"，草木茂盛之貌，引申喻家族興盛綿長。此處"萎"受下字"蕤"字形影響而增"豕"符。

又作"蕟蕤"。北魏正光五年《呂達墓誌》："等七葉而傳輝，齊五宗以繼曜；蕟蕤以之遐暢，聽遜於是自遠。"（《秦蒐三》1/62）"蕟"即"蕤"之俗寫。北魏永安二年《元維墓誌》"葳蕤綠文"之"蕤"作"䕋"(《校注 6/264》)，是其例。此處"䔄"受"䕋"字形影響而增"麦"符。

【霏霺】北周建德六年《張滿澤妻郝氏墓誌》："松楊蕭颾，野霧霏霺。"(《北圖》8/167)"霏霺"即"霏微"，霧氣、細雨彌漫朦朧貌。此處"微"涉上字"霏"而增"雨"符作"霺"。"霺"又兼"溦"之異體。《集韻·微韻》："溦，《説文》：'小雨也。'或作霺。"

【扶疎】"扶疏（疎）"，枝葉繁盛分披貌，或喻家族昌盛、道德盛美等。北魏孝昌元年《元煥墓誌》："鴻本扶疎，列萼雲端。"(《北圖》5/8)孝昌三年《穆彦墓誌》："弈葉扶疎，分柯瀾漫。"(《北圖》5/133)

因詞義與草木枝葉相關，"扶疏（疎）"或增"艹"符作"萩蔬"。北魏正光三年《馮邕之妻元氏墓誌》："鬱映寰中，萩蔬六合。"(《北圖》4/126)建義元年《元瞻墓誌》："皇胤萩蔬，華萼相資。"(《北圖》5/89)

又作"芙疎"。北魏孝昌三年《于纂墓誌》："蘭趾芙疎，秀幹遥裔。"(《北圖》5/63)"扶"涉草木義換爲"艹"符，與"芙蓉"字同形。

【蕭藤】西晋《張平子碑》："睹封樹之蕭藤，觀高碑之稱美。"(《隸釋》卷十九)洪适跋："碑以蕭藤爲蕭條。"唐龍朔元年《張寶墓誌》："寒谷蕭藤。"(《北圖》14/26)蕭條，寂寞冷落貌。此處"條"涉上字"蕭"而增"艹"符。

二、地名詞

地名是人們賦予某個特定空間位置上地理實體的專有名稱。漢語地名詞以雙音節爲主，除少數單純詞外，大多是雙語素構成的合成詞，内部通常包含爲某地命名的原由和理據。地名詞的整體性極强，較易出現類化詞形，有時會造成構詞理據的隱没。從類化字數上看，有些是單字類化，有些是全詞類化；從影響因素上看，可分爲涉形類化和涉義類化兩類，其中又以涉形類化的情况較爲常見。例如：

【屺山】邙山，又稱"北邙"，位于河南省洛陽市北，爲崤山餘脉。因其背山面河，地勢開闊，土層深厚，適合營建陵墓，被認爲是理想的埋骨處所。自東周至五代，歷代帝王將相、達官顯貴多有葬于此地者。北魏神龜元年《高英墓誌》："遷窆於屺山。"(《北圖》4/57)唐咸亨三年《嚴朗墓誌》："會葬於屺山王趙村北。"(《北圖》15/170)"屺"涉下字"山"而换作"山"符。

【顓頔】顓臾，上古國名，春秋時爲魯國附庸，故城在今山東費縣西北。《論語·季氏》："今夫顓臾，固而近於費。"隋代爲沂州屬縣，唐初因之。唐顯慶五年《張德操墓誌》："祖達，隋沂州顓頔縣令。"(《北圖》13/149)誌字即"臾"之異體，涉上字"顓"的影響而增"頁"符，左符"申"即"臾"之俗省。

【槍梧】劉宋元徽二年《明曇憘墓誌》："槍梧太守。"(《校注》3/123)"槍"當即"蒼"之異體,涉下字"梧"而換形符爲"木",與"槍攦"字同形。蒼梧,郡名,漢武帝元鼎六年置。南朝劉宋時期,蒼梧郡治廣信(今廣西梧州與廣東封開一帶),轄廣信、猛陵、遂城等11縣。

【愽悷】北齊武平五年《李琮墓誌》："和上,適愽悷崔君弘,開府參軍事。"(《北圖》8/55)"愽悷"當即"博陵"之變。隸楷書"十""忄"形近相混,"博"或作"愽","陵"涉上字"博"而換形符爲"忄",與表哀義之"悷"同形。博陵,古郡名,北齊時治所在今安平(河北衡水市下轄縣)。博陵崔氏,漢至隋唐時期的北方大族。

【陜阯】北齊武平七年《穆建墓誌》："方欲立功塞北,勒燕然之山;廓定嶺南,銘陜阯之柱。"(《墨香閣》190)隋開皇十四年《薛寶墓誌》："陜阯日南,道路無擁。"(《珍稀墓誌百品》36)。"陜阯"即"交阯",或作"交趾""交址",舊對安南、越南的別稱。西漢平南越後置交趾刺史部于嶺南,又在今越南北部置交趾郡。此處"交"涉下字"阯"而類化增"阝"符作"陜"。

【灉湖】北魏熙平二年《元遙墓誌》："雖灉湖之神以升,而遺弓之感莫發。"(《北圖》4/47)鼎湖,傳説黃帝升天之處。《史記·封禪書》："黃帝采首山銅,鑄鼎於荆山下。鼎既成,有龍垂胡髯下迎黃帝,黃帝上騎,群臣後宫從上者七十餘人。"此處"鼎"涉下字"湖"而增"氵"符,與"灉潭"字同形。

【河澗】北魏建義元年《元均之墓誌》："河澗太守昭之中子也。"(《北圖》5/88)河間,古地區名。戰國趙地,後屬秦,今河北省獻縣、河間市、青縣及泊頭市一帶。以在兩河之間,故名。此處"澗"涉上字"河"而增"氵"符,與"山澗"字同形。

【江淩】唐如意元年《李琮墓誌》："父師,隋任荆州江淩縣丞。"(《北圖》18/3)聖歷二年《崔玄藉墓誌》："朝發白帝,暮宿江淩。"(《北圖》18/141)江淩,即"江陵",古縣名,秦置,今屬湖北省荆州市。此處"陵"涉上字"江"而換爲"氵"符,與表水名之"淩"同形。

【邢邢】北齊天保六年《報德像碑》："就邢邢關榆交戒(界)。"(《北圖》7/48)《金石續編》卷二注:"'邢邢'乃'井陘'字異。"井陘是"太行八陘"之一,因四面高、中央低如井而得名。此處"井"涉下字"邢"而增"阝"符。

【邳鄂】北魏神龜二年《張稚墓誌》："君諱稚,字季孫,南陽邳鄂白水里人也。"(《西南大學新藏墓誌集釋》5)邳鄂,即"西鄂",古縣名,西漢置,今屬河南省南陽市。此處"西"涉下字"鄂"而增"阝"符。

【縈水】北魏永熙二年《元爽墓誌》："窆于洛城西十五里縈水北。"(《校注》

7/68)《校注》注云："滎水，即'穀水'，古水名。"可從。《國語·周語下》："靈王二十二年，穀、洛鬥，將毀王宮。"韋昭注："穀、洛，二水名也。洛在王城之南，穀在王城之北，東入於瀍。""穀"俗作"榖"，誌中又涉下字"水"而換從"水"符。《說文·水部》："滎，側出泉也。"誌字與之同形。

【燉煌】"敦煌"一詞，最早見于《史記·大宛列傳》引張騫出使報告："始月氏居敦煌、祁連間。"張守節正義："敦煌郡今沙州。""敦煌"的詞源當爲漢代以前當地少數民族語言的漢譯。一般認爲《山海經·北山經》所記載的"敦薨"是敦煌最早的稱呼。① 古人則通常用漢語字面意義來解釋"敦煌"地名。如《漢書·地理志》"敦煌郡"條下應劭注："敦，大也；煌，盛也。"碑誌常見作"燉煌"者，"敦"涉下字"煌"而增"火"符。如北魏景明三年《李伯欽墓誌》(《校注》3/362)、正始二年《李蕤墓誌》(《北圖》3/89)、正始四年《奚智墓誌》(《北圖》3/98)、正光四年《元倪墓誌》(《北圖》4/137)等。唐五代敦煌寫卷中亦不乏其例。

涉義類化的例子也有一些，多是受與地名相關義類影響所發生的全詞類化。例如：

【琨珸】東魏天平元年《張瓘墓誌》："君胤係高華，等琨珸之良劍；箕裘纂組，若青丘之祥鷟。"(《北圖》6/23)"琨珸"原作"昆吾"，本爲山名。《山海經·中山經》："昆吾之山，其上多赤銅。"郭璞注："此山出名銅，色如火，以之作刃，切玉如割泥也。"引申指美石名。《史記·司馬相如傳》："琳瑉琨珸。"司馬貞索隱："琨珸，石之次玉也。《河圖》云：'流州多積石，名琨珸石。鍊之成鐵，以作劍，光明如水精。'"昆吾產玉石，故誌中增"王（玉）"符作"琨珸"。以昆吾石煉製的刀劍亦名"昆吾"，碑誌或作"琨鋙"。北魏孝昌二年《封之秉墓誌》："寶匣潛光，琨鋙毀刃。"(《北朝墓誌精粹》北魏卷5/57)

【峒峿】北魏太昌元年《元禹墓誌》："除東海太守，峒峿戍主。"(《秦蒐續》1/79)"峒峿"即"司吾"，古縣名，在今江蘇省新沂市南部。《石刻叢考》(211)認爲司吾縣蓋因司吾山而得名，故增"山"符作"峒峿"。可從。

三、典故詞

大量用典是碑刻文獻，尤其是碑碣墓誌的一個鮮明特點。出于悼念、頌贊等特殊的表達需要，碑誄、墓誌銘在行文上講求典雅凝練，在形式上講求和諧整飭，這些都爲典故詞語的滋生和使用創造了極佳條件。中古碑誌裏的典故詞數量繁多，典源複雜，變體多樣，具有重要的語言、歷史、文化研究價值。

---

① 王宗維《"敦煌"釋名——兼論中國吐火羅人》，《新疆社會科學》，1987年第1期。

第四章　漢字類化與雙音詞的發展

　　從來源的角度看，碑誌典故詞大多出自對先前時代典籍語句的縮略或割截。有些被截取的片段甚至是一種斷章取義式的創造，構成片段的要素并不處于同一句法層次。這些典故詞雖然内部構造破損殘缺，但完整地負載了一個典故所應傳達的寓意。同一個典故，受使用者、使用時代、使用文體、使用語境、表達需要等因素的制約，形成了若干個表層形式和内在意義存在關聯的典故變體。① 這些變體在典面上的區別，大多體現在擇字不同、字數多寡等方面。②

　　關于碑誌用典的情況，章紅梅、徐志學、毛遠明等都作出了很好的調查研究。③ 這裏要討論的對象主要是包含類化字的典故變體（以下簡稱"類化變體"）。這種變體形式不體現爲用典擇字的差異，而體現爲記錄典故詞語的文字被相應的類化異體所代換，從而在詞形上與典故常體有别。典故詞的類化變體在碑刻文獻中所見頗夥，且類型豐富，可以從不同角度進行分類觀察。例如根據典故中包含的類化字數量，可分爲全典變體與單字變體兩類；根據類化促動因素的顯隱，可分爲顯性變體與隱性變體兩類；根據同一典故常體所具有的類化變體的數量，可分爲單形變體與多形變體兩類。

（一）全典變體與單字變體

　　全典變體指構成典故的所有字都發生類化的變體。最常見的情形是表名物的典故詞語受其所屬義類的影響而添加相應的表義構件。例如：

【鶺鴒】北魏建義元年《元略墓誌》："鶺鴒懷感，喪亂未申，岐肆北海，君寓東岷。"（《北圖》5/101）"鶺鴒"，本作"脊令"，一種水鳥，又名雝渠。《詩經·小雅·常棣》："脊令在原，兄弟急難。"毛傳："脊令，雝渠也，飛則鳴，行則搖，不能自舍耳。"鄭玄箋："雝渠，水鳥，而今在原，失其常處，則飛則鳴，求其類，天性也，猶兄弟之於急難。"後因以"脊令"喻兄弟友愛，急難相顧。"脊令"屬鳥，故此處添加"鳥"符以示其類屬。《康熙字典·鳥部》："鶺鴒，本作脊令。"

【榠櫺】北魏正光五年《元昭墓誌》："昂藏獨秀，若榠櫺之在中皋；嶔崟自峻，猶削峸之居衆埠。"（《北圖》4/160）"榠櫺"，本作"冥靈"，神話中的樹木名。《莊子·逍遥遊》："楚之南有冥靈者，以五百歲爲春，五百歲爲秋。"陸德明釋文

---

① 徐志學《魏晋南北朝隋唐五代石刻用典研究》57-58 頁，上海交通大學出版社，2013 年。
② 例如"孟母三遷"這則典故，在碑刻中就存在"孟母三徙""孟母徙宅""孟母求鄰""徙鄰""擇鄰""三遷"等十餘個變體形式。
③ 參看章紅梅《漢魏六朝石刻典故詞研究》，西南大學碩士學位論文，2006 年；徐志學《魏晋南北朝隋唐五代石刻用典研究》，上海交通大學出版社，2013 年；毛遠明《典故破解與石刻文字考證》，《古漢語研究》，2013 年第 3 期。

引李頤曰："冥靈，木名也。江南生，以葉生爲春，葉落爲秋。""榠櫨"屬木，故此處添加"木"符以示其類屬。

【浘㵧】北齊天保六年《報德像碑》："岱宗小宇宙，浘㵧狹秋水。"(《北圖》7/48)"浘㵧"，本作"尾閭"，古代傳說中洩海水之處。《莊子·秋水》："天下之水，莫大於海。萬川歸之，不知何時止而不盈；尾閭洩之，不知何時已而不虛。"《廣韻·魚韻》："㵧，浘㵧，海水洩處。《莊子》作'尾閭'。"曹魏嵇康《養生論》："……或益之以畎澮而洩之以尾閭。"李善注引司馬彪曰："尾閭，水之從海水出者也。尾者，在百川之下故稱尾。閭者，聚也，水聚族之處，故稱閭也。"因"尾閭"詞義與水密切相關，故碑中加"氵"符以突顯詞義。

【鏌鋣】東漢中平元年《司隸從事郭究碑》："破鏌鋣之刃而不宰元，摧晨風之翼而不厲天。"(《隸釋》卷十)唐天寶十四年《張登山墓誌》："襲五陣則刀鐶落星，戰百勝則鏌鋣呈缺。"(《北圖》26/139)"鏌鋣（鋣）"即"莫邪"，古代傳說中的寶劍名，因鑄造者而得名。事見《吳越春秋·闔閭內傳》。後世因以指代良劍。此處因涉金屬義而增"金"符。

單字變體指構成典故的某個單字發生類化的變體。即書寫典故時，通過增添、改換某字偏旁，構件移位等方式使一字與詞內他字偏旁一致。

【岯山】唐永徽二年《姚潔墓誌》："貌符洛浦，體狀岯山。"(《故宮博物院藏歷代墓誌彙編》1/122)"岯山"，本作"巫山"，指四川盆地東部湖北、重慶、湖南交界一帶的連綿群峰。戰國時楚襄王傳有游高唐而夢巫山神女薦枕事，見《文選·宋玉〈高唐賦序〉》。後因以"巫山"作爲美女的代稱。上揭墓誌即借"洛浦（指洛神宓妃）""巫山"譽誌主體貌出衆。"岯"即"巫"之俗體，涉下字"山"而增"山"符。《中華字海·山部》(444)收"岯"字，出處正是上揭墓誌。

"巫"俗作"㠩"。如隋大業九年《宮人豆盧氏墓誌》："雲銷㠩嶺，雨霽高唐。"(《隋彙》4/341)故"岯"可類推作"㠩"。①唐貞觀十四年《秦詳兒墓誌》："仙路雲飛，岯山佩響。"(《北圖》11/85)

【珘璋】北魏永熙二年《乞伏寶墓誌》："岐嶷表於珘璋，明悟形於負劍。"(《北圖》5/185)"珘"，本作"卞"，即"弄"之俗寫，此處涉下字"璋"而增"王（玉）"符。"弄璋"典出《詩經·小雅·斯干》："乃生男子，載寢之床，載衣之裳，載弄之璋。"璋指玉器。古人生下男孩拿玉給他把玩，期望兒子將來有如玉一般的品德，後因以稱生男孩爲"弄璋"。誌中則引申表幼年之義。

【憪憪】唐永徽六年《張須摩墓誌》："憪憪六時，蘊觀音於藏口；崇經造像，

---

① 敦煌寫卷亦見作"㠩"者。參張涌泉《敦煌俗字研究導論》122頁，（台北）新文豐出版公司，1996年。

縱草篆之豈窮。"(《北圖》12/152)"憪懈"本作"匪解",指不懈怠。典出《詩經・大雅・烝民》:"夙夜匪解,以事一人。""憪"當即"匪"之異,涉下字"懈"而增"忄"符。"憪"兼爲"悱"之異體。《集韻・尾韻》:"悱,心欲也。或從匪。"

(二) 顯性變體與隱性變體

顯性變體指典故詞語受字內構件、上下文中出現的他字形體等可見因素影響而產生的類化變體。從這角度來説,構成一個典故詞的幾個語素(書面表現爲單字)也是彼此互爲語境的,它們之間存在相互制約的關繫。如"弄璋"一詞,"弄"是"璋"的語境、"璋"也是"弄"的語境。因此,上文列舉的"岠山""岐嶷"諸例均屬顯性變體。此外,還存在受語境中(詞外)他字影響而產生類化變體的情形。例如:

【解汾】唐元和五年《郭超岸墓誌》:"乘時拯溺,釋難解汾。"(《隋唐》河南卷91)"汾"即"紛"之異體。"釋難""解紛",語出《戰國策・趙策三》:"所貴於天下之士者,爲人排患、釋難、解紛亂而無所取也。"此處蓋受對文"溺"之影響而換"氵"符,與表水名之"汾"同形。

隱性變體指典故詞語受其所屬或所關涉義類、頭腦中相關他字等不可見因素影響而產生的類化變體。根據影響因素的不同,大致可將隱性變體分爲如下兩種類型:

一類是受典故詞語自身義類影響而產生類化字形的變體。上文列舉的"槙櫪""鶻鴒"諸例均屬這種類型。又如:

【龍騋】唐永徽五年《王素墓誌》:"驥足龍騋,遠司蕃牧。"(《北圖》12/117)"龍騋",本作"龍媒",典出《漢書・禮樂志》:"天馬徠龍之媒。"顏師古注引應劭:"言天馬者乃神龍之類,今天馬已來,此龍必至之效也。"後因稱駿馬爲"龍媒",又引申喻良才。北齊武平五年《李琮墓誌》:"種自龍媒,篤生奇士。似珠四照,如驥千里。"(《北圖》8/55)"龍媒"即指駿馬,故"媒"受該義影響而換形符"女"爲"馬"。上揭《王素墓誌》即如此。

另一類是典故詞語内的某字受其自身所屬或相關義類影響而發生類化的變體。例如:

【緜苽】北齊天保五年《高顯國妃敬氏墓誌》:"峩峩締構,藹藹緜苽。"(《校注》8/334)"緜苽"即"緜瓜",典出《詩經・大雅・緜》:"緜緜瓜瓞,民之初生。"謂宗族世代綿延不絕。因"瓜"爲植物之屬,故俗或增"艹"符作"苽",與"菰"之異體同形。《干禄字書》:"苽瓜:上俗下正。"《集韻・麻韻》:"瓜,俗作苽。"

【燋琴】唐永徽六年《張才墓誌》:"蔡氏燋琴,何嘗離手。"(《北圖》12/154)

"燋琴"即焦琴,焦尾琴的簡稱。《後漢書·蔡邕傳》:"吳人有燒桐以爨(燒火做飯)者,邕聞火烈之聲,知其良木,于是請而裁爲琴,果有美音,而其尾猶焦,故時人名曰'焦尾琴'焉。"此處"焦"涉"火"義而累增"火"符。《字彙·火部》:"燋,與焦同。"

(三)單形變體與多形變體

多數典故詞語只具有一個類化變體,我們稱這種變體爲"單形變體"。但由於碑刻典故類化變體的生成往往受到語境、詞義、自身形體等多種因素的影響,這也使得同一個典故詞語可能在不同因素促動下出現若干類化變體,從而豐富典故形式,增加典故變體組成員,我們稱這些變體爲"多形變體"。

【陟岵】"陟岵"典出《詩經·國風·陟岵》:"陟彼岵兮,瞻望父兮。"毛序:"陟岵,孝子行役思念父母也。"後用爲思父之典或借指父親離世。

或作"陟陆","岵"涉上字"陟"而換爲"阝"符。北魏永熙二年《高樹生墓誌》:"負米莫追,陟陆無見。"(《秦蒐續》1/85)隋開皇十一年《鄭道育墓誌》:"仰北辰而永思,望陟陆而長號。"(《北圖》9/74)

又作"峛岵","陟"涉下字"岵"而換爲"山"符。唐顯慶三年《霍萬墓誌》:"悲慟賢□,豈惟峛岵。"(《唐附考》4/255)

由此,"陟岵"因上下字相涉而產生了"陟陆""峛岵"兩個類化變體。

【螽斯】"螽斯",典出《詩經·周南·螽斯》:"螽斯羽,詵詵兮。宜爾子孫,振振兮。"毛序:"螽斯,后妃子孫衆多也,言若螽斯不妒忌,則子孫衆多也。""螽"爲蟲名,當屬蝗類;"斯"爲語助詞,本無實義。二者本不在同一句法層次上,"螽斯"屬于跨層組合。但後世將其截割成詞,用以頌揚后妃、妻妾之間不妒忌的所謂婦德。

或作"螽斯"。北魏延昌三年《孟敬訓墓誌》:"故能慶顯螽斯,五男三女。"(《北圖》4/16)東魏武定五年《馮令華墓誌》:"以茲樛木之恩,成此螽斯之業。"(《北圖》6/145)"螽"本從䖵冬聲,此處"冬"下部之"冫"受"䖵"影響而變作"虫"。

或作"螽蜤"。北魏正光二年《司馬顯姿墓誌》:"虔心奉后,令江沱再興;下撫嬪御,使螽蜤重作""小星重風,螽蜤再訓"(《北圖》4/100)。"蜤"本作"斯",受"螽"字形體影響而類化加"虫"符。誌中"小星""螽斯"及"江沱"(《江有沱》的簡稱)均爲《詩經》篇名。

又作"螽蟴"。唐中和三年《敬延祚墓誌》:"情殷葛藟,量協螽蟴"(《北圖》34/12)。"蟴"亦本"斯"字,受"螽"字形體影響而增"䖵"符。張涌泉:"《詩經》取原詩首二字名篇，故後世多以'螽斯'連文，誌文則因'螽'而及'斯'，類化增旁作'蟴'，初不慮及其爲助詞無義也。"①

以上"螽斯"的各類化變體，"螽蟴"因字内類化而得來，"螽蜇""螽蟄"因典故内字際形體類化而來。

總之，一個典故詞在形成之後，隨着表義功能的固化，其構成成分的内聚性逐步增强。人們在使用過程中容易逐漸忽略其來源及理據，將其視爲内部不可分析的整體，只注重其外部表意性。這種可稱爲組塊（chunking）的心理過程②，促進了典故用語的詞彙化和定型化，但同時也使得這些典故詞容易出現類化詞形。這些詞形雖然本身并不是常規的，而且具有一定的主觀隨意性，但有時能够爲我們辨識其典故詞身份、避免破句或誤釋提供有效綫索。

四、其他詞語

除上述三類詞以外，碑誌中産生類化詞形的詞語數量不菲。詞類上以名詞爲主，意義上涵蓋職官、年號、親屬稱謂、名物等諸多方面，一些譯詞也有類化詞形。如：

【駽馬】北魏孝昌二年《于景墓誌》："龍軒且引，**駽**馬齊行。"（《北圖》5/46）誌字即"服"之異體，涉下字"馬"而增"馬"符。古時一車四馬，當中夾轅二馬稱"服馬"，墓誌中則專指送葬時駕車之馬。如東魏興和三年《元寶建墓誌》："賓徒噭噭，服馬蕭蕭。"（《校注》7/274）北齊天保二年《元賢墓誌》："殯車首轍，服馬鳴轅。"（《校注》8/264）

【騶騣】北魏太和十八年《弔比干文》："祈騶**騣**而總轡兮，隨泰風以飄揚。"（《北圖》3/21）誌字即"虞"之異體，涉上字"騶"而增"馬"符。騶虞，傳説中的義獸名。《詩經·召南·騶虞》毛傳："騶虞，義獸也。白虎，黑文，不食生物，有至信之德則應之。"

【緹紬】唐龍朔三年《田君彦墓誌》："緹**紬**攬轡，百城興來晚之謡；製錦操刀，一同起訓翬之詠。"（《北圖》14/67）誌字即"油"的異體，涉上字"緹"而換爲"糹"符，與"紬繹"字同形。"緹油"，指古代車軾前屏泥的紅色油布。《漢書·循吏傳·黄霸》："居官賜車蓋，特高一丈，别駕主簿車，緹油屏泥於軾前，以章有德。"後因以"緹油"爲殊遇之標誌。

【庠廌】東魏武定三年《元鷩墓誌》："裁離緦綵，便游庠**廌**。"（《北圖》6/131）誌字即"塾"之異體，涉上字"庠"而增"广"符。《禮記·學記》："古之教者，

---

① 張涌泉《漢語俗字研究（增訂本）》66頁，商務印書館，2010年。
② 陸丙甫《語句理解的同步組塊過程及其數量描述》，《中國語文》，1986年第2期。

家有塾，黨有庠。"後因以"庠塾"泛稱學校。《南齊書·武帝紀》："命彼有司，崇建庠塾。"

【箴箴】唐咸通十二年《武平墓誌》："箴箴律儀，有桂有則。"（《西南大學新藏墓誌集釋》681）"箴戒"指規勸儆戒。此處"戒"涉上字"箴"而增"竹"符。

【驪驤】"龍驤"，古代將軍名號之一，始于西晉，南北朝時期開始廣泛沿置。碑誌常見作"驪驤"者，如北魏神龜二年《元祐墓誌》（《北圖》4/61）、孝昌三年《元暐墓誌》（《校注》6/91）、東魏元象二年《高湛墓誌》（《北圖》6/56）、北齊天統元年《趙道德墓誌》（《北圖》7/165）等。"驪驤"初作"龍襄"，昂舉騰躍貌。《漢書·敘傳下》："雲起龍襄，化爲侯王，割有齊楚，跨制淮梁。"顏師古注："襄，舉也。"後又轉指駿馬，故常作"龍驤"，"襄"增"馬"符。用爲職官名時常作"驪驤"，"龍"涉下字"驤"而增"馬"符。

【金衙衛】唐開元十二年《趙潔墓誌》："擢爲右金衙衛，河南府、寶圖府折衝。"（《北圖》22/48）金吾衛，唐代官名，主要掌管皇帝禁衛、扈從等事。此處"吾"涉下字"衛"而增"行"符，與"衙門"字同形。

【搥拱】唐開元十五年《崔守約墓誌》："以搥拱年中，宿衛入選。"（《北圖》22/144）"垂拱"，唐睿宗李旦年號（685年正月至688年十二月），取自《尚書·武成》："惇信明義，崇德報功，垂拱而天下治。"此處"垂"涉下字"拱"而增"扌"符，與"搥打"字同形。

【金鋼】北魏神龜元年《張安世造像碑》："宅舍金鋼，來財宜寶，用之無盡，所願從心。"（《校注》5/33）"金鋼"通作"金剛"，梵語爲Vajra，音譯"嚩日羅"或"跋折羅"，意譯爲"金剛"，即金中最剛，用以譬喻牢固、銳利、能摧毀一切。"剛"俗作"剅"。《字彙·寸部》："剅，俗剛字。"誌字則在"剅"形基礎上，涉上字"金"而增添"金"符。

【優婆姨】北齊天統元年《法義優婆姨等造像記》："如同法義優婆姨等，秉性神機，并合雅叡。"（《北圖》7/157）優婆夷，梵語Upasika的音譯，指在家奉佛的女信徒，佛教四部眾之一。《魏書·釋老志》："俗人之信憑道法者，男曰優婆塞，女曰優婆夷。"優婆夷爲女性，誌字涉女性義而增"女"符作"姨"，與"姨母"字同形。①

【薝蔔】北齊天保八年《高叡修定國寺塔銘碑》："香珍薝蔔，道慕拘盧。"（《北圖》7/61）"薝蔔"即"詹蔔"之變，"詹"涉下字"蔔"而增"勹"符。薝蔔是梵語Campaka的音譯，又作"詹蔔""瞻葡迦""旃波迦""瞻波""薝卜"等，意

---

① 中古佛典常見"阿姨"一詞，用爲對信仰佛教的女性的通稱，或寫作"阿夷"。朱慶之認爲該詞可能是音譯詞"優婆夷"的雙音節形式。參氏著《佛教混合漢語初論》，載《語言學論叢》第24輯，商務印書館，2001年。

譯郁金花。明李時珍《本草綱目·木三·卮子》集解引蘇頌："今南方及西蜀州郡皆有之。木高七八尺，葉似李而厚硬。又似樗蒲子，二三月生白花，花皆六出，甚芬香，俗說即西域薝葡也。"

【愢惟】北齊皇建二年《員空造像記》："建中寺比丘尼員空敬造珉玉愢惟像一軀。"（《校注》9/79）愢惟，通常作"思惟"，佛教菩薩名，相傳釋迦牟尼在菩提樹下沉思坐化成佛。此處"思"涉下字"惟"而增"忄（心）"符。又作"恖惟"。《新集藏經音義隨函錄》卷一《大般若經》第十三帙："恖惟，上息慈反，念也，正作思也。""思"涉下字"惟"類化，移動構件位置，由上下結構變成左右結構而作"恖"（《佛典》11）。

【孹孫】隋開皇九年《賈崧墓誌》："黄龜蓍筮，貴及孹孫。"（《隋彙》1/291）"孹孫"，《隋彙》照錄而無說。鄒虎認爲即"子孫"二字，"孹"是在"子"字古形之孑遺"㝉"上另加"子"而形成的雙形符字，"孫"是"孫"涉上字"孹"而產生的類化變體。①可從。

【苽㼎】唐貞觀二年《屈突通墓誌》："綿綿苽㼎，悠悠世祀。"（《北圖》11/15）"苽㼎"當即"瓜瓞"之異。"瓞"或構件換位作"瓝"，如北魏正光五年《元謐墓誌》"悠哉綿瓞"之"瓞"作"瓝"（《北圖》4/158）。此處又涉上字"苽"（"瓜"之俗寫）而增"艹"符。

【颿風】東魏天平二年《趙君妻姜氏墓誌》："泣颿風之長往，悲蓼莪之在兹。"（《校注》7/149）唐貞觀八年《柳君妻田氏墓誌》："怨颿風而徒攀，號穹蒼而罔極。"（《北圖》11/57）"颿風"即"凱風"。《爾雅·釋天》："南風謂之凱風。"陸德明釋文："颿，又作凱。"《詩經·邶風·凱風》："凱風自南，吹彼棘心。"毛傳："南風謂之凱風。"鄭玄箋："以凱風喻寬仁之母。"碑誌常用"凱風"爲思母之典。"颿"大概是"凱"受"風"字影響而產生的換旁字。

從詞性的角度看，類化的複音詞除名詞外，還包括動詞、形容詞等。例如：

【逌還】唐永徽三年《張氏故成公夫人墓誌》："寒暑流迴，逌還烏菟。"（《唐附考》2/365）"逌還"，文獻多作"循環"，往復迴旋，指事物周而復始地運動或變化。此處"循"涉下字"還"而換爲"辶"符，與"逌逃"字同形。

【琢璙】北魏孝昌三年《元暐墓誌》："厲以琢璙，切磋成功。"（《校注》6/91）"琢璙"本作"琢磨"，指雕琢和磨製玉石。語出《詩經·衛風·淇奥》："有匪君子，如切如磋，如琢如磨。"此處"璙"涉上字"琢"而增"玉（王）"符。

---

① 鄒虎《隋代石刻俗字考釋六則》，《中國語文》，2018年第4期。

【劇劉】西晉泰始六年《郛休碑》："□越狂狡，劇劉巴東。"(《豐碑大碣》192)"劇"據文意即"虔"之異體。"虔劉"指殘害、殺害。《左傳·成公十三年》："芟夷我農功，虔劉我邊陲。"此處"劇"涉上字"劉"而增"刂"符。《集韻·僊部》："劇，削也。""削"義殆"虔"之"殺"義的引申。

【塽塏】"爽塏"，地勢高而干燥。《左傳·昭公三年》："子之宅近市，湫隘囂塵，不可以居，請更諸爽塏者。"或作"塽塏"，"爽"涉下字"塏"而增"土"符。隋開皇九年《張禮墓誌》："地形塽塏，咸言勝所。"(《隋彙》1/312)《廣韻·養韻》："塽塏，高也。"《集韻·養韻》："塽，地高明處。通作'爽'。"

【清瀲】東漢光和元年《金廣延母徐氏紀産碑》："又少入金氏門，承清瀲之後。"(《隸釋》卷十五)洪适跋："清瀲爲清儉。"清儉，清廉儉樸。此處"儉"涉上字"清"字而改爲"氵"符，與"瀲"之異體同形。

【懭愕】北魏建義元年《元譿墓誌》："懭愕與□□爭峰，寡欲□焦先等茂。"(《校注》6/196)①"懭愕"即"塞愕"，又作"謇諤"，正直敢言貌，此處"塞"涉下字"愕"而類化增"忄（心）"符。

第二節　漢字類化在雙音詞發展中的作用

類化對雙音詞最直接的影響是詞形的改變，導致大量同部首詞（同部首字構成的詞）産生，而其根本動因則在于人們觀念中對雙音詞的整體性認識。王力對此有概括性的闡述：

> 類化法通常是按照形聲字的原則，把没有形旁的字加上一個形旁，例如"夫容"加成"芙蓉"……最容易類化的是雙音詞。群眾感覺到雙音詞是一個整體，形旁應該取得一致。於是"峨眉"加成"峨嵋"，"昏姻"加成"婚姻"，"巴蕉"加成"芭蕉"，等等。有些字雖然都有形旁，但不一致，於是也改成一致，如"蒲桃"改成"葡萄"。甚至有時候改得没什麼"道理"，如"鳳皇"改爲"鳳凰"（"鳳"，從鳥，凡聲）。但是，有一件最重要的事情，就是人民群眾對於雙音詞的整體觀念。有些字本來是仿語的結構，如"火伴""家具"等，等到群眾不再感覺到是仿語的時候，也就寫成"伙伴""傢俱"等了。②

---

① 此段文字據《石刻叢考》（474）標點。該誌拓本殘泐較甚，《校注》釋錄不確。
② 王力《漢語史稿（重排本）》53頁，中華書局，2004年第2版。

結合碑誌材料中的類化詞形，可將類化在雙音詞發展中的作用概括爲導致大量異形詞產生、導致合成詞構詞理據隱没、標示句法成分之間的緊密關繫及促使雙音詞詞形整齊化四個方面。

一、導致大量異形詞產生

異形詞指書面語中并存并用的同音、同義而書寫形式不同的詞語。文字的類化導致類化詞形的出現。它們是原詞的書寫變體，與原詞構成了異形關繫。如明清小説中所見的"技挵""幅幁""粗粖""披挮"，分別是"技俩""幅員""粗笨""披剃"等詞的變體形式。①另外，單個詞語也可能受不同因素的影響而產生多個類化變體。例如：

【外甥】外甥，通常稱姐或妹的兒子。初作"外生"，因指男性，故或作"外甥"。"甥"爲"外生"之"生"的後起本字。②

或作"㛿甥（生）"，"外"亦增"男"符。北周《開化寺白玉石柱礎題名》見"㛿甥趙士深""㛿甥趙念緒"等（《常山貞石志》卷三），《開元寺三門樓題刻二十九段》之唐乾元元年《李思太妻趙二娘造經象題字》見"太㛿生女十九娘""太㛿生息希□"等（《八瓊室金石補正》卷四二）。

甥與舅是相對的親屬關繫。《説文·男部》："甥，謂我舅者，吾謂之甥也。"故"外甥"或涉舅義而作"𩲝甥"。北齊天統四年《慧果造像記》："沙門慧果爲亡𩲝甥朱明曉……"（《北圖》7/197）。"𩲝甥"兩字聲旁"舅"或省作"臼"，全詞作"𩲝甥"。《新集藏經音義隨函録》卷一四《佛本行集經》卷五四："𩲝甥，外生二音。"（《佛典》11）又作"外甥"。唐廣明元年《張師儒墓誌》："外甥女壻，備執德行，請以爲誌。"（《隋唐》北京大學卷 2/162）

【絪緼】絪緼，陰陽二氣交融糾繚貌。《易·繫辭》："天地絪緼，萬物化醇；男女構精，萬物化生。"孔穎達疏："絪緼，相附着之義，言天地無心，自然得一，唯二氣絪緼，共相和會，萬物感之，變化而精醇也。"唐貞元十七年《宋順墓誌》："天降地騰，二氣**絪緼**，中有至和，發爲仁人。"（《洛陽出土歷代墓誌輯繩》612）

因涉"氣"義，或作"氤氳"。北魏永安元年《元道隆墓誌》："**氤氳**造物，哲人伊生。"（《校注》6/244）北齊清河三年《高百年妃斛律氏墓誌》："**氤氳**篆册，榮鏡終古。"（《北圖》7/131）

又從"火"作"烟熅"，蓋陰陽二氣交融之貌與烟火彌漫狀相類。曹魏黄初元

---

① 曾良《明清小説俗字研究》56-59 頁，商務印書館，2017 年。
② 張涌泉《漢語俗字研究（增訂本）》357 頁，商務印書館，2010 年。

年《受禪表》:"休徵屢集,和氣烟熅。"(《北圖》2/1)

【磻溪】磻溪,在今陝西寶鷄市東南,傳說爲呂尚(姜子牙)未遇文王時垂釣處。亦借指呂尚。《續博物志》卷八:"汲縣舊汲郡,有硤水爲磻溪,太公釣處,有太公泉、太公廟。"

亦作"磻磶","溪"涉上字"磻"而換爲"石"符。唐貞元九年《呂思禮墓誌》:"運籌海内,氣徹於滄溟;據石磻磶,勢臨於吴岳。"(《北圖》28/106)誌主姓呂,故遥尊呂尚爲先祖,稱述其事迹。

又作"嶓嵠"。東魏武定八年《呂望表》:"嶓嵠之下,舊有壇場。"(《校注》8/137)①"溪"有異體作"嵠",此處"磻"涉下字"嵠"而換形符爲"山",與"嶓冢"字同形。

【蟬聯】蟬聯,謂連續相承。文獻或作"纏聯""嬋連""蟬連""纏連"等。北魏神龜三年《穆亮妻尉氏墓誌》:"玄源緬邈,鴻祚嬋連。"(《北圖》4/82)永熙二年《乞伏寶墓誌》:"冠冕蟬連,英賢世濟。"(《北圖》5/185)

又作"嬋嫭"。北齊天統元年《張起墓誌》:"至如繼軌嬋嫭者,嗟不可而言矣。"(《北圖》7/168)"連"涉上字"嬋"而增"女"符。

又作"繵縺"。東漢中平三年《張遷碑》:"蓋其繵縺,繽戎鴻緒。"(《北圖》1/179)"連"涉上字"繵"而增"糸"符。《隸辨·仙韻》引注碑字:"繵,與纏同。"

又作"蟬聅"。北齊太寧元年《梁澉墓誌》:"佩珩簪筆,烏弈蟬聅。"(《墓誌書法精選》5/21)"蟬"涉下字"聯"而改從"耳"符。

二、導致合成詞構詞理據隱没

一些複合詞原本的構詞理據是清楚的,記録詞語的字形與參與構詞的語素義之間存在比較顯著的對應關繫。但在使用過程中,類化作用導致了詞形上的變化。新詞形依然能在整體上表達詞義,但内部語素的概念距離縮短,組合關繫變得模糊,原本的理據遂隱没不顯,趨于單純詞化。詞語形義的演變路徑越長,就越難追溯其本源意義。②例如:

【駱驛】"駱驛"本從"糸"作"絡繹",是合成詞。《説文·糸部》:"絡,絮

---

① 《吕望表》碑陽前段刻東晋太康十年盧无忌文,後段刻東魏武定八年穆子容文,故其刻立年代有東晋和東魏兩説。今依《校注》。

② 張永言指出:"有時候一個複合詞的語音和結構發生了大的改變,以致在形態上已經單純詞化,人們已經不再能識别它原來的組成部分,這樣它的内部形式也就從人們的語言意識裏消失了。例如:英語 lord(家主)<古英語 hlāford(<hlāf-weard 守麵包的)……這種過程就叫做詞素溶合。"由類化所導致的單純詞化現象,與"詞素溶合"的發生機制大體相同。參氏著《詞彙學簡論(增訂本)》27頁,復旦大學出版社,2015年。

也。""繹，抽絲也。""絡繹"是由"繭中抽絲"的現象而來，抽得成功，便源源不斷，所以有"絡繹不絕"之説。①《文選•馬融〈長笛賦〉》："繁縟絡繹，范蔡之説也。"李善注："辭旨繁縟，又相連續也。"

蓋因"絡繹"常用來形容車馬連續之貌，又從"馬"作"絡驛"或"駱驛"。《後漢書•烏桓傳》："是時四夷朝賀，絡驛而至。"《漢書•王莽傳》："駱驛道路。"顔師古注："言不絕。"東漢建寧元年《張壽碑》："沛相召君，**駱驛**要請。"（《隸釋》卷七）洪适跋："碑以'駱驛'爲'絡繹'。"東魏武定五年《馮令華墓誌》："胥徒**駱驛**，軒蓋成陰。"（《北圖》6/145）

從"絡繹"到"絡（駱）驛"，詞語整體性加強，人們更傾向將其視爲內部結構無法分析的單純詞。

【從傛、縱縒】據陳會兵考證，"從容"本是并列式聯合詞，義爲"撞鐘"，源于《禮記•學記》的"春容"，包含"撞鐘舉動+撞鐘後的等待"兩個源義素，由此引申分化出後世的"慫恿""蓯蓉"等詞形。詞形以及詞義、音讀的變化，導致其語源更加隱蔽，人們通常將其視爲聯綿詞。②

碑誌又見作"從傛""縱縒"等。北齊武平五年《等慈寺殘造塔銘》："蓋法幢迥出，從傛四生之外。"（《北圖》8/61）此處"容"涉上字"從"而增"彳"符。北齊武平七年《慧圓道密等造像記》："色相**縱縒**，狀滿月之皎青天；脩淨分明，若芙蓉之[昭]淥水。"（《北圖》8/79）"縱"爲"從"的通假字，"容"又涉上字"縱"而增"糹"符。

《龍龕•耳部》："聰聳，俗，上七容反，下音容。"又《身部》"軇，俗，七容反""軇，俗，音容"。"聰聳""軇軇"亦是"從容"的類化詞形。

【瓈琜】東魏武定元年《王偃墓誌》："如彼**瓈琜**，聲價遠聞；如彼鳴鶴，振響騰雲。"（《北圖》6/99）"瓈琜"，本作"隋（隨）侯"，即"隨侯珠"之省，其典源故事較早見載于東晋干寶《搜神記》卷二十《隋侯珠》："隋縣溠水側，有斷蛇丘，隋侯出行，見大蛇，被傷中斷，疑其靈異，使人以藥封之。蛇乃能走……歲餘，蛇銜明珠以報之。珠盈徑寸，純白，而夜有光明，如月之照，可以燭室。故謂之'隋侯珠'，亦曰'靈蛇珠'，又曰'明月珠'。"六朝及其後的墓誌常用以贊美誌主賢才如玉，或又省作"隨（隋）珠""蛇珠"等。北齊天保八年《高叡修定國寺塔銘碑》："幼秉蛇珠，崔臺擒囗。"（《北圖》7/61）唐貞觀十年《王玉兒墓誌》："隋珠間出，荆玉叢生。"（《北圖》11/66）"隋侯珠"因歸春秋戰國時期隋國君主

---

① 陸宗達、王寧、宋永培《訓詁學的知識與運用》132頁《"絡繹不絕"本義考》，中華書局，2018年。
② 陳會兵《"從容"源流考》，《古漢語研究》，2009年第3期。陸宗達、王寧以"從容"的語源出自"須臾"，又爲一説。參氏著《古漢語詞義問答》14頁，中華書局，2018年。

隋侯所有而得名，又因屬玉器，故上揭《王偃墓誌》添加"王（玉）"符以示其類屬。"瓏琜"詞形的産生與"瑪瑙"（本作"馬腦"）、"琥珀"（本作"虎魄"）等詞類似，單從詞形上看，其得名理據不易追溯，更像是一個單純詞。

【邳邳】北齊天統四年《和紹隆墓誌》："俄遷驃騎大將軍、邳邳郡太守。"（《校注》9/288）"邳邳"即"下邳"，古地名，今江蘇省睢寧縣古邳鎮。東漢置郡，以下邳縣爲治所。《漢書·地理志》"東海郡"下有"下邳縣"。顏師古注引臣瓚："有上邳，故曰下邳也"。上邳故地今無從考證，治所亦不明。但"下邳"之命名，明顯是爲了與"上邳"相互區別。此處"下"涉下字"邳"而增"阝（阜）"符，使地名的得名理據變得隱晦。

三、標示句法成分之間的緊密關繫

漢語中複合詞與短語（詞組）的基本結構類型是相同的，二者的界限不分明。有時，處于同一句法結構内且綫性順序相鄰的成分雖然彼此分立，尚未黏合成詞，但依然發生了字形類化。這標示了這些成分之間在句法或語義上的緊密聯繫。

【茹荼】唐景龍二年《馮雅墓誌》："情深茹荼，痛徹蓼莪。"（《隋唐》山西卷76）《集韻·溙韻》："薭，艸名。《説文》'水蔃苬'也。或省作荼。"誌字據文意當是"荼"之異體，涉上字"茹"而增"艹"符，不當按"艸名"作解。"茹荼"，猶言茹苦、吃苦，當屬短語，後與"含荼"構成并列式成語，意思相當於"含辛茹苦"。明張居正《答松谷陳相公書》："不肖自罹大故，求歸未得，含荼茹毒，蒙垢忍辱，鬚髮皤然，已具足老狀矣。"

【柤桓】東漢永壽二年《禮器碑》："爵鹿柤桓，籩柲禁壺。"（《北圖》1/110）洪适跋："以柤爲俎也。"（《隸釋》卷一）"柤桓"即"俎豆"，指俎和豆，是古代祭祀、宴饗時盛食物用的兩種禮器。碑以八種禮器并稱，構成并列短語。《説文·豆部》："木豆謂之桓。"段玉裁注："豆本瓦器。故木爲之則異其字。"碑中"俎"受"桓"的影響而改換形符爲"木"，與表木欄義之"柤"同形。此處"柤桓"是短語而非詞。

"俎豆"又泛指各種禮器。班固《東都賦》："獻酬交錯，俎豆莘莘。"又引申指祭祀。《莊子·庚桑楚》："今以畏壘之細民，而竊竊焉欲俎豆予於賢人之間，我其杓之人邪？"這裏的"俎豆"完成了内部黏合及詞義引申的過程，已然成詞。

從歷時角度看，很多複音詞在發展過程中都經歷了一個從非詞的分立的句法層面的單位到凝固的單一的詞彙單位的詞彙化過程。[①]這個過程，往往伴隨着句法

[①] 董秀芳《詞彙化——漢語雙音詞的衍生和發展（修訂本）》5頁，商務印書館，2011年。

單位從理據清晰到理據模糊、從分立到融合的變化。中古時期是漢語單音詞向複音詞轉變的重要階段。當綫性順序臨近的單音詞或跨層結構①黏合爲複音詞時，書寫者有時會改換、增加其中一字的偏旁，使之與另一字在形體上具備一致之處。這就使得詞語外在形式發生變化，出現類化詞形。王雲路曾以"零丁"從詞組到聯綿詞的詞化過程爲例，説明雙音節實詞也是聯綿詞的一個産生根源。②碑誌材料中所出現的一些類化詞形，在一定程度上也可以起到標示雙音詞生成的作用。例如：

【隕阻】西晉元康八年《趙泛墓表》："昔年卅有一，厥命隕阻。"(《校注》2/320)《校注》注云："阻，假借爲'徂'，往。隕徂，謂死。""隕阻"當即"隕殂"之異，"殂"涉上字"隕"而換爲"阝"符，與"阻礙"字同形，然恐非"徂"之假借。文獻"隕""殞"同源通用，文例多見。《正字通·歹部》："殞，殁也。別作隕。""殞(隕)""殂"均有死亡義，黏合爲雙音詞"殞殂"或"殂隕"，亦表死亡義。《後漢書·种岱傳》："稟命不永，奄然殂殞。"《三國志·蜀志·先主甘后傳》："章武二年，追謚皇思夫人，遷葬於蜀，未至而先主殂隕。"《漢語大詞典》失收"殞(隕)殂"，宜據補。

【櫼梁】東漢中平二年《高彪碑》："邦喪楨幹，家失櫼梁。"(《隸釋》卷十)"櫼"即"薨"之異體，涉下字"梁"而增"木"符。古常以"薨棟"或"棟梁"等詞來比喻在國家或家庭中起中堅作用的人物。《後漢書·方術傳上·謝夷吾》："誠社稷之元龜，大漢之薨棟。"李賢注："薨亦棟也。"東漢中平四年《譙敏碑》："國喪良佐，家隕棟樑。"(《隸釋》卷十一)《高彪碑》以"楨幹"喻重要人才，"薨梁"與"楨幹"對文同義，喻指家庭支柱。《漢語大詞典》失收"薨梁"，宜據補。

四、促使雙音詞詞形整齊化

裘錫圭指出："使用漢字的人往往喜歡把記錄雙音節詞的文字改成具有同樣的偏旁。這也就是説，他們希望記錄一個雙音節詞的兩個字之間有明顯的形式上的聯繫。"③南宋孫奕《履齋示兒篇》卷二一："橐佗俗作駱駝，裴回俗作俳佪，結環

---

① 跨層結構指不在同一個句法層次上而只是在表層形式的綫性語序上相臨近的兩個成分的組合。參董秀芳《詞彙化——漢語雙音詞的衍生和發展（修訂本）》266頁，商務印書館，2011年。

② 王雲路："'零丁'在構成之初是詞組，謂'丢失人'，變爲名詞指'尋人招貼'。後來由離群到孤獨，成爲形容詞，含義變得單一，人們就把它們視爲一體，而不再對其内部結構作分析，兩個語素之間的語法距離也就縮短甚至消失了，凝固爲一詞……同時又因爲人們的誤解，會在偏旁類化的習慣心理驅使下寫作同一偏旁，這樣'零丁'的本來面目就消失殆盡，完全變成了聯綿詞。"參氏著《釋"零丁"與"伶俜"》，《古漢語研究》，2007年第3期。

③ 裘錫圭《文字學概要（修訂本）》225頁，商務印書館，2013年。

俗作髻鬟，滂沛俗作霧霈，劈歷俗作霹靂，蝍蛶俗作魍魎，秋千俗作鞦韆。"即其例。本書姑且稱這種現象爲"詞形的整齊化"。現代漢語中存在數量不菲的同部首詞[①]，其中不少是詞形整齊化的結果。

從整齊化的途徑看又主要分爲兩種情況：一種情況是詞內一字增改偏旁而向另一字靠攏，如"鳳皇—鳳凰"。前面列舉的"岐嶷—岐嶷""葛覃—葛蕈""匪懈—惟懈""火伴—伙伴"等，都屬于此類情況。另一種是詞語受相關義影響而全詞類化，如"夫容—芙蓉""馬腦—瑪瑙""科斗—蝌蚪"。前面列舉的"莫邪—鏌鋣""冥靈—榠櫺""昆吾—琨珸"等，都屬于這種情況。

有時，詞形的整齊化并非一次完成，中間可能存在輾轉變化的過程。

或是從單字類化再到全詞類化。前面列舉的"龍襄—龍驤—驪驤"屬于這種情況。

或是構詞的一字形體變化引發另一字的趨同性變化，前面列舉的"參差—參苃—蔘苃"屬于這種情況。

或是構詞的兩字形體互相靠攏而最終達到詞形的統一，如"蒲陶—蒲萄—葡萄"。"葡萄"是漢代傳入的音譯外來詞。初作"蒲陶"，見《史記·大宛傳》《漢書·西域傳》等。後作"蒲萄"，"陶"涉上字"蒲"而換爲"艹"符，見《後漢書·西域傳》《玉篇·艹部》"萄"字條等。大約自宋代起，又改作"葡萄"，"蒲"涉下字"萄"而換爲"匍"符，見北宋蘇軾《老饕賦》、明李時珍《本草綱目·果五·葡萄》等。

相較于合成詞，單純詞的詞形整齊化傾向更爲顯著。以聯綿詞爲例：

旁薄	般礴	槃礴	磐礴	磅礴
委蕤	威綏	威蕤	萎蕤	葳蕤
委蛇	倭夷	威紆	倭傁	逶迤
扶服	蒲伏	蒲服	匍伏	匍匐
彭湃	泙湃	澎湃	滂湃	澎湃
裴回	俳回	裵佪	俳佪	徘佪

梳理聯綿詞詞形的演變脉絡，從中不難發現，聯綿詞的書寫往往經歷了一個從不定形到定形的過程，最終人們更傾向于選擇統一偏旁的寫法作爲流通形式，例

[①] 據周薦統計，《現代漢語詞典》（1996年版）收同部首詞2575個，約占全詞典所收雙字詞條目總數的6.4%以上，這說明同部首詞在現代漢語詞彙中占有不小的比重。參氏著《同部首詞的構成和結構分析》，《中國語文》，2006年第2期。

如"磅礴""葳蕤""逶迤""匍匐""澎湃""徘徊"等。如此大抵有利于標示詞語的整體性，防止遭到拆分式誤解。

總之，正如周薦所指出的："在同部首詞的構成問題上，詞形用字的類化現象不容忽視，詞形用字的象似性對此類詞意義的形成和表現所具有的作用更值得關注。同部首詞這類詞彙現象的存在，或可説明漢字在漢語詞的構成過程中起着雖不彰顯却又不可小視的作用。"[①]字形類化可視爲雙音詞發展在文字層面的表徵之一。同時，類化詞形的出現也可能促使成詞後的雙音詞內部形式發生重新分析，導致其詞義和功能發生進一步演化。可以説，在漢語的發展史上，漢字類化與雙音詞發展這兩個過程是相互交織、相互促動的兩條綫索，有必要結合起來進行研究。

---

① 周薦《同部首詞的構成和結構分析》，《中國語文》，2006年第2期。

第五章　類化研究與大型字書編纂

我國有悠久的字書編纂傳統，《說文》以降，代有承續。掇其要者，如南梁顧野王《玉篇》、唐顔元孫《干禄字書》、北宋陳彭年等《廣韻》、北宋司馬光《類篇》、遼釋行均《龍龕手鑒》、明梅膺祚《字彙》、明張自烈《正字通》、清張玉書等《康熙字典》等。這些字書在彙集歷代漢字、保存傳統文化等方面發揮了重要作用。但由于字書編纂史上存在盲目求全求大之風，重貯存而輕整理，加之傳抄失誤和編纂失誤，大型字書貯存下來了大量的文字垃圾。[①]這些都給今天的漢字整理和大型字典的編纂帶來了不少困難。

作爲迄今爲止編纂質量最高的一部大型字典，《大字典》對漢語漢字研究的貢獻自不待言，然而由于其容量巨大、編者衆多，偶有疏漏之處就在所難免了。針對《大字典》在收字、説字方面的失誤，前輩學者多有匡補及商榷文章，兹不贅述。本章擬主要結合中古碑誌中的類化字例，以《大字典（第二版）》爲例，專門探討類化字研究對大型字書編纂的意義。

第一節　增補字頭

在收字上，《大字典》以《康熙字典》爲主要來源，囊括了《康熙字典》的全部字頭；并以此爲基礎，收録了歷代典籍文獻用字。第二版較首版又增收單字 5000 餘個。即便如此，仍有不少古今典籍和重要工具書中的字被漏收。例如碑誌中的一些類化字，字形雖然罕覯，甚至僅見于單碑孤例而不見于歷代字書，但依照《大字典》詳博全面的收字原則，似以收録爲宜。

【𥡴】東漢熹平三年《婁壽碑》："粗絺大布之衣，糯𥡴蔬菜之食。"（《隸釋》卷九）

按：結合文意，"𥡴"當爲"荅"之異體，涉上字"糯"而增"米"符。《説文·艸部》："荅，小尗也。從艸合聲。"《廣雅疏證·釋草》："小豆，荅也。""糯荅"當指糙米一類的粗糧。"𥡴"不見于字書，《大字典》可據補字頭。

[①] 楊寶忠《疑難字考釋與研究》882 頁，中華書局，2005 年。

第五章 類化研究與大型字書編纂

【藡】北魏孝昌二年《元瑊墓誌》："琨嶺摧芳，瑤池奄藡。"（《北圖》5/39）北周天和二年《華嶽廟碑》："聳藡崿於紫微，挺高峯於天漢。"（《北圖》8/135）

按：《説文·羽部》："翠，青羽雀也。"引申指青、緑、碧一類的顔色，多用于狀草木之色，故或增"艹"符作"藡"。《大字典》失收"藡"，當補爲"翠"的異體字。

【硆】西魏大統十年《侯義墓誌》："硆石銘記。"（《校注》8/183）北齊武平三年《量禪師等五十人造像記》："刊金硆石。"（《北圖》8/43）

按："硆"即"鐫（鎸）"之異體，涉下字"石"而换爲"石"符。該形不見于歷代字典辭書，僅見上述用例。《大字典·金部》（4585）列"鐫"有三個義項：①破木器；②鑿；③雕刻。"硆"據文意當釋爲鑿義。可據補。

【偹】北齊武平五年《□奤墓誌》："遂懷道養身，優偹終世。"（《校注》10/51）

按："優偹"，即"優游"，謂悠閑自得。《詩經·小雅·采菽》："優哉游哉，亦是戾矣。""優游"即"優哉游哉"的縮略。此處"游"涉上字"優"而换爲"亻"符。此形不見于歷代字書，《大字典》當據補。

【姱】唐天寶六年《王迴山造浮圖頌》："追慕亡姱亡妣，共建浮屠。"（《八瓊室金石補正》卷五七）

按：陸增祥跋："亡考作姱，俗謬。"據文意，"姱"當即"考"之異體。"考"俗作"孝"，此處又涉下文"妣"而增"女"符。考妣是父母的別稱，常特指死去的父母。《禮記·曲禮下》："生曰父曰母曰妻；死曰考曰妣曰嬪。""姱"不見于歷代字書，《大字典》可據補。

【瑚】唐垂拱元年《段雅墓誌》①："本枝俱殖，高映珠瑚；柯葉同滋，天波瀉溜。"（《山右石刻叢編》卷四）

按：誌字據文意當是"緗"的異體，涉上字"珠"而换爲"王（玉）"符。"緗"是淺黄色的帛，可供書寫用，常借指史籍書册。"瑚"字不見于歷代字書，《大字典》當據補。

【鐗】唐貞觀十四年《王贇墓誌》："介鐗軌躅，銀章規矩。"（《珍稀墓誌百品》54）

按：誌字當即"冑"之異體。《説文·冃部》："冑，兜鍪也。"段玉裁注："按古謂之冑，漢謂之兜鍪，今謂之盔。""介冑"即"甲冑"，指鎧甲和頭盔。"冑"之作"鐗"，猶"甲"之作"鉀"，皆涉金屬義而增"金"符。"鐗"不見于歷代字書，《大字典》當據補。

---

① 胡聘之輯《山右石刻叢編》，《石刻史料新編》第1輯第20-21册，（台北）新文豐出版公司，1982年。該誌題名"段雍墓誌"，篇首則云"君諱雅"，自相齟齬。中古墓誌或是"雅"被誤釋作"雍"的情况，如東魏武定八年《杜文雅等造像記》之"雍"拓本作"雅"（《校注》8/119），實爲"雅"字俗寫（參《石刻叢考》809-810）。故誌主姓名似以"段雅"爲長。

【㲌】北齊天保元年《陰繼安墓誌》："九京蕭瑟，將戲狐㲌。"（《文化安豐》213）

按：誌字當即"兔"之異體，涉上字"狐"而增"犭"符。"狐兔"指狐狸和兔子。碑誌常以狐兔出沒來描摹墳塋的荒涼孤寂。東魏天平三年《高盛碑》："狐兔交集，荊棘相依。"（《校注》7/160）興和三年《元寶建墓誌》："狐兔方窟，豺狼且嗥。"（《校注》7/274）北齊河清四年《薛廣墓誌》："非復春秋，空交狐兔。"（《北圖》7/149）"㲌"字不見字書，《大字典》宜據補。

第二節　增補條目

類化字有時恰與他字同形，于是造成一形多用的情況。《大字典》宜在該字頭之下增補音項或義項等條目。

【慣】《大字典·心部》（2534）"慣"：①忿戾。《集韻·至韻》："慣，忿戾也。"②阻止、阻塞。《玉篇·心部》："慣，止也，塞也，滿也。"

按："慣"又兼"質"之異體。東漢《楊耿伯墓記》："慣性清潔。"（《校注》2/155）"慣性"即"質性"，指資質、本性。此處"質"涉下字"性"而增"忄"符。其義與《大字典·貝部》（3890）"質"之義項⑦相合，應據補該條目。

【磨】《大字典·石部》（2638）"磨"音mò：[磨石渠]地名。在山西省。

按：北周建德五年《韋彪墓誌》："琢磨內潤，善譽外揚。"（《校注》10/294）"磨"據文意當是"磨（mó）"之形符累增字。"琢磨"本謂雕刻磨製玉石，此處引申指修養德業。《大字典·石部》宜據補"同'磨（mó）'"之音項。

【礛】《大字典·石部》（2633）"礛"：同"礛"。紅色的磨刀石。《廣韻·鹽部》："礛，赤礛石。"《正字通·石部》："礛，同礛，赤礛石。"

按：《說文·石部》："礛，厲石也，赤色。從石，兼聲。"《廣韻》《正字通》以"礛"爲"礛"之繁聲字，對字義的說解承襲《說文》。東漢永康元年《孟郁脩堯廟碑》："仲氏宗家，共作大壁前石礛、階陛、欄楯。"（《隸釋》卷一）《金石文字辨異·鹽韻》引注碑字："礛即廉"。說是。"廉"指廳堂的側邊，此處涉上字"石"而增"石"符作"礛"。此與赤礛石義之"礛"是同形字。《大字典》當據補該條目。

【媀】《大字典·女部》（1140）"媀"：（一）yù 女子嫉妒男子；（二）yú 女子人名用字。

按："媀"兼爲"偶"之異體。唐天寶十二年《盧含墓誌》："睍睍佳媀，綢繆舊姻。"（北圖》26/93）"偶"指配偶，此處涉婚配、嫁娶義，又涉對文"姻"字，換"亻"符爲"女"符作"媀"，與上述兩音項之"媀"恰好同形。《大字典》當據補該音項。

第五章　類化研究與大型字書編纂

【㨷】《大字典·女部》(1152)"㨷"：同"摵"。《集韻·齊韻》："摵，或從手。"

按：《説文·手部》："摵，捎也。從手，戚聲。""㨷"殆爲"摵"之形訛，俗書"扌（手）""女"兩旁或相混。如北齊乾明元年《趙樂子墓誌》"風神婉淑"之"婉"作"婠"（《北藝》143）。此外，"㨷"兼爲"戚"之異體。北魏孝昌二年《侯剛墓誌》："家臣外㨷，自非吉凶弔慶，動迄歲序，莫覿其面。"（《北圖》5/35）正光四年《張孃墓誌》："承奉貴㨷，無失機敏。"（《校注》5/179）東魏天平二年《元玕墓誌》："世以左㨷右賢，出爲蕃，入爲輔。"（《北圖》6/30）三誌"㨷"據文意皆當是"戚"的加形字，指親戚。親戚是因婚姻聯結而成的關繫，故"戚"在這個義項上或增"女"符。《大字典》當據補該條目。

【筘】《大字典·竹部》(3147)"筘"：(一) cén 竹名。(二) jìn ①竹籤；②筘錢。(三) hán "筘隋"字。

按："筘"兼爲"琴"之異體。北魏永安二年《元恩墓誌》："載笑載言，筘書逸響。"（《北圖》5/131）北齊皇建二年《劉整墓誌》："君偃息丘園，自得筘酒。"（《墨香閣》121）"琴"，《説文·琴部》小篆作"琴"，象琴瑟之形，"玨"爲弦柱，"R"爲中空的琴身。隸楷書通常作"琴"，"琴身"部分增筆改造爲聲符"今"，全字由象形字轉變爲形聲字。兩誌又改"弦柱"部分爲"竹"符，突出了"琴"的質料屬性。《大字典》當據補該條目。

【樘】《大字典·木部》(1384)"樘"：(一) táng 車木。《廣韻·唐韻》："樘，車樘。"《集韻·唐韻》："樘，車木。"(二) chēng 同"樘"。支柱；支撐。《集韻·庚韻》："樘，《説文》：'衺柱也。'或作樘。"又《映韻》："樘，柱也。"

按："樘"又兼"棠"之異體。隋仁壽元年《古寶輪禪院記》："甘樘起木塔。"（《北圖》9/140）"甘樘"即"甘棠"，本指木名，即棠梨，故"棠"類增"木"符以突顯詞義。此處用周公、召公分陝而治的典故，以"甘棠"代指陝州城。①《大字典》宜據補"同'棠'"之條目。

【婌】《大字典·女部》(1132)"婌"：古代宮廷女官名。《廣韻·屋韻》："婌，後宮女官名。"

按：北魏永平二年《元願平妻王氏墓誌》："誕生婌媛，寔靈所鍾。"（《北圖》3/128）唐貞觀十八年《王通墓誌》："肅恭箴訓，婌慎端華。"（《北圖》11/125）兩誌"婌"據文意皆當爲"淑"之或體。"淑"本義指水清澈，引申指善、美等義。《説文·水部》："淑，清湛也。"段玉裁注："《釋詁》曰：'淑，善也。'此引伸之義。"因"淑"多用于形容女性之品格，故或涉義而換爲"女"符。《大字典》當據補"婌，同'淑'"之條目。

---

① 馬嘯《隋〈古寶輪禪院記〉考釋》，《文物鑒定與鑒賞》，2017年第12期。

此外，釋"娕"爲"後宮女官名"，始自《廣韻》，後代字書皆仍之，《大字典》亦同。然而碑誌所見"娕"多例，皆"淑"之異；考諸文獻，亦不見當釋爲"女官名"之例證。《集韻·屋韻》："娕，後宮女官。通作淑。"故疑此"娕"亦當歸爲"淑"之異體。

第三節　增補例證

一些類化字形僅見字書收錄及釋義，而缺乏文獻例證。我們可依據所見碑誌用例進行增補。

【憥】《大字典·心部》（2534）"憥"：同"樂"。《集韻·鐸韻》："樂，娛也。或從心。"《正字通·心部》："憥，俗樂字。"

按：隋大業八年《高緊墓誌》："非臨秋水，想游俠而成驥；不上春臺，說英謀而自憥。"（《隋彙》4/251）誌字即"樂"的類化俗體，涉心義而增"忄"符。誌字可補作《大字典》的例證。

【娝】《大字典·女部》（1129）"娝"：怒。《集韻·志韻》："娝，怒也。"

按：北魏延昌三年《孟敬訓墓誌》："性寡娝娝，多於容納。"（《北圖》4/16）娝娝，文獻多作"妒忌"。誌字本當作"忌"，涉上字"娝"而增"女"符。《大字典》未收例證，且未溝通"忌""娝"的異體關繫，宜據此增改。

【疜】《大字典·疒部》（2851）"疜"：同"札"。夭死。《釋名·釋天》："疜，截也，氣傷人如有斷截也。"畢沅疏證："今本札字加'疒'，俗也。《周禮·均人職》云：'凶札則無力政。'《左氏昭四年傳》：'民不夭札。'皆止作札，不從疒。"

按："札"有夭死義，又引申指瘟疫，與疾病相關，故或增"疒"符。《周禮·天官·膳夫》："大喪則不舉，大荒則大舉，大札則不舉。"鄭玄注："大札，疫癘也。"《正字通·木部》："札……又夭死、疫死曰札。俗作疜。"《大字典》收"疜"字，但缺乏文獻用例。東漢《趙菿殘碑》："疜氣□□。"（《漢碑全集》6/2014）碑字正作"疜"，可據補例證。

【愓】《大字典·心部》（2512）"愓"：①同"傷"。憂傷；哀痛。《説文·心部》："愓，憂也。"《廣雅·釋詁二》："愓，痛也。"《集韻·陽韻》："愓，通作傷。"②思念。《玉篇·心部》："愓，念也。"

按："傷"本指身體創傷，引申指精神層面的創傷，故或從"忄"符作"愓"。"愓"可視爲"傷"的換形分化字，專表憂傷、哀痛等義。文獻作"愓"之處皆可作"傷"，故從字用的角度看，《説文》似不必別"傷""愓"爲二字。《正字通·心部》："'傷'與'惕'通。《詩》'我心憂傷','傷'亦憂也。《說文》分爲二，非。"由是觀之，"惕"之念義，也是從"傷"引申而來的。《詩經·周南·卷耳》："維以不永傷。"鄭玄箋："傷，思也。""思""念"義同，故《大字典》宜于"惕"的義項②下也注明"同'傷'"。

此外，《大字典》"惕"條僅見書證而缺乏例證，可據碑誌用例增補。如唐麟德元年《宋璋墓誌》："奄隨風燭，俄惕朝露。"(《北圖》14/110)

第四節　提前例證

一些類化字形的出現較早，在中古碑誌中已見其用例。《大字典》所舉例證有時存在略遲或過遲的情況，可根據碑誌材料提前例證。

【峪】《大字典·山部》(801)"峪"：①山谷。《集韻·燭韻》："谷，《爾雅》：'水注溪曰谷'。或從山。"元李直夫《虎頭牌》第二折："你可便久鎮着南邊，夾山的那峪前，統領着軍健，相持的那地面。"《徐霞客遊記·遊太華山日記》："由峪口入，兩崖壁立。"

按："峪"當爲"谷"的加形分化字，《集韻》收爲"谷"的異體。"谷"本指兩山之間的水流，引申指兩山之間狹長而有出口的地帶。《詩經·小雅·十月之交》："高岸爲谷，深谷爲陵。"二義皆與山義相涉，故或增"山"符作"峪"。《大字典》首舉元代例證，略遲。唐誌已見該形。中和二年《王府君墓誌》："恐後桑田變海，嶸峪有移，刊勒貞石，用章不朽。"(《北圖》34/10)"嶸"爲"溪"的異體，"谷"涉上字"嶸"而增"山"符。綜上，"谷"之作"峪"，兼受語境及義類的影響。

【憘】《大字典·心部》(2519)"憘"：①同"喜"。《集韻·志韻》："憙，《說文》：'說也。'亦省。或作憘。"《北史·常景傳》："柳下三黜，不慍其色；子文三陟，不憘其情。"

按：《說文·喜部》"喜""憙"兼收："喜，樂也。從壴從口。""憙，說也。從心從喜，喜亦聲。"段玉裁"憙"下注："說者，今之悅字。樂者，無所箸之詞；悅者，有所箸之詞。《口部》'嗜'下曰：'憙，欲之也。'然則，憙與嗜義同，與喜樂義異。淺人不能分別，認爲一字，喜行而憙廢矣。"依段說，"喜""憙"本有所別，後世混用爲一。

碑誌二字皆用，以"喜"更爲常見。又作"憘"，可視爲"喜"的加形字，也可視爲"憙"的構件換位異體字。北魏太昌元年《元恭墓誌》："曠懷海納，憘慍不見於言；雅量山容，得失不形於色。"(《北圖》5/172)永熙二年《乞伏寶墓誌》：

"慍憘無異於色,雷霆豈變其神。"(《北圖》5/185)蓋"喜(憙)"常與"慍"連用或對舉,故受其影響而構形趨同。《北史》成書于唐代,《大字典》引例略遲。

【栞】《大字典·木部》(1310)"栞":同"琴"。《中華大字典·玉部》:"栞,琴俗字。"《太平寰宇記·大秦國》:"其殿以栞瑟爲柱,黃金爲地,象牙爲門扇,香木爲棟梁。"明曹荃《刻初唐四子集序》:"嗟乎!人栞俱亡,昔人所痛。"清王大海《海島逸志·聞見錄·丹六》:"有形如栞者,其音鏗鏘可聽,頗有大雅之風。"

按:"栞"即"琴"之異體,易"今"符爲"木"符,蓋爲突顯其質料屬性,猶"琴"之作"䇿"。"栞"在南朝碑誌中已見用例。南梁大同元年《羅浮山銘》:"史吹姬笙,嵇栞阮嘯。"(《校注》3/196)"嵇琴阮嘯"謂嵇康鼓琴,阮籍嘯歌而和之。《大字典》所舉諸例證時代最早者爲北宋《太平寰宇記》,過遲。

【坵】《大字典·土部》(464)"坵":同"丘"。《集韻·尤韻》:"北,或作丘,亦書作坵。"《徐霞客遊記·黔遊日記二》:"(州署)門廡無一完者,皆安酉叛時,城破鞠爲坵莽,至今未復也。"陳煒萍編《閩西歌謠》:"無火不吸這筒烟,無秧不蒔這坵田。"

按:"丘"涉土義,故或增"土"符作"坵",北朝石刻中已見用例。西魏大統十二年《鄧子詢墓誌》:"坵墟橫霧,松楊斷烟。"(《校注》8/188)唐儀鳳二年《趙臣墓誌》:"得坵則止安,静嘿而齊物。"(《北圖》16/57)《大字典》引例過遲。

【唻、𠴢】(1)《大字典·口部》(720)"唻":同"笑"。《敦煌變文集·捉季布傳文》:"其時季布聞朱解,點頭微唻兩眉分。"明諸聖鄰《大唐秦王詞話》第三十一回:"陣前瞧見是程咬金,大唻一聲。"(2)《大字典·口部》(720)"𠴢":同"笑"。《李陵變文》:"單于見管敢投來,大𠴢呵呵。"

按:"笑"字《說文》本闕。徐鉉注:"孫愐《唐韻》引《說文》云:'喜也。從竹從犬。'而不述其義。今俗皆從犬。又案:李陽冰刊定《說文》'從竹從夭'義云:'竹得風,其體夭屈如人之笑。'未知其審。""笑(笑)"與口部動作相關,故或增"口"符作"唻(𠴢)"。東魏興和三年《李豔華墓誌》:"嚬𠴢歸美,點畫見傳。"(《北圖》6/80)北齊乾明元年《高湝墓誌》:"瑰姿奇表,咳𠴢如神。"(《北圖》7/90)"唻(𠴢)"已見於北朝石刻,《大字典》所舉例證均出自唐代敦煌變文,略遲。

此外,"唻(𠴢)"又作"嘆",蓋其右側構件與"美"形近趨同之故。北魏神龜二年《寇憑墓誌》:"美談嘆,善草隸。"(《北圖》4/63)北周建德六年《張滿澤妻郝氏墓誌》:"節物易睹,一嘆難期。"(《北圖》8/166)"嘆"字《大字典》失收,當據補。

第五節　溝通異體

經由類化而產生的字，通常與原字構成異體關繫。《大字典》有時對這種關繫未加辨察，造成文字之間有機聯繫的割裂或詞義引申鏈條的斷開。我們需要結合字書及碑誌文獻材料，對異體關繫進行有效溝通。

【堈、埄、碙】(1)《大字典・土部》(487)"堈"：②隴。《集韻・唐韻》："堈，隴也。"(2)《大字典・土部》(507)："埄"：①同"岡"。山岡。《廣韻・唐韻》："岡，又作埄。"(3)《大字典・石部》(2609)"碙"：(二) 山岡；石岩。

按："堈"字六朝碑誌多見。北魏正光元年《李璧墓誌》："遷葬冀州勃海郡條縣南古城之東堈。"(《北圖》4/97) 建義元年《元邵墓誌》："葬于瀍水之東二里黃堈堆之上。"(《校注》6/160) 右旁"岡"或俗寫作"㟁""罡""罡"等。如北魏神龜二年《高道悅墓誌》："遷葬於王莽河東岸之平埄。"(《校注》5/3) 唐儀鳳三年《董力墓誌》："四面埄阜，左右川原。"(《北圖》16/74)《龍龕・土部》："埄俗，埄正，音剛，壠也。"

上述"堈""埄"等字據文意皆"岡"之加形異體。《説文・山部》："岡，山脊也。""山""土"義近可通，故"岡"或增"山"符作"崗""岡"，或增"土"符作"堈"，皆互爲異體。《廣韻・唐韻》："岡，又作埄，并俗。"

《大字典・土部》(507) 據《廣韻》溝通"岡""埄"的異體關繫，此其得也；但因未溝通"堈""埄"的異體關繫，遂致形義解説鏈條割裂，此其失也。《大字典》據《集韻》釋"堈"爲"隴"，"隴"謂高丘，與"岡"同義。可見《廣韻》的釋義仍基於"岡""堈"的異體關繫。《正字通・土部》："堈，俗岡字。"對"岡""堈"異體關繫進行溝通，可從。

綜上，《大字典》"堈"字義項②應注明"同'岡'"，并補充《正字通》説解。

此外，"岡"或增"石"符作"碙"。《大字典・石部》(2609)"碙"字音項 (二) 釋爲"山岡；石岩"，此似亦應增補"同'岡'"。

又《大字典・山部》(806)"崗""岡"二字雖皆列"同'岡'"之條目，但所舉例證前者出自《後趙録》，後者出自唐杜甫詩，皆嫌略遲。"崗"較早見於東漢初平四年《北海太守爲盧氏婦刻石》："彼崇者崗，彼極者浦。"(《校注》2/79) "岡"北朝碑誌常見，如北魏正光五年《郭顯墓誌》："葬於北芒山之西岡。"(《北圖》4/177)

【憿、憼】(1)《大字典・心部》(2528)"憿"：(一) jiǎo ①僥幸。《説文・心部》："憿，幸也。"段玉裁注："幸者，吉而免凶也。"朱駿聲通訓定聲："經傳皆以徼爲之，俗作僥倖、憿倖。"②〔憿憭〕以誠相告。《集韻·筱韻》："憿，憿憭，以誠告也。"（二）jī 疾速。《集韻·錫韻》："憿，疾也。"

按：東漢光和四年《逢盛碑》："感憿三成，一列同義。"（《隸釋》卷十）洪适跋："碑以憿爲激。"又光和六年《李翊夫人碑》："憤然憿癔。"（《隸釋》卷十二）二碑字據文意當是"激"的異體，涉上字"感"及下字"癔"而換符。"激"本指水勢受阻而騰涌或飛濺，此處引申指"感觸、激動"，形隨義變，故換爲"忄"符，與表僥幸之"憿"恰好同形。

《大字典》音項（二）釋"憿"爲"疾速"，此義似亦從"激"之本義引申而來。《廣韻·嘯韻》："激，水急。"又《集韻·嘯韻》："激，湍流皃。"由此，《集韻·錫韻》所釋"憿"之"疾"義，亦當是"水急"義之引申。

（2）《大字典·心部》（2525）"憨"：①同"憿"。疾速。《玉篇·心部》："憨，疾也。"《集韻·錫部》："憿，疾也。或書作憨。"②定。《玉篇·心部》："憨，定也。"

釋"疾"之"憿"是"激"的換形字，"憨"又是"憿"的構件換位異體字，故"憨"亦是"激"的異體。《說文·水部》："激，水礙衺疾波也。一曰半遮也。"從水流的角度，"激"引申有"疾速"義；從"石"的角度，"激"則引申有"遏制"義。如《三國志·蜀志·姜維傳》："察其所以然者，非以激貪厲濁，抑情自割也，直謂如是爲足，不在多求。"碑誌亦見"激"從"石"作"礉"者，可證"激"與"石"義密切相關。東漢延熹三年《樊安碑》："慷慨礉憤，宦于王室。"（《隸釋》卷六）洪适跋："礉即激字。"由此，《玉篇》所釋"憨"之"定"義，當是"激"的"遏制"義之引申。

綜上，《大字典》當溝通"憿"之音項（二）、"憨"之義項②與"激"之間的異體關繫。

【崷、𡼐】《大字典·山部》（826）"崷"：山嶺名。《廣韻·宥韻》："崷，山名，又嶺名。"北魏鄭道昭《與道俗□人出萊城東南九里登雲峰山論經書》："談對洙崷寔。"北齊佚名《劉碑造像銘》："四挾靈崷之顯。"

按：北齊天保八年《劉碑造像銘》："四挾靈崷之顯，西據王舍之陽。"（《北圖》7/69）《金石文字辨異·宥韻》引注碑字："以崷爲鷲"。靈鷲，山名，在古印度摩揭陀國王舍城之東北。梵名耆闍崛山。山中多鷲，或言山頂似鷲，故名。相傳釋迦牟尼曾在此居住及說法多年，因以代稱佛地。此涉"山"義而變"鷲"爲"崷"。

或作"鷲岳""鷲山""鷲嶺"等。東魏武定六年《志朗造像記》："鷲岳感竭，移影□林。"（《北圖》6/149）北齊天保六年《報德像碑》："負土城墳之力，用於鷲山；傅蘭廌菊之財，施於鹿野。"（《北圖》7/48）天保八年《高叡修定國寺塔銘碑》："是知無生無□，□有鵠林；不即不離，兹亦鷲嶺。"（《北圖》7/61）敦煌寫卷斯663號《印沙佛文》、伯2058號《燃燈文》等"鷲嶺"均作"崷嶺"①，亦"崷"字用例。《廣韻》釋"崷"爲"山名，又嶺名"，蓋本此也。

又考《大字典》引北魏永平四年鄭道昭詩："談對洙崷賓，清賞妙無色。"（《北圖》3/149）"崷"即"崷"的構件換位異體字。揣摩文意，"洙崷"當是"洙泗""靈崷（鷲）"的合稱，本非一詞。"洙泗"，即洙水和泗水，春秋時屬魯國地。孔子曾在洙泗之間聚徒講學。後因以之代指孔子及儒家。鄭詩中"洙崷賓"即謂儒家、佛家之賓客，正與引言之"道俗"呼應。由此，《大字典》"洙崷賓"下施一個專名綫，乃不解"洙崷"所造成的錯誤，當改作"洙崷賓"。

此外，杭州靈隱寺前飛來峰亦別稱"靈鷲""鷲嶺"。據《咸淳臨安志》載："晏元獻公（按：即北宋晏殊）《輿地志》云：'晋咸和元年西天僧慧理登兹山，歎曰："此是中天竺國靈鷲山之小嶺，不知何年飛來。佛在世日，多爲仙靈所隱，今此亦復爾邪？"因挂錫造靈隱寺，號其峰曰飛來。'"②

綜上，"崷"即"鷲"之異體，《大字典》當溝通二者關繫；"崷"也是"鷲"的異體，《大字典》當爲"崷"設立字頭，并引鄭道昭詩爲例證。

【栐】《大字典·木部》（1314）"栐"：jìn《集韻》居廕切，去沁見。承樽的几案。《集韻·沁韻》："栐，承樽按。"方成珪考正："桉，譌從手，據《類篇》正。"

按：考"禁"有承樽案義。《儀禮·士冠禮》："尊于房户之間，兩甒有禁。"鄭玄注："禁，承尊之器也。名之爲禁者，因爲酒戒也。"《禮記·禮器》："大夫、士椸禁。"孔穎達疏："禁長四尺，廣二尺四寸，通局足，高三寸。"《大字典》引《集韻》所釋"栐"爲"承樽桉（案）"，正與上述"禁"義相合。可知《大字典》以"栐"別爲一字，而未溝通"栐""禁"之間的異體關繫，非是。《正字通·木部》："栐，禁字之譌。舊注'承樽桉'，與禁義近，改作栐，非。"其說近是。"栐"即"禁"的字内類化異體。《大字典》宜注明"同'禁'"。

此外，"栐"兼爲"森"的構件換位異體；又兼"麓"的異體，《龍龕手鑒·木部》："麓，山足。今音鹿。《穀梁》云：'林屬於山曰麓也。'或作栐。"《大字典》當據補這兩個音項。

【怉】《大字典·心部》（2448）"怉"：（一）bǎo 悖。《玉篇·心部》："怉，悖也。"（二）bào 懷。《集韻·晧韻》："怉，懷也。"

按：北魏興和二年《敬顯儁碑》："苞一德於懷怉，淵萬頃於匈襟"；又"特

---

① 二例引自于淑健《敦煌佛典語詞和俗字研究》349-350頁，上海古籍出版社，2012年。
② （南宋）潛說友撰《咸淳臨安志》卷二三，浙江古籍出版社，2012年影印本。

申情㤙，委以經謀"（《北圖》6/71）。碑中"㤙"字兩現，據文意皆當爲"抱"之異體，涉上字"懷"或"情"而換爲"忄"符。

《說文·衣部》："裒，裹也。"段玉裁注："《論語》：'子生三年然後免於父母之懷。'馬融釋以'懷抱'。即裒裒也。今字'抱'行而'裒'廢也。""裒""裹"分別是"抱""懷"的古字。《集韻》釋"㤙"爲"懷"，當本"抱"之"懷"義而來。故《大字典》"㤙"之音項（二）宜注明"同'抱'"。

第六節　糾正謬誤

《大字典》在利用古籍建項釋義方面取得了顯著成績，但白璧微瑕，有時由於取捨不慎，造成義項與例證之間的不對應，具體包括誤設條目、引例不當、釋義不確等問題。充分利用碑誌中的類化字材料，可以匡補《大字典》在訓釋方面的某些失誤。

一、删改誤設音義

經由類化產生的字形，因爲形體上較原字發生了改變，有時字書因形設訓，誤析新形爲另外一字或別有一義，《大字典》不察而沿誤，爲新字形設置音項或義項。這些條目宜刪除或修改。

【鷔】《大字典·鳥部》（4956）"鷔"：①鳥群飛貌。《集韻·震韻》："鷔，鷺群飛也。"《正字通·鳥部》："鷔，《詩·周頌》：'振鷺于飛，于彼西雝。'注：'振，群飛貌。'《魯頌》：'振振鷺，鷺于飛。'注：'舞者，振作鷺羽如飛也。'後人因振加鳥作鷔。"②鳥名。白鷺。《玉篇·鳥部》："鷔，白鷺也。"

按：《詩經·周頌·振鷺》："振鷺于飛，于彼西雝。"孔穎達疏："言有振振然絜白之鷺鳥往飛也……美威儀之人臣而助祭王廟亦得其宜也。"又《魯頌·有駜》："振振鷺，鷺于飛。"毛傳："鷺，白鳥也，以興絜白之士。"鄭玄箋："絜白之士群集於君之朝。""振"指鳥群飛之貌，修飾"鷺"，構成偏正短語。後黏合爲偏正式複合詞，比喻在朝的操行純治的賢人。

碑刻引典或作"鷔鷺"，"振"涉下字"鷺"而增"鳥"符。北魏建義元年《元讞墓誌》"業茂群龍，心華鷔鷺"（《校注》6/196），東魏武定五年《穆瑜墓誌》"堂滿鷔鷺，席溢琳瑯"（《北藝》104），皆其例。《正字通·鳥部》："《左思·蜀都賦》'鴻儔鶴侶，鷔鷺鵁鶄'，本借《詩·振鷺》，《文選》訛作'鷔'，非鷺一名鷔也。"據此，《玉篇》訓"鷔"爲白鷺，實屬望形生訓，文獻不見脫"鷺"單用而訓爲白鷺之"鷔"也。

《大字典》沿《玉篇》之誤而爲"䲹"增設"鳥名"之義項，當刪。熊加全對此亦有辨正。①

【恿、愑】（1）《大字典・心部》（2470）"恿"：③歡喜。《廣韻・腫韻》："恿，心喜也。"《西狹頌》："四方无雍，行人懽恿。"（2）《大字典・心部》（2497）"愑"：同"恿"。《集韻・腫韻》："恿，或從勇。"

按：東漢建寧四年《西狹頌》："四方无雍，行人懽恿。"（《校注》1/310）洪适跋："碑以恿爲踊。"（《隸釋》卷四）"懽恿"本當作"歡踊"，指歡呼跳躍。"懽"爲"歡"之或體，"踊"涉"懽"而換爲"忄"符。"恿"又更換聲符作"愑"，猶"踊"或作"踴"。東魏武定八年《杜文雅等十四人造像記》："懃辛建立，愑躍難任。"（《校注》8/119）"愑躍"即"踴躍"，形容情緒高漲、熱烈，爭先恐後。此處"踴"涉詞義而換爲"忄"符。

可見，"恿（愑）"是"踊（踴）"的類化變體，除字形改變以外，自身并未產生新義。文獻也未曾發現單用"恿（愑）"或"踊（踴）"表示"歡喜"的用例。《正字通・心部》釋"恿"曰："喜則踊躍從之，非作恿……舊注訓'喜'……非。"庶爲確解。

綜上，《大字典》爲"恿"設立表"歡喜"的義項有失允當，此條宜溝通"恿""踊"之異體關繫。此外，《大字典》"愑"下缺少例證，可據補造像記之例。

【崫】《大字典・山部》（820）"崫"：①山名。《玉篇・山部》："崫，山名。"②山頂。北魏鄭道昭《於萊城東十里與諸門徒登青陽嶺太基山上四面及中崫掃石置仙壇》："東峯青烟寺，西崫白雲堂。"

按："崫"字文獻罕覯，僅見鄭道昭摩崖題刻幾例，疑爲鄭氏獨創字。除《大字典》所舉詩句外，又見北魏永平四年《論經書詩》："披衿接九賢，合盖高崫極。"（《校注》4/188）永平年間《太基山銘告》："此太基山，內中明崗，及四面巖崫上嵩岳。"（《校注》4/207）結合上述用例來看，"崫"均表山頂義，當是"頂"涉"山"義增符而來，并不表山名。《玉篇》《類篇》《集韻》《四聲篇海》《字彙》等字書皆釋"崫"爲山名而缺少例證，疑後人妄補。《大字典》承上述字書釋義而誤增"山名"之義項，當刪。熊加全對此亦有辨正。②

【肞】《大字典・月部》（2220）"肞"：（一）xiáo ①骰。《玉篇・肉部》："肞，骰也。"②聲。《廣韻・肴韻》："《字書》云：肞，聲也。"③脛骨。《集韻・爻韻》："肞，脛骨也。"（二）jiāo ①同"交"。相交，指日月交道。《字彙補・月部》："肞，與日月交道之交同。與從肉者不同。"②"膠"的簡化字。

---

① 熊加全《〈玉篇〉疑難字考釋與研究》157頁，中華書局，2020年。
② 熊加全《〈玉篇〉疑難字考釋與研究》146頁，中華書局，2020年。

按："胶"兼爲"皎"的類化字。《說文·白部》："皎,月之白也。《詩》曰:月出皎兮。"唐龍朔元年《喬娥墓誌》："調韻克諧,似春風之吟玉樹;襟素清朗,若秋月之胶瑤池。"(《唐附考》5/257)龍朔二年《侯君妻竇氏墓誌》:"曄曄搢紳,胶ㄟ貞節。"(《隋唐》洛陽卷 4/106)二誌之"胶"皆本當作"皎",兼受上文"月"及自身語義之影響而變形符"白"爲"月"。《大字典》當據補該音項。

此外,據《大字典》隸楷書"胶"之形源有三:一本從"肉","肉"隸變作"月";二是"交"之增形異體字;三是"膠"的換聲簡化字。三者當是同形關繫。其中從"肉"之"胶"的三個義項值得商榷。

據偏旁分析,從"肉"之"胶"當是"骹"的換形字。"月(肉)""骨"都是身體的組成部分,作構件時常互相通用。如東漢延熹三年《郭旻碑》"膺"從"骨"作"膺"(《隸續》卷三);《睡虎地秦簡·法律答問》"體"從"月(肉)"作"體"。《說文·骨部》:"骹,脛也。"段玉裁注:"脛,膝下也。凡物之脛皆曰骹。"此蓋即《集韻·爻韻》訓"胶"爲"脛骨"之所據。

《玉篇·肉部》訓"胶"爲"骰",此當爲"骹(胶)"之引申義。"骹"原指脛骨,又特指脛骨近脚細的部位,也指脚。《廣韻·肴韻》:"骹,脛骨近足細處,又作骰。"北宋梅堯臣《潘歙州話廬山》詩:"坐石浸兩骰,炎膚起芒粟。"詩中"骰"即指脚也。"骰",《廣韻》古禄切,訓足背。《玉篇·肉部》:"骰,足跗也。"又訓牲畜的後脚。《集韻·屋韻》:"骰,牲後足。"①二義皆與"骹"之引申義基本吻合。

《廣韻·肴韻》又訓"胶"爲"聲"。"聲"當是"骰"之形訛。"殼"參構時或訛作"殸"。如北魏正光五年《元寧墓誌》"轂"作"𨍏"(《北圖》4/175),孝昌二年《于景墓誌》"穀"作"𥡆"(《北圖》5/47)。類推之,"骰"可異寫作"𩨈",與"聲"形近。"耳""月"亦相混。《顏氏家訓·書證》所謂"揖下無耳"正指"揖"訛從"月"作"揖"。故《廣韻》蓋不辨而誤認"𩨈"爲"聲"也。

綜上,從"肉"之"胶"本指脛骨,引申指足背或牲畜的後脚,無"聲"義。《大字典》承《廣韻》而誤建義項,宜刪。

二、糾正條目訛誤

條目訛誤包括釋義不確、釋義或字形與引例不相對應等情况。

【憓】《大字典·心部》(2519)"憓":同"譓"。《集韻·霽韻》:"憓,通作譓。"《史記·司馬相如列傳》:"陛下仁育群生,義征不憓。"晋左思《魏都賦》:"荆南懷憓,朔北思韙。"

---

① 《大字典·殳部》(2319)收"骰"有《廣韻》古禄切、《五經集韻》苦角切兩讀。楊寶忠認爲"苦角切"字當是受"殼""骰"交互影響産生的訛字。參氏著《疑難字考釋與研究》497頁,中華書局,2005年。

按：《説文·叀部》："惠，仁也。"在這個意義上，或累增"忄"符作"憓"。北魏正光二年《封魔奴墓誌》："嬬孤飲憓，氓俗懷仁。"(《校注》5/134）北齊武平二年《裴子誕墓誌》："下車布政，威憓兼宣。"(《校注》9/359）"憓"分別與"仁""威"對舉，可證"憓"即"惠"之異體。"飲惠"指蒙受恩澤。"威惠"指聲威與恩澤。又北齊太寧二年《鞠基墓誌》："君下車布憓，威恩并施。"(《秦蒐》1/63）"憓"字形微泐，諦審當是"憓"字，《文化安豐》(269)、劉新暉錄作"德"[①]，《集成》(708)錄作"懷"，并非。"布惠"謂給予恩澤。

"惠"又引申有柔順義。《爾雅·釋言》："惠，順也。"《詩經·邶風·燕燕》："終溫且惠，淑慎其身。"毛傳："惠，順也。"在這個義項上，或增"言"符作"譓"。《集韻·霽韻》："譓，順也。""不惠"，謂不順從。《尚書·康誥》："惠不惠，懋不懋。"孔傳："當使不順者順，不勉者勉。"《詩經·小雅·節南山》："昊天不惠，降此大戾。"朱熹集傳："昊天不順而降此乖戾之變。"《漢書·藝文志》："德勝不祥，義厭不惠。"顏師古注："惠，順也。"或作"不譓"。《北史·周紀下》："方欲綏德未服，義征不譓。"唐太宗《克高麗遼東城詔》："意在以殺止殺，仁育被於羣生；用刑清刑，義征戡於不譓。"又作"不憓"，《文選·司馬相如〈封禪文〉》《漢書·司馬相如傳》"義征不憓"，《史記·司馬相如列傳》作"不憓"。蓋俗以"惠""憓"同義，而致"憓"之字用擴展，可兼表順義也。

綜上，"譓"是"惠"在表順義上的專字，無仁愛義。《大字典》引《魏都賦》"懷憓"之例恐不當。"懷憓"即"懷惠"之異，謂感念長上的恩惠。《論語·里仁》："君子懷刑，小人懷惠。"北齊天保九年《吳穆墓誌》："懷惠畏威，風草從化。"(《秦蒐》1/58）追本溯源，《大字典》訓"憓，同'譓'"似不妥，訓爲"同'惠'"當更爲準確。

【砾】《大字典·石部》(2608)"砾"，同"琢"。《龍龕手鑒·石部》："砾，擊也。"《廣弘明集》第二十四卷："觀下有石井，篳峙中澗，彫砾刻削，頗類人工。"《四明尊者教行錄》卷七："大璞不砾。"

按：《説文·玉部》："琢，治玉也。"《爾雅·釋器》："玉謂之琢，石謂之磨。""琢"之本義爲雕刻玉石，因常與"磨"連用兼"玉""石"義近相通，故或換爲"石"符作"砾"。從文獻用例來看，"砾"皆表雕琢義。《大字典》所引兩例皆如此。墓誌用例如隋開皇三年《梁邕墓誌》："雖云磨砾，抑乃天成。"(《隋彙》1/80）唐儀鳳三年《董力墓誌》："友于兄弟，砾磨道德。"(《北圖》16/74）唐天寶十三年《秦暕墓誌》："砾石工文，憑爲不朽。"(《北圖》26/107）上述三形皆"砾"之異寫。

[①] 劉新暉《〈秦晉豫新出墓誌蒐佚〉(東漢至隋)墓誌研究》112頁，西南大學碩士學位論文，2015年。

"琢"又通"椓",有"擊"義。《説文·木部》:"椓,擊也。"《文選·班昭〈東征賦〉》六臣本:"諒不登巢而琢蠡兮,得不陳力而相追。"李善本"琢"作"椓"并注:"鄭玄《周禮》注曰:'椓,擊也。'"然而除《龍龕》釋義外,文獻似乎缺乏"硺"可訓爲"擊"的例證。

綜上,"硺"是"琢"在表"雕刻玉石"義上的類化字[①],文獻可證。《大字典》承《龍龕》而訓"硺"爲"擊",其下所引例證之"硺"則皆表"雕刻玉石"義,與書證不合。宜改釋"硺"爲"雕刻玉石"。

【菰】《大字典·艸部》(3456)"菰":①菱筍。又名"蔣"。《廣雅·釋草》:"菰,蔣也;其米謂之彫胡。"王念孫疏證:"菰與苽同。《説文》云:'苽,雕苽,一名蔣。'"②菌類。《正字通·艸部》:"菌,江南呼爲菰。"③同"筑"。古管樂名。《風俗通·聲音》:"《漢書》舊注:'菰,吹鞭也。'"按:《説文·竹部》作"筑"。

按:依《大字典》,"菰"形兼三用:一是"苽"的異體;二表菌類(此當是"菇"的異體);三是"筑"的異體。字頭下僅列舉一個隸書字形,出自《校官碑》。

考東漢光和四年《校官碑》:"履𦬖竹之廉,蹈公儀之絜。"(《隸釋》卷五)結合語境來看,此處"菰"當是"孤"的類化字形。隸楷書"竹"與"艸"作偏旁時都可省寫作"卝",相混無別,碑字當是涉下字"竹"而增"卝"符。孤竹,商周時期國名,國都在今河北唐山灤南。《史記·伯夷列傳》:"伯夷、叔齊,孤竹君之二子也。及父卒,叔齊讓伯夷。伯夷曰:父命也。遂逃去。叔齊亦不肯立而逃之,國人立其中子。"後世遂以"孤竹"比喻抱節守志。

綜上,"菰"又兼"孤"的異體,《大字典》當增列"菰,同'孤'"之義項,并補充《校官碑》碑文爲例證。

以上基于碑誌材料,大致從六個方面舉例論述了類化研究在大型字書編纂上的作用。其實不獨類化現象,碑誌等出土文獻材料中還蘊含大量的語言文字信息等待發掘。妥善利用這些材料,對大型字書的修訂完善和編纂質量的提高,都具有十分重要的意義。

[①] 鄧福禄等以"硺"爲"琢"的換旁俗字,亦可從。參氏著《字典考正》260頁,湖北人民出版社,2007年。

第六章　類化研究與碑誌文獻整理

類化研究在文獻整理方面具有重要的實踐價值，主要體現在疑難字考釋及文獻釋讀兩個方面。本章首先嘗試結合中古碑誌文獻對類化字的考辨方法進行總結，然後從類化視角切入，對碑誌及釋錄中的部分字詞進行考釋補正。

第一節　類化字的考辨方法

關于文字考釋的方法，前輩學者多有精闢總結。張涌泉將考辨俗字的方法概括爲偏旁分析、異文比勘、歸納類比、字書佐證、審查文義等五種。[①] 楊寶忠將疑難字的考釋方法概括爲以形考字、以音考字、以義考字、以序考字、以用考字等五個大的方面。[②] 毛遠明將碑刻疑難字的考釋方法概括爲異中求同、同中求別、字詞對應、互相比對等十一種。[③] 曾良將識讀俗字的方法概括爲比較歸納、弄清俗字的構形原理、利用異文、利用古籍俗寫相混例等七種。[④] 黄德寬將古文字的考釋方法歸納爲字形比較法、偏旁分析法、辭例歸納法及綜合論證法四種。[⑤]

狹義的類化字，除了具有異體字的基本屬性以外，還具有一定的特殊性，如臨時性、無理性等。它們通常對語境的依賴較强，出現頻率較低，有些甚至失去了構字理據。此外，類化往往與假借、訛混、增繁、同形等文字現象夾雜同現，彼此較難完全剝離，這都對類化字的辨識與考釋造成了不少困難。因此，進行類化字的考辨工作，既要采用文字考釋的常規手段，同時也要兼顧類化字的性質特點，不斷摸索更爲妥當的新方法。以下參考前賢時修的相關論述，結合碑誌字例，對類化字的考辨方法進行嘗試性總結。

一、類比文例

作爲一種文體，碑誌銘文在長期的發展過程中逐步形成了比較固定的行文慣

[①] 張涌泉《漢語俗字研究（增訂本）》201-221頁，商務印書館，2010年。
[②] 楊寶忠《疑難字考釋與研究》783-878頁，中華書局，2005年。
[③] 毛遠明《漢魏六朝碑刻異體字研究》560-576頁，商務印書館，2012年。
[④] 曾良《明清小説俗字研究》141-175頁，商務印書館，2017年。
[⑤] 黄德寬《古文字學》18-35頁，上海古籍出版社，2015年。

例和寫作套路，有些格式近同的詞句在不同銘文中複現率較高，程式化極強。因此，對同一類型的詞句材料進行歸納類比，有利于在碑誌研讀中發現形體不合常規的特例。對于這些特殊字形或詞形，有時可以從類化的角度入手加以推求。北魏正光五年《元平墓誌》："瓊珢玉葉，暈蕚攸綿。"(《北圖》4/159)謝國劍通過碑誌近同文例的類比，指出此"瓊珢玉葉"即碑誌習見的"瓊根玉葉"，"珢"本"根"字，承"瓊"而訛。① 誠爲確論。又如：

【嵉】北魏孝昌二年《高廣墓誌》："即其年十月窆於洛陽之北嵉。"(《校注》6/52)

按："嵉"拓本作"嵉"，《校注》録形無誤，然注文曰"嵉，山頂爲'嵉'"，則恐不確。

六朝以降，洛陽北邙山一帶逐漸成爲人們心目中的理想葬地。因其山勢不高、地表平坦，故又稱爲"北原"。墓誌銘文有書寫葬地的慣例，考洛陽出土的中古碑誌中屢有"葬(窆)於洛陽之北原"之類語句。例如：

唐長安三年《張仁楚墓誌》："合葬於洛陽之北原梓澤鄉，遵姬典也。"(《北圖》19/83)

唐開元十二年《鄧賓墓誌》："歸葬於洛陽之北原，禮也。"(《北圖》22/51)

唐天寶十二年《元舒温墓誌》："即以天寶十二載十月十七日，遷窆於洛陽之北原，從吉兆也。"(《北圖》26/94)

唐大中五年《楊宇墓誌》："阿周生始兩歲而夫人卒，權窆於洛陽之北原。"(《北圖》32/69)

結合上述文例可知，"北原"當泛指北邙山附近的廣闊區域，非特指山頂。上揭《高廣墓誌》之"嵉"當是"原"的類化字，涉山義而增"山"符，非另一新字。《校注》注文蓋據《集韻·元韻》："崈，峇崈，山巔。或書作嵉。"然"崈(嵉)"文獻罕見，或爲表"山頂"義的後出字，此處若强釋爲"山頂"，則與上述文例不協。

【崚、垯】北魏正始二年《元始和墓誌》："即卜其年十一月十八日，遷葬西崚之北崗。"(《北圖》3/87)北魏孝昌二年《于仙姬墓誌》："四月四日，葬於西垯，謚曰恭。"(《北圖》5/23)

按：《大字典·山部》(802)"崚"音 líng。所收義項爲"崚嶒"字。《大字典·土

---

① 謝國劍《説"瓊"及相關諸字》，《中國語文》，2017 年第 1 期。《校注》(5/251)録該碑前二字爲"瓊琅"，并釋"瓊"爲"寶"的加形字。非是。

部》(482)"埁"音lèng。所收義項有二：①堆。例證出自郭澄清《大刀記》。②地名用字。如長坡埁。

考察北魏墓誌，誌主葬地在西陵者甚多。西陵是北魏皇家墳塋之一，地在今河南省孟津縣朝陽村以北一帶。于仙姬爲文成帝元濬夫人，元始和爲景穆帝拓跋晃曾孫，二人皆皇室成員，故依禮法葬于西陵。又如：

延昌三年《元颺墓誌》："越十一月丙寅朔，四日己巳窆于洛陽之西陵。"(《校注》4/262)

熙平二年《元新成妃李氏墓誌》："粵十一月戊午朔，廿八日癸未，窆于洛陽之西陵。"(《校注》4/364)

正光五年《元昭墓誌》："五年，歲在甲辰，三月辛亥朔，十一日辛酉，窆於洛陽之西陵，瀍澗之東。"(《校注》5/253)

永安元年《元欽墓誌》："粵永安元年，十一月甲寅朔，八日辛酉，遷窆於西陵之阿。"(《校注》6/238)

對照文例可知，"西埁""西崚"皆"西陵"之異。"土""山""阝(阜)"意義相關，作偏旁時常見換用，此處"埁""崚"皆是"陵"之異體，不當徑依《大字典》作解。

【憐】唐永徽四年《張洛墓誌》："故其亡也，人悲慕德，何只憐春里巷不歌已哉。"(《唐彙編》175)

按："何只憐春里巷不歌已哉"不辭。核對原拓，錄文無誤。品讀碑文，可知此段當有用典。《禮記·曲禮上》："鄰有喪，舂不相。里有殯，不巷歌。"鄭玄注："助哀者。相，謂送杵聲。"鄰居有喪事，舂谷時要停唱送杵號子，鄉里人家有殯葬的事情，不在巷中歌唱，以示哀思和尊重。碑誌援引此典，會依格律需要加以擴展或節略。例如：

北魏正光五年《元寧墓誌》："衢男綴(輟)歌於巷首，鄰婦奄相于舂邊。"(《北圖》4/175)

北齊武平二年《劉忻墓誌》："相杵不聞，鄰哀振路。"(《北圖》8/23)

唐貞觀二十二年《趙君妻鞠氏墓誌》："鄰舂輟相，仰景行以銜悲；里巷停歌，春清猷而灑泪。"(《北圖》11/187)

唐聖曆二年《崔善福墓誌》："街號巷哭，輟肆停舂。"(《隋唐》洛陽卷7/132)

唐開元十一年《任忠墓誌》："鄰舂罷相，里閈如失。"(《唐彙續》491)

參比可知，上揭《張洛墓誌》之"憐春"當即"鄰春"之變，改"鄰"之形符"阝"作"忄"，與"憐憫"字同形，蓋受上文"悲""慕"等字形體影響而類化換符。此外，原誌"憐春"下疑脫二字。對照《趙君妻麴氏墓誌》《任忠墓誌》等誌文，所脫應是"輟相"或"罷相"。

二、審查語境

類化字通常具有臨時性特點，與上下文語境有較強的依賴關繫，因此對其訓釋也要結合語境進行，尤其要注意結合鄰字、對文提供的信息。此外，一些類化字常發生與他字同形或身兼數職的情況，此時更需要結合上下文意進行考釋，避免張冠李戴。

【䟃】北齊天保六年《報德像碑》："是以一湌之惠，䟃輪之報。"（《北圖》7/48）

按："䟃"拓本作"䟃"。《說文·夫部》："䟃，竝行也。從二夫。輦字從此。讀若伴侶之伴。"然而以此義代入文中則扞格難通。

結合文意，碑字當是"扶"之異體。"扶輪"典出《左傳·宣公二年》：春秋時，晉大夫趙盾對靈輒有一飯之恩，故在晉靈公企圖謀殺趙盾時，靈輒"扶車以臂承"，幫助趙盾逃走。後以"扶輪"爲懷恩報效之典。《北齊書·文襄帝紀》："待爲國士者乃立漆身之節，饋以一餐者便致扶輪之效，況其重於此乎？""扶"本從手夫聲，碑字發生字內類化，形符"扌"受聲符"夫"之影響亦變作"夫"。《字彙補·大部》引《韻會補》："䟃，與扶同。"《八瓊室金石補正》卷二十亦注引碑字曰："以䟃爲扶。"是爲正解。

【澳】東魏興和三年《高永樂墓誌》："涼澳損和，霧露成疾。"（《墨香閣》46）

按："澳"拓本作"澳"。結合文意，此當是"燠"的異體，涉上字"涼"而換爲"氵（水）"符，不當解作"淇澳"字或"澳深"字。"涼燠"，指冷暖。如北齊武平五年《元始宗墓誌》："留連幕府，亟□涼燠。"（《校注》10/60）

【呂】唐永徽六年《李表墓誌》："方欲騁呂幽并，飛名帝里；豈謂霜虧蘭馥，風損松蘿。"（《唐彙編》217）

按："呂"拓本作"呂"（《北圖》12/157）。然"騁呂"不辭。結合文意來看，此處"呂"本當作"足"，其下部構件"止"涉上部構件"口"而類化作"口"，全字與"心呂"字同形。"騁足"，謂迅速奔馳。北齊武平元年《婁叡墓誌》："揮翼九霄，騁足千里。"（《校注》9/326）唐麟德元年《李文墓誌》："矯翼雲路，騁足長衢。"（《唐彙編》398）皆其用例。

三、辨析同形

經由類化途徑産生的字形，有時可能與文字系統中其他字的形體相同，故而具有一定的迷惑性。此時要注意辨析同形字，不可强以他字作解。

【榃】北魏正光四年《常季繁墓誌》："玄房洞啓，素柳榃攢。"（《校注》5/185）

按："榃"拓本作"榃"，《校注》録作"禁"。然"禁攢"不辭，釋義恐誤。

"禁"，從示林聲。碑誌或作"榃"，形符"示"受上部二"木"影響，亦類化作"木"。北魏正光二年《王遺女墓誌》："雖離榃隸，執志彌純。"（《北圖》4/110）"禁隸"，謂宫禁中的官奴。隋大業九年《□鍾葵墓誌》："榃旅所委，情寄斯重。"（《北圖》10/85）"禁旅"，猶禁軍。二誌之"榃"據文意皆應釋爲"禁"。

然《常季繁墓誌》中的"榃"，當是"森"構件移位所造成的異體，不能作"禁"字解。《碑別字新編·十二畫·森》引《魏元祐妃常季繁墓誌》有異體作"榃"，當指此字。"榃"後之"攢"即"攢"之小變，隸楷書"木""扌"相混無別。誌中"森"爲衆多義，"攢"爲聚集義，"森攢"合爲狀中短語，形容密集之貌。文獻常見"森列""森羅"等詞語，與"森攢"結構正同，可資對比。結合上文來看，"素柳森攢"與"玄房洞啓"相對成文，句義通暢。

【澧】唐顯慶三年《劉珪墓誌》："若夫幽根磐礴，標令望於沛澧；枝幹扶疏，派猷風於伊洛。"（《北圖》13/81）

按："澧"，拓本作"澧"。《説文·水部》："澧，澧水。出南陽雉衡山，東入汝。從水，豊聲。"段玉裁注："非入洞庭之澧水。入洞庭之水……其字本作醴。"據此可知古之"澧水"有二：一入汝水，一入洞庭。此外，隸楷書"豐"常簡寫作"豊"，"澧"又可能與"灃"互訛。《五經文字·水部》："灃、澧：上孚工反，水名；下亦水名，在於魯陽及荆州，音禮。"然該誌之"澧"字若訓爲上述諸"水名"，則"沛澧"仍頗費解。

從類化的角度看，誌字本當作"豐"，涉上字"沛"而增"氵"符，又省"豐"作"豊"，故累變作"澧"。"沛豐"即沛豐邑，指漢代沛郡豐縣，高祖劉邦故里。誌主劉姓，故遥奉劉邦爲其始祖。

總之，誌字不可徑解作"澧"，亦不可解爲"灃"的省體，否則于文意無所取。《唐彙編》（276）、《唐附考》（4/209）皆録誌字爲"豐"，是爲正解。

【沚】北魏孝昌二年《染華墓誌》："澄情冰澈，若明鏡之在高臺；凝懷内朗，如沚水之去煩淤。"（《校注》6/62）

按："沚"拓本作"沚"。沚，指水中的小塊陸地。《説文·水部》："沚，小渚曰沚。"然以此義帶入文中，"沚水"的含義頗爲費解。結合語境來理解，此處

"沚"當是"止"的類化字形,涉下字"水"而增"氵"符。止水,静止之水。語出《莊子•德充符》:"仲尼曰:'人莫鑑於流水,而鑑於止水。'"成玄英疏:"止水所以留鑒者,爲其澄清故也。"于澄净之止水中,可映現諸物之清晰相狀,故文獻多用"止水"喻心胸純潔寧静、不藏污垢。如唐開元十八年《李謙墓誌》:"偉量與崇山比峻,清襟與止水齊明。"(《北圖》23/22)

四、偏旁分析

漢字屬于表意文字體系,其中由兩個或兩個以上的偏旁組成的合體字占了絕大多數。根據這一特點,運用偏旁分析的方法,因形求義,是我們祖先使用已久的有效方法。[①]合體字的形體演化通常以偏旁構件爲單位進行,因此對類化字的考釋,有必要結合偏旁構件互作、訛混的慣例來進行。[②]此外,形符具有提示字的意義類屬的作用,而類化又以形符的替換或增加爲主要表現形式,因此偏旁分析法尤其適用于對類化疑難字的考釋。

【磧】隋開皇六年《仲思那等造磧碑》:"兖州高平縣石裏村仲思那等卌人造磧之碑。"(《北圖》9/28)

按:"磧"拓本作"磧"。以偏旁分析法及文意推求,此"磧"當是"橋"之異體,指石橋。《正字通•石部》釋"碲"曰:"舊注音釘,石亭。按草、木、石雖別,通謂之亭。今因石亭旁加石,木亭當從木作樗,草亭當從艸作葶,迂泥甚,從亭爲正,讀若釘亦非。"東魏武定八年《廉富等造義井頌》:"上湧分山,礳欄并妙。"(《北圖》6/166)《石刻叢考》(352)認爲"礳"即"槽"的換旁俗字,因水槽爲石製,故可換從"石"旁。可從。"橋"之作"磧",與"亭"之作"碲"、"槽"之作"礳",其理同出一轍。

《大字典•石部》(2629):"磧,地名用字。如:磧口(在湖北省武漢市)。"磧口之得名源于明末當地修建石橋[③],此"磧"亦是"橋"之類化換形字。故《大字典》當注明"磧,同'橋'",并補充上揭碑證。

【笶】唐咸通九年《魏虔威墓誌》:"弧笶同曉,禮樂克全。"(《唐彙編》2437)

按:"弧笶"不辭。"笶",拓本作"笶"(隋唐《洛陽卷》14/138),字形作"笶"。同誌"友朋惻愴,歡笑俄辭"之"笑",拓本從"犬"作"哭",與"笶"形似而別。

[①] 張涌泉《漢語俗字研究(增訂本)》201頁,商務印書館,2010年。
[②] 曾良對古籍文字相通、相混的條例進行了比較系統的總結,頗具參考價值。參氏著《俗字及古籍文字通例研究》52-166頁,百花洲文藝出版社,2006年。
[③] 明崇禎八年(1635年)漢口築長堤後,沿堤外(北)辟有玉帶河(港),河道兩岸,先後置橋30餘座。在連接襄河引進漢水灌注玉帶河入口處,第一座橋名爲"磧口"。"橋"寫作"磧",據傳因其爲石橋之故。參戴均良等主編《中國古今地名大詞典》2662頁,上海辭書出版社,2005年。

結合偏旁及文意推求，"笶"即"矢"之異體。"矢"可小變作"天"，如唐聖歷二年《南玄暕墓誌》"劍戟弓矢"之"矢"作"**天**"（《北圖》18/173）。"矢""箭"同義，或受"箭"之形義影響，俗書類化增"竹"符作"笶"。《玉篇·竹部》："笶，俗矢字。"故"笶"又可類推作"笑"。《四聲篇海·竹部》："笶、笑，俗矢字。"

弧矢，指弓箭。《易·繫辞》："弦木为弧，剡木为矢，弧矢之利，以威天下。"又引申謂武功。唐天寶十三年《馮思順墓誌》："幹能弧矢，藝絶武材。"（《唐彙續》648）

【憤】東漢元嘉二年《裴君碑》："憤苞九德，卓爾難副。"①

按："憤"拓本作"**憤**"，整理者據形照錄作"憤"，并疑爲"資"的假借字或誤字。結合字形及文意推求，此當爲"資"的異體字。

一方面，"資"或作"憤"，漢碑有其用例。東漢建寧二年《柳敏碑》："惟斯柳君，天**憤**鯢囗。"（《隸釋》卷八）《漢隸字源·脂韻》引注碑字："義作資。"又熹平二年《景雲碑》："君其始仕，天**憤**明哲。"（《校注》1/297）"天憤"本當作"天資"，猶言"天性"，指人的秉性、資質。《淮南子·精神訓》："隨其天資而安之不極。"高誘注："資，一曰性也。"因其義與人的心性有關，故上述二碑中"資"字涉義而增"忄"符。

另一方面，隸楷書"忄""巾"形近，參構時常混寫不別。如北魏永安元年《元欽墓誌》"春帳来風"之"帳"作"**悵**"（《北圖》5/112），永安元年《元子永墓誌》"哲人惟往"之"惟"作"**帷**"（《北圖》5/113）。故"憤"可小變作"憤"。

綜上，上揭《裴君碑》之"憤"是"資"的加形異體，非其假借字或誤字也。其形體得來當經歷了"資—憤—憤"這一演變環節。

五、追溯形源

有些字并非經由類化臨時產生的新字。它們或古已有之，由于字用調整或在文字競争中失勢而逐漸埋没；或由形訛等其他途徑而來，不是類化的產物。對于這些字，須追溯其演變源流，而不應直接以類化作解。

【賣】北齊武平二年《裴良墓誌》："賣通難得之貨，此焉必聚；河宗未覿之寶，於斯攸出。"（《校注》9/363）

按："賣"拓本作"**賣**"。《校注》引注云："'商'的專字，因受文字形義對應

---

① 趙超、趙久湘《成都新出漢碑兩種釋讀》，《文物》，2012年第9期。

特徵的影響，改'口'爲'貝'，示商貿財貨之義，只是後世未通行。"依該説法，誌字"賈"本當作"商"，此處涉義而改換形符爲"貝"。

實際上，"賈"是表商貿義的本字，與"商"原不同字。《説文・㕯部》："商，從外知内也。從㕯，章省聲。""賈"，《説文・貝部》小篆作"賈"，"行賈也。從貝，商省聲"。段玉裁注："賈，俗作賣，經傳皆作商，商行而賈廢矣。"可見，"商"原表商議，"賈"原表商貿，二字本來各有其用，後來職能調整，"商"的職能擴展，可以兼表商貿義，由此導致"賈"的職能被擠占而字形埋廢。後世字書多以"賈（賣）"爲"商"的異體。《玉篇・貝部》："賣，賣賈。亦作商。"《字彙・貝部》："賣，同商。"

綜上，上揭誌字"賈"當是據篆形隸定而來，并非"商"的臨時類化字形。北齊天保四年《元賢真墓誌》"市通商賈"之"商"亦從"貝"作"賈"（《墨香閣》102），可資互參。

【芳】西魏大統十年《侯義墓誌》："有苗不秀，未芳而息。"（《校注》8/183）

按："芳"拓本作"芳"，諦審拓片下部構件作"丂"，非"方"，當録作"芳"。《校注》注云："芳，即'芳'字，可能是受'榮'的影響，偏旁類化而成，構字理據被破壞。"亦非。

誌字當即"芳"之異體，非"芳"受"榮"的影響而産生的類化字。隸楷書"芳"之構件"冖"與"力"有時黏合省變作"丂"，全字變作"芳"。西魏大統七年《沙門璨造像銘》"唯善是勤，體勞妄疲"之"勞"作"勞"（《北圖》6/8），隋大業八年《郭達墓誌》"意捨徒勞，忻於棄職"之"勞"作"勞"（《北圖》10/57），唐麟德元年《王德妻鮮于氏墓誌》"化融人逝，勞生有涯"之"勞"作"勞"（《北圖》14/109），皆其例。《莊子・大宗師》："夫大塊載我以形，勞我以生，佚我以老，息我以死。"上揭《侯義墓誌》之"未勞而息"蓋化用此典，猶言"未生而死"，慨嘆誌主年十五而早夭。

又隋大業七年《張濤妻禮氏墓誌》"但塵勞不寂，終謝業風；灰管亟變，俄彫秋蘀"之"勞"作"芳"，《隋彙》亦誤録作"芳"（4/172）。謝國劍等對此已有辨正。①

【嚳】東魏武定七年《李府君夫人鄭氏墓誌》："斯言無玷，容止何嚳。"（《校注》8/106）

按："嚳"拓本作"嚳"。《校注》照録而無説。《漢魏六朝碑刻異體字典》（471）收爲"侃"的異體并訓爲"和樂"，按語云："……'侃侃而談'與言談相關，故

---

① 謝國劍、李海燕《〈隋代墓誌銘彙考〉文字校讀13則》，載《中國文字研究》第15輯，大象出版社，2011年。

又加'言'旁作'誩'。"何山説法略同。①《石刻叢考》（904）指出"誩"即"愆"的異體，而非"仉"的加形字。可從。《説文•心部》：" 愆，過也。 諐，籀文。"段玉裁注："從言仉聲。過在多言，故從言。"《詩經•大雅•抑》："淑慎爾止，不愆於儀。"《禮記•緇衣》引作"諐"。《文選•司馬相如〈長門賦〉》："揄長袂以自翳兮，數昔日之諐殃。"李善注引《爾雅》曰："諐，過也。"結合誌文來看，"玷"謂過失，與"愆"同義對文。"斯言无玷，容止何諐（愆）"，謂言談、舉止没有過失。前段典出《詩經•大雅•抑》："白圭之玷，尚可磨也；斯言之玷，不可爲也。"後段則化用自同篇"淑慎爾止，不愆於儀"。唐開元二十年《郭懌墓誌》："潔俎趨事，式禮莫諐。"（《隋唐》洛陽卷 10/41）"諐"即"諐"之俗寫，上部"仉"訛作"保"。"莫諐"猶"何愆""不愆"。

綜上，"諐"是"愆"的異體，文獻有證，若釋作"仉"則與義無取。

六、明辨典章

大量用典是碑誌的一個鮮明特點。出于悼念、頌贊等特殊的表達需要，碑文、墓誌銘在行文上講求典雅凝練，在形式上講求和諧整飭，這些都爲典故詞語的滋生和使用創造了極佳條件。有時，典故詞是以包含類化字的變體形式出現的。我們需要熟悉典章，對典故常體（相對于類化變體而言）有一定的了解，如此方能達到破解典故類化變體的目的。

【峸】北魏正光五年《元昭墓誌》："昂藏獨秀，若槸欐之在中皋；欽釜自峻，猶削峸之居衆埠。"（《校注》5/253）

按："峸"拓本作"峸"。《校注》照録而無説。該字頗不見經。《玉篇•山部》："峸，山也。"《集韻•清韻》："峸，山名。"然"峸"所指何山，文獻乏徵。

今謂此"峸"不可按單字索解。"削峸"爲一詞，殆即"削成"之變，"成"涉"山"義而類化增符作"峸"。《山海經•西山經》："又西六十里，曰太華之山，削成而四方，其高五千仞，其廣十里，鳥獸莫居。"後世因以"削成"代指華山。北魏永安二年《元繼墓誌》："湛若委水，峻如削成。"（《校注》6/272）北齊天保二年《元賢墓誌》："既稱帶地，是曰削成。"（《校注》8/264）唐貞觀二十二年《寶誕墓誌》："積石長源，削成崇趾。"（《唐彙續》43）皆其用例。

此外，上揭《元昭墓誌》中的"埠"也是類化字，本當作"皋"，涉土義而增符。誌文"削峸之居衆埠"，大意是"（險峻的）華山居于衆山之間"，喻誌主之德行出類拔萃。

---

① 何山《魏晉南北朝碑刻文字構件研究》176頁，人民出版社，2016年。

綜上，"峨"是"成"的臨時類化字，《玉篇》《廣韻》釋爲"山"或"山名"，以之爲另外一字，恐誤。《正字通·山部》認爲"峨"是"譌字"，庶幾爲正解。

"削成"亦見作"削峨"者。北齊天統三年《韓裔墓誌》："歸塘譬廣，削峨方峻。"（《校注》9/255）"成"涉"土"義而增符作"城"，與"城市"字同形。

【閟】唐永徽六年《沈士公墓誌》："棲遲衡閟，不求聞達，丘園養素，鄉曲訓成。"（《唐彙編》210）

按："閟"拓本作"閟"，《唐彙編》錄形似無誤，然該字《唐附考》（3/251）却錄作"泌"。考"衡閟"典籍不見用例，揣度文意，當爲"衡泌"之變。《詩經·陳風·衡門》："衡門之下，可以棲遲；泌之洋洋，可以樂饑。"朱熹集傳："此隱居自樂而求者之辭。言衡門雖淺陋，然亦可以游息；泌水雖不可飽，然亦可以玩樂而忘饑也。"

"衡門"即以橫木爲門，代指簡陋的住所。碑誌常以"衡門"喻隱居之地。例如北魏神龜二年《寇憑墓誌》："曲肱衡門，恥爲勳償。"（《北圖》4/63）又作"衡閽""衡閆""衡闈"等。北魏延昌四年《王紹墓誌》："播孝德於衡閈，弘臣道于朝章。"（《北圖》4/28）"衡門""泌水"合稱"衡泌"。南梁普通三年《蕭憺碑》："惟公棲心衡泌，則繕性虛靜；枕戈授律，則勳隆協贊。"（《校注》3/177）唐貞觀二十一年《康婆墓誌》："逍遙衡泌，容與弦歌，坐鎮雅俗，同而不和。"（《唐彙編》96）

綜上，可知上揭《沈士公墓誌》之"衡閟"，當釋作"衡泌"；"泌"受"門"之形義影響而變作"閟"，恰與"閟宮"字同形。《唐附考》之見，誠爲卓識。

【瑻】北魏太昌元年《元文墓誌》："方當瑻琢其章，終成國寶，靈不祚仁，始春賫彩。"（《校注》6/398）

按："瑻"拓本作"瑻"。郭瑞[①]及《石刻叢考》（482）以該字爲"追"的加形異體，皆是。《說文·辵部》："追，逐也。"段玉裁注："《詩》《禮》假爲治金玉之錘。"《詩經·大雅·棫樸》："追琢其章，金玉其相。"毛傳："追，雕也。金曰雕，玉曰琢。"誌文引用《詩經》句，"追"受自身表義及后字"琢"之影響而增"王（玉）"符。"錘""瑻"皆是"追"在治金玉義上的後起分化字。"追"又作"珇"，可視爲"追"的換形字。《集韻·灰韻》："追、珇：治玉也。或從玉。"《校注》及《漢魏六朝碑刻異體字典》（167）以誌字爲"瑂"的異體，并誤。後者按語云："因'周、追'古音相近，'瑻'爲'瑂'之換聲異體字。"《說文·玉部》："瑂，治玉也。"段玉裁注："《釋器》：'玉謂之雕。'《詩》《周禮》之'追'……與瑂雙聲

[①] 郭瑞《魏晉南北朝石刻文字》137頁，南方日報出版社，2010年。

也。經傳以雕、彫爲琱。"據此，"琱""彫"同訓，皆表雕刻義，但二字并非異體關繫；從字形關繫上看，"琱"亦無由作"琱"。

以上我們將類化字的考辨方法歸結爲類比文例、審查語境、辨析同形、偏旁分析、追溯形源、明辨典章等六種。實際上，這幾種方法在考辨過程中往往是綜合運用的，不可執其一端而偏廢其他。

第二節　碑誌文獻整理舉隅

歷代碑誌中漢字類化現象十分普遍，因此類化研究與碑誌整理工作之間存在密切的關聯：一方面，碑誌中存在不少疑難字詞，或形源不明，或構造特殊，不妨嘗試從類化的角度入手，綜合運用各种手段進行考釋和破解；另一方面，由于碑誌及拓本殘泐漫漶，氈拓不清，異體及俗訛字形繁多，碑誌文獻整理著作在釋錄方面難免存在一些失誤，亦可嘗試從類化的角度進行校讀和補正。

一、疑難字詞考釋

【鉈】唐乾封二年《張善墓誌》："列宇銅鉈之前，灌園金谷之右。"(《北圖》15/46)

按："鉈"，《唐彙編》(470)照錄作"鉈"。《大字典·金部》(4507)"鉈"字下列兩個音項：(一) shī 同"鉈(鏃)"。矛。《説文·金部》："鉈，短矛也。"清徐灝注箋："它與也篆體象似，故鉈誤爲鉇……再誤而爲鉈，因又作鏃矣。"(二) yí 同"匜"。古代一種盛水或酒的器具。清畢沅《經典文字辨證書·匚部》："匜，正；鉈，俗。"

誌中的"鉈"據文意當是"駝"的涉形類化字，不當按上述"鉈"或"匜"的異體索解。"銅鉈"即"銅駝"，"銅駝陌(街)"的省稱，指隋唐時期東都洛陽東城區内的一個里坊，古代著名的繁華區域，因道旁曾有漢鑄銅駝兩枚相對而得名。"駝"俗作"駞"。《廣韻·歌韻》："駝，駱駝。駞，俗。"此處又在"駞"形基礎上涉上字"銅"而換爲"金"符。

【弜】東漢光和三年《趙寬碑》："垂聲罔極，音流管弜。"(《北圖》1/170)中平三年《張遷碑》："晉陽珮瑋，西門帶弜。"(《北圖》1/179)

按："弜""弜"當即"弦"之異體，然字形頗爲奇特。"弦"，《説文·弓部》小篆作"弦"，"弓弦也。從弓，象絲軫之形"。隸楷書通作"弦"。《五經文字·弓部》："弜、弦：上《説文》，下經典相承隸變作弦。""弦"的右側構件"纟"本象絲紾之形，改爲形近的成字構件"玄"，兼有提示字音的作用。上述二碑字皆"弦"之異體，右側構件當是"糸""玄"的糅合。

【軼】隋開皇九年《張禮墓誌》："綿綿瓜軼，尾尾長源。"(《隋彙》1/312)

按："軼"，《隋彙》錄作"瓞"，可從。聯繫文意，"軼"當是"瓞"之異體無誤。"綿綿瓜瓞"，語出《詩經・大雅・緜》，碑誌多引之以喻家世綿長。然而"軼"字形奇特且不見于字書記載，其形源值得探究。今謂"軼"即"瓞"與"瓠"(或"匏")的糅合字。"瓜"是葫蘆科植物的總稱。《字彙・瓜部》："瓜，種類不一，俱從蔓生。""瓠"是葫蘆的總稱，"匏"又是瓠之一種，或稱"苦瓠"。① "瓠""匏"常混言不別，故《說文》二字互訓。"瓞"指小瓜，與"瓠(匏)"皆爲瓜屬，意義極近。取"瓠(匏)"之左符與"瓞"之右符糅合即成"軼"字。

【冢】北魏神龜元年《李榘蘭墓誌》："慶緒遐綿，誕育冢嗣。"(《校注》4/384)

按："冢"，《校注》錄作"冢"而無說。結合文意來看，誌字爲"冢"之異體殆無疑問。"冢"有大義，"冢嗣"謂嫡長子。但"冢"何以作"冢"則值得申說。

今謂"冢"形的產生，大概受形近字"宎"的影響。"宎"即"宋(寂)"的或體。《說文・宀部》："宋，無人聲。從宀未聲。"徐鉉注："此宋寞字。今文作寂。"碑誌常見作"宎"。東漢延熹八年《老子銘》："顯虛無之清宎。"(《隸釋》卷三)洪適跋："宎與寂同。"北魏孝昌二年《元朗墓誌》："宎寥泉户，如何夜天。"(《北圖》5/53)考"宎"的構字理據，大概是去掉"家"之構件"豕"之右側與"人"近似的"乁"形筆畫，以會"家中無人"之意。

"冢"或省俗作"冢"。如北齊武平七年《高潤墓誌》"出膺連率，入據冢司"之"冢"作"冢"(《校注》10/99)，"冢司"即宰相的別稱。"冢"與"家"形體極近。"宎"由"家"省"乁"形而來，類而推之，則"冢"亦可省"乁"形作"冢"。

此外，"家""冢(冢)""冢"形近，碑誌錄文或有誤釋的情況。唐開成四年《大唐三藏大遍覺法師塔銘》："非法胤之冢嫡，誰何至此乎？"(《隋唐》陝西4/119)"冢"據文意當即"冢"的異體，《唐彙編》(2185)誤釋爲"家"。"冢嫡"同"冢嗣"，指嫡長子。隋大業十一年《曹海凝墓誌》："曾祖宎，瑯琊郡太守，銀青光祿大夫。"(《隋彙》5/195)"宎"當即"寂"之異體，《隋彙》誤釋作"家"。

【誺】東漢中平二年《高彪碑》："人鬼之謀，誺期朝莫。"(《隸釋》卷十)

按："誺"，《隸釋》洪適跋及《隸辨・止韻》皆認爲"即竢字"，然該形不見于文獻字書，其形源值得探究。

今謂"誺"當是受"竢"之形義影響而產生的類化字形。《說文・立部》："竢，

---

① 李朝虹《"瓠"與"匏"辨》，《古漢語研究》，2011年第2期。

第六章　類化研究與碑誌文獻整理

立而待也。從立須聲。""頿"爲表等待義的古字，後廢，文獻以表面毛義的"須"假借爲之。碑誌偶見用"頿"者，如北齊天保六年《高建墓誌》："號比宋昌，轉不因於代邸；位方許褚，遷豈頿於斬級。"(《校注》8/370)

在等待義上，"頿（須）"與"竢（俟）"同義。《説文・人部》："俟，大也。"段玉裁注："此俟之本義也。自經傳假爲竢字，而俟之本義廢矣。《立部》曰：'竢，待也。'廢竢而用俟。則竢、俟爲古今字矣。"碑誌多以"俟"代本字"竢"。偶見用"竢"者，如唐咸通某年《王容墓誌》："姑安是兮龜筮從，竢吉良兮從乃公。"(《隋唐》洛陽卷14/171)"須""俟"在文獻中有時對舉爲文，關聯密切。曹魏阮籍《詠懷》詩："王業須良輔，建功俟英雄。"北魏建義元年《元邵墓誌》："蟬侍俟德，密衛須才。"(《校注》6/160)

綜上，"須""俟"同義且經常相對出現。蓋受"須"之古形"頿"的影響，上揭《高彪碑》字在"竢"的基礎上增"彡"符作"鋨"，左側部分變得與"頿"相同。

【𦔻】東漢熹平三年《周憬功勳銘》："懿後賢兮發𦔻策，閉不通兮治斯溪。"(《隸釋》卷四)

按："𦔻"字獨見此碑而不見于他處，洪适于其下注"聖"字。《字彙補・二部》："𦔻，古文聖字。"皆以之爲古文"聖"字而對其形體來歷無説。

今謂"𦔻"即"耴"（"聖"的古文）的變體。"聖"的古形分兩路演進：一路從耳從口，會口言而耳聽之意，可隸定作"耴"。如《太保簋》作"𦔻"(《金文集成》4140)，《古文四聲韻》引《古老子》作"𦔻"等。"耳"形或離析訛變爲"亙"，構件"口"受左側"日"的影響亦訛作"日"，全字變作"𦔻"。此即上碑字形所據出。

一路從耳從口，耳下接人形，如《師望鼎》作"𦔻"(《金文集成》2812)，《大克鼎》作"𦔻"(《金文集成》2836) 等。後來人形訛作"壬"，如《睡虎地秦簡・語書》作"𦔻"，《説文・耳部》小篆作"𦔻"等。文獻通用的"聖"即出自這一路形體演變。又作"聖"，"耳"形或拆分爲"一"及"日"，如東漢延熹六年《桐柏淮源廟碑》"聖漢所尊"之"聖"作"𦔻"(《校注》1/229)，北齊武平七年《高潤墓誌》"高門誕聖"之"聖"作"𦔻"(《校注》10/99)；或作"聖"，構件"口"受左側"日"的影響亦訛作"日"，如東魏武定四年《道穎造像記》"離昻聖容"之"聖"作"𦔻"(《校注》8/30)，"壬"上部"耴"訛作"𦔻"，可與《周憬功勳銘》字互勘。[①]

---

① "聖"又作"𦔻""𦔻"等。"𦔻"當是"𦔻"之省寫，見于《龍龕・玉部》；"𦔻"從明、王會意，即俗謂"明王爲聖"者。如隋開皇十三年《諸葛子恒等造像碑》"聖貌[顒]顒"之"聖"作"𦔻"(《北圖》9/84)。王鵬遠認爲"𦔻"是在"𦔻"這類字形的基礎上加以改造而形成的。可從。參氏著《古漢字"變形意化"現象初探》，《漢字漢語研究》，2022 年第 4 期。"聖"的形體演變軌迹大致可梳理爲"聖—𦔻—𦔻—𦔻—𦔻"。

【𪆫】唐開元六年《劉元超墓誌》："卨母吞𪆫，水盛生商；魯妻會蛟，火德炎漢。"(《北圖》21/98)

按：誌字微泐，諦審作"𪆫"。《唐附考》(17/9) 錄作"鷰"，《唐彙續》(467) 錄作"燕"；《碑別字新編》(374) 則收爲"鳦"的異體。①

"𪆫"據文意當指燕子。《史記·殷本紀》："殷契，母曰簡狄，有娀氏之女，爲帝嚳次妃。三人行浴，見玄鳥墮其卵，簡狄取吞之，因孕生契。"誌文前段即本此。"卨"爲殷商始祖名，或作"偰""契"；"卨母"指簡狄，傳說她偶出行浴，吞燕卵而生卨；燕子又稱"玄鳥"。

"燕"又稱"乙"。《史記·殷本紀》索隱述贊："簡狄吞乙，是爲殷祖。"《大戴禮記·夏小正》："來降燕乃睇。燕，乙也。"或增"鳥"符作"鳦"。《說文·乙部》："乙，玄鳥也。齊魯謂之乙，取其鳴自呼，象形。鳦，乙或從鳥。"段玉裁注："本與甲乙字異，俗人恐與甲乙亂，加鳥旁爲鳦。"

故"𪆫"當是"燕（鷰）""乙（鳦）"拼合而成的字形。文獻"吞燕""吞乙"皆見。故釋"𪆫"爲"燕""鷰""鳦"均可。

【惱】北齊武平二年《道略等三百人造像記》："錫響贊聲，定崩煩惱。"(《偃師碑志選粹》46)

按：《金石文字辨異·緝韻》收"惱"爲"歰"之異體，殆非。時建國認爲"惱"即"惚"（"惱"）的繆形②，《碑別字新編》(326) 收"惱"爲"惱"之異體。可從。

"煩惱"爲佛教用語，謂迷惑不覺。"歰"，小篆從四止作"歰"，隸楷書上部二倒"止"訛作"刃"。俗書或作"歰"，省上部一"刃"而訛另一"刃"作"勿"。《重訂直音篇·勿部》："歰，同歰。"

"惱"本作"嬲"。《說文·女部》："嬲，有所恨痛也。"後世則以"惱"爲通行字。又俗變作"惚"，與"恍惚"字同形。《龍龕·心部》："惚：俗；惱，正。"東魏興和三年《張略墓誌》"除愁去惱"之"惱"作"惚"（《文化安豐》175）。《南北朝墓誌集成》(524) 徑錄作"惚"，未妥。

俗書"止""心"相混，又兼"惚"之右側構件與"歰"形近，故"惚"或受"歰"之形體影響而變作"惱"形。北齊乾明元年《鏤石班經記》載錄《華嚴經偈贊》"身心苦惱"之"惱"作"惱"（《中國北朝石刻拓片精品集》476），隋開皇十一年《詔立僧尼二寺記》"煩惱已棄"之"惱"作"惱"（《金石萃編》卷三八），皆可與《道略等三百人造像記》字互勘。

---

① 《碑別字新編》錄"𪆫"字，出處爲《李元超墓誌》，"李"當爲"劉"之訛。
② 時建國《金石文字辨異校釋》1238 頁，甘肅人民出版社，2000 年。

第六章　類化研究與碑誌文獻整理

【瓟】唐天寶十三年《陳添墓誌》："弈弈相輝，瓟瓟不絕。"(《隋唐》陝西卷4/23）

按："瓟瓟"，《唐彙續》（656）照錄作"瓟瓟"。據文意當即"緜緜"之異。"緜"本從系從帛，會聯屬之義，粗看似與"瓜"無涉，何以出現從"瓜"作的異體？從文字本身出發似乎較難得到解釋。推究緣由，當與思維聯想有關。《詩經·大雅·緜》："緜緜瓜瓞，民之初生。"毛傳："緜緜，不絕貌。"朱熹集傳："大曰瓜，小曰瓞。瓜之近本初生常小，其蔓不絕，至末而後大也。"該典故使得"緜"與"瓜"在人們頭腦中建立了一定的關聯。書碑者熟習此語，在書寫"緜"時潛意識裏聯想到"瓜"，于是便寫出了"瓟"這樣的字形。

【戜】北魏孝昌二年《元則墓誌》："弱冠，爲齊州平東府中戜參軍。"(《校注》6/69）

按：《校注》釋云："'戜''兵'的俗字，取兵戈會意，而省其部分筆畫。"可從。中兵參軍爲東晉南北朝軍事職官名，中兵曹的主官。"兵"本從廾持斤，此處則改"廾"爲"戈"，形體特殊，不見于其他文獻。

推究其字形來由，一方面與"戈"的形義影響有關，隸楷書"廾""戈"形體接近，且"兵""戈"均涉兵器義；另一方面，從歷時的角度看，與兵器、戰爭等義相關的字增加或換爲"戈"符，在戰國文字中已頗見其例，如"侵"作"戧"、"拱"作"戟"、"造"作"戩"、"交"作"效"、"盾"作"戯"等。[1]由是觀之，上揭墓誌"兵"改從"戈"作，與戰國文字的改造字形手段一脈相承。

【鴟】唐永淳元年《燕秀墓誌》："若夫分源引派，架黿水而疏瀾；自北徂南，運鴟溟而徙翰。"(《北圖》16/183）

按：字書多以"鴟"爲"鵜"的異體。《玉篇·鳥部》："鵜，雞三尺。或作鴟。"唐玄應《一切經音義》卷四："鴟，鴟雞。"但上揭墓誌的"鴟"顯然不能理解爲"鴟雞"字。據文意，此處"鴟"當是"鯤"的類化字。[2]《莊子·逍遙遊》："北冥有魚，其名爲鯤。鯤之大，不知其幾千里也。化而爲鳥，其名爲鵬。鵬之背，不知其幾千里也。……是鳥也，海運則將徙于南冥。"鯤與鵬是莊子假託的大魚大鳥，後世因以"鯤鵬"喻至大之物。因二字常連用，"鯤"或涉下字"鵬"而換爲"鳥"符，恰與"鴟雞"字同形。如唐武周天册萬歲元年《封抱墓誌》："鴟鵬蜩鶯，須

---

[1] 諸例引自黃文杰《戰國文字中的類化現象》，載《古文字研究》第26輯，中華書局，2006年。另據黃文，西周金文《小盂鼎》"伐鬼方"，"鬼"字從戈作"戧"，是受上文"伐"字的偏旁影響而類化。可見，增加"戈"旁的類化現象在西周就已出現。

[2] "鯤"爲大魚，"鴟"爲大鳥，兩字有同源關繫。參陳曉強《形聲字聲符示源功能研究》103頁，上海古籍出版社，2021年。

彌芥子，傳薪指一，物化無二。"（《北圖》18/70）"鷗"又脱離"鵬"而單用，《燕秀墓誌》之"鷗溟"，本作"鯤冥（溟）"，謂鯤魚所生長的遼闊海域。書碑者蓋在頭腦中聯想到相關的"鵬"字，故改誌字作"鷗"。

二、録文及注釋補正

【鬃】唐麟德二年《張滿墓誌》："嗣子伏奴之悲陽烏易逝，魂暨年代而遷訛；陰菟難留，馬鬃方陵谷而銷貿。"（《唐彙編》432）

按："鬃"拓本作"鬃"（《北圖》14/151），從髟從馬，當正録作"鬃"。結合文意推求，此字當是"鬣"的異體。"馬鬣"，指馬頸上的長毛，後因墳地封土形狀的一種與之近似，故又以"馬鬣"代指墳地。《禮記·檀弓上》："從若斧者焉，馬鬣封之謂也。"孔穎達疏："馬鬣之上，其肉搏，封形似之。""馬鬣"一詞，碑誌常見。如唐天寶十年《楊彦璿墓誌》："忽從馬鬣，無復鷄鳴。"（《隋唐》陝西卷4/17）

或作"馬獵"。如唐貞觀十七年《李麗質墓誌》："地盡龍盤，山開馬獵。"（《隋唐》陝西卷3/22）此以通假字"獵"代"鬣"。

又作"馬壛"。如唐大和二年《向清墓誌》："别封馬壛，創卜鳥墳。"（《北圖》30/77）"鬣"受詞義影響而改從"土"符。

又作"馬驪"。如唐麟德二年《索達墓誌》："恐烏暉邊落，馬驪無封。"（《北圖》14/150）唐元和十二年《班贄墓誌》："風悲馬驪兮月弔貞松。"（《洛陽新獲墓誌二〇一五》279）"鬣"涉上字"馬"而换"髟"符爲"馬"符。

上揭《張滿墓誌》之"馬鬣"作"馬鬃"，亦是類化詞形，"鬣"涉上字"馬"而换"鼠"符爲"馬"符。

此外，"魂"拓本作"魂"，上部略微缺損，左上角横筆實爲泐痕，其字當是"塊"字。從對仗的角度觀察，"塊"上原拓疑脱一字，"□塊"當與"馬鬣"同義對文。考東晉王嘉《拾遺記·虞舜》："舜葬蒼梧之野，有鳥……名曰憑霄雀，能群飛銜土成丘墳。"劉宋《孝子傳》："李陶，交趾人。母終，……群鳥銜塊，助成墳。"群鳥銜塊（土）以築墳的傳說自秦以降就比較流行，唐誌用典常取其事。長安三年《常師墓誌》："鳥塊既銜，獵封斯起。"（《唐彙編》1006）。景雲二年《宗達墓誌》："宅兆開塋，群鳥集塊。"（《唐彙編》1128）"鳥"或代之以"雁""燕（鷰）"等。上元二年《楊□哲墓誌》："墳新雁塊，隴紲鐔枝。"（《唐彙編》604）開元十二年《失善光墓誌》："鵲下巢低，鷰來塊集。"（《唐彙續》489）

綜上，《張滿墓誌》"塊"上所脱字當爲"鳥""雁"或"燕"。"鳥（雁、燕）塊"亦代指墳塋。

第六章　類化研究與碑誌文獻整理

【林】唐顯慶三年《王法墓誌》："故休璉裁書，高子雍之宿德；伯喈倒屣，異仲宣之逸林。""孝惟橋梓，林架椅桐。"（《唐彙編》274）

按：兩處"林"字，原拓分別作"林""林"（《北圖》13/77）。審視語境，"林"分別與"德""孝"對文，當系"材"之誤刻。若徑視其爲"樹林"字，則于文意無取。前段文字"宿德""逸材"對言。"休璉"句暗含用典，指曹魏時應璩（字休璉）在寫給曹長思的信中褒揚王肅（字子雍，曹魏著名經學家）素有德行。①"伯喈"句化用"蔡邕倒屣"的典故。②"宿德""逸材"皆偏正結構，"宿德"指積久之德，"逸材"又作"逸才"，指卓越出衆的才華。

後段文字"孝""材"對言。"橋梓"即"喬梓"，指喬木、梓木兩種高矮不同的樹木。《尚書大傳》卷四《梓材》："商子曰：'喬者，父道也。'……'梓者，子道也。'"後因以"喬梓"稱父子。"椅桐"指椅樹、梧桐，木材皆可製作器物。兩句誌文乃是贊譽誌主事父孝敬、才堪大用。

從誤刻成因看，隸楷書"才"或增點作"才"，與"木"形近，故"材"亦可作"林"，此處則誤將點曳長作捺，全字訛作"林"。《唐彙編》不察而照錄。③

從類化的角度看，該誌"材"之作"林"，亦可視爲右旁"才"受左旁"木"之影響而發生字內類化的結果。西晋太康元年《魯銓墓表》"樹機能亂"之"樹"作"樹"（《北圖》2/45），與此處"材"之作"林"軌轍正同。

【渥】唐咸亨元年《斛斯政則墓誌》："芝渥緘璽，俯流渙汗之班；茅井疏封，廣洽親賓之伍。"（《唐彙續》187）

按："芝渥"不辭。"渥"拓本作"渥"（《隋唐》陝西卷3/80），諦審當是"埿"字。"埿"之形符"土"移至右下角，全字與"渥"相近。《唐彙續》及《昭陵碑石》（176）皆誤錄作"渥"。《新中國出土墓誌》（陝西卷壹下77）錄作"泥"，可從。《廣韻·齊韻》："泥，水和土也。……埿，塗也。俗。"《説文·土部》："塗，泥也。""泥"表泥土義，故俗書或增"土"符作"埿"。芝泥，或稱印泥，指古人緘封書札物件用的封泥。

"尼"或小變作"𡰱""𡰯""𡰰"等形，故"埿"相應地産生"渥""𡋵""堽"等變體，與"渥"形體更爲接近，極易誤釋。

如北魏太昌元年《楊逸墓誌》："來儀瑣闥，鬱爲民望。爰居紫渥，風猷莫尚。"

---

① 《文選·應璩〈與侍郎曹長思書〉》："王肅以宿德顯授，何曾以後進見拔。"

② 據《三國誌·魏書·王粲傳》，王粲（字仲宣）少有才名，爲蔡邕（字伯喈）所賞識。有一次他聽説王粲到訪，因急于迎客，忙亂中把鞋子都穿倒了。誌中"倒"下一字拓片局部殘泐，據文意當是"屣"或"履"的異體。《唐彙編》錄作"偎"，備參。

③ 隸楷書"林""材"形近，易誤認。唐乾封二年《曹欽墓誌》"蒙輪扛鼎之材，翹關拔距之力"之"材"作"林"（《隋唐》陝西卷3/74）。《唐彙續》（166）誤錄作"林"。

(《南北朝墓誌集成》432）"渥"拓本作"渥"（《秦蒐續》1/83），微渺。結合字形及文意，當是"塈"字俗寫。古人書函用泥封，并戳印以爲憑信，漢天子用紫泥，故常以"紫泥"代稱詔書。此處則以"紫泥"代指皇宮。又北魏太昌元年《元瑱墓誌》："青瑣藹藹，紫泥峨峨。"（《校注》6/377）以"青瑣"與"紫泥"同義對言，亦可證"紫泥"有皇宮義。《漢語大詞典》（861）"紫泥"條失收該義，可據補。

隋開皇十年《于儀墓誌》"函谷塈封，聊城箭下"之"塈"作"渥"（《珍稀墓誌百品》26），《珍稀墓誌百品》誤錄作"渥"。《石刻叢考》（701）已正之。

唐永徽三年《魏德墓誌》："公道德齊禁，禮正令行，猶璽抑渥，若盤置水，仁而能斷，剛而不猛。"（《唐彙編》169）"渥"拓本作"渥"（《北圖》12/70），據文意亦是"塈"字俗寫。"猶璽抑泥"謂像璽向下按壓印泥一樣，璽屬剛，泥爲柔，璽按壓印泥即體現"剛而不猛"。①

【樤】唐貞觀五年《□禪墓誌》："乃秋風將扇，悴綠於樤間；結霧既登，摧紅花於枝上。"（《唐彙編》21）

按："樤"拓本作"樤"（《北圖》11/32），當是"樤"之小變。北魏景明三年《孫秋生等造像記》"蘭樤鼓馥於昌年，金暉誕照於聖歲"之"樤"作"樤"（《北圖》3/54），可資比照。"樤"即"條"的加形字。《說文·木部》："條，小枝。從木攸聲。"《集韻·蕭韻》："條，或作樤。""條"本義爲細長的樹枝，本從"木"以別其義類，蓋形符位居右下角不甚顯著，故累增"木"符于左。《□禪墓誌》"條"與"枝"對舉，這也是促動"條"加"木"符的一個語境因素。

從對仗的角度看，"悴綠於樤間"與"摧紅花於枝上"字數不協，當有衍脫。核對拓本，此段錄文除"樤"外別無他誤。品讀文意可知，原誌或在"綠"下脱"葉"字，"綠葉"可與"紅花"對仗；或在"紅"下衍"花"字，"綠"可與"紅"對仗。

【机】唐長慶三年《馬進朝墓誌》："孝侔名跡，哀奉筵机。"（《唐彙續》863）

按："機"，原拓作"机"（《隋唐》河南卷 100），當錄作"机"。"机"本爲樹木名，兼爲"几"之增旁俗字。《龍龕·木部》："机，木几。小案之屬也。"北魏太昌元年《楊椿墓誌》："詔賜安車机杖。"（《秦蒐續》1/81）"机杖"即"几杖"，指憑几與手杖，古常用爲敬老者之物。

"機"本指古代弩箭上的發動機關，引申有機巧、機會等義，與"机"意義差別甚明，碑誌例不相混。二字今爲繁簡字關繫，《唐彙編》及《唐彙續》釋文屢有

---

① 曾良《隋唐出土墓誌文字整理及研究》195 頁，齊魯書社，2007 年。

轉換失誤。又如唐開元十五年《王思齊墓誌》："泣血將畢於机筵，號穹竟悲於怙恃。"（《隋唐》洛陽卷9/181）《唐彙編》（1340）誤錄"机"作"機"。

宋元以降，"幾""几"俗用漸趨相混。如《小說集成》清刊本《鳳凰池》第一回："這日偶然相會，只得叙了几句久別的話。"（《明清小說俗字典》273）此處"几"本當作"幾"。"幾"本指細微，引申表將近、危險、不定數目等義，"几"指几案，二字義不相涉，其混用除緣自音近，大概也與"幾"的連續草寫簡化有關。"幾"本從丝從戍，一省作"𢆶"，再省作"几"，最終與"几"相混。參構時"几""幾"亦混用。如《小說集成》明刻本《唐三藏出身全傳》卷一《猴王得仙傳道》："此乃非常之道，奪天地造化，侵日月玄机。"（《明清小說俗字典》267）"玄机"即"玄機"。《小說集成》清刊本《大清全傳》第八十三回："各種玩藝，花梨紫檀楠木桌椅、條樆，各種古董玩器不少。"（《明清小說俗字典》265）"條樆"即"條机（几）"。由上可見，今以"几""机"分別爲"幾""機"的簡化字，可謂理出有據。

【按】唐咸亨四年《任君及妻孫氏墓誌》："執輿之禮無虧，捧按之儀建矣。"（《唐彙續》581）

按："按"拓本作"按"（《北圖》15/209）。單就字形而言，確是"按"字。然據文意當即"桉（案）"之異體，涉上字"捧"而換爲扌（手）符。"捧案"，指舉起托盤以進奉食品。典出《後漢書·梁鴻傳》："每歸，妻爲具食，不敢於鴻前仰視，舉案齊眉。"後世用以形容夫妻間互相敬重。

"案"或作"桉"，與"桉樹"之"桉"字同形。《正字通·木部》："桉，同案。"唐咸亨三年《陳恭墓誌》："舉桉申婦德之容，斷機成母儀之訓。"（《北圖》15/174）俗書"木""扌"相混，故"桉"又作"按"。唐聖曆二年《安邑封明府夫人隴西郡君李氏幽壤記》："好仇知舉按之禮，激子符斷機之訓。"（《千唐誌齋藏誌》460）"舉案"，義同"捧案"。《唐彙編》（939）徑錄作"按"，不妥。

綜上，上揭《任君及妻孫氏墓誌》之"按"是"桉（案）"的異體，《唐彙編》似不宜照錄作"按"。其形體得來既與俗寫混訛慣例有關，也與上字"捧"的形體影響有關。

【㟁】東魏武定五年《陸順華墓誌》："珠生麗水，玉出崑㟁。"（《校注》8/71）

按："㟁"拓本作"㟁"。《校注》注云："'㟁'的俗訛字，通常作'崗'。"該字不見于其他字書或文獻。據文意推求，當是"岡"之異體。南梁周興嗣《千字文》有"金生麗水，玉出昆岡"，誌文當是襲用此句。"昆岡"是古代昆侖山的別稱，產和田美玉，又作"昆崗（崳）""崑（崑）岡"等。"崑（崑）""崗（崳）"分別是"昆""岡"的涉"山"義的加形字。故《校注》認爲"瑻"通常作"崗",應無問題。但以"瑻"爲"壃"的俗訛字,則值得商榷。

從字形的角度分析,"岡"或作"罡",再變爲"罡",故"瑻""壃"右旁皆"岡"之異;"王(玉)"旁、"土"旁形近易混,故"壃"有訛寫作"瑻"的可能性。但結合相關字形演變推求,"瑻"所從之"王(玉)"符,當非"土"之訛。産玉之山,其名或有增"王(玉)"符的寫法,如"昆吾"或作"琨珸"、"武夫"或作"珷玞",與"昆岡"之作"崐瑻"軌轍正同。此外,"壃(堈)"雖是"岡"的俗字,但文獻罕用。綜上,把"瑻"形的由來解作"壃(堈)"的偶然俗訛,顯然不及把它看作"岡"的涉義加形字更有解釋力。《石刻叢考》(795)亦持此說。

【裘】唐開元十八年《崔羨墓誌》:"良冶有裘,承家業也;玉壺有冰,遺孫謀也。"(《唐彙編》1364)

按:"裘"拓本作"𥯤"(《北圖》23/21),據文意即"裘"的增形字。"裘",從衣求聲,本指皮衣,與"竹"無涉,其增"竹"符,當是受相關字"箕"之形義影響的結果。《禮記·學記》:"良冶之子,必學爲裘,良弓之子,必學爲箕。"孔穎達疏:"積世善冶之家,其子弟見其父兄世業鉤鑄金鐵,使之柔合以補治破器,皆令全好,故此子弟仍能學爲袍裘,補續獸皮,片片相合,以至完全也。……善爲弓之家,使幹角撓屈調和成其弓,故其子弟亦睹其父兄世業,仍學取柳和軟撓之成箕也。"良冶、良弓,指善于冶金、造弓的人。意謂子弟由于耳濡目染,往往繼承父兄之業。典故又縮略爲"箕裘",喻指祖上的事業,碑誌習用。唐長安三年《張仁楚墓誌》:"享膺福禄,克紹箕裘。"(《唐彙編》1022)天寶十年《項承暉墓誌》:"允茲文武,不墜箕裘。"(《唐彙編》1665)

上揭《崔羨墓誌》前段亦援引此典。大概書碑者寫"裘"時,聯想到常配字"箕",故將誌字亦施以"竹"符。

第七章　漢字類化的特點、成因及作用

本章結合前面章節的描寫與考察，對漢字類化的特點、促動因素及類化在漢字演進中的作用、類化與其他文字現象之間的關聯等問題進行綜合討論。

第一節　漢字類化的基本特點

通過對中古碑誌類化字例的微觀考察和動態描寫，我們將漢字類化的基本特點概括爲類推性、多向性、通俗性、傳承性及任意性五個方面。

一、類推性

類推重在邏輯思維方式和推理過程，而類化則是在一定思維方式和推理模式指導下的具體操作和實踐。①漢字類化與類推思維的促動密切相關，是類推思維形諸文字層面的一種表徵和結果。因此可以說，類推性是漢字類化最根本的特點之一。

王鳳陽較早對文字學意義上的"類推"作出界定："在文字字形演進中，人們常常用熟悉的字形推衍不熟悉的字形，用簡單的字形推衍繁複的字形，用常見字形、多數字形去推衍少見字形、少數字形，從而使其形式趨于一致，這種由此及彼的運動我們稱之爲'類推'。"②

類推作用貫穿于漢字形體演變的全過程，古文字中即不乏其例。唐蘭曾列舉受"同化作用"影響而改變形體的一些字例："'午'字寫成'幺'字的樣子，從午的'御'字，有的會從丝"，"'十'字變成了'甲'，'戍''早''卓'等字都跟着改"，"'二'字變成'貳'，又省作'弍'，後來就造出'弌''弍'二字"，等等。最後總結道："凡同化的字，往往是由類推作用來的。"③

類推不僅作用于個體字符的形體演變，更爲重要的是，它也是維持漢字系統

---

① 何山《魏晋南北朝碑刻文字構件研究》332頁，人民出版社，2016年。
② 王鳳陽《漢字學（修訂本）》769頁，中華書局，2018年。
③ 唐蘭《中國文字學》105頁，上海古籍出版社，2005年。關于"弌""弍""弐"的產生次序，劉釗認爲先有"一"字或寫作"弌"，後有"二""三"類推作"弍""弐"。參氏著《古文字構形學（修訂本）》106頁，福建人民出版社，2001年。

規整性的重要力量，這突出表現在構件的類推性上。毛遠明指出："漢字作爲系統符號，某一構件的改變，在整個系統中會產生類推，很多具有相同構件的字會發生同形替換，具有相近的構件也可能發生相應的改變。"①例如小篆"襄"隸省作"襄"，隸楷書中從"襄"的字通常發生同步簡化：東漢建寧二年《肥致碑》"讓"作"讓"（《校注》1/297），熹平二年《景雲碑》"攘"作"攘"（《漢碑全集》5/1475），光和三年《趙寬碑》"讓"作"讓"（《漢碑全集》5/1643），東晉元康八年《趙氾墓表》"驤"作"驤"（《校注》2/318），北魏正光五年《元璨墓誌》"襀"作"襀"（《北圖》4/172）、孝昌二年《昝雙仁墓誌》"壤"作"壤"（《北圖》5/29）等。

又如"冋"，極少獨用爲字，比較冷僻，於是構字時常被改爲形近的"向"。北魏熙平三年《宇文永妻韓氏墓誌》"扃"作"扃"（《校注》4/367），建義元年《寇慰墓誌》"迥"作"迥"（《北圖》5/75），正光六年《李超墓誌》"炯"作"炯"（《北圖》4/179），太和二十三年《元彬墓誌》"坰"作"坰"（《北圖》3/42）。

一些經由類化而產生的字形，在參與構字時也具有類推性。"需"或字内類化作"需"，如唐開元二十三年《白羨言墓誌》"孝女奉辱，需于吉兮"（《北圖》23/150）。"需"參構時也常寫作"需"。"濡"，東漢建寧二年《史晨後碑》作"濡"（《北圖》1/137），北魏建義元年《元彝墓誌》作"濡"（《北圖》5/90），東魏永熙三年《昭玄沙門大統令法師墓誌》作"濡"（《校注》7/77）。"蠕"，東漢光和六年《唐扶頌》作"蠕"（《隸釋》卷五）。"孺"，北魏熙平二年《崔敬邕墓誌》作"孺"（《校注》4/361）。"轜"，北魏景明二年《任城王妃李氏墓誌》作"轜"（《校注》3/344），正光二年《劉華仁墓誌》作"轜"（《北圖》4/103），孝昌二年《楊乾墓誌》作"轜"（《北圖》5/43）。"懦"，北魏永熙二年《張寧墓誌》作"懦"（《北圖》5/187）。"醹"，北魏建義元年《元欣墓誌》作"醹"（《北圖》5/103）。

"旅"或字内類化作"祆（祢）"。如北魏正光二年《楊氏墓誌》"因祖隨宦，爰旅清河"之"旅"作"祆"（《北圖》4/117），正光三年《張盧墓誌》"申詔伐罪，振旅還北"之"旅"作"祆"（《北圖》4/122）。類推之，"膂"所從之"旅"亦可作此形。如北魏太昌元年《楊暐墓誌》"職參心膂，任是維城"之"膂"作"膂"（《校注》7/39），北齊天保二年《元賢墓誌》"出鎮形勝，入贊心膂"之"膂"作"膂"（《北圖》7/14）。②

構件的類推性不僅體現在構形方面，也體現在表義方面。碑誌中一些新出現的形聲結構的異體字，也可以視爲基於構件表義功能而類推的產物。以"竹"符

---

① 毛遠明《漢魏六朝碑刻異體字研究》332頁，商務印書館，2012年。
② 《龍龕·衣部》："䘒，音呂，姓也。"據形音推求，"䘒"當即"膂"字形訛。

爲例。《説文》"竹"部所轄小篆144字，均與"竹"義相關，碑誌所見與"竹"義相涉的字，或亦增"竹"符。

【席—蓆】北魏正光五年《元子直墓誌》："接蓆分庭，談賞無倦。"（《北圖》4/169）席是蘆葦、竹篾、蒲草等編成的坐卧鋪墊用具，因其製作材料多爲竹子，故或增"竹"符。

【帚—箒】唐永徽五年《金魏墓誌》："嘉偶良人，箕箒無怠。"（《北圖》12/138）"箕箒"即"箕帚"。箕與帚皆掃除之具，常配合使用。帚多用細竹枝札束而成。東晉戴凱之《竹譜》："篲條掃帚，細竹也，特異他條。"故"帚"或增"竹"符作"箒"。《玉篇·竹部》："箒，俗帚字。"該形又見唐貞元十三年《濟瀆廟祭器銘》："刷箒三。"（《北圖》28/137）

【奥—箕】東漢建寧元年《楊著碑》："窮七道之箕。"（《北圖》1/132）建寧五年《成陽靈臺碑》："案經考典，河洛祕箕。"（《校注》1/334）《隸辨·號韻》引注後碑字云："即'奥'字，碑變加𥫗。《楊著碑》……與此碑同。"結合文意，碑字當是"箕"的異體，"竹"符訛作"艹"，又省變爲"𭕄"。文獻"典奥"經常連用成詞，表意義深奧、不易明白的典籍。如《後漢書·胡廣傳》："六經典奥，舊章憲式，無所不覽。"此處"奥"蓋因與典籍義相涉而增"竹"符。①

【條—蓧】唐延載元年《房懷亮墓誌》："露繁淥蓧，風悲白楊。"（《北圖》18/49）誌字當即"條"的異體，指草木枝條，故增"艹"符。②

【屣—蔽】唐光宅元年《宋益容墓誌》："怡情泉石，覩富貴如浮雲；縱容邱壑，輕名利若敝蔽。"（《隋唐》北京大學卷1/80）"蔽"據文意即"屣"之異體，"屣"多以草製作，故涉"艹"義而換符。敝屣，又作"敝屣"，指破鞋，比喻毫無價值的事物。

一些從"竹"的字形大概承襲自古文字形體，這些字形的產生也與類推思維的作用相關。

【冊—筴】唐貞觀十九年《霍漢墓誌》："光乎簡筴，可略而言。"（《北圖》11/132）《説文·冊部》："冊，符命也。諸侯進受於王也。象其札一長一短，中有二編之形。笧，古文冊從竹。"段玉裁注："左氏述《春秋傳》以古文，然則笧其是歟。"古代文書用竹簡，故"冊"或增"竹"符作"笧"。先秦"笧""冊"并用，漢代以後"笧"字罕用。

【典—箕】東漢中平四年《譙敏碑》："深明箕隩。"（《隸釋》卷十一）東漢建

---

① 《説文》收"箕""箕"兩字，與碑字音義有別，當是字形偶合。
② 《大字典·艹部》（3481）"蓧"字頭下有"用同'條'"之義項，所舉例證出自宋王明清《揮麈後録》，略遲。

寧元年《楊統碑》:"薔茲𥅿猶,道以經國。"(《漢碑全集》4/1154)《說文·丌部》:"典,五帝之書也。從冊在丌上,尊閣之也。莊都說:'典,大冊也。'𥲒,古文典從竹。""𥅿"當是"𥲒"之異寫。

二、多向性

從類化字的生成途徑來看,漢字類化呈現出多向性的特點。這主要體現在同一形體受不同因素影響而產生多個類化變體、同一因素可使各異的形體類化混同以及字詞內要素之間存在交互影響三個方面。

(一) 同一形體可產生多個類化變體

即以一個基礎字形或構件爲原點,在不同類化因素促動下,分別向多個方向呈輻射擴散式演變,最終產生各異的變體。

【伊】"伊"可指水名,位于今河南省西部,源出伏牛山,後入洛河。《尚書·禹貢》:"伊、洛、瀍、澗,既入於河。"《水經注·伊水》:"伊水出南陽魯陽縣西蔓渠山。"在這個意義上,或增"氵(水)"符作"沶"。《集韻·脂韻》:"沶,水名。在河南陸渾山,入河。通作伊。"北魏永安二年《丘哲墓誌》:"乾機運兆,遷鼎沶洛。"(《北圖》5/132)北周宣政二年《寇嶠妻薛氏墓誌》:"今帝隆平,沶洛清謐。"(《北圖》8/173)伊、洛二水匯流,故多連稱,亦泛指伊洛流域,或用爲洛陽別名。上述二誌之"沶"據文意皆當爲"伊"的異體,涉下字"洛"而換爲"氵(水)"符,亦可視爲"沶"之省體。

"伊"又爲"伊蘭"的省稱,指一種有臭氣的惡草。北魏永安元年《元欽墓誌》:"金玉隨瓦礫同泯,蘭蕙從茽蕕俱盡。"(《北圖》5/112)"蕕"亦惡草名。此處"伊"涉下字"蕕"而類化增符作"茽"。

【韋】《說文·韋部》:"韋,相背也。從舛口聲。獸皮之韋可以束,枉戾相韋背,故借以爲皮韋。"商承祚:"(甲骨文'韋')象兩人相背行,又象兩足有撲隔,乃違之本字也。後借爲皮韋字,而出違代韋,本義廢矣。"[①]

"韋"本訓違背,後借指熟牛皮。在這個義項上,或增"皮"符作"韛""韍"。《龍龕·皮部》:"韛,俗,音韋。"東魏武定八年《蕭正表墓誌》:"生長深宮,年殊及學。而韍弦韍器之誡,皆已闇冥匈腑者矣。"(《北圖》6/164)"韍弦"即"韋弦",典出《韓非子·觀行》:"西門豹之性急,故佩韋以自緩;董安于之性緩,故佩弦以自急。"

又作"瑋"。東漢中平三年《張遷碑》:"晉陽珮瑋,西門帶弦。"(《北圖》1/179)

[①] 商承祚《說文中之古文考》55 頁,上海古籍出版社,1983 年。

碑文化用上述典故，然詞語誤倒，實當作"西門珮韋，晉陽帶弦"。董安于爲古代晉陽城的始創者，故以"晉陽"爲其代稱。"珮瑋"即"佩韋"，謂佩戴熟牛皮。熟牛皮質地柔韌，性情急躁者佩戴在身上，用以自戒。"佩"本義爲"佩戴"，因古人所佩之物多爲玉器，故或從"王（玉）"作"珮"。"韋"涉上字"珮"而增"王（玉）"符，與"瑰瑋"字恰好同形。

【區（軀）】"區（軀）"是魏晉南北朝石刻造像記中的常用量詞，可用來稱量造像、佛塔、石窟等。或受語境他字、製作材料等因素影響而産生多種變體：

或從"石"作"碙"。東魏武定元年《李次明造像記》："佛弟子李次明爲亡兒李郳延造觀世音像一碙。"（《北圖》6/94）又換聲符作"磈"。北齊天保九年《宋敬業等造塔頌》："仰爲廣固南寺大衆等，敬造寶塔一磈。"（《北圖》7/72）

或從"王（玉）"作"瑀"。東魏興和四年《成休祖造像記》："清信佛弟子成休祖敬造觀世音像一瑀。"（《北圖》6/87）北齊天統四年《鄭量業造像記》："佛弟子鄭量業爲亡父母敬造白玉像一瑀。"（《北圖》7/192）

或從"土"作"塸"。東魏天平三年《王方略等造須彌塔記》："合邑等敬造須彌塔一塸。"（《北圖》6/33）武定七年《智顏净勝造像記》："造彌勒玉像一塸。"（《校注》8/92）

或從"金"作"鏂"。《金石文字辨異·虞韻》"軀"下列有異體"鏂"，字形出處爲東魏武定二年《路文助等造像記》："爲亡父造像一鏂。"《集韻·侯韻》："鏂，門鋪謂之鏂錕。"記字與之同形。

或從"亻（人）"作"傴"。北魏神龜三年《邑師晏僧定造像碑》："造千佛石像一傴。"（《豐碑大碣》102）北齊天保八年《吴紹貴造像記》："吴紹貴敬造龍樹像一傴。"（《北圖》7/56）

【龜】"龜"，甲骨文作"𠁥"（《合集》9184）、"𠁩"（《合集》10076）等，本爲象形字，象烏龜的側面正視或正面俯視之形。《説文·龜部》小篆作"龜"，"舊也。外骨内肉者也。從它，龜頭與它頭同。……象足、甲、尾之形"。隸楷書通作"龜"，異體豐富。在保持"龜"之輪廓形貌的基礎上，頭、身、足、背的寫法變化多端。整合碑誌字料，其形體改造大致呈現以下幾種趨勢：

一是局部類成字化改造。東漢延熹六年《桐柏淮源廟碑》作"龜"（《北圖》1/118），東魏天平四年《張玉憐墓誌》作"龜"（《校注》7/170），唐乾符二年《劉阿延墓誌》作"龜"（《北圖》33/142），龜背分別變作"目""壬""刃"。

二是對背、足進行趨同性改造，以求得字形的對稱感。如東漢熹平四年《帝堯碑》作"龜"（《隸釋》卷一），北魏孝昌二年《元朗墓誌》作"龜"（《北圖》5/53），龜背部分受龜足寫法影響亦變作"彐"。北魏太昌元年《樊奴子造像記》作"龜"

(《北圖》5/165)，龜背變作反向足形，與甲骨文"㿜"之構形遙相呼應。南齊永明五年《劉岱墓誌》作"龜"(《校注》3/133)，足反向與背相合近"臼"形，已呈現向現今簡化字形"龟"靠攏的趨勢。

三是表義改造。東漢延熹三年《孫叔敖碑》作"龜"(《隸釋》卷三)，足、背都變作"虫"。龜是動物，在古代屬于廣義上的蟲類，碑字在保持"龜"之輪廓形貌的基礎上對字形進行了一定的改造，新形可以起到提示義類歸屬的作用。

四是示音改造。北魏神龜元年《耿壽姬墓誌》作"龜"(《北圖》4/51)，神龜二年《寇憑墓誌》作"龜"(《北圖》4/63)，武泰元年《元舉墓誌》作"龜"(《北圖》5/79)，背、身合變作"飛"或"貝"，均有提示全字讀音的作用。

【策】"策"，從竹束聲。聲符"束"即"刺"的初文，極少獨用爲字，人們對它的意義和寫法相對陌生，于是或將其改造爲形近的"宋""夾（夹）""宗""束"等。北魏永安三年《元液墓誌》從"宋"作"策"(《北圖》5/136)，孝昌元年《元寶月墓誌》從"宗"作"策"(《北圖》5/14)，東魏天平元年《張瓘墓誌》從"夾"作"策"(《北圖》6/23)，唐開元十一年《執失善光墓誌》從"束"作"策"(《昭陵碑石》85)。

【執】"執"，《説文·幸部》小篆作"執"。右旁"丮"，甲骨文作"丮"(《合集》17084)，象伸出雙手之人形，小篆作"丮"，隸作"丮"，常訛爲更尋見的"几""九""丸""凡"等形。如東漢建寧二年《史晨後碑》從"几"作"執"(《北圖》1/137)，北魏熙平二年《元新成妃李氏墓誌》從"九"作"執"(《北圖》4/50)，正光五年《元謐墓誌》從"丸"作"執"(《北圖》4/158)，北齊乾明元年《高淯墓誌》從"凡"作"執"(《北圖》7/90)。

（二）同一因素可使各異的形體混同

即不同的字形或構件形體可能受同一個因素的影響而類化趨同，這一點在字內類化中的體現比較顯著。以"口"符及"蚰"符爲例：

【口】唐永徽六年《李表墓誌》："方欲騁呂幽并，飛名帝里；豈謂霜虧蘭馥，風損松蘿。"(《北圖》12/157)誌字據文意當是"足"之異體，下部"止"受上部"口"的影響亦變作"口"，全字與"心呂"字恰好同形。

唐顯慶四年《支懷墓誌》："詞超仁智，言出有章。"(《北圖》13/112)誌字據文意當是"言"之異體。"言"，甲骨文作"言"(《合集》30697)，下爲舌形，上加一橫，表示言從舌出。《説文·言部》小篆作"言"，許慎析爲"從口辛聲"的形聲字。隸變作"言"，省中部豎筆。"言"當是"言"之中部"二"形受下部"口"符影響亦變作"口"而來。

第七章　漢字類化的特點、成因及作用

北魏景明四年《元弘嬪侯氏墓誌》："既含章之美，懋於早年；母德之風，志而方著。"（《北圖》3/60）誌字據文意當即"含"之異體。"含"本從口今聲，此處"今"之"一"形受下部"口"之影響亦變作"口"。

東漢永康元年《孟郁脩堯廟碑》："飭治大壁。"（《隸釋》卷一）碑字當是"治"的異體，構件"厶"受"口"的影響亦變作"口"。"飭治"為整修之義。

唐顯慶元年《車誩墓誌》："恐丹獻陵雲，將洿萊而成沼；碧潯浮漢，與桑田而競高。"（《北圖》13/17）誌字據文意當是"沼"之異體，右上構件"刀"受"口"的影響亦變作"口"。"洿萊成沼"謂荒田變為水池。①

唐延載元年《關師墓誌》："逮武德中年，方霑景化。"（《北圖》18/39）誌字據文意當是"霑"之異體。"霑"之構件"占"本從卜從口，此處"卜"受"口"的影響亦變作"口"。

"恐"，《說文·心部》小篆作"恐"，右上構件"丮"通常隸作"凡"。俗書"口""凡"相混，故"恐"或作"恐"。隋開皇十五年《謝岳墓誌》："恐海移地沒，人遷物改，故勒徽猷，以傳來葉。"（《北圖》9/105）又作"恐"。唐天寶元年《李寶墓誌》："將恐高天倚杵，松栢摧而為薪；大海成桑，陵谷徙而無地。"（《北圖》25/15）誌字蓋在"恐"形基礎上，構件"工"受"口"的影響而類化作"口"。

以上"足""言""含""治""沼""霑""恐"諸字，"口"符分別影響各字內的"止""二""一""厶""刀""卜""工"等其他構件，使全字產生包含"呂（吅）"形的類化變體。

【蟲】北魏延昌三年《孟敬訓墓誌》"螽斯"之"螽"作"螽"（《北圖》4/16），東魏武定五年《馮令華墓誌》"螽斯"之"螽"作"螽"（《北圖》6/145），二字即"螽"之字內類化變體。

北魏永安元年《元欽墓誌》："既如壟右匪民，荊蠻蠢服，蔓草將延，淫根待滅。"（《北圖》5/112）北齊武平七年《孟阿妃造像記》："芒芒三界，蠢蠢四生。"（《北圖》8/77）誌字即"蠢"之異體，"春"下部之"日"受"蟲"影響而變作"虫"。

北齊武平五年《李君穎墓誌》："文輕百上，學精五蠹。"（《校注》10/71）誌字當即"蠹"之異體，構件"石"受"蟲"影響而變作"虫（蛋）"。

北魏普泰二年《韓震墓誌》："髣髴蝨心之妙，影響蜻翼之奇。"（《北圖》5/157）"蝨心"本當作"蝨心"，即蝨子之心，謂細小之物。典出《列子·湯問》："昌以犛懸蝨於牖，南面而望之，旬日之間，浸大也；三年之後，如車輪焉。以睹餘物，皆

---

① "沼"兼為"治""沼"異體。《大字典·水部》（1722）收"沼"同"治"，而失收"同'沼'"之音項，宜據補。

153

丘山也。乃以燕角之弧，朔蓬之簳射之，貫蝨之心，而懸不絶。"張湛注："以強弓勁矢射蝨之心，言其用手之妙也。""蝨"本從蚰卂聲，此處"卂"之左下構件"十"受"蚰"影響而變作"虫"。

以上"蠡""蠢""蠱""蝨"四字，居中的構件各異，但均受"蚰"的影響而類化作"虫"。大概這些字均包含"蚰"符，形體近似，且結構比較複雜，手民憑頭腦中對字形的大致印象約略書寫之，於是出現了"不約而同"的情況。從該角度說，這些字形的生成也是書寫時輪廓取象的結果。

（三）字詞内要素之間存在交互影響

即字内各構件之間或詞内各字之間存在交互類化的情況，甲影響乙，反過來乙也可能影響甲，由此導致字形或詞形出現多個類化變體。這種交互性也是多向性的一種表現形式。

1. 字内構件的交互影響

梁春勝指出，"桀"小篆作"桀"，字形上部左右反向對稱，隸變作"桀"，俗書左上與右上常常互相類化，產生"桀""桀"等變體形式。①此即字内構件交互影響之例。又如：

【尋】"尋"，甲骨文作"ᛗ"（《合集》28184），象伸張雙臂丈量尺寸之形。《說文·寸部》小篆增繁作"尋"，"繹理也。從工，從口，從又，從寸。……彡聲"。隸楷書通作"尋"，如北齊河清三年《間炫墓誌》作"尋"（《北圖》7/135），北周建德四年《叱羅協墓誌》作"尋"（《校注》10/282）等。

或作"尋"，構件"工"受"口"的影響亦類化作"口"。如北魏延昌四年《皇甫驎墓誌》作"尋"（《北圖》4/25），正光五年《檀賓墓誌》作"尋"（《北圖》4/178）。

或作"尋"，構件"口"受"工"的影響而離析作"丨""工"。如北魏孝昌二年《于纂墓誌》作"尋"（《北圖》5/52），北齊武平二年《裴良墓誌》作"尋"（《校注》9/362）。進一步省"丨"作"尋"，如北魏正光二年《封魔奴墓誌》作"尋"（《北圖》4/115），北齊河清三年《尔朱元静墓誌》作"尋"（《北圖》7/128）。

【顥】"顥"，《說文·頁部》小篆作"顥"，"顛頂也。從頁䯂聲"。約自漢代起，文獻借表"意願"義，亦作"願"。"顥"的聲符"䯂"形體過於繁瑣，隸楷書中常發生輪廓性省變。結合碑誌材料看，"顥"的形體大致經歷了"顥—顥—頯—頯"的簡化流程。如東漢建寧元年《楊統碑》作"顥"（《漢碑全集》4/1155），西晉《張

---

① 梁春勝《楷書部件演變研究》279頁，綫裝書局，2012年。

平子碑》作"𩒐"(《隸釋》卷十九），元康元年《成晃墓碑》作"𩓣"(《北圖》2/56），北齊武平五年《張思伯造浮圖記》作"𩓣"(《北圖》8/57）等。在這個過程中，聲符的下部構件黏合爲"貝"，整個形體與形符"頁"逐步接近。在此基礎上，左右構件的形體發生交互影響而趨同。

或作"頙"，"貞"受"頁"的影響亦變作"頁"。如北齊河清二年《孫靜造像記》作"頙"(《北圖》7/127），北周保定二年《董道生造像記》作"頙"(《北圖》8/106）等。從"𩓣"到"頙"的變化應該不是一步到位的，中間可能存在"𩓣"這個過渡環節。如北魏太和元年《光州靈山寺塔下銘》作"𩓣"(《北圖》3/12），東魏興和二年《馬都愛造像記》作"𩓣"(《北圖》6/67），北周大定元年《高樹二十二人等造像記》作"𩓣"(《校注》10/362）。

或作"顛"，"頁"受"貞"的影響亦變作"貞"。如北齊武平五年《淳于元皓造像記》作"顛"(《北圖》8/56），北周大象二年《傅老德造像記》①作"顛"(《校注》10/350）。

【蠹】"蠹"，《說文·蚰部》小篆作"𧎅"，"木中蟲。從蚰橐聲"。隸楷書省"木"作"蠹"。北齊武平五年《李君穎墓誌》作"蠹"(《校注》10/71），構件"石"受"蚰"影響而變作"虫（䖝）"。

又作"𧐐"，下部"蚰"符受中部"石"符之影響而變作"砳"。唐先天元年《楊孝弼墓誌》："枯鱗幾𧐐，歎風樹之長搖；隙駟遄奔，悲日華之遽掩。"(《隋唐》洛陽卷8/177）《龍龕·石部》收"𧐐"爲"蠹"的俗字。

【豁】"豁"，《說文·谷部》小篆作"𧮫"，"通谷也。從谷害聲"。隸楷書通作"豁"，構件左右換位。唐長慶二年《梁守謙功德銘》："豁爾憂心，以承慶賞。"(《北圖》30/21）左符"害"之下部受右符"谷"影響而變作"谷"，全字作"𧮮"形。北魏正光五年《元平墓誌》："氣槩雄逸，𧮮達大度。"(《北圖》4/159）誌字又在"𧮮"形基礎上進一步形變，右符"谷"受左符"容"的影響而增"宀"符，全字作"𧮾"形。敦煌寫卷亦見"𧮮""𧮾"二形，張涌泉認爲從"豁"到"𧮾"經歷了"𧮮"這個中間環節。②可從。

北齊河清四年《朱曇思造塔記》："巍巍易覩，𧮾爛難名。"(《校注》9/182）"𧮾"，《校注》照錄作"𧮾"并注："《平津讀碑記》卷三：'字未詳。'當是'容'的俗字。容爛，儀容風采燦爛。《萃編》引錢侗跋：'容，作𧮾。'《金石文字辨異·冬》同。《鐵橋金石跋》以爲'𧮾，即妓，……'備參。"結合形義推求，此處"𧮾"

---

① 該記《校注》題名作"傅孝德造像記"。《石刻叢考》(574)認爲"孝"當正作"老"，今從之。
② 張涌泉《漢語俗字研究（增訂本）》73頁，商務印書館，2010年。

當是"豁"之異體。"豁"本義指通敞的山谷,此處引申指空間開闊寬敞。"爛"即"爛"之異體。"豁爛",謂開闊燦爛。①

2. 詞內各字之間的交互影響

最爲常見的情況是構成雙音詞的兩字形體交互類化,由此產生兩個不同的類化詞形。如"搢紳",文獻常見作"縉紳"②,唐貞觀七年《張叡墓誌》則作"搢抻"(《北圖》11/45)。又如:

【覶(覼)縷】"覶縷"爲雙聲詞,猶委曲,引申有詳悉、詳述之義。該詞在碑誌中較常見。唐永徽二年《馬壽墓誌》:"郁郁洋洋,故難覶縷也。"(《北圖》12/41)大中六年《董惟靖墓誌》:"其行狀人物,備乎家傳,不可覶縷而鎸。"(《北圖》32/76)

或作"覶覨","縷"涉"覶"字而類化換旁作"覨"。北魏延昌年間《溫泉頌》:"斯蓋有道存焉,固非人事之所覶覨。"(《校注》4/289)③隋大業九年《趙朗墓誌》:"易可綱維,難爲覶覨。"(《隋彙》4/357)"覨"是類化換旁俗字。

漢文佛典又見作"綱縷"者,"覶"涉"縷"字而類化換旁作"綱"。舊題後漢安世高譯《分別善惡所起經》:"唯佛歷勤苦,畢劫不可數,往來五道中,未能具綱縷。"④

【醒悟】北周大象二年《張子開造像記》:"迷子悎悟,方求彼埠。"(《校注》10/342)"悎悟"即"醒悟",謂覺悟、領會。誌字本當作"醒",涉下字"悟"而換爲"忄(心)"符。《集韻·迥韻》:"悎,悟也。"漢文佛典又見作"醒酩"者。後秦鳩摩羅什譯《妙法蓮華經》卷二《信解品》:"以冷水灑面,令得醒悟,莫復與語。""悟",東京帝室博物館本作"酩"。真大成認爲"酩"即"酯"之形訛,"酯"爲"悟"受"醒"偏旁類化而產生的異體。⑤極是。

【斟酌】"斟酌",本義爲倒酒。不滿曰斟,太過曰酌,貴适其中。故引申有權衡、品評等義。

或作"酙酌"。西晉咸寧四年《臨辟雍碑》:"酙酌道德之原,探賾仁義之藪。"(《北圖》2/43)北魏建義元年《元順墓誌》:"酙酌禮度,鶩補漏闕。"(《北圖》5/87)

---

① 何山以此處"豁"爲"容容"合文,"爛"爲誤刻或不合文意之字。參氏著《魏晉南北朝碑刻文字構件研究》398頁,人民出版社,2016年。可備一說。

② 據考察,"搢紳"這種寫法在初唐墓誌尚見幾例。參黃曉偉《從"搢紳"和"縉紳"看形符類化的動力》,《牡丹江大學學報》,2009年第11期。

③《校注》誤將"覶覨"拆開分訓,釋"覶"爲"好視",釋"覨"同"睦"。《石刻叢考》(779)已辨其非。

④ 真大成《中古文獻異文的語言學考察——以文字、詞語爲中心》69頁,上海教育出版社,2020年。

⑤ 真大成《中古文獻異文的語言學考察——以文字、詞語爲中心》16頁,上海教育出版社,2020年。

俗書"斗""升"相混,"酙"即"斟"之小變,此處又受"酌"字影響而換爲"酉"符。

或作"𣂑𣂑"。唐乾封元年《□君及夫人董氏墓誌》:"皆可以注𣂑𣂑者也。"(《山左冢墓遺文》)"𣂑(料)"即"斟"之俗變。《龍龕·斗部》:"料,同斟。"其下字本當作"酌",受"𣂑"的影響而換左旁爲"其"。

【恬淡(澹)】"恬淡",謂心境安然淡薄,不慕榮利。《莊子·天道》:"夫虛靜恬淡,寂漠無爲者,天地之平,而道德之至。"或作"恬澹"。東漢王充《論衡·自紀》:"充性恬澹,不貪富貴。"

碑誌或作"恬憸(憺)","淡(澹)"涉上字"恬"而換爲"忄"符。北魏永熙二年《乞伏寶墓誌》:"器宇恬憺,風猷閑遠。"(《北圖》5/185)"憺"之"忄"符訛作"十"。東魏天平三年《高盛墓碑》:"逍遙出處,恬憺窮通。"(《北圖》6/38)唐貞觀十四年《潘孝基墓誌》:"惟君恬憸貞固,少私寡欲。"(《北圖》11/92)

明清小説又作"活淡"。《小説集成》本《三教開迷歸正演義》第三八回:"不知大儒們純是一團冲虛活淡,隨寓而安,資斧行厨,不過是交酬餽遺的。"此處"恬"受下字"淡"的影響而換爲"氵"符,與"存活"字同形。

【猗與(歟)】"猗與",嘆詞,表示贊美。《詩經·周頌·潛》:"猗與漆沮,潛有多魚。"鄭玄箋:"猗與,歎美之言也。"亦作"猗歟"。東漢班固《東都賦》:"猗歟緝熙,允懷多福。"

碑誌常見作"猗獝"者。東魏武定二年《閭祥墓誌》:"猗獝君公,剋紹前脩。"(《秦蒐續》1/106)唐貞觀十六年《盧君妻馮氏墓誌》:"展矣靈慶,猗獝世禄。"(《北圖》11/110)龍朔二年《薛萬備墓誌》:"猗獝淑令,蘭芬玉映。"(《珍稀墓誌百品》68)貞元二十年《武珍妻裴氏墓誌》:"猗獝夫人兮令德深,俄奄忽兮成古今。"(《北圖》28/187)"與(歟)"涉上字"猗"而增(換)形符作"獝"。[①]

又作"欹歟"。唐貞觀八年《解深墓誌》:"欹歟大士,墳瘞斯原。"(《北圖》11/52)"猗"涉下字"歟"而換符作"欹",與"鼓"之異體同形。

三、通俗性

漢字形體有正俗之别。所謂俗字,指漢字史上各個時期與正字相對而言的主要流行於民間的通俗字體。[②]類化是俗字産生的重要途徑之一,相應地具有通俗性

[①]《玉篇·犬部》:"獝,嘆聲。"《大字典·犬部》(1472)"獝"字據《玉篇》收"嘆聲"義,此宜據誌例溝通與"歟"的異體關繫。

[②]關於俗字的定義和範圍,目前學界尚存在一定的争議。參見詹鄞鑫《俗文字學研究綜述及相關問題》,載《中國文字研究》第10輯,大象出版社,2008年。這裏采用比較有代表性的張涌泉的提法。參氏著《敦煌俗字研究(第二版)》6頁,上海教育出版社,2015年。

的特點。多數類化字對語境的依賴較强，具有臨時性，文獻複現率較低，難免在與正字的競争中遭到淘汰。但仍有少部分能够躋身流通領域，成爲民衆手頭使用的俗字。

北齊顔之推《顔氏家訓·書證》曾列舉當時流通的一些"鄙俗"字形：

> 亂旁爲舌，龜、鼉從龜，席中加帶，惡上安西，鑿頭生毁，離則配禹，壑乃施豁，巫混經旁，皋分澤片，獵化爲獦，靈底著器……

從類化的角度來說，這些俗字形體的生成，可視爲某字之局部受形近字影響而發生改换的産物，不難在碑誌文獻中找到實際字例。如北魏永安二年《元纘墓誌》"鑿"作"鑿"(《北圖》5/124)，此所謂"鑿頭生毁"；延昌二年《元顯儁墓誌》"壑"作"壑"(《北圖》4/7)，此所謂"壑乃施豁"；正光六年《元茂墓誌》"獵"作"獦"(《北圖》4/180)，此所謂"獵化爲獦"；永安二年《山徽墓誌》"靈"作"䨺"(《北圖》5/125)，此所謂"靈底著器"；正光元年《元譿墓誌》"席"作"席"(《北圖》4/84)，此所謂"席中加帶"等。

此外，碑誌所見的一些類化字形，在歷代字書中被標注爲俗字者亦不鮮見。略舉幾例：

【踍】"武"有足迹義。《詩經·大雅·生民》："履帝武敏歆，攸介攸止。"毛傳："武，迹也。"唐永徽四年《席泰墓誌》："英賢接踍，青紫繼期。"(《唐附考》3/211)誌字涉"足"義而增"足"符作"踍"。接武，步履相接，此處引申指前後繼承。《正字通·足部》："踍，俗字。經史通作武。"

【覝】"規"，《説文》小篆從夫作"槼"。①因常與"矩"對文或連用，故字形類化作"覝"。北魏正光四年《席盛墓誌》："行不失准繩，動不踰覝矩。"(《校注》5/176)東魏天平元年《張瓘墓誌》："覝矩重疊，代有人焉。"(《北圖》6/23)《干禄字書》："覝規：上俗下正。"北魏太昌元年《和醜仁墓誌》："動合頍矩，言成均的。"(《北圖》5/169)此則"規"之右旁"見"訛作"頁"。

【醎】唐開元三年《崔哲妻源氏墓誌》："衣服勾倨之制，飲食酸醎之品。"(《北圖》21/48)"醎"即"鹹"之異體，涉上字"酸"而换爲"酉"符。《玉篇·酉部》："醎，俗鹹字。"

【侃】"侃"可視爲"侃"字内類化所産生的俗體②，該形碑誌常見。北魏永熙二年《張寧墓誌》："高風雅雅，若清天之臨白日；洪辭侃，如西江之瀉東海。"(《北圖》5/187)西魏大統十二年《鄧子詢墓誌》："凝然雅上，侃而能下。"(《校

---

① 一説"規"本從"矢"，小篆訛從"夫"。
② 梁春勝《楷書部件演變研究》278頁，綫裝書局，2012年。

注》8/188）北齊天保二年《崔芬墓誌》："**偘偘**公庭，才辭辯富。"（《校注》8/261）《干禄字書》："偘侃：上俗下正。"

　　陳五雲指出，在俗字流通領域，由類推產生的字形往往易于被認同和接受。比如小篆"𠥤"，隸定爲"㐹"，隸省作"㐃"；《說文》從气得聲之字，如"訖""紇""迄"（後字爲大徐本新附字），隸變均從"乞"。又如"送""朕"二字右旁小篆作"𦎮（兯）"，隸變省作"关"，而"勝""騰""䐦""滕"等從"朕"得聲之字，聲旁"朕"却隸省作"**朕**"。這種隸變的差異，很少有人提出質疑，顯然是由于有一組可以互相參照類推的字而被認同了。[①]

　　時至今日，一些涉及類化影響而產生的俗字形體，因爲流俗的采納和使用，已然取得了正字或幾近正字的地位。王力曾列舉：

> 例如"稟"字，下面本該從"禾"，但因受了"票"字的同化，所以有人寫作"示"（按即"禀"）。"場"字，右邊本該和"湯"的右邊一樣，但因受了"傷"字的同化，所以有人寫成和"傷"字的右邊一樣（按即"塲"）。"面"字，下面有人從"回"（按即"靣"），因爲"稟"字和"亶"字的上半、"鄙"字的左下角，却正是從"回"（嚴格說不是從"回"，但形式和"回"字一樣）。"迥"字，有人從向（按即"逈"），因爲一般人看"冋"不成字，而從"回"又是另一字（"迴"），所以只好從"向"。"恆"字，右邊本來和"垣"的右邊不同，但因受"垣""桓"等字的同化，也就寫成一樣了（按即"恒"）。以上所舉的類化法，雖被文字學家認爲俗字，却是已經通行的俗字。[②]

　　上述諸字，都曾在王力撰文的年代廣泛通行，而其中的"禀""恒"已取代"稟""恆"成爲現代使用的正體。這也從側面說明了類化字的生命力并不像通常認爲的那樣脆弱，值得重新考量。

四、傳承性

類化的傳承性主要體現在類化手段及部分類化字的使用兩個方面。

（一）類化手段具有傳承性

曾良指出："造俗字者往往力圖表示事物的概念或類屬，故俗字創造時往往是

[①] 陳五雲《從新視角看漢字：俗文字學》91頁，河南人民出版社，2000年。
[②] 王力《漢字的形體及其音讀的類化法》，《王力文集》第19卷，山東教育出版社，1990年；原載《國文月刊》第42期，1946年4月。

根據漢字體系加上相應的形符。"他列舉了明清俗字中一批表示動作的詞，其相應的字符增添或改爲"扌（手）"旁的例子，如"診—抮""彈—捵""輪—掄""紐—扭""翻—播""歃—插""查—揸"等。①顯然，"扌（手）"旁已成爲顯示字詞動作義的類化標記。中古碑誌中，因本義或引申義與動作相關而添加"扌（手）"旁的字例亦不鮮見。可見這種增改形符的類化手段具有傳承性。

【解—擤、觧、觓】《説文・角部》："解，判也。從刀判牛角。""解"是會意字，用以刀剖解牛角表示"解析"之義，又引申指解除、解職等義。因"解"與手部動作密切關聯，故或産生從"扌（手）"的各種寫法。

或作"擤"，徑增"扌"符。北魏和平三年《邸元明碑》："君乃辟命，擤褐應求。"（《校注》3/239）"解褐"，指入仕，即解去平民所穿的衣服，易上官服。

或作"觧"，易"牛"符爲"手"符。北魏建義元年《王誦墓誌》："觧褐員外散騎侍郎、司徒主簿。"（《北圖》5/104）

或作"觓"，簡省右部之"刀""角"而易之以"手"符。北魏正光二年《封魔奴墓誌》："以疾乞觓，優旨徵還。"（《北圖》4/115）"乞解"，謂乞求致仕。北齊皇建元年《雋敬碑》："醲味救飢，觓褐濟寒。"（《校注》9/74）

【攀—攓】"攀"，《説文・𠬞部》小篆作"𠬜"，或體從手作"攀"。隸楷書通作"攀"，移"手"于下部。隋開皇十五年《鞏賓墓誌》："攓風枝而永慟，哀二親之不待。"（《北圖》9/103）誌字據文意當即"攀"的形符累增字。

【爪—抓】北魏普泰元年《張玄墓誌》："羽翼天朝，抓牙帝室。"（《北圖》5/151）此處"抓"即"爪"之涉義類化字。前文已叙。

【藏—撖】"藏"，從艸臧聲。唐天寶四年《高俌墓誌》："合葬之禮，宅兆斯撖。"（《隋唐》洛陽卷11/58）誌字當即"藏"之異體，表保藏、收存義，換"艸"符爲"扌"符，右旁即"臧"之省寫。

【殱—攕】北魏正光元年《趙光墓誌》："如何不弔，攕此良人。"（《北圖》4/91）北齊天保二年《崔芬墓誌》："芒昧上玄，攕我人良。"（《校注》8/261）此處"攕"即"殱"之異體，表消滅義，換"歹"符爲"扌"符。《大字典・手部》（2103）失收"同'殱'"之義項，宜據補。

【牽—搴、挛】東漢光和六年《唐扶頌》："捒搴君車，輪不得行。"（《隸釋》卷五）《説文・牛部》："牽，引前也。從牛，象引牛之縻也。玄聲。""牽"的本義爲拉、挽，常涉及手部動作，故或換"牛"爲"手"符。《干禄字書》："搴，俗；牽，正。"再省作"挛"。唐貞觀廿三年《關英墓誌》："隨其善惡，有力先挛。"（《北圖》11/188）

---

① 曾良《明清小説俗字研究》191-201頁，商務印書館，2017年。

第七章　漢字類化的特點、成因及作用

【卉—拚、抃】"卉"是"弄"的俗字，大約產生于六朝。較早用例見北魏太和十八年《弔比干文》："執垂益而談卉兮，交良朋而攄苦。"（《北圖》3/21）《字彙補·卜部》："卉，與弄同。""卉（弄）"本義爲把玩，涉"手"義或增"扌（手）"符作"拚"。北周明帝元年《強獨樂造像記》："至永熙年中，高賊昌狂，拚威并相。"（《北圖》8/99）右旁"卉"或省作"卡"。北魏孝昌二年《楊乾墓誌》："幼不好抃，貧而樂道。"（《北圖》5/43）

【角—捔】北魏正光四年《席盛墓誌》："掎捔有方，應時掃定。"（《校注》5/176）"掎捔"本作"掎角"，"角"涉上字"掎"而增"扌"符作"捔"。《集韻·覺韻》："《博雅》'捔也'。通作角。""掎角"語本《左傳·襄公十四年》："譬如捕鹿，晉人角之，諸戎掎之。"孔穎達疏："角之，謂執其角也；掎之，言戾其足也。"捕捉野獸時，抓住獸角叫"角"，拉住獸脚叫"掎"。此處引申指分兵牽制或夾擊敵人。《三國志·吳志·陸遜傳》："掎角此寇，正在今日。""掎捔"又引申有偏斜義。北齊武平二年《道略等三百人造像記》："掎捔壁璫，浮梁止雪。"（《偃師碑志選粹》46）

（二）部分類化字的使用具有傳承性

歷代民間寫本文獻中保存了數量衆多的俗字形體，其中不少字形是類化作用的產物。例如周志鋒臚列明清小説所見俗字 100 餘個，其中明確指出受類化作用影響而產生者不下 10 例，如"䜋"（"嘀䜋"即"商議"，"商"俗書作"嘀"，"議"涉"嘀"而換符）、"姪"（即"怪"，受常配字"妖"的影響而換符）、"揪"（即"耽"，受常配字"擱"的影響而增符）、"尃"（即"頗"，受常配字"耐"的影響而換符）、"禡"（"禡褂"即"馬褂"，"馬"涉"褂"而增符）等。①碑誌中的一些類化俗字，亦見於明清小説等通俗文獻，可見這些字形的使用具有較強的普及性及歷時承用性。

【儒】"儒"是"儒"的字內類化異體，右上"雨"符涉其下"而"符而類化作"而"。《干祿字書》："儒儒：上通下正"。碑誌頗見其用例，如北魏神龜二年《元祐墓誌》作"儒"（《北圖》4/61），孝昌二年《侯剛墓誌》作"儒"（《北圖》5/36），建義元年《元略墓誌》作"儒"（《北圖》5/101），北周保定五年《董榮暉墓誌》作"儒"（《校注》10/193），唐永徽元年《樂達墓誌》作"儒"（《北圖》12/5）。敦煌寫卷所見"儒"字多作"儒"形（《敦煌俗字典（第二版）》667）。明清小説亦見，《小説集成》明嘉靖刊本《三國志通俗演義》卷一《呂布刺殺丁建陽》："李儒勸卓早定廢立之計。"

【顚】"顚"即"顚（願）"的字內類化異體。該形除常見於碑誌外，亦尋見於

---

① 周志鋒《明清小説俗字俗語研究》3-43 頁《俗字百例》，中國社會科學出版社，2006 年。所列 100 個俗字條目（加上附帶論及的冷僻俗字，實際數量超過 100 個），均爲《大字典》《中華字海》所不載。語料絕大多數采自影印本《古本小説集成》，上海古籍出版社，1990 年。

通俗寫本。敦煌寫卷伯 2160 號《摩訶摩耶經卷上》："唯㸚施慈悲，速令成妙果。"黃征注："此形左右類化，頗爲常見。"(《敦煌俗字典（第二版）》1020）又見《小説集成》本《珍珠舶》卷一第一回："必須尋計弄他上手，方遂我願。"(《明清小説俗字典》778）

【㗛—㗛】"㗛（㗛）"是"笑"的類化字，涉"口"義而增"口"符。除碑誌用例外，通俗寫本亦常見。敦煌寫卷斯 610 號《啓顔録》："坐皆大㗛"。伯 4606 號《二月八日》："遂乃梅花始㗛，喜鵲欲巢。"又見《小説集成》清刊本《枕上晨鐘》第八回："倬然聽了，哈哈一㗛。"

【殀】"殀"是"夭"的類化字，涉"死亡"義而增"歹（歺）"符。碑誌較早用例見東漢永和六年《冀州從事馮君碑》："何寑不遂，中年殀苓。"(《校注》1/132）"殀苓"即"夭零"，指喪命。《玉篇·歹部》："殀，殁也。亦作夭。"明清小説有承用例。《小説集成》明刊本《古文小説》卷二一《臨安里錢婆留發跡》："試看闘文并后稷，君相從來豈殀亡！"

【姟】西晉元康九年《徐義墓誌》："美人乳侍，在於嬰姟。"(《北圖》2/64）唐長壽三年《張懷寂墓誌》："爵被姟童，以旌恩寵。"(《北圖》18/32）《説文·口部》："咳，小兒笑也。孩，古文咳從子。""咳（孩）"之本義爲嬰兒笑，引申指孩童，蓋因與"嬰"同義且常連用，故或受"嬰"之影響而换作"女"符。玄應《一切經音義》卷九"嬰咳"條："咳，古文孩，同。……論文有從女作姟字。"該形又見敦煌寫卷斯 2832 號《願文等範本·妹亡日》："惟姟子稟乾坤而爲質，承山岳已作靈。"此右旁訛爲"彦"。又見《小説集成》庚辰本《脂硯齋重評石頭記》第二十八回："王夫人笑道：'到的是宝丫頭，好姟子，不撒謊。'"

《大字典·女部》（1121）釋"姟"爲"古代最大的數目名"，失收"同'孩'"之條目，當據補。

五、任意性

通常意義上的"類化字"，即狹義類化字，具有俗字爲多、字形臨時性特徵明顯、使用頻率低等特徵[①]，它們有時以疑難字、異體字、同形字，乃至訛誤字等身份出現，給人們的正確辨識和使用設置了一定的障礙。可以説，它們的產生和使用是類化所具有的任意性的體現。

第一，狹義類化字的產生往往依賴于具體的語言環境；若脱離語境，它們便成爲"無本之木"，其流通就要受到很大的制約。因此很多字形使用面比較狹窄，文獻複現率極低，甚至僅見單碑孤例，如前文所舉北魏正光五年《杜法真墓誌》

---

① 吴繼剛、毛遠明《漢魏六朝碑刻異體字研究的幾個問題》，《古漢語研究》，2012 年第 2 期。

"攀車"之"攀"作"攀"(《校注》5/287)，北齊天統四年《和紹隆墓誌》"下邳"之"下"作"下阝"(《校注》9/288)，北魏正光二年《司馬顯姿墓誌》"螽斯"之"斯"作"𧒽"(《北圖》4/100)等。多數情況下，書寫者仍傾向于把上述詞語寫成"攀車""下邳""螽斯"等常規形式。

第二，從漢字系統的角度來看，類化造成了大量異形同字、同形異字情況的出現：一方面導致同期漢字總量的增加及字形冗餘，勢必增加人們的書寫、記憶負擔；另一方面導致漢字形義對應關繫的混亂，爲漢字系統的發展帶來消極影響。如唐貞觀四年《張娥子墓誌》"便娟"之"便"作"娗"(《北圖》11/27)，唐顯慶三年《劉珪墓誌》"沛豐"之"豐"作"澧"(《北圖》13/81))，唐景雲二年《李君妻裴氏墓誌》"灌木"之"灌"作"楿"(《北圖》20/141)，字形分別與"嫂"的異體、"澧水"字、"權衡"字相混，成爲記錄兩個毫無關聯的意義的同形字。

第三，一些訛誤字的產生與類化作用有關，這也是類化任意性的體現。例如程千帆等將因上下文而訛歸結爲古籍書面材料發生錯誤的原因之一。①訛誤字又稱"錯別字"，指寫得不成字的字（錯字）及寫得張冠李戴的字（別字）。如在當代社會背景下②，將"疲勞"寫作"疲痨"，"安排"寫作"按排"，"粉碎"寫作"粉粹"等，這些錯誤詞形的出現，涉及詞內各字之間的形體影響；將"沛"寫作"沛"，"含"寫作"含"，"賜"寫作"賜"等，這些錯誤字形的出現，則涉及常見偏旁"市""令""易"等的干擾。

中古碑誌銘文中也偶見誤寫、誤刻的情況。一些訛誤字形的產生，可能與類化作用的影響有關。例如：

【清】"溫凊"，語出《禮記·曲禮上》："凡爲人子之禮，冬溫而夏凊，昏定而晨省。"謂冬天溫被、夏天扇席，表示侍奉父母無微不至。《說文·仌部》："凊，寒也。從仌青聲。"碑誌援引此典時，或縮略爲"夏凊冬溫""溫凊"等。"凊"常寫作"清"，寫作正字"凊"的反而罕見。北齊武平元年《劉雙仁墓誌》："冬溫夏清，入窮養親之道；夜寐夙興，出盡事君之義。"(《北圖》8/8)河清三年《尒朱元靜墓誌》："溫清左右，閨房娊慎。"(《北圖》7/128)武平三年《徐之才墓誌》："幼丁荼蓼，長違溫清。"(《北图》8/39)。唐永徽三年《皇甫德相墓誌》："閱禮敦詩，既奉過庭之訓；昏定晨省，無虧溫清之方。"(《北圖》12/56)"凊"之作"清"，既與偏旁"冫""氵"相混有關，亦與"溫"字的影響有關，其例雖夥，但嚴格來說，實屬訛寫。

---

① 程千帆、徐有富《校讎廣義：校勘編（修訂本）》81-83頁，中華書局，2020年。
② 新中國成立後，針對社會用字混亂現象，發布了一系列規範文件，明確了字形、詞形的標準書寫形式。參蘇培成《現代漢字學綱要（第三版）》233頁，商務印書館，2014年。故對"訛誤字"或"錯別字"的認定應包涵歷時的考量，許多古代的通用、俗寫、異寫字形，現在都被排除于規範字形之外。

【則】唐麟德二年《索達墓誌》:"爰述高芬,敬**則**貞石。"(《北圖》14/150)"敬"下一字,《唐彙編》(431)照錄爲"則"。《唐附考》(6/326)認爲此字當釋作"刊",可從。依照墓誌行文慣例,"則"當是"刊"之誤刻,致誤的緣由或是受到下字"貞"的形體影響。

【驚】北魏正光五年《郭顯墓誌》:"四牡**驚驚**,六轡耳耳。"(《北圖》4/177)《詩經‧小雅‧采薇》:"駕彼四牡,四牡騤騤。"毛傳:"騤騤,强也。"故"驚驚"當是"騤騤"之誤刻。"騤"與"驚"形近,該句下文又有"**磴**"字,書碑者蓋受"**磴**"字潛在影響而誤刻。

【壞】唐開元三年《杜忠良墓誌》:"陳留故**壞**,蘊人物之多奇;大梁舊國,疏川原之作鎮。"(《北圖》21/47)"**壞**"據文意當即"壞"字。該形不見于歷代字書,疑即涉上字"故"而誤刻。①

關于書寫類化字是不是一種有意識的行爲,目前學界還存在争議。如黄文杰指出:"類化是一種有意識的行爲還是無意識的行爲呢?本文認爲類化是一種有意識的行爲。類化字有變換偏旁或部件的,也有增加偏旁的,其中許多字受不同上下文的影響,一再變換或增加偏旁以求類化,這說明它們絶不是偶然性的筆誤,不能以文字錯訛現象解釋之。"②我們認爲,由類化所導致的書寫訛誤在很多時候應該屬于一種無意識行爲。書寫者并非有意爲之。③而一旦類化字形進入流通領域,被流俗所接受,那麼這時的書寫顯然就不能單純地算作一種筆誤了。例如前文所舉敦煌寫卷存在將"裝束"之"裝"寫作"榬"的情况,黄征總結道:"這種字形偶然發生時可被稱爲'錯字''誤字',一旦重複發生就只能算是俗字。"④因此所謂的"訛誤"是一個相對概念,與書寫頻率密切相關,不可一概而論。

第二節 漢字類化的促動因素

漢字類化現象雖然最終體現于文字層面,但促動其發生的因素則是多源多樣的,既可能來自漢字系統内部,也可能來自漢字系統外部。其中,外部因素又可

---

① 梁春勝指出,俗書"土"旁可繁化爲"古"。参氏著《楷書部件演變研究》271頁,綫裝書局,2012年。故"壞"之作"壞"亦符合俗字訛混通例。
② 黄文杰《戰國文字中的類化現象》,載《古文字研究》第26輯,中華書局,2006年。
③ 筆者觀察自己女兒在小學五年級之前的語文作業,發現她偶然寫錯的部分字詞與類化作用有關,如將"畏懼"的"畏"寫成"愄",將"水寨"的"寨"寫成下底從"水",將"輿馬"的"輿"寫成居中從"馬",將"吝嗇"的"吝"寫成下部從"回"等。按理說,小朋友寫錯别字并不存在主觀故意。
④ 黄征《敦煌俗字典(第二版)》25頁,上海教育出版社,2019年。

大致歸納爲心理機制、語言系統及社會文化這三個方面和層次。本章重點考察外部促動因素。

一、心理機制

唐蘭指出："文字用它自己的形體來表達人的思維活動、認識活動。當人們寫一個文字的時候，目的在寫他的思想而不僅僅爲的是寫語言；當人們看文字的時候，也只是看它所包含的內容，不一定把它當作語言；只有把它讀出來的時候，纔由文字轉化爲語言。"① 文字是思維的表徵形式之一，人們書寫、認識文字的過程離不開多種心理因素的參與。漢字類化作爲一種文字現象，其背後涉及類推思維、完形感知、範疇化認知以及聯想思維等多種認知和心理機制的參與促動。

（一）類推思維

類推又稱"類比推理"，是人類的一種普遍共性的思維模式，也是人們識別和把握事物的有效手段之一。要言之，類推即比照某一事物的道理推知與其同類的其他事物的道理。漢語中，該詞較早見於《漢書·終軍傳》："夫明闇之徵，上亂飛鳥，下動淵魚，各以類推。"又見南宋周輝《清波雜誌》卷六："宣和間，宗室圍爐次，索炭，既至，訶斥左右云：'炭色紅，今黑，非是。'蓋嘗供熟火也。以此類推之，豈識世事艱難！"② "近朱者赤，近墨者黑""物以類聚，人以群分""一丘之貉""龍生龍，鳳生鳳，老鼠的兒子會打洞"之類的俗語及觀念的形成，都或多或少反映了類推思維的促動。

類推不僅是人們認識事物的一種方法，也是語言發展的重要推動力之一，其影響力滲透于語音、詞彙、語法等各語言要素的方方面面及各個發展階段。例如在詞彙學上，仿照已有詞語的構詞方式再造新詞稱爲類推，是漢語造詞的一種輔助手段。《容齋隨筆·初筆》卷五"詩什"條："《詩》二《雅》及《頌》前三卷題曰：'某詩之什。'陸德明釋云：'歌詩之作，非止一人，篇數既多，故以十篇編爲一卷，名之爲什。'今人以《詩》爲篇什，或稱譽他人所作爲佳什，非也。"洪邁認爲"篇什""佳什"這些詞是參照"詩什"仿造而來。③ 王雲路曾以"蒙免""鞭恥""恫悅"（分別由"蒙恩""鞭辱""踴躍"類推而來）等詞爲例，討論了類推造詞的各種情形。④

國外學者對"類推"（generalization）作出的比較有代表性的定義是："從所

---

① 唐蘭《論馬克思主義與中國文字改革的基本問題》，《中國語文》，1956年第1期。
② （宋）周輝《清波雜誌·別誌》，上海古籍出版社，1987年。
③ （宋）洪邁《容齋隨筆·初筆》124頁，團結出版社，2020年。
④ 王雲路《論類推在詞語產生方式中的作用》，載《中古漢語論稿》，中華書局，2011年。

學習和觀察到的事物中類化和歸納出某些規律性、條例性和結論性的東西。"①因此,"類推"是人類學習中一種非常重要的、占主導作用的學習策略。②

類推作用在語言文字的習得過程中也有體現。20世紀80年代初期,從事第二語言習得研究的學者在"類推"的基礎上,提出了"過度類推"(over-generalization)這一概念,即"語言學習者將目的語的語法規則運用推廣到不應有的範圍"。③

以語言遷移現象爲例。④19世紀40年代,英國語言學家帕默爾指出,當一個小孩造出"sheeps"這一複數形式的時候,他是比照了cows(牛)、dogs(狗)以及pigs(猪)這類詞的模式的。人的這一思維過程可以用一個數學公式即比例式表示,例如:

dog：dogs：：cow：cows：：sheep：x
x=sheeps⑤

初學英語的人有時會把cost、shoot、pay等動詞的過去式誤寫成costed、shooted、payed(實際分別應該是cost、shot、paid),這是因爲大多數動詞的過去式都要添加後綴-ed,呈現出比較整齊的變化態勢,學習者將這種改寫規則推而廣之,過度泛化,于是出現了上述的書寫偏誤。這個類推過程可以表示如下:

改寫規則：	V	→	V-ed
規則動詞1：	work	→	worked
規則動詞2：	want	→	wanted
規則動詞3：	visit	→	visited
規則動詞4：	play	→	played……
不規則動詞1：	cost	→	*costed
不規則動詞2：	shoot	→	*shooted……

值得一提的是,這種類推力量十分强大,甚至能使曾經的不規則動詞變得"規則"起來,例如help的過去式本來寫作holp,現在則寫作helped。⑥

---

① Brown, H. D. Principles of Language Learning and Teaching (4th ed.). New York: Prentice Hall, 2000.
② 羅立勝、張宵宵、王立軍《試論"過度類推"觀點與"過度類推"現象》,《外語教學》,2006年第2期。
③ Dulay, H. C., Burt, M. K., & Krashen, S. Language Two. New York, NY: Oxford University Press, 1982.
④ 語言遷移(language transfer)指目的語和其他任何已經習得的(或沒有完全習得的)語言之間的共性和差異所造成的影響。(Odlin Terence. Language Transfer: Cross-Linguistic Influence in Language Learning, Cambridge: Cambridge University Press, 1989.)從結果看,遷移可分爲正遷移和負遷移;從來源看,遷移可分爲語際遷移和語内遷移。
⑤(英)帕默爾、李榮等譯《語言學概論》50-51頁,商務印書館,1983年。該比例式由法國語言學家保羅於19世紀80年代提出,故稱爲"保羅比例式"。
⑥ 竺家寧《古音之旅(第三版)》50頁,(台北)國文天地雜誌社,1989年。

漢字系統中類化字形的大量生成及使用，顯然與類推思維的潛在促動密切相關。正如趙平安所説："一切事物都是聯繫的，都有不同的類，那麽，由于人類心理的固有傾向，人們常常會把對象聚合成組，其中各個成分往往以聯想爲紐帶聯結在一起。同樣，在漢字系統中，字與字之間也是相互聯繫的，人們在認字過程中，歸納和類聚便成爲一種極普遍的心理過程。"①無論在宏觀的系統層面，還是在微觀的個體字詞層面，漢字的書寫普遍存在類推的情況，前文已多有叙及；而當類推超出一定限度，也會出現"過渡類推"的情況。例如被王力譏爲"改得没什麽'道理'"的"鳳皇—鳳凰"②，"凰"是受"鳳"字影響而產生的類化字形，不易以"六書"解析，可謂"錯字"，於是人們另造形聲字"鵟"③。從構字理據來看，"鵟"的形義對應性要優于"凰"，然而在後世的字形競爭中反而處于下風。《集韻·唐韻》："鵟，凰或從鳥。"此以"凰"爲正體。現今亦以"凰"爲通行字。這似乎也從側面證明了，在俗寫領域"習非成是"的強大作用下，某些基于"過度類推"所產生的"無理"字形也有可能變得"有理"，這與 help 的過去式從 holp 變成 helped 的情況頗爲類似。

（二）完形感知

　　"完形"是西方格式塔（Gestalt）心理學派基于審美經驗提出的一個概念。完形理論的基本觀點爲：當人們在知覺一個不規則、不完滿的形狀時，往往會下意識地在頭腦中填補"缺陷"，使之成爲完滿的形狀（即所謂"完形"或"格式塔"），從而達到内心的平衡。該理論尤其可以很好地解釋漢字發展中的類成字化現象何以大量發生。

　　徐彩華指出："漢字在視覺上是一種平面圖像刺激，字形的可分解是漢字知覺屬性的重要特點。"④漢字作爲一種可以"目治"的視覺符號，人們對它的識讀和書寫不可避免地受到"完形壓強"⑤的影響：人們在觀察事物時，總是傾向于用自己所熟悉的經驗，把本無聯繫的散亂事物加工成有機的整體後進行感知。受文化水平的局限，民間群衆在書寫漢字過程中，常會遇到"不成字"的或陌生的構件

---

① 趙平安《漢字聲化論稿》，《河北大學學報（哲學社會科學版）》，1990 年第 2 期。
② 王力《漢語史稿（重排本）》53 頁，中華書局，2004 年第 2 版。
③ "鵟"字在漢代已有用例。揚雄《蜀都賦》："鷥鶬鵟鵟，風胎雨轂。"中古碑誌亦較常見。北齊武平二年《乞伏保達墓誌》："刷鴻鵠之羽，集鳳鵟之池。"（《北圖》8/21）隋開皇九年《來和墓誌》："葬於河陰鳳鵟鄉鳳鵟里。"（《隋彙》1/294）
④ 徐彩華《漢字認知與漢字學習心理研究》119 頁，知識產權出版社，2010 年。
⑤ 趙平安指出："心理學實驗證明，每一個漢字都是一個'格式塔'，人們面對著那些不盡完善、不盡美觀的'格式塔'，往往會產生一種改變它的強烈願望，即所謂'完形壓強'。"參氏著《隸變研究（修訂版）》66 頁，上海古籍出版社，2020 年。

或形體，此時便傾向于將其改造爲"成字"或熟悉的構件，以便于記寫。這些爲人們所熟識的字或構件就是一個個"完形"，而那些陌生的構件或形體在記寫過程中就傾向于被識別或改寫爲某個"完形"。

形近變異是引發漢字形體、結構變化的原因之一，而高頻出現、爲人們所熟悉的字或構件爲這種變異提供可參照的"完形"，誘導字形的演變或改造向這個方向發展。這種現象發生于漢字發展的各個階段，導致了大量異體字的産生。隸變中所發生的筆畫拆解、變形及構件移位、離析、重組、訛變等造成了大量漢字的形義割裂，對漢字的記寫造成了不小的困難。在以隸楷書爲代表的近代漢字中，類成字化改造表現尤爲活躍，是俗訛字産生的一大淵藪。

在俗文字流通領域，普通民衆日常拆字大多採取成字優先的做法，即爲了明確一個字的構形與寫法而傾向于將其分解爲便于稱説的類成字構件，往往不論其真實理據。這可視爲一個重新分析①的過程。此類例子不勝枚舉，比如人們把用作姓氏的"楊"説成"木易楊"、把"俞"説成"人則俞"，主要是"楊"的聲符"易"比較罕見、"俞"的"人"符以下部分不成字，不如形近的"易"和"則"便于稱説的緣故。稱説姓氏的"口天吴""雙口吕""干勾于""草頭黄"等，也都包含對字形的無理拆解。至于民間以"尺二"稱説"盡"字②、以"丘八"稱説"兵"字③等，似乎都屬于無理拆分，所得構件與全字理據缺乏明確的關聯。對于構形更爲模糊難識的草書，這種拆解可以説觸目皆是，如"六手宜爲稟""七紅即是袁""壽宜圭與可"等。④

整體性觀念也是完形理論的一個核心觀念。完形比它的構成要素在認知上更簡單，更容易識別、記憶和使用。⑤例如前文列舉的"履—覆""席—廗""莽—莽"等，都是字内位置臨近的幾個構件黏合成單個類成字構件，這種處理方式有助于減少全字的認知層級，增强整體感知性，便于記寫。

---

① 漢字的重新分析是指對同一個漢字所做的又一種符合漢字系統的形體分析。參齊元濤《重新分析與漢字的發展》，《中國語文》，2008年第1期。重新分析可能是有理的，也可能是無理的。無理的重新分析通常會造成漢字的形義割裂，導致類成字構件的産生。如"章"本由"音""十"構成，構字理據清楚。《説文·音部》："樂竟爲一章。從音從十。十，數之終也。"但用作姓氏時常被稱爲"立早章"，全字被重新分析爲"立""早"的組合，構字理據喪失。

② "尽"是"盡"的草書楷化俗字。(宋)孫奕《履齋示兒編》卷九《文説》"聲畫押韻貴乎審"條："誠齋先生楊公考校湖南漕試……先生見卷子上書'盡'字作'尽'，必欲擯斥。考官乃上庠人，力争不可。先生云：'明日揭榜，有喧傳以爲場屋取得個尺二秀才，則吾輩將胡顔乎？'竟黜之。"後因以"尺二秀才"譏諷寫俗字的書生。

③ "兵"可析爲"丘、八"二字，故俗以"丘八"爲"兵"的隱語。後蜀何光遠《鑒誡録》卷四《輕薄鑒》："太祖問擊椀之戲創自誰人。大夫對曰：'丘八所置。'"

④ 萬業馨《應用漢字學概要》212頁，商務印書館，2012年。

⑤ 沈家煊《認知語言學與漢語研究》，載《語言學前沿與漢語研究》，上海教育出版社，2020年。

類成字化改造不僅是異體字、俗訛字產生的重要途徑，同時爲漢字的民俗闡釋提供了土壤。黄德寬等指出："從闡釋角度看，在單純觀照那些陌生的漢字形體時，人們常常無法完成由字形到字義的正確轉換，而且漢字構形及其發展也越來越背離其早期構成的形義統一性原則。"①對于字形演變過程中所造成的形不表義的情況，後世往往結合所見字形結構進行主觀性拆分闡釋，賦予其流俗理據，以彌合形義關繫。《説文·叙》②及《顔氏家訓·書證》③都曾舉證批駁過這種近乎游戲的解字法。裘錫圭也指出："爲了盡量使偏旁成字，往往不得不在字形的表意方面作些犧牲……有時爲了使偏旁成字，甚至不惜完全破壞字形的表意作用。例如：𰀁（射）字像弓箭的部分後來改成形近的𱃈（身），跟字義就完全失去了聯繫（《説文》"躾"字下以"弓弩發於身而中於遠"説"躾"字從"身"之意，是牽強附會的。"躾"即"射"字異體）。"④民間流行的"千里爲重""二山爲出""同田爲富"等説法，其實都屬于這種情況。

總之，傳統文字學認爲形義統一性是漢字構形及其運用所遵循的基本原則，當漢字喪失理據時，往往會通過圍繞字音、字義進行改造（如加注形符、聲符或構件音化、義化等）的方式進行理據重構。但類成字化現象的普遍存在却與上述觀念相互乖違。可見，漢字的發展演化是複雜而多途的，類成字化改造也是其中的一個重要方向。尤其在世俗用字層面，很多時候人們似乎更注重漢字記寫的便捷性，而不以理據性爲最終訴求。這值得我們對漢字發展問題進行重新審視。

（三）範疇化認知

範疇是指人們在互動體驗的基礎上對客觀事物普遍本質在思維上的概括反映，是由一些通常聚集在一起的屬性所構成的"完形"概念構成的；範疇化則是一種基于體驗、以主客體互動爲出發點、對外界事體（事物、事件、現象等）進行主觀概括和類屬劃分的心智過程，是一種賦予世界以一定結構，并使其從無序轉向有序的理性活動，也是人們認識世界的一種重要手段。⑤

---

① 黄德寬、常森《漢字形義關繫的疏離與彌合》，《語文建設》，1994年第12期。
② 《説文·叙》："諸生競説字解經誼……乃猥曰：'馬頭人爲長''人持十爲斗''虫者屈中也'。廷尉説律，至以字斷法，'苛人受錢'，'苛'之字'止句'也。若此者甚衆，皆不合孔氏古文，謬於史籀。俗儒鄙夫玩其所習，蔽所希聞，不見通學，未嘗睹字例之條。"
③ 《顔氏家訓·書證》："《春秋説》以人十四心爲德，《詩説》以二在天下爲酉，《漢書》以泉貨爲白水真人，《新論》以金昆爲銀，《國志》以天上有口爲吴，《晉書》以黄頭小人爲恭，《宋書》以召刀爲邵，《參同契》以人負告爲造。如此之例，蓋數術謬語，假借依附，雜以戲笑耳。"
④ 裘錫圭《文字學概要（修訂本）》41-42頁，商務印書館，2013年。
⑤ 王寅《認知語言學》91、96頁，上海教育出版社，2009年。

文字作爲思維的物化表現形式，不免要被打上認知範疇化的烙印。客觀事物是能夠分出類別的，如人類、動物類、植物類、天文地理類等；具有直接表意性的漢字也能采用同樣的分類法，據形繫聯，分別部居。①這一點比較集中地表現在漢字形符的類聚作用上。形符又稱義符、意符，通常標示形聲字本義、引申義等所屬的意義範疇，是詞義的範疇符號，反映了先民對詞及其所表示的概念分類的認識。②形符的使用及調整，往往受到認知觀念發展變化的促動。

　　第一，形符的增改以強調義類爲基本指向。漢字具有表義性特徵，但字形或詞義的不斷演變又容易造成形義對應性的破壞。一旦出現形不顯義（有時甚至只是形符發生變形或位置不够顯著）的情況，"以類相從"的法則便要潛在地發揮作用，驅使人們通過增加、改換或移動形符等手段，使形符獲得視覺上的突顯，以更好地起到標示義類的效果。唐陸德明《經典釋文序録》所謂的"飛禽即須安鳥，水族便應著魚"，便體現了人們的這種造字改字心理。

　　第二，形符的更替體現範疇觀念的變化。事物的發展變化可能會引發其所屬或關涉的類別範疇發生相應的變化，人們對事體的認知也會發生相應調整，繼而形諸文字。例如"炮"字本來寫作"礮"，又省爲"砲"，都以"石"爲形符，因爲原始的炮只不過是一種抛石機。後來抛石機演進爲火炮，慢慢就有人用"火"符來取代"砲"的"石"符了。③

　　第三，形符的互作體現範疇之間的交疊關繫。一些形聲字的形符，既可以由甲字充當，也可以由乙字充當。這主要是由於人們觀察事物的着眼點不同，與事物本身是否發生變化關繫不大。也就是説，互爲異體但形符有别的兩字或數字，有時反映了不同範疇之間的交疊（或包孕）關繫。例如"觥"本指盛滿酒的酒杯，小篆從"角"以顯示其質料。《説文通訓定聲・角部》："疑古酒器之始，以角爲之，故觚、觶、觥、觵等字多從角。"蓋上古的盛酒器多用獸角製成，因其表層堅硬、内部空心而被用來盛放酒。甲骨文"酉""酒"本爲同字。觥是酒器，俗書或改從"酉"符作"醂"。如北齊武定五年《馮令華墓誌》"源資濫觥"之"觥"作"醂"（《北圖》6/145），隋大業六年《段模墓誌》"賓友琴觥"之"觥"作"醂"（《北圖》10/43）等。《干禄字書》："醂觥：上俗下正。"

　　第四，形符的換用體現範疇之間邊界的模糊性。原型範疇理論（Prototype Theory）認爲：範疇的邊界是不確定的、模糊的，範疇具有開放性；由於客觀世界具有無限性、連續性、不可窮盡性，很多事體是一個連續體，這就很難在它們

---

① 何九盈、胡雙寳、張猛主編《漢字文化大觀》61頁，人民教育出版社，2009年。
② 許嘉璐《漢字形符的類化與識字教學》，《漢字文化》，1992年第1期。
③ 裘錫圭《文字學概要（修訂本）》164-165頁，商務印書館，2013年。

之間劃出一個確切的界限。①例如"鼇"本從"黽"②，或從"龜"作"鼇"，唐萬歲登封元年《李起宗墓誌》"鼇峰恃險"之"鼇"作"鼇"（《北圖》18/81）。或從"虫"作"螯"，北魏正光五年《元子直墓誌》"練石斷鼇"之"鼇"作"螯"（《北圖》4/169），此與"蟹螯"字同形。亦從"魚"作"鰲"，東魏興和二年《敬顯儁碑》"斷鼇之力"之"鼇"作"鰲"（《北圖》6/71）。《正字通·魚部》："鰲，俗鼇字。"古人將動物分爲鱗、甲、羽、毛、蠃等大類，鼇、龜同屬甲類，故"鼇"或從"龜"；魚屬鱗類，鼇主要生活于海中，與魚有共通之處，故或從"魚"作。"虫"常用爲動物的通名，故"鼇"或從"虫"。"鼇"字的形符換用，體現了"黽""龜""魚""虫"等動物范疇之間邊界的連續性和模糊性。

總之，範疇化認知在漢字類化過程中發揮着重要的驅動作用。③通過形符的類聚和繫聯，漢字的系統性得以維護及強化，這既表現在相同義類字符之間的"以類相從"，也表現在不同義類字符之間的形符互作。例如從"山""阝（阜）""水（氵）""石""土"的字，常產生形符相互換用或疊加的異體。這是因爲這些形符所代表的義類之間彼此相通："阜"是"土山"，"山"體常由"土"或"石"構成，"山""水"常相依，"水""石"常同現。

【沙—坐】東漢永建六年《袁良碑》："作帝父，振坐穢。"（《隸釋》卷六）洪適跋："坐即沙字。"《字彙補·土部》："坐，與沙同。"

【廛—鄽】隋大業八年《張伏敬墓誌》："降臨神牧，式撫帝鄽。"（《北圖》10/73）誌字當即"廛"之異體。"廛"或增"阝"符作"鄽"。《正字通·邑部》："鄽，同廛。""廛"或又俗省作"厘"。《正字通·厂部》："厘，俗廛字。"誌字在"厘"形基礎上又增"阝"符。《字彙補·邑部》："鄽，鄽字省文。"

【岸—埠】北周大象二年《張子開造像記》："迷子惺悟，方求彼埠。"（《校注》10/342）《龍龕·土部》："埠，音岸。"

【隥—磴】北魏正光五年《郭顯墓誌》："石磴長蕪，泉肩永塞。"（《北圖》4/177）《說文·阜部》："隥，仰也。"段玉裁注："仰者舉也。隥陟之道曰隥。"《集韻·隥韻》："隥，或從石。"

---

① 王寅《認知語言學》125頁，上海教育出版社，2009年。
② 《說文新附·黽部》："鼇，海大鼇也。"又《說文·黽部》："黽，鼃黽也。從它，象形。黽頭與它頭同。"段玉裁注："鼃黽，蝦蟇屬。""黽"本表示一種蛙類，鼇、龜爲水蟲且在形體或習性上與蛙有近似之處，如蛇頭、鼓腹、兩棲、伏身貼地等，故"鼇""鼇"皆從"黽"。
③ 一些學者認爲範疇化是漢字類化最根本的思維動因。如周秀紅認爲："所謂漢字類化是指在範疇化認知模式的指導下，按類改變原字的字形，或續加義符，或是通過增換義符分門別類地分化母字，從而使漢字在演進過程中能夠從整體上遵循'以類相從'的原則，不斷建立漢字的類聯繫，使漢字朝着系統化方向演進。"參氏著《漢字字形類化的可能性及其動因分析》，《現代語文（語言研究版）》，2007年第10期。

【郭—塛】東魏武定六年《元延明妃馮氏墓誌》："澗西膴膴,塛北壘壘。"(《北圖》6/151)《正字通·土部》："塛,俗郭字。"

【隕—塓】北魏永安三年《寇霄墓誌》："痛道範之速塓,哀松蘭之早折。"(《北圖》5/137)《玉篇·土部》："墳,落也,壞也,與隕同。"誌字可視爲"隕""墳"的糅合字形。

【壟—隴】北魏永熙二年《王悦及妻郭氏墓誌》："言歸同穴,更營墳隴。"(《北圖》5/191)神龜元年《常敬蘭墓誌》："隴首雲屯,松門風嘯。"(《北大》80)在墳墓義上,"壟"或換旁作"隴",如東魏天平四年《公孫甑生墓誌》："隴首恒昏,松阿不署。"(《北圖》6/41)故"隴"可視爲"壟""隴"的糅合字形。

【階—堦】東魏天平四年《崔鷫墓誌》："履台堦,緝袞闕。"(《校注》7/173)北齊天統三年《韓裔墓誌》："風摧堦蕙,霜敗庭蘭。"(《校注》9/255)《集韻·皆韻》："階,或從土。"

【隧—埭】北齊武平四年《高建妻王氏墓誌》："佳城乃立,大埭言歸。"(《校注》10/25)《玉篇·土部》："埭,墓道也。正作隧。"

【陞—埠】隋大業五年《甯贊碑》："文著馬鞭,行崇基埠。"(《北圖》10/25)《集韻·齊韻》："陞,《說文》:'升高階也。'或從土。"

【澗—嵤】《說文·水部》："澗,山夾水也。""澗"指山間的水溝,後通作"澗"。或從"山"作"嵤(嶖)"。北齊武平三年《唐邕刻經記》："嵤谷虛靜,邑居閑曠。"(《北圖》8/34)北魏延昌二年《元顯儁墓誌》："粵二月廿九日窆于涯嵤之濱。"(《北圖》4/8)《類篇·山部》："澗,或作嵤。"

【谿—溪、嵠、磎】《說文·谷部》："谿,山瀆无所通者。從谷奚聲。""谿"的本義是谷中不與外界相通的小河溝,故從"谷"作。

《爾雅·釋水》："水注川曰谿。""谿"屬水類,故或從"水(氵)"作"溪",如北周建德元年《步六孤須蜜多墓誌》"白狼之谿"之"谿"作"溪"(《北圖》8/159)。

"谷"指兩山之間的水道或低地,與山關聯密切,故"谿"又從"山"作"嵠",如東魏武定八年《廉富等造義井頌》"弥絙千谿"之"谿"作"嵠"(《北圖》6/166)。

《說文·石部》："石,山石也。"石頭通常是山體的主要構成部分,"山"與"石"關聯密切,二者參構時經常互作。故"谿"又從"石"作"磎"。唐大曆十三年《崔杰墓誌》"日暝谿口"之"谿"作"磎"(《北圖》27/178)。

綜上,"谿"或從"山""水""石"作。《廣韻·齊韻》："嵠、溪、磎:並同谿。"這些不同的寫法均涉相關義類而產生,也體現了人們在面對同一事物時觀察角度的差異。

172

（四）聯想思維

客觀事物是相互聯繫的，在特徵或意義上相似、相反或相關的事物，反映在人腦中并建立聯繫，某個事物的出現在頭腦中引起與之相聯繫的另一事物的出現，這就是聯想。一些類化字形的出現，并不是受上下文等顯性因素影響的結果，而與頭腦中相關他字或習語等隱性因素的促動密切相關。這是聯想思維在漢字層面的體現。如鄭賢章以漢文佛典所見"外甥"作"甥甥"爲例，指出："某些字在表達某種語義時常會同另外一些字相關聯。如人們在説'外甥'的時候，常常會在心裏想到'舅舅'，如果在書寫時也得到這種心理暗示的話，就有可能致使相關字在形體上類化。"并稱這種類化字爲"受語義常配字影響的類化字"（《佛典》11）。

再以"疒"符字爲例。《甲骨文字釋林·釋疒》："疒爲疒病之疒，甲骨文作𤕫，象人卧牀上。"①《説文·疒部》："疒，倚也。人有疾病，象倚箸之形。"故"病""疾""痛""瘡""瘍"等表疾病的字皆從"疒"。受類推及聯想思維的促動，碑誌中引申義與疾病相關，乃至經常出現在疾病或災禍等語境中的字，也可能產生從"疒"的變體。例如：

【患—癋】南梁大寶元年②《李元福妻鞏氏造像記》："李元福妻鞏爲身癋願造阿彌陀石像一區。"（《北圖》25/21）"癋"當即"患"的異體。《説文·心部》："患，憂也。""患"本義爲憂慮、擔憂，引申有疾病義，故此處增"疒"符。東晋王羲之《雜帖》四："諸患無賴，力書，不一一。"《佛典》（315）亦收該形數例，據文意皆爲"患"的增旁俗字。

【遘—瘔】唐永徽三年《王則墓誌》："瘔疾累旬，奄從私第。"（《北圖》12/63）龍朔二年《王君妻馮氏墓誌》："瘔疾沉痾，牀帷累月。"（《北圖》14/37）"瘔"當即"遘"之異體。"遘疾"謂遭遇疾病。北魏孝昌三年《元曄墓誌》："天不弔善，遘疾彌留。"（《校注》6/91）東魏天平二年《元玕墓誌》："上天不弔，遘疾云亡。"（《北圖》6/30）"遘"本無疾病義，但因常與"疾"連用，故而產生從"疒"的異體。

【嬰—癭】北魏正光四年《奚真墓誌》："如何不弔，癭茲患禍。"（《北圖》4/156）東魏武定四年《王忻墓誌》："但天不敏善，癭患賢人。"（《秦蒐續》1/110）"癭"據文意當爲"嬰"之異體，表遭受義，涉語境義而增"疒"符，猶"遘"之爲"瘔"。《説文·疒部》："癭，頸瘤也。"誌字與之同形。

---

① 于省吾《甲骨文字釋林》320頁，中華書局，1979年。
② 該造像記原石殆已不存，今有民國二十二年（1933）黃節拓本，題名爲"梁大寶元年李元福妻鞏造像"。結合字形、書體及造像形製判斷，原石當屬六朝時物。《北圖》誤以爲刻立于天寶元年。

【殞—癩】東漢延熹元年《郭旻碑》："年過耳順，寢疾癩頹。"（《隷續》卷三）碑字本當作"隕（殞）"，蓋涉上字"疾"而改換形符爲"疒"。"隕"原指墜落，引申有死亡義，故或從"歹（歺）"；"頹"原指崩壞，引申亦有死亡義。"隕（殞）頹"同義連文。從語義的角度講，"隕（殞）頹"通常是疾病的結果，也與疾病義相關。

二、語言系統

漢字是第二性的符號，它是漢語詞彙（語素）的"再編碼"，漢字沿着自己的規律，并在語言發展的推動下演變。[①]漢字通過其形體結構發揮其記詞職能，字形與其所記錄的詞語之間通常存在音義上的關聯。所謂"字音"就是漢字所寫的詞的語音形式，所謂"字義"就是漢字所寫的詞的詞義。由於漢語詞彙系統及漢字形體都處于動態變化的進程中，詞語音義的變遷、漢字書寫的筆勢化等因素都可能造成漢字原初的構形理據或記詞職能的弱化。漢字形體的頑强表義性決定了漢字形體的演變不是任意的，表現字形所記錄語詞的音義往往成爲制約漢字形體演變和理據重構的重要力量，即記錄職能對漢字形體結構變化具有制約和引導作用。[②]我們認爲，這種由語言發展的促動所引發的字形的適應性調整，也可視爲漢字類化的一種表現形式。

第一，字形改造力求突顯原有的記詞職能。漢字是記錄語言的書寫符號，語言系統不斷對其提出示義或標音明晰化的要求。因此，人們對字形的改造通常圍繞重構、維護或强化其記詞職能來展開。

例如"默"。《説文·犬部》："默，犬暫逐人也。從犬黑聲，讀若墨。"徐鍇繫傳："犬默無聲逐人。""默"的本義是犬不吠而突然竄出追逐人，引申指安静、閉口不言，故或改從"口"作"嘿"。北魏熙平二年《元懷墓誌》："老尚簡嘿，孔貴雅言。"（《北圖》4/46）北魏建義元年《元端墓誌》："士不銜枚如嘿，馬不味如無聲。"（《校注》6/193）《玉篇·口部》："嘿，静也。通作默。"亦作"嚜"。東漢熹平三年《婁壽碑》："優於《春秋》，玄嚜有成。"（《隷釋》卷九）玄默，指清静無爲。《正字通·口部》："嚜、嘿、默，通。"三字皆形聲字，但相較而言，"嘿""嚜"從字形上來説比"默"表義更爲顯豁。

第二，詞語音義的變遷促動字形調整。漢語詞彙在語音、意義上的變動，有時會引發其書寫形式的相應調整，以確保字形與其記錄的詞語音義之間的對應性，

[①] 王寧《漢字構形學導論》169頁，商務印書館，2015年。
[②] 張素鳳《記錄職能對漢字形體結構的影響》，《河北師範大學學報（哲學社會科學版）》，2009年第2期。

我們常把這種現象稱爲"形隨音變"或"形隨義變"。例如詞義的分化有時會導致字形的分化，以增强不同義項之間在字面上的區别度。

以"弔"爲例。《説文·人部》："弔，問終也。"段玉裁注："謂有死喪而問之也。""弔"本義殆指悼問死者。北魏永平四年《司馬悦墓誌》："遣中黄門緱榮顯弔祭。"(《校注》4/155)正光二年《穆纂墓誌》："弔問繽紛，相望於路。"(《北圖》4/102)或增"口"符以强調悼問義。東漢《夏堪碑》："官遼臨咡，慈恩感踊。"(《隸釋》卷十二)《隸辨·嘯韻》引注碑字："即弔字。碑變加口。"

"弔"引申有仁善義。《詩經·小雅·節南山》："不弔昊天，亂靡有定。"顧炎武《日知録·不弔》："古人言不弔者，猶曰不仁。"或增"心(忄)"符作"怞"。東漢建寧元年《張壽碑》："顧天不怞，遘疾無瘳。"(《隸釋》卷七)《隸辨·嘯韻》引注碑字："碑復變加心。"

"咡""怞"分别是"弔"在悼問義、仁善義上的加形分化字，各自承擔了"弔"的部分記詞職能。

另外值得注意的是，語言、文字的發展存在交互促動的關繫。不僅語言影響文字，文字也可能反過來影響語言。孫常叙指出："(漢字)在一定條件下，有的可能對它所寫的詞起反作用，使詞的音或義發生變化。"[1]王挺斌又在孫說的基礎上，從字形"理據重構""結構變化""傳抄訛誤"三個方面對"字形對詞彙的反作用"問題進行了擴展論述。[2]

例如類化詞形的産生可能會引發詞語意義的演變，這通常以構詞理據的隱没爲前提條件。一方面，類化作用造成詞形的改變，而詞形的改變有可能引起流俗對詞義的誤解，進而破壞既有的形義對應性，使詞義發生變化。例如"息婦"原指兒子的妻子，詞形類化作"媳婦"後，詞義引申爲妻子或婦人的自稱[3]，明清時期又産生妓女、年輕漂亮的女子等義。[4]另一方面，詞語的構詞理據隱没後，流俗可能基於對詞義的誤解而采用涉義改造詞形的方式來重新尋求形義的對應性。例如"資斧"一詞始見於《易經》，本義指利斧，引申指旅行所需的費用，後人因不解構詞理據，或寫成"資脯"，以附會資金食品之義；[5]"莊稼"明清時寫作"莊家"，是由"莊"(表田莊義)與構詞語素"家"結合而成的複合詞，最初指稱莊園、農舍、農民等義，引申指農作物後，因構詞理據模糊，又受到"禾稼""田稼"

---

[1] 孫常叙《古一漢語文學語言詞彙概論》112頁，上海辭書出版社，2005年。
[2] 王挺斌《論字形對詞彙的反作用》，《古漢語研究》，2018年第1期。
[3] 毛遠明《字詞考釋兩篇——從"息""媳"二字看形旁類化對詞義的影響》，《中國語文》，2006年第4期。
[4] 李偉大《明清白話小説字詞考釋》245-246頁，中山大學出版社，2022年。
[5] 陸宗達、王寧《古漢語詞義答問》110頁《"資斧"古義考》，中華書局，2018年。

等詞的影響，人們在書寫時傾向于給"家"字加一個與詞義相關的"禾"符，而"稼"字正好是表穀物義的常用字，于是"莊稼"這種書寫形式逐漸取代了"莊家"。① 從這個角度看，類化作用也是促進詞義發展的深層動因之一。

三、社會文化

漢字是漢文化的一個子項。通過漢字的結構，可以窺見古人的思維方式、道德情操、社會意識、禮制風俗和社會生産狀況。② 一些字形的改易，有時與社會的發展密切相關。如姜亮夫指出："在甲骨文裏看不見金字以及從金的字，這説明殷代金屬使用不够多，但在金文裏，則從金之字，約近五十，凡彝器中殷代承用的皿旁，金文中已漸易爲金旁……這是社會存在所決定的，不是寫字的人所能設想的。"③ 又如"葬"，《説文·茻部》小篆作"𦵓"，"藏也。從死在茻中，一其中，所以薦之"。隸楷書常改從"土"作"塟"或"𡑞"，東漢已見其例，如永康元年《孟郁脩堯廟碑》作"塟"（《隸釋》卷一），建寧元年《衡方碑》作"𡑞"（《北圖》1/130）等。這種形符的更替當與古代埋葬死者方式的變化有關。《易·繫辭》："古之葬者，厚衣之以薪，藏之中野，不封不樹，後世聖人易之以棺槨。"上古埋葬死者，在身體上裹上一層厚厚的草木，既無封土堆，又不種樹以作標記，後來纔改爲土葬。

某些具有普遍性的思想觀念也是促動漢字形體結構演變的潛在因素之一。它們流行于特定歷史時期并爲社會民衆或社會群體所廣泛認同和接受，有時甚至會影響一批相關的字，使字形的發展呈現類變的特點。例如：

（一）少數民族族名用字

中原地區是華夏文明的發源地，自古即被華夏民族視爲天下中心。周邊地區自然條件較差，多爲游牧畜牧民族所居，文明開化程度相對較低，故古代中原人常斥其地爲"蠻夷之邦"，在指稱用字上多使用或增添表示獸類的義符"犭（犬）"，包含惡賤之意。

《禮記·王制》："東曰夷，西曰戎，南曰蠻，北曰狄。"其中，"蠻"從虫、"狄"從"犭（犬）"，而"夷""戎"亦見增"犭"符的變體。楊寶忠釋"㹟""㹻"曰："古代社會華夏民族與四方民族矛盾異常激烈，出于敵視、蔑視的心理，指稱少數民族用字多從犬（犭）、豸、羊、虫。'戎''夷'本不從犬，受上述心理及'狄'

---

① 吴吉煌《"莊稼"構詞理據探析》，《民俗典籍文字研究》，2021年第2期。
② 李運富《漢字學新論》244頁、250頁，北京師範大學出版社，2012年。
③ 姜亮夫《古文字學》75頁，重慶出版社，2019年。

'貉'諸字之影響，亦綴加犬旁。《玉篇·犬部》'狨，如充切。狹，音夷。'即'戎''夷'二字也。"①又如"鬼方"，本爲殷周時期西北邊境族名，後用來泛稱邊遠之地的少數民族。東漢永壽元年《益州太守無名碑》："猊犳狇獫。"（《隸釋》卷十七）"猊犳"殆即"鬼方"的變體，其改造字形心理與"夷""戎"之增"犬"符正同。有趣的是，太平天國文獻中也存在相類的用字現象。如改清文宗奕詝年號"咸豐"爲"狚豒"，改"韃"爲"獺"等。②《説文》同部列字的次序也體現了上述觀念。若表示動物的部首下隸屬有表人的字，則將表人的字置于部末。《説文·羊部》："羌，西戎牧羊人也……南方蠻、閩從虫，北方狄從犬，東方貉從豸。西方羌從羊。"上述諸字，羌居羊部之末，貉居豸部之末，狄居犬部之末，蠻、閩居虫部之末。③

新中國成立後，在確定少數民族族名時十分重視字形的選用。例如從記録侗族的"侗""峒""垌""狪"等若干標音用字中擇取從"亻（人）"符的"侗"爲標準寫法，這一方面固然與"亻（人）"符標示族群義的類别效果有關，另一方面也是民族平等團結觀念的體現。④

自佛教傳入中國以來，大量佛經在翻譯過程中涉及音譯的問題。因爲佛經中的音譯字單純表音而無實義，受漢字形聲構字法影響，音譯時通常增注"口"符。它們多爲呪語（真言）用字，而呪語需要口誦，故增"口"符有助於與這些字的表義用法相互區分。如《龍龕·口部》所載"呦""囃""啵"等字。《正字通·口部》"唰"字下注曰："佛經真言彈舌者，多非本音，皆取聲近者，從口以識之……'唰'音和，特其一耳。故梵字皆不必泥，可以例推。"從此以"口"符標註外來音譯字詞的傳統承襲至今。例如近現代從西方傳入的事物或概念，如"啤酒""吋""呎""嗹"等，均增"口"符，以標明外來詞的身份（《佛典》15）。

（二）以玉比德

以玉爲中心載體的玉文化是中國傳統文化的重要組成部分。自春秋戰國時期起，玉被人爲地賦予了豐富的文化内涵。尤其是儒家常將玉的天然物理屬性與君子的"仁、義、禮、智、信"等品性相互比附，于是出現了玉有"五德""九德"等説法。《禮記·聘義》載孔子言曰："夫昔者君子比德於玉焉：温潤而澤，仁也；縝密以栗，智也……天下莫不貴，道也。《詩》云：'言念君子，温其如玉。'故君子

---

① 楊寶忠《疑難字考釋與研究》214頁，中華書局，2005年。
② 韋良玉《太平天國文獻特殊用字研究》，載《漢字職用研究：使用現象考察》，中國社會科學出版社，2016年。
③ 班吉慶《漢字學綱要》193頁，江蘇古籍出版社，2001年。
④ 李運富、牛振《少數民族漢字族名用字考察》，《漢字漢語研究》，2018年第3期。

貴之也。"《説文·玉部》："玉，石之美。有五德：潤澤以温，仁之方也；䚡理自外，可以知中，義之方也；其聲舒揚，專以遠聞，智之方也；不橈而折，勇之方也；鋭廉而不忮，絜之方也。"簡言之，玉是德的物化形式。在這種社會心理的作用下，以玉比德、隨身佩玉成爲有德之人思想行爲的規範之一。

在碑誌行文中，一些表贊譽、美稱及叙述家世的字詞或增改"玉（王）"符，大抵是受到了上述心理的潛在促動。北魏永安二年《元恩墓誌》："峻瑆岳峰，瓊山巨壑。"（《北圖》5/131）《石刻叢考》（794—796）認爲"瑆"即"煙"的换旁字，并闡釋换旁的緣由："這恐怕是出于稱美的心理。六朝石刻于稱美之詞，往往不僅在詞語上極盡誇贊之能事，而且還通過改造字形來達到視覺强化的目的。其中增加或改换玉旁就是一個重要手段。"所舉之例如北魏景明年間《魏靈藏薛法紹等造像記》"荆條獨茂"之"荆"作"瑆"（《北圖》3/72），孝昌元年《元焕墓誌》"華葶鏗鏘"之"鏗鏘"作"瑆琤"（《北圖》5/8），東魏武定五年《陸順華墓誌》"玉出崐岡"之"岡"作"瑆"（《校注》8/71）等。試再增補幾例：

【堞—瑅】北魏熙平元年《元廣墓誌》："已流徽於國瑅，播瑶響於典章。"（《北圖》4/39）"瑅"當是"堞"的换旁字。

【英雄—瑛雄】東漢建安二十一年《綏民校尉熊君碑》："攬瑛雄之跡兮以□來喆。"（《隸釋》卷十一）洪适跋："碑以瑛雄爲英雄。"英雄，指才能超群出衆的人，是對人物的美稱，故碑之"英"增"玉"符作"瑛"，與"玉瑛"字同形。

【縉紳—瑨珅】北齊天保九年《皇甫琳墓誌》："鷟衛二祖，聲振漢朝；重商兩君，瑨珅晋世。"（《北圖》7/77）"瑨珅"當即"縉紳"之異。

【挺秀—挺琇、珽秀】"挺秀"謂卓立不群、秀異出衆，是碑誌常見的贊美之詞。或作"挺琇"。西魏大統十二年《鄧子詢墓誌》："王父韞器藏華，顯考含光挺琇。"（《校注》8/188）《校注》注云："琇，本作'秀'，秀麗、秀美。加'玉'旁，意在强調其資質如玉。"亦作"珽秀"。東魏武定八年《廉富等造義井頌》："□篤居士，廉富珽秀。"（《北圖》6/166）此處"珽"即"挺"的换旁異體，與表玉笏義之"珽"同形。

（三）封建觀念

一些異體字形的産生則與封建社會傳統觀念的影響有關。試舉幾例：

【龍—龖】"龍"，甲骨文作"🐉"（《合集》902），象龍側身正視之形，頭冠、兩角、侈口、身、尾俱全。《説文·龍部》小篆作"龖"，字形離析，龍形不顯。隸楷書通作"龍"，承襲小篆構造。又作"龖"，左旁變作"帝"。東漢光和六年《唐扶頌》："其先出自慶都，感赤龖生堯。"（《隸釋》卷五）東魏元象元年《淨智塔銘》:"降龍緯神,伏虎證道。"(《北圖》6/47)此類字形似未見于漢代以前的文字材料。考其由來,大概是受古代"皇帝是真龍天子"觀念影響而在字形上作出的就近改造。《史記·高祖本紀》:"其先劉媼嘗息大澤之陂,夢與神遇。是時雷電晦冥,太公往視,則見蛟龍於其上。已而有身,遂產高祖。"這個爲美化漢高祖劉邦出身而編造的感生神話,使龍自此成爲帝王的化身和權威的象徵。不獨碑誌材料,"龍"形廣泛見于各類典籍文獻。如漢印"劉龍印信"作"龖"、"甄龍之印"作"龖"①,《古文四聲韻》引王存乂《切韻》作"龖",《小説集成》戚序本《紅樓夢》第十三回亦見二例"龍"作"龖"(《明清小説俗字典》384)者。《字彙補·寅集拾遺》:"龖,與龍同。《前趙録·陳元達傳》:'稱號龍飛。'《册府元龜》:'齊武帝小字龍兒。'"

【賢—賢】"賢"本從貝臤聲,碑誌或從"忠"作"賢"。北魏孝昌二年《李頤墓誌》:"何以旻天不弔,遽奪賢哲。"(《北圖》5/20)《龍龕·貝部》:"賢,古文,音賢,良也,能也。""賢"或又字内類化作"賢",見《四聲篇海·貝部》。這種字形改造可能是受到了古代君臣倫理觀念的影響。《論語·八佾》:"定公問:'君使臣,臣事君,如之何?'孔子對曰:'君使臣以禮,臣事君以忠。'"古語謂"君聖臣賢""君禮臣忠",賢能與忠心是衡量臣子的重要道德準則。故"賢"可視爲"賢"與"忠"的糅合字。傳爲武則天所造之"恖"字("臣"的異體),字形從一從忠會意,與"賢"之作"賢"其理正通。

【國—囻】東魏元象二年《凝禪寺三級浮圖碑》:"布錦千城,散綺万囻。"(《北圖》6/53)碑字據《八瓊室金石補正》卷十八錄作"囻"并注:"即國字。"《龍龕·口部》:"囻,俗;正作國。""國"本從囗或聲,碑則易"或"爲"民",這或許是受到古代"民爲國本"的國民觀念的影響而在字形上的就近改造。通過換旁,全字變爲"從囗從民"的會意字,構形理據也得到了重新解析,即擁有民衆的特定疆域。

第三節 類化在漢字演進中的作用

類化對個體漢字形體演變及漢字構形系統的發展都具有重要影響。從系統層面看,一方面類化造成了異體字、同形字繁多的局面,削弱甚至掩蓋了字形的示義功能,導致字詞對應關繫複雜化,爲漢字發展帶來一定的消極影響;另一方面類化是傳統六書理論的有益補充,是俗字產生的重要途徑之一,也是偏旁構件歸

---

① 羅福頤《增訂漢印文字徵》524 頁,故宮出版社,2010 年。

并、筆畫和部首體系簡化的主要動力之一，對整個漢字構形系統的建立完善都發揮着重要的促動作用。

一、類化與異體字形的生成

一個異體字形的產生，往往是多種因素綜合作用的結果。部分字形的改造并不是通過新舊字形成分的直接代換而一步到位的，而是舊形經歷了若干連續訛變環節，逐步與新形趨于近同，這個過程體現出漸次性特點。作爲影響因素之一，類化很多時候并不完全地、獨立地發揮作用，它或與其他因素協同完成對字形的改造，或是作用于字形演進的某個階段。這也導致了不同學者對類化字的認定往往存在一定程度上的分歧。

【稷—襟】《説文·禾部》："稷，齋也。五穀之長。從禾畟聲。"碑誌常見作"襟"。北魏延昌元年《元詮墓誌》："又以安社稷之勳，除尚書左僕射，增封三百户。"（《北圖》4/1）延昌四年《邢偉墓誌》："后稷以功施配天，姬旦以聖德緯地。"（《校注》4/274）唐永徽六年《王惠墓誌》："中宗憑以再興，任踰襟契；資其獻替，委同伊吕。"（《北圖》12/168）"稷"之作"襟"，至少與以下三種因素相關：一是"社""稷"常連用，"稷"受"社"之影響而類化換符；二是"稷"由"五穀之長"引申指穀神后稷，意義與"神祇"關聯；三是俗書"禾""礻"旁形近互訛。"稷""襟"二形在碑誌中出現比例大致相當。但從後世的字形選擇上來看，人們還是將"稷"當作通字、將"襟"當作俗字來看待。如《集韻·職韻》："襟，堯臣，能播五穀，有功於民，祀之。通作稷。"《干禄字書》："襟稷：上俗下正。"這大概是因爲相較而言，"稷"的歷史更爲悠久，自甲骨文開始"稷"便從"禾"作；另外，"稷"的字形表義涵蓋更爲寬泛，除了能表示穀神義外，也能表現穀物等相關義。

【屬—属】"屬"俗作"属"，"尸"下訛從"禹"。《隸辨·燭韻》引《堯廟碑》"属"字下注："《説文》：'屬，從尾從蜀。'①碑則省蜀爲禹，他碑或作咼，亦作禺。轉轉相變，并上尾，止存尸頭，而下遂爲禹字矣。"結合碑誌字例分析其字形演變過程："屬"，小篆作"屬"；唐開元二十二年《張休光墓誌》作"屬"（《北圖》23/136），此依小篆構造隸定；東漢中平二年《曹全碑》作"属"（《北圖》1/176），"蜀"之下部省變近"内"；東漢建寧元年《楊統碑》作"属"（《校注》1/269），"罒"省居中二豎筆作"口"形，"丰"之豎筆向下貫通"口"形；唐大中十年《張茂弘墓誌》作"属"（《北圖》32/134），"丰"之二横筆合并。綜上，這個演變脉

---

① 依各本《説文》，"屬"當從尾蜀聲。

絡大致是"屬—屬—属—属",從"屬"到"属"的字形改造并非一蹴而就,中間經歷了若干過渡字形。

【躡—蹋】 "躡"或作"蹋",右旁所從之"禺"即"聶"之俗寫。如北魏永安二年《元維墓誌》:"故遊梁敖楚之客,接袂而同歸;曳裾**蹋**矯之賓,連袖而共至。"(《北圖》5/118)"蹋矯"即"躡蹻",謂脚穿草鞋。

結合碑誌文獻考察"躡"的字形演變:"躡"之聲旁"聶"本從三"耳";北魏建義元年《元悌墓誌》作"躡"(《北圖》5/86),"聶"下部兩"耳"之橫筆貫通;孝昌二年《元朗墓誌》作"躡"(《北圖》5/53),兩"耳"黏合近"用"形;熙平元年《楊熙僞墓誌》作"躡"(《校注》4/292)、北周宣政二年《寇嶠妻薛氏墓誌》作"躡"(《北圖》8/173),下部兩"耳"與上部之"耳"共用橫筆;永平二年《元顥平妻王氏墓誌》作"躡"(《北圖》3/128)、孝昌元年《元顯魏墓誌》作"躡"(《北圖》5/6),三"耳"發生黏合,下部兩"耳"共用中間豎筆,又與上部之"耳"共用橫筆;東魏興和三年《李挺墓誌》作"躡"(《北圖》6/86),"聶"下部之"用"又與上部之"耳"黏合,整體作"聶";繼而作"蹋",如上揭《元維墓誌》字。這個脉絡我們大致可梳理爲:

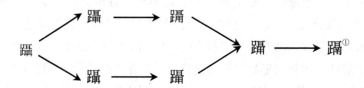

可見,"聶"與"禺"形體本不相近,經過一系列輾轉變化之後,纔與"禺(聶)"類似,于是發生類化改造。這個過程包含簡省、類化等因素的多重促動。

"聶"或作"禺(聶)",逆推之,"禺(聶)"亦可作"聶"。《大字典·虫部》(3104):"蠮,爛。疑即'蝸(融)'字。《改併四聲篇海·虫部》引《俗字背篇》:'蠮,考詳恐蝸字,出《羣字函》第六也。'《字彙補·虫部》:'蠮,爛也。出《釋藏·羣字函》。僧真空曰:考詳經義,恐是蝸字。'"參考上述字形演變軌迹來看,"蠮"即"融"之異體,可不必疑。

【麀—兔(冕)】 "麀",《説文·龟部》小篆作"麀","狡兔也,兔之駿者。從龟、兔。"又《龟部》:"龟,獸也。似兔,青色而大。""龟""兔"字形相近且意義相類,又因"兔"形相對簡省且常見,故"龟"或受"兔"之影響而類化作

---

① 曾良等曾梳理"播"變作"㯞"的字形演化軌迹,其右符"聶"的訛變過程與我們的梳理大體一致。參氏著《佛經字詞札記六則》,《文史》,2013年第4期。

"兔"。北魏正光五年《李媛華墓誌》"且馴麁菟，將繁宿莽"（《北圖》4/170），"麁"作二"兔"相疊之形。《睡虎地秦簡·法律答問》作"甝"，當是在"麁"形基礎上的進一步省變。"麁""兔"皆"兔"之異寫。

以"麁"爲構件的字，常發生同步變異。唐會昌四年《梁元翰墓誌》"攙"作"攙"（《隋唐》陝西卷 2/76），顯慶四年《尉遲敬德墓誌》"攙"作"攙"（《北圖》13/104），唐天寶三年《張思鼎墓誌》"讒"作"譧"（《北圖》25/58），唐建中元年《崔祐甫墓誌》"纔"作"纔"（《北圖》28/9），北魏孝昌二年《于景墓誌》"讒"作"譧"（《北圖》5/47），東魏武定二年《叔孫固墓誌》"欃"作"欃"（《北圖》6/117）等。現今簡化字中，"攙"作"搀"、"讒"作"谗"，左符"免"也是基于"麁"形之省變，"免"下兩點是重文替代符號。

綜上，"麁"的字形演變過程可大致梳理爲"麁—麁—兔（兔）"，在這個過程中，類化字形"麁"起到了紐帶作用。

此外，字形類化改造完成之後，流俗可能還會基于對訛形的錯誤解讀而進一步改造字形。例如：

【能—熊】"能"當是"熊"的初文。金文作"能"（《金文集成》5984），象熊形。《說文·能部》小篆作"能"，頭、口、足離析。隸楷書作"能"，皆承小篆而來，前後足訛爲縱排之二"匕"，與"長"之草體"长"（如東晉王羲之《此事貼》作"长"，三國吳皇象《急就章》作"长"）形近，故"能"或受"长"的影響而作"熊"，碑誌常見。如北魏延昌二年《元演墓誌》作"能"（《北圖》4/9），神龜二年《慧靜墓誌》作"能"（《校注》5/15），唐開元十四年《崔淑墓誌》作"能"（《北圖》22/111）。"长"或又錯誤還原爲"長"，如北魏太延年間《嵩高靈廟碑》作"熊"（《北圖》3/5），隋開皇九年《楊真墓誌》作"熊"（《北圖》9/60）等。

【出—㞢】"出"甲骨文作"㞢"（《合集》217），象人足在坎內向外出之形。《說文·出部》小篆作"㞢"，形體微訛。隸楷書通作"出"，中竪貫通，全字作二"山"相疊之形，即俗言"二山爲出"也。隋大業九年《趙朗墓誌》"出"作"出"、"胐"作"胐"（《北圖》10/88），所從之"凵"即"山"之異寫。唐開成三年《顏元貞墓誌》作"出"（《隋唐》河南卷 106），中竪斷開，二"山"上下離析。《正字通·凵部》："出，俗從兩山作出。"唐天授二年《神瞻影塔銘》作"㞢"（《北圖》17/144），將上部的"山"改爲"二"，全字從"二、山"會意。俗書又見作"㞢""㞢"者①，"山"下兩點或"㐅"皆重文替代符號。上述"出""㞢""㞢"等諸形顯然是基于將"出"理解爲"二山相重"而作出的進一步改造。

---

① 李琳華編著《佛教難字字典》27 頁，（台北）常春樹書坊，1990 年。

二、類化與偏旁構件的歸并

構件是由筆畫組成的漢字構形單位，偏旁是合體字中具有標音、示意、記號等功能的構件。漢字發展的過程，同時伴隨着構件歸并的過程，其基本趨勢就是構字能力强、使用頻率高的强勢構件兼并、取代或淘汰構字能力弱、使用頻率低的構件[①]，使得漢字構件總量、構形要素逐步减少，整個漢字構形系統趨于簡化、明晰。類化在構件及偏旁歸并中發揮着重要的促動作用，具體表現在以下三個方面：

（一）促進構件形體趨同

劉釗通過分析古文字中的類化現象指出："類化的規律使我們知道，一些形體接近的字或構形因素，往往會發生趨同于一的演變。"[②]例如"雞"，早期甲骨文作"𤘘"（《合集》18341），象高冠張口的雞形；後作"𪄀"（《合集》29032），增聲符"奚"，以示音讀；《説文‧隹部》小篆作"雞"、籀文作"𨾊"，雞形類變爲"隹"或"鳥"。"鳳"，甲骨文早期作"𠃬"（《合集》3372），象高冠羽尾的鳳形；後作"𪄰"（《合集》30258），增聲符"凡"，以示音讀；《説文‧鳥部》小篆作"鳳"，鳳形類變爲"鳥"。"雞""鳳"在早期甲骨文中都是整體象形字，形體相近，不易區分；後各增聲符以别異，轉變爲形聲字；因皆爲鳥屬，篆書按類屬調整字形，原本的雞形、鳳形最終喪失區别性，同化爲"鳥（隹）"。

（二）减少特殊形態構件

王寧指出："漢字發展到小篆，經過西周末年和秦代兩次人爲的規範，構形漸漸確定，構意也漸漸有了系統化的傾向，合體字構件的組合方式逐步從形合（物象組合）爲主發展到義合（靠字符意義的累積或連綴來構意）爲主。"[③]由于在很大程度上擺脱了物象的束縛，構件的書寫形態逐漸具備了由多歧統一爲單形的基本條件，構件的組合模式也趨于常規化。對于系統中形態特殊的構件，往往通過形近改造或義近代换等方式，使其轉變爲更爲常規的高頻構件。例如：

【折】"折"，甲骨文作"𣂪"（《合集》18457），從斤斷木，木形從中部斷開。金文木形訛爲兩"屮"，如《小盂鼎》作"𣂪"（《金文集成》2839）、《翏生盨》

[①] 何山將構件同化的特徵概括爲"簡易構件同化複雜構件""高頻構件同化低頻構件""易寫構件同化難寫構件""非字構件同化成字構件"四個方面。參氏著《魏晉南北朝碑刻文字構件研究》296-298頁，人民出版社，2016年。

[②] 劉釗《古文字構形學（修訂本）》104頁，福建人民出版社，2011年。

[③] 王寧《漢字構形學導論》58頁，商務印書館，2015年。

作"㪿"(《金文集成》4460)。《說文·艸部》小篆從"艸"作"𣂪",承襲金文形體;篆文從"手"作"𢪲",兩"屮"上下貫通訛爲"手"。段玉裁注:"從手從斤,隸字也。《九經字樣》云:'《說文》作𣂪,隸省作折。'《類篇》《集韻》皆云隸從手。則'折'非篆文明矣。"依段説,《說文》從"手"的篆文形體當源自隸書寫法的回改。俗書"折"皆從"手(扌)"作,《類篇》《字彙》等字書亦將"折"歸入"手"部。從表義的角度看,"折"本義爲折斷,與"手"義密切相關;從形體上看,"艸"符通常由兩"屮"左右橫排構成,上下相疊的形體罕見,于是就近改造爲更爲常見的"手(扌)"符。

【若】"若",甲骨文作"𦮙"(《合集》13604),象人跪坐以雙手整理頭髮之形,或曰象諾時譍順之狀,故有順義、諾義。金文或增飾"口"符,如《毛公鼎》作"𦮕"(《金文集成》2841)。曹魏太和五年《曹真殘碑》作"若"(《北圖》2/7)、唐總章三年《碧落碑》作"若"(《北圖》15/108),字形皆承襲金文而來。

《睡虎地秦簡·秦律十八種》作"若",雙手訛爲"艸"形。《說文·艸部》小篆作"若","擇菜也。從艸右"。小篆與古隸同構,爲漢後隸楷書形體所本,歷代字書皆沿襲《說文》,將"若"歸入"艸"部。

【盜】《說文·㳄部》:"盜,私利物也。從㳄,㳄欲皿者。"碑誌多見從"次"作"盜"者。如北魏正光五年《檀賓墓誌》作"盜"(《北圖》4/178),永安二年《元繼墓誌》作"盜"(《北圖》5/124)等。考其緣由,一方面固然與"氵""冫"形近相亂有關,但另一方面也與"次"較"㳄"更爲人們所熟習有關。"㳄"即表口水義的本字,文獻通常以後起字"涎"代之,故"㳄"頗不見經;而"次"則是極爲常見的字。類例如"羨",本從"㳄",但常省作"羨"。

【膝】"膝"本作"厀"。《說文·卩部》:"厀,脛頭卩也。從卩桼聲。"段玉裁注:"厀者在脛之首。股與脚間之卩也。故從卩。"徐鍇繫傳:"今俗作膝。"因表示人體部位的字多從"月(肉)"作,大約從漢代開始,"厀"產生了從"月"的異體"膝",并逐漸取代了原字,成爲通行字體。聲符"桼"或簡寫作與之形近而更常見的"来(來)"。東漢延熹元年《鄭固碑》作"膝"(《北圖》1/113),唐天寶元年《崔君妻朱氏墓誌》作"膝"(《北圖》25/9)、乾符三年《支訢妻鄭氏墓誌》作"膝"(《北圖》33/147)。《干祿字書》:"𦠆膝:上俗下正。"以"膝"爲正字,不錄"厀",說明至遲在唐代"膝"已取代了本字"厀",成爲通用字形。

【瀕】"瀕",《說文·瀕部》小篆本作"瀕","水厓,人所賓附,頻蹙不前而止。從頁從涉。"王筠釋例:"隸或易其部位而爲瀕。"左旁居中構件"水"橫置作"𡿨",與多數從"水"字中的"水"符順置作"氵"的寫法不類,于是將"水"從

"步"之中部移出,置于字左,以與他字趨同;同時,"水(氵)"變爲一級構件,全字結構重新分析,成爲"從水從頻"的形聲字。如東漢熹平元年《東海廟碑》作"瀕"(《隸釋》卷二)。

(三)促進優勢構件的高頻使用

類化作用通過影響個體字符改變形體、增換偏旁構件等方式,讓更多的漢字在偏旁構件的擇取上向形體接近或義類相關的優勢構件靠攏,由此促進一批優勢偏旁構件的高頻使用及異體字形的產生。

例如"糸"作爲優勢構件,在構字頻率上既高于"幺""乡"等形近構件,也高于"革""巾"等義近構件。它可能影響一些相關字形產生從"糸(糹)"的變體。

【羈—羇】"羈"本表馬籠頭,《説文·网部》小篆作"羈",或體增"革"作"羇"以示質料。隸楷書通作"羈",承襲《説文》或體而省"馬絆"形。東漢中平三年《張遷碑》:"南苞八蠻,西羇六戎。"(《北圖》1/179)碑字換"革"符爲"糸"符。

【幰—縿】唐麟德二年《張滿墓誌》:"朱輪紺縿,絕歸軫於知朋;素蓋靈輀,轉還旐於狐菟。"(《北圖》14/151)誌字據文意即"幰"之異體。紺幰,天青色車幔,引申指張紺幰的車駕。《隋書·禮儀志五》:"犢車……五品已上,紺幰碧裏,皆白銅裝。"此處"幰"改從"糹"作,既與上文"紺"字影響有關,也當與"糸"符高頻使用的影響有關。

【幼—紉】北魏熙平元年《吐谷渾璣墓誌》:"紉懷聰憨,長秀才華。"(《北圖》4/38)正光二年《劉華仁墓誌》:"家門傾覆,紉履宮庭。"(《北圖》4/103)北齊武平五年《□昌墓誌》:"紉存遠度,少建高□。"(《北圖》8/60)諸字皆"幼"之異體。《説文·幺部》:"幼,少也。從幺從力。""幼"的構件"幺"較少參與組字,故或改爲形近的高頻構件"糸(糹)",又因"力""刀"相混,全字變作"紉"。《字彙補·糸部》:"紉,幼字之譌。""幻"亦或從"糸"作,如唐天授二年《唐小姑墓誌》:"泡紉不留,霜露俄及。"(《北圖》17/151)

【鄉—鄉】"鄉",《説文·䲨部》小篆作"鄉",左旁本作"邑"(反"邑")形,或省作"乡"。隋大業八年《孔神通墓誌》:"閨門友悌,鄉邑稱美。"(《北圖》10/69)唐貞觀十六年《李紹墓誌》:"即以其年十二月九日葬於長樂鄉長樂里。"(《西安碑林全集》73/1949)誌字又改從"糸"作。

隸變過程中所發生的"隸合"(即若干篆體合并爲一個隸體構件)現象,是小篆字系之後偏旁構件進一步類化歸并的表現形式之一。如隸楷書"思""番""果"

"畏""魚""盧"等字都包含記號構件"田",但其形體來源各異:"思(⿱囟心)"之"田"由"囟"省變而來;"番(⿱釆田)"之"田"本象獸足;"果(⿱田木)"之"田"本象果實;"畏(⿱田長)"之"田"由"甶"省變而來;"魚(⿱⿰刀田灬)"之"田"本象魚身;"盧(⿱虍⿱田皿)"之"田"本象飯器等。這些"田"在古文字中本不同形,但在各自演進過程中受到强勢構件"田"的影響、制約,逐步向"田"形靠攏,最終分頭同化作"田"。除"田"外,隸楷書中的一批高頻記號化構件,如"一""灬""西""口""日"等,其產生和地位的鞏固都得益于類化作用。①

王貴元從經濟性的角度闡述了個中原理:"……就一個系統來説,只因一個字而多出一個構形成分是不經濟科學的,正因爲如此,構件的改造遵循的是類化的方式,即把不常見構形成分改造成形體近似的常見構件。"②

三、類化與部首體系的沿革

部首是按字形結構編排的字書中各部的首字,也是給同一偏旁的漢字所立的類目,對個體漢字具有歸類和統攝作用。文字學意義的部首,其本質是漢字字義和字形的類化標志,漢字部首體系的形成過程也是漢字字義和字形的類化過程。③從這個角度來説,以《説文》部首爲代表的文字學部首的創制,既是漢字構形系統自然演進的成果,也是有意識地利用"類化"法則統籌個體漢字的一次科學總結。《説文》以降,漢字部首仍處于持續的類化整合進程之中,直至以《字彙》部首爲代表的檢字法部首的創制,纔標志着具有現代意義的部首體系的基本定型。

目前學界針對《説文》《字彙》等字書部首的研究成果十分豐碩,尤其集中在對部首字形的結構分析及轄字的量化考察等方面。但誠如李恩江所言:"……部首的因革損益是很複雜的,絶不像數量比的兩部之差那麽簡單。"④漢字部首的沿革既是連續而漸次的,也是具體而生動的,它與構形系統的發展、書體的演化、書寫元素的更替等都存在密切關聯,需要依託大量的個體漢字變例進行描寫歸納。

本節嘗試從類化的視角出發,對漢字部首在以隸楷書爲主體的今文字階段的發展狀況進行梳理和描寫,并對相關的幾個問題進行探討。

---

① 何余華認爲這種用字調整的主要原因可能是詞彙意義的類別化推動用字朝着提示類化義的方向演變,即身體部位詞用字都朝着"肉"旁靠攏,如"要—腰""卻—脚""北—背"等。參氏著《秦簡牘習用後世改換的用字現象考察》,載《近代漢字研究》第三輯,河北大學出版社,2023年。從類化的角度看,這也是一個優勢構件取代弱勢構件的過程。
② 王貴元《漢字形體結構的體系性轉換》,《語言研究》,2014年第1期。
③ 王貴元《漢字部首的形成過程與機制》,《中國語文》,2018年第4期。
④ 李恩江《説文部首的成因及構成》,《鄭州大學學報(哲學社會科學版)》,2002年第5期。

（一）從文字學部首到檢字法部首

通常認爲，用部首對漢字進行歸類編排，始于東漢許慎的《説文》[①]，該書堅持"以類相從"，以 540 個部首統攝 9353 個小篆，使之"分別部居，不相雜廁"。《説文》每個部首都是具有構字功能的獨立漢字，部内轄字與部首字在意義上均有不同程度的關聯。各部首釋義下所云"凡某之屬皆從某"即是證明。其後，西晋吕忱《字林》、南梁顧野王《玉篇》等字書皆承此體例。王力把這種依據六書體系、兼顧形義而建立的部首體系稱爲"文字學部首"。[②]

《説文》所創制的 540 部，總量衆多，各部轄字數量懸殊，部首及部内轄字的排序缺乏明確標準，極其不便查檢。[③]唐宋以降，人們嘗試對《説文》部首進行簡化改良，于是出現了單純取字形結構相同部位而建立部首的一系列字書，如唐張參《五經文字》設 160 部、唐玄度《九經字樣》設 76 部、遼釋行均《龍龕手鑒》設 242 部等。至明梅膺祚《字彙》，對《説文》《玉篇》等字書中的傳統部首、偏旁進行了認真的歸納和整合，將部首按筆畫多寡的順序排列，以 214 部轄 33179 字。梅氏的創舉影響深遠，由此形成了近現代比較統一的部首檢字法。《字彙》之後的字典辭書大多因襲或略作刪改。如清《康熙字典》、民國《中華大字典》《辭源》均采用 214 部；現代的《大字典》《漢語大詞典》在《康熙字典》214 部基礎上加以調整，歸爲 200 部等。[④]這種從檢字法原則出發、主要考慮字形而建立的部首體系一般被稱爲"檢字法部首"。

文字學部首與檢字法部首的立部原則各有側重：前者重"理"，即更重視對部首構義功能的揭示；後者重"用"，即更重視漢字排檢的方便快捷。但兩套部首之間具有鮮明的傳承性。如《字彙》214 部首襲用《説文》部首 208 個，僅新增 6

[①] 結合出土文獻及傳世材料來看，至遲西漢時期已産生按部首類聚漢字的意識。如在居延漢簡的《倉頡篇》中，有一支簡將 10 個從"黑"的字連排在一起（參羅振玉、王國維《流沙墜簡》13 頁，中華書局，1993 年）；東漢史游《急就篇》中也多有按部首歸字的情况。張舜徽認爲："是編（《急就篇》）不可没之功，尤在分别部居，實開許慎《説文解字》分部繫字之先。觀其臚列物名，悉用七言韻語，依文字偏旁，連類而下，將偏旁相同之字，層累不絶，實爲後來字書據形繫聯之先驅。許慎後于史游百數十年，必得啓發于是編……一脉相承，不可掩也。"（參氏著《漢書藝文志通釋》248 頁，華中師範大學出版社，2004 年）可見，《説文》540 部的創製應該是受到《急就篇》啓發的。

[②] 王力《古代漢語》166 頁，中華書局，1962 年。

[③] 據李海霞統計，《説文》部首中無屬字者 35 個，占部首總數的 6.5%，轄 1—9 字的小部 402 個，占部首總數的 74.4%，其中 1—3 字的小部 296 個，占 54.8%。參氏著《〈説文〉部類及其文化探索》，《松遼學刊（社科版）》，2000 年第 3 期。

[④] 《大字典（第二版）·凡例》："（本字典）部首……采用以《康熙字典》214 部爲基礎，酌情删并而設立的 200 部。所删《康熙字典》部首爲'亅、二、爻、玄、用、内、舛、韋'等 8 部，將'匸、入、土、夊、日、行'等 6 部分别并入'匚、人、土、冬、日、彳'諸部。"

部("宀""弋""無""父""丬""艮")。可以説,214部是對540部的歸并與精簡。立部原則的轉換推動部首體系內部發生重新改組,其間不僅牽涉到各部首的存廢問題,更關繫到各部原轄字及新增字的歸屬問題。從文字學部首到檢字法部首,部首體系的傳承與轉化經歷了一個漫長而複雜的解構、重構過程。我們認爲,這同時也是一個排除特殊性、提高統一性的類化過程。

(二)漢字部首類化在今文字階段的表現

《説文》部首兼具構形和構義雙重功能。形體上,部首是部內轄字的必要構形成分;意義上,部首是部內轄字語義統籌的標志。[①]《字彙》中所留存的《説文》部首在今文字階段的類化程度及統攝力進一步增强,主要表現在構形和構義功能的擴展上,同時伴隨着部首之間的歸并、各部轄字形體的演變及歸部的調整、新舊字形的共生式發展等。

1. 構形功能的擴展

(1) 構字量的增加

部首的構字量(即參構字形的數量)是衡量其類化程度的一項基本指標。據張曉明統計,《説文》(大徐本)540部平均每部構字量爲17.5個(含部首字)。若約取17爲中間值,構字量在17及以下的455個低頻部首在《字彙》中留存125個,廢棄330個,留存率僅27.5%;構字量在18以上的85個高頻部首留存83個,廢棄2個("㕣""蚰"),留存率達97.6%。[②]不難看出,《説文》部首在《字彙》中的存廢與其在《説文》中的構字量存在顯著的正相關關繫。

試取《説文》中構字量最多的10個高頻部首爲例來管窺部首構字量變化及部首之間相互歸并的大致情況(見表7-1)。

通過對照可以發現,上述10部在《字彙》中的構字量較《説文》均有不同幅度的增加,整體排序變動不大,仍均屬高頻部首。導致單部構字量增加的因素主要有兩個:

其一是漢字系統新增字。在今文字階段,漢字形體演變以共生式發展爲常態,即源于同一字形的不同變體同時流傳與發展,也包括新形與舊形的同時流傳。[③]傳統字書作爲歷時用字的貯存載體,其收字量隨着時間的發展而層累式地遞增,舊有字形極少遭到淘汰。《説文》共收10516字(包括正篆9353字及重文1163字),

---

① 王力波《〈説文〉部首部內字形義關繫考》,《古籍整理研究學刊》,2002年第1期。
② 張曉明《〈説文解字〉部首文字學原則解析》,《漢字漢語研究》,2018年第2期。
③ 王貴元《漢字發展史的幾個核心問題》,《中國語文》,2013年第1期。

表 7-1　部首構字量變化及部首之間相互歸并情況舉例

高頻部首	構字量/排序[①]		同部新增部首字[②]
	《説文》	《字彙》	
水部	464/1	1333/2	永、次、泉、蠡、㳄、瀕
艸部	445/2	1423/1	芁、萑、蒬、蔟、苟、羋、華、舜
木部	421/3	1232/3	朮、宋、未、東、朿、束、棗、林、桼、桀、㭉、橐
手部	265/4	1012/4	才
心部	263/5	956/6	思、惢
糸部	250/6	627/13	系、素、絲
言部	249/7	734/8	誩
人部	245/8	729/9	亼、从、似、䎛、來、倉、臥
女部	238/9	634/12	
金部	197/10	719/10	

《字彙》共收 33179 字，較《説文》新增 22000 餘字。這些新增字大多由字書傳承字變異或孳乳而來，是原字的異體或俗訛體，《字彙》依前代字書或文獻補入并分別按形體有序地歸入各部中。

以《金部》爲例，《説文·金部》收正篆 197 字及重文 12 字，《字彙·金部》收 719 字，其中包括《説文》正篆 196 字（未收"鏺"而收其異體"鋻"）及重文中從"金"者 7 字，較《説文》實際新增 516 字。這些新增字形主要通過以下一些途徑生成：

①形符增加或替換。如鉀（甲）[③]、鏕（鹿）、鋩（芒）、鈕（丑）、鉁（珍）、鐇（璠）、鐵（戩）、鎜（盤）、鐻（轄）、鑎（匱）、鋕（誌）。

②聲符替換（包括繁聲、省聲）。如鐆（鍛）、鉏（鋤）、鋒（鏠）、鎁（釾）、錇（鍑）、銎（銑）、鑪（鈾）、鎚（錘）、鋁（鑪）、鐦（鑢）、銈（鏗）、鐁（鑣）、鈈（釣）、鍬（銚）、鑼（鑮）。

[①]《説文》部首構字量統計依據臧克和等《説文解字新訂》（中華書局，2002 年）所録各部字數，含部首字，不計重文及新附字。例如構字量爲 1 者即所謂的"空部首"。《字彙》部首構字量統計依據《字彙》卷一目録所録各部字數，含部首字。"排序"指同一部首按構字量的多寡分别在《説文》部首體系及《字彙》部首體系中的排列次序。

[②] 部首字是一個部首的首字及代表字。若甲部的部首字歸入乙部，降格爲乙部轄字，則標示着甲部的廢棄，甲部内其他轄字或隨部首字一起并入乙部，或分散并入各部，不一而足。此處"同部新增部首字"指《字彙》的某部比《説文》同部多吸納的部首字。

[③] 括號内爲《説文》本字。下同。

③構件移位。如鉶（鋞）、鏚（鋻）。

④構件訛混。如銄（餉）、鉼（餅）、䥫（鐵）、鈇（鈌）、鈗（銃）。

⑤隸定。如鐯（錯）。

⑥新造。如"鉑"。該字首見于《集韻·鐸韻》："鉑，金薄也。"

其二是傳承字的重新歸部。傳承字是各代字書收字量歷時增長的重要基石，大批新增字以傳承字形體爲變易基礎。傳承字的重新歸部通常并不會直接造成字書收字總量的增加[①]，但確實可能造成單部構字量的增加。大量《説文》部首在《字彙》部首體系中被删減歸并，從而使部首總量大幅減少，留存下來的部首平均構字量則大幅增加（由 17.5 字增至 159.1 字），這個增量就包括從《説文》廢部中轉入的字的數量。

以《木部》爲例。粗略統計，《字彙》較《説文》同部增加 811 字，其中除新增字外，還包括從《説文》廢部并入的傳承字。這些傳承字主要有以下幾個來源：

①從形近部首并入。如《説文·兀部》轄"兀""枭" 2 字，《字彙》均并入《木部》。《説文·宋部》轄"宋""南""索""孛""市""辜" 6 字，《字彙》"宋"入《木部》，其他部轄字則散入各部，如"南"入《十部》、"索"入《糸部》、"孛"入《子部》、"市"入《丿部》、"辜"入《廾部》。

②從合體部首并入。如《説文·東部》轄"東""𣜌" 2 字，《字彙》"東"入《木部》、"𣜌"入《韋部》。《説文·朿部》轄"朿""棘" 2 字，《字彙》"朿"入《木部》、"棘"不錄（《字彙補》補入）。《説文·林部》轄"林""楙""鬱""楚""棽""樅""麓""棼""森" 9 字，《字彙》"鬱"入《鬯部》、"麓"入《鹿部》、"楙"不錄，其餘 6 字皆入《木部》。

③重文從正篆部首中析出并入。依《説文》體例，重文附于正篆之後，《字彙》將重文獨立出來，重新歸部。如《説文·金部》"鏝"的或體"槾"、《車部》"輗"的或體"棿"、《匚部》"匰"的或體"橝"，皆入《字彙·木部》。

④從其他廢棄部首并入。一些低頻部首被棄用後，原來所轄的某些字或因包含構件"木"而改入《字彙·木部》。如《説文·卤部》轄"卤""枣""槀" 3 字，《字彙》廢棄《卤部》，原轄字散入各部，"卤"入《卜部》、"枣"入《米部》、"槀"入《木部》。[②]

以上舉例說明了《字彙》部首構字量增加的大致情況和緣由。實際上，一個

[①] 如"錦""鉤""斨"在《説文》中分別原屬《帛部》《句部》《斤部》，在《字彙》中皆入《金部》，只是改換了門庭而已。然而以"鉤"爲基礎而產生的異體"鈎"則屬于新增字。

[②] 今文字中，"卤"參構時隸省作"西"，故"枣""槀"相應地產生變體"栗""粟"。"栗""粟"屬新增字，《字彙》中分別歸入《木部》《米部》。

部首構字量變化的具體情況通常很複雜，其間往往涉及多個部首之間的協調互動及各部轄字的重新歸部，可謂"牽一發而動全身"。

從類化的視角看，一個部首的構字量越大，說明其存在對于整個漢字體系和部首體系來說越屬常態；反之，一個部首的構字量越小，說明其存在越屬例外和特殊。《說文》高低頻部首的發展之所以呈現兩極分化的態勢，主要是因爲：低頻部首由于構字能力低下，其存在并不符合立部的經濟原則，因而大多難免被淘汰歸并[①]；高頻部首則通過兼并低頻部首及參構新字等方式不斷提升構形效能和類化程度，這不僅表現在構字絕對數量的增加上，也表現在部首形源的擴展上。

（2）參構形態及字內位置的固化

除構字量外，部首的構形功能還可以從參構形態及字內位置兩個維度進行考量。部首的類化程度越高，其參與構字時的書寫形態及在整字中所處的位置越是趨于固定化。裘錫圭指出："在古文字（按：指甲金文及六國文字）裏，偏旁位置不固定的現象很突出。"[②]到了小篆時期，《說文》部首字的參構形態和字內位置均已達到很高的類化程度，幾乎每字參構時皆有常形常位。例如"皿"作"𠙴"形，常居字下；"竹"作"𝍇"形，常居字上；"火"作"𤆍"形，常居字左或字下等。[③]由此形成了相對穩固的構形範式，後世的新增字大多據此書寫部首形態（隸楷書部首常形與小篆常形之間存在較爲嚴格的轉寫對應關繫）及擺布部首位置。今文字中，有些部首可能因處于字內不同位置而產生書寫變體，如"玉"居字左時作"王"，"刀"居字右時作"刂"，"火"居字下時作"灬"，"水"居字左時作"氵"、居字下時或作"氺"等，形態似乎不如小篆那麼統一。但由于從《說文》到《字彙》，部首被大幅刪減，而留存下來的部首擁有變體者爲數不多[④]，故部首參構形態總量實際上是不增反降的。

2. 構義功能的擴展

部首以其獨立成字時所記錄的詞義來體現參構字所記錄詞語的意義範疇或意義關聯，這就是部首的構義功能。具體又可分爲單義功能和類義功能兩類：前者指部首以單義的、具體的意義參與構義，一般是其本義；後者指部首以類別性、抽

---

① 值得注意的是，雖然大部分低頻部首被廢棄，但也有極少數因構字量增加而得以留存。如《凵部》在《說文》中本爲空部首，在《字彙》中的構字量增加爲14個。除"凵"外，其餘13字的來源爲：（1）從《說文》廢部并入，如分別原屬《厸部》《凶部》《出部》的"厸""凶""出"；（2）從《說文》他部并入，如原屬《土部》的"凷"；（3）新增字：凾、凾（以上2字皆"函"的俗變）、𠕁（同"畄"）、由（同"由"）、𠕃（同"圖"）、凾（同"舀"）、𠙹、凹、凸。

② 裘錫圭《文字學概要（修訂本）》73頁，商務印書館，2013年。

③ 少量《說文》部首參構時有變體，如"目"或橫置（"罒"）、"臣"或反書（"𦣩"）、"老"或省形（"耂"）等。

④ 《字彙》將部首的書寫變體附于正形之下。據目錄統計，《字彙》部首有變體者16個，變體總量僅25個。

象性的意義參與構義。①單義是類義的產生基礎，如《説文·女部》，部首字"女"的本義是婦人，部內轄字在表義上涵蓋姓氏（"姜""姬"）、婚嫁（"娶""姻"）、親屬稱謂（"姐""姑"）、生育（"妊""娠"）、容貌（"好""嫵"）、品性（"婉""如"）、婦科疾病（"妊""婷"）等，諸義皆在"婦人"義基礎上延生而來。

在今文字階段，伴隨着單部構字量的不斷增加及部首歸并，一部分部首的表義兼容性進一步加強，其構義功能仍處于持續擴展的進程中。

（1）單部構字量增加與部首構義擴展

以《黽部》爲例。《説文·黽部》收正篆 13 字及重文 5 字，這些字所表示的動物大致可分爲蛙（蛙、蟾蜍等）、龜（龜、鱉等）、鼉魚（鼉魚、蜥蜴等）、蜘蛛、蠅等五類。②

《字彙·黽部》收 35 字，包括《説文》正篆 12 字（"蠅"改入《虫部》）及重文 2 字（"鼃""鼀"），較《説文》實增 21 字。排除與動物義無關的 2 字（"鼆""鼇"），新增的 19 字所表示的動物類別又增加了龍與蛤兩類。其中表龍類的"黿"據《字彙》指"龍子有角"者、表蛤類的"鼉"是"蜃"的異體，可見"黽"作爲部首的構義功能在今文字階段仍在擴展。試用表 7-2 説明：

表 7-2 《黽部》構義功能的擴展

語義類別③	《説文·黽部》轄字	《字汇·黽部》新增字
蛙類	黽、鼀（黽籀文）、鼁、鼃、鼆（鼁或體）、鼂、鼃、蠅	鼀（同黽）、鼁、鼀、鼃、鼆（同黽）、鼃（同鼆）、鼆、鼇
龜類	鼇、鼇、鼊、鼊（古文鼂）	鼇、鼀、鼂、鼇（同鼂）、鼂（同鼂）、鼇、鼇
鼉魚類	鼉	
蜘蛛類	鼅、蜘（鼅或體）、鼄、蛛（鼄或體）	鼅（同鼅）
蠅類	蠅	
龍類		黿
蛤類		鼉

---

① 王貴元《漢字部首的形成過程與機制》，《中國語文》，2018年第4期。
② "黽""龜""鼄（蛛）"等字的甲骨文形體本就接近，小篆進一步同化合一。參黃天樹《説文部首與甲骨部首比較研究》，《文獻》，2017 年第 5 期。
③ 諸字語義歸類參考《説文》《字彙》及相關字書釋義。劃類相對籠統，如"鼆"據《字彙》表"龜甲邊"，此處歸入"龜類"。

又如《犬部》。《説文·犬部》收正篆83字，這些字所記録的詞義可粗分爲犬的名稱、犬的動作、犬的聲音、犬的狀貌、犬的習性、與犬相關表狩獵的詞、非犬類却從"犬"的獸名等7類。①其中表獸名的有"狖""狻""玃""猶""狙""猴""瑴""狼""狛""獌""狐""獵""猵"13字。段玉裁"狻"字下注："非犬而從犬者，猶或行、或飛、或毛、或臝、或介、或鱗皆從虫也。"上述獸名字歸入《犬部》，説明"犬"的構義已呈現從本義"狗"向類義"獸"泛化擴展的傾向，但這種擴展似乎在《説文》字系内仍處于初步階段：其一，通過説解可知，許慎認爲上述諸字從"犬"大多并非任意，而是基于它們所表示的獸類與犬的形體近似性。有些整體近似，如"狼，似犬""狛，如狼""獌，如小狗也""猵，獵屬"；有些局部近似，"瑴……犬首而馬尾"。至于玃猴之屬類犬當是古代常識。《吕氏春秋·察傳》："故狗似玃，玃似母猴，母猴似人，人之與狗則遠矣。"故許氏并未明言"玃""猶""狙""猴"何以從"犬"。其二，表獸名而從"犬"的字在整個獸名字系中數量不多且類屬涵蓋有限。《字彙·犬部》收412字，表獸名的字的數量及比例大幅增加，其中不乏從《説文》中表獸名的他部字派生出的從"犬"的異體，如猵（獱）、猫（貓）、猪（豬）、猬（蝟）等。可以説，部首字"犬"表"獸"的構義功能在今文字階段仍處于進一步擴展中。

再如《手部》。《説文·手部》收正篆265字，這些字所記録的詞語大致可分爲13個義類，排除其中的表與手相關的人體部位（"掌""指"）、表與手部動作相關的物品（如"挏，所以覆矢也"，指箭筒蓋）、表手或臂形貌（如"攕，好手貌"）3類10餘字，其餘近250字幾乎全部表示與手部密切相關的動作：如表拱手行禮（"揖""捧"）、表以手移物（"推""摘"）、表以手握物（"把""持"）、表以手扶助（"扶""掾"）等。②《字彙·手部》收1012字，其中不少傳承字所表示的常用義已經發生變化，形義密合度降低，如"控"本義是拉開（弓弦），引申指操縱、控制，"按"本義是用手向下壓，引申指抑制，它們與手部動作的關聯由直接變爲間接；另一方面，大量新增字所表示的詞義也與手部動作并不直接相關，如"抖"表顫動、"振"表觸碰、"捏"表混同（同"混"），"挈"表捍衛，"摒"表排除等。可見，"手"的構義功能從手部動作泛化到全身及抽象動作的過程也是在今文字階段纔逐步完成的。

（2）近義部首歸并與部首構義擴展

王寧指出："同義、近義構件合并後，不影響漢字的表意系統。例如小篆'蚰'

---

① 王迪《〈説文解字〉二徐本"犬"部字比較》，《語文學刊（教育版）》，2013年第14期。
② 王麗《〈説文〉手部字研究》10頁，三峽大學碩士學位論文，2016年。

'虫'分立，隸、楷并而爲一，表意系統也可同時合并……由于合并的義符屬近義義符，使義符類化作用增强，不會引起混淆。"①形聲字的義符常充當漢字部首，近義部首的歸并同樣能够造成部首構義功能的擴展。

以《竹部》爲例。《説文·竹部》收正篆 144 字，除部首字外，部内轄字按意義可粗分爲竹名（"筱""蕩"）、竹的組成部分（"節""笴"）、竹的聲音或狀貌（"箹""籟"）、竹製品（"簾""筥"）、與竹有關的動作（"算""篆"）等 5 類。《字彙·竹部》收 672 字，其中包括從《説文·箕部》及《筋部》并入的 5 字。來自《箕部》的"箕""簸"按意義可歸入竹製品類，而來自《筋部》的"筋""筋""筋"則無法歸入上述義類。《説文·筋部》："筋，肉之力也。從力從肉從竹。竹，物之多筋者。"王筠句讀："竹乃譬況之義。""筋"指動物肌腱或骨頭上的韌帶，該字從"竹"主要是由于筋與竹在屬性上具有近似性。其他 2 字，據《説文》"筋"指"筋之本"、"筋"指"手足指節鳴"，意義皆與筋相關。故隨着《説文·筋部》字的并入，部首字"竹"的構義功能進一步擴展了。

又如《林部》。《説文·林部》轄"㳅""㴇"二字：前字小篆作"㵸"，篆文作"㵺"；後字小篆作"㵾"，篆文作"㶆"。今承襲篆文構造以"流""涉"爲通用字形，廢除小篆字形。董蓮池認爲："此部首（'林'）實即'水'字參與本部'㳅'（流）、'㴇'（涉）二字構形時的增繁文……故'林'與'水'構形作用實同，只是爲了要統'流''涉'增繁的形體，許慎纔將其立爲部首，其實'流''涉'增繁的形體本可歸入水部。"②《説文·水部》轄 500 餘字，屬字絶大多數僅從一"水"，而"㳅""㴇"獨從二"水"，與他字不類，故類化减去一"水"，以簡體通行。"林"本因"㳅""㴇"而單獨設部，屬字既廢，部首也隨之消失。

（三）相關問題討論

1. 關于部首的發展階段

漢字部首是在漢字構形系統發展過程中形成的，并非初始即已存在。王貴元通過對商周漢字體系的普查，以類義構件的成批量出現爲部首體系開始建立的重要標志，認爲戰國晚期是漢字部首體系的正式形成時期，此前則可稱爲"前部首時代"。③這種看法極富見地。

通過前文分析可以看到，部首體系在形成之後，并非自此就一成不變了。一方

---

① 王寧《再論漢字簡化的優化原則》，《語文建設》，1992 年第 2 期。
② 董蓮池《説文部首形義新證》297-298 頁，作家出版社，2007 年。
③ 王貴元《漢字部首的形成過程與機制》，《中國語文》，2018 年第 4 期。

面，部首本質上是漢字構形系統固有的類化偏旁，在理想情況下它的產生與發展要與漢字體系的演進保持同步。這意味着不同時期漢字體系的部首定義、數量和編排方法是不同的。[①]換言之，《説文》所歸納的540部雖然與隸變之前構形系統趨于成熟的小篆字系高度適配，但却未必與構形系統尚不完善的甲金文字體系相匹配，也未必與隸變之後構形系統經過大幅調整的隸楷書字系相匹配。另一方面，部首是字書編纂中提出的概念[②]，這意味着它先天具有人工提取色彩，不同字書所創制的部首體系要符合該字書的編纂理念。《説文》以闡釋漢字形義關繫爲主旨，這就使其部首體系存在兩個鮮明的特點：

一是部首總量偏多。《説文》分部歸部立足于表意直接明確，部首與轄字形義關繫緊密，這必然導致部首分類細密。[③]分類細密也就意味着數量繁多，尤其是其中存在一批于字形説解有益但構字能力低下的低頻部首。此外，《説文》出于"始一終亥"等陰陽循環思想而設立的部分數字、干支部首也有進一步類化歸并的必要。正如萬獻初所指出的："540部含6、9、10相乘，6爲陰數之極，9爲陽數之終，10爲全數，則540暗含包括萬象之意。就字形本身的領屬關繫來看，實際上并不需要這樣多的部首。"[④]

二是編排次序雜亂。《説文》成書于隸書爲主流書體的東漢時期，而許慎選擇"復古"的小篆而非隸書來書寫部首及字頭，顯然有表義明確性方面的考量。但由于小篆以綫條爲基本書寫單位，不易明確單字及構件的筆順及綫條數量，這種書體的局限間接導致了《説文》部首及部内字缺乏相對客觀的排序依據。

後世字書多以存儲漢字形音義供人查驗爲主要編纂目的，故對部首的提取和創制更注重其檢索效能的發揮，由此促進了《説文》部首的大規模精簡。與此同時，今文字階段漢字筆畫系統的形成和完善也爲部首按筆順及筆畫數排序提供了可能性。

以隸變爲分水嶺，漢字的書體演變大致經歷了古文字（甲、金、篆等）和今文字（隸、楷等）兩個階段。其中古文字階段字形又經歷了由象形到亞象形[⑤]的過渡。漢字的書寫元素也相應地從早期文字"隨體詰詘"的"象物性綫條"，演化爲篆書圓轉匀稱的"美術化綫條"，最終確立爲隸楷書平直方折的筆畫。[⑥]在此過程

---

① 黄天樹《説文部首與甲骨部首比較研究》，《文獻》，2017年第5期。
② 李恩江《説文部首的成因及構成》，《鄭州大學學報（哲學社會科學版）》，2002年第5期。
③ 張曉明《〈説文解字〉部首文字學原則解析》，《漢字漢語研究》，2018年第2期。
④ 萬獻初《〈説文〉學導論》19頁，武漢大學出版社，2014年。
⑤ 亞象形指形體表面上象形，即還是篆體，但實質上已不能完全反映物象，是表物象形體向表音義形體過渡時期的形體。參王貴元《漢字發展史的幾個核心問題》，《中國語文》，2013年第1期。
⑥ 陳淑梅《漢字書寫元素的演變與漢字的符號化》，載《中國文字研究》第9輯，大象出版社，2007年。

中，書寫元素的數量持續減少，從早期的難以窮盡到晚期的"橫豎撇點折"五種基本形態；與此同時，書寫元素形態的多歧性不斷遭到削弱，呈現出整齊化、類型化的總趨勢。多種多樣的書寫元素整合爲有限定性的幾類，是檢字法部首體系確立的前提條件之一。

部首體系隨着漢字構形系統的發展而産生共變，當構形系統發生變化時，部首體系也要做出適應性調整。《字彙》214 部的創制，標示着部首體系調整完成和新部首體系的最終形成，而"論其形不論其義"[①]的立部歸部原則，顯然也是基于隸變後漢字形義對應關繫相對削弱的現狀確立的。《字彙》之後至今四百年間有影響的字書，如《正字通》《康熙字典》《中華大字典》《漢語大字典》等，部首數基本都穩定在 200 個左右。200 個左右的部首對全體漢字來說，對人們的使用、掌握來說，是合適的。[②]

綜上，我們不妨將部首從文字學部首到檢字法部首的發展階段稱爲"部首體系精簡時期"。試用表 7-3 來總結漢字系統與部首體系發展階段之間的對應關繫：

表 7-3　漢字系統與部首體系發展階段的對應關繫

漢字發展階段	代表性書體	書寫元素	部首發展階段	代表性字書
早期（象形）	甲金文	象物性綫條	前部首時期	
中期（亞象形）	小篆	美術化綫條	部首形成期	《說文》
晚期（今文字）	隸楷書	筆畫	部首精簡期	《字彙》

2. 關于隸變與部首體系的精簡

隸變在部首體系精簡過程中扮演着重要角色，尤其是書體由篆入隸時所發生的隸合現象，對部首的歸并具有重要影響。一些學者認爲隸變是部首體系簡化的主要原因。如姜寶昌指出："根據我們的考察，隸合有 116 例，即有 585 個篆體部件（或部件組合體）分別隸合爲 116 個隸體標號。隸分有 143 例，即有 143 個篆體部件（或部件組合體）分別隸分爲 477 個隸體標號。平均起來看，5 個篆體并合爲 1 個隸體標號，而 1 個篆體部件分化爲 3 個隸體標號。兩相比較，隸合多于隸分……這裏，篆體部件（或部件組合體）也好，隸體標號也好，多數是部首，而隸合多于隸分，正是隸楷部首較之小篆大大減少的主要原因。"[③]我們認爲這個

---

①《字彙·凡例》："偏旁艸入艸、月入月，無疑矣。至薐從屮也，而附於艸，朝從舟也，而附於月，揆之於義，殊涉乖謬，蓋論其形不論其義也。"可見《字彙》立部歸部首先仍儘量做到形義結合，只有形義無法兼顧時，纔"論其形不論其義"。

② 章瓊《談漢字部首的立部與歸部》，《語文建設》，1997 年第 8 期。

③ 姜寶昌《文字學教程》794 頁，山東教育出版社，1987 年。

觀點是值得商榷的，因爲構件偏旁的混同并不必然導致部首的歸并，決定一個部首是否被歸并的根本因素仍是其構字量的多寡。如小篆"☾（月）""☽（舟）""☾（肉）"隸合爲"月"，但因爲三者作爲部首時構字量都較大，且表義區別度很高，故《字彙》立部時仍在一定程度上堅持形義兼顧，保持《月部》《舟部》《肉部》三部分立。同理，隸楷書中"人、入""土、士""匚、匸""夂、夊""日、曰""竹、艸""礻（示）、衤（衣）"等各組構件皆形近易混，但作爲部首在《字彙》中仍保持分立。《說文》中"鹿（鹿）""廌（廌）""庚（庚）"都是部首字，三者隸變後都包含構件"广"，故均有理由歸入《广部》。但《字彙》僅將《庚部》《廌部》歸入《广部》，《鹿部》仍保持分立，這顯然是前兩部爲低頻部首（《說文·廌部》轄正篆 4 字及重文 2 字，《庚部》轄正篆 1 字）而《鹿部》爲高頻部首（轄正篆 26 字及重文 6 字）的緣故。

若暫且忽略部內轄字重新歸部的種種複雜情况，僅以一部的部首字并入另一部作爲部首歸并的標志進行統計，從《說文》到《字彙》共發生部首歸并 328 例（包括《說文》部首并入《字彙》新增部首的情况，如《无部》并入《无部》）。逐例考察發生歸并的兩部部首字形體之間的關聯，主要可歸納爲如下三種情形：

（1）一部首字篆形包含另一部首字，隸變後仍維持這種包含關繫。前者通常爲合體字（形聲字或會意字，包括疊體字），後者通常爲獨體字。合體部首字自身結構層次相對複雜，往往構字量較低，它們作爲直接構件參與構字，具有體現全字構意的作用，故《說文》設置了大量的合體部首以闡明字義。而《字彙》則從檢字便捷的角度出發，大量刪減《說文》合體部首，將其拆分并入更小單位的獨體部首。如"左""巫""巠"入《工部》、"畕""男""畫"入《田部》、"㡀""帛"入《巾部》、"林""東"入《木部》、"思"入《心部》、"延"入《廴部》、"迄"入《彡部》等。此外，少量指事字也可能發生此類歸并，如"刃"入《刀部》、"三"入《一部》等。

（2）篆形各異的部首字隸變後形體相近，其中低頻部首字并入高頻部首。如"朮""朿"入《木部》、"禾"入《禾部》、"乌"入《弓部》、"七"入《匕部》、"几"入《几部》、"凵"入《凵部》、"毌"入《毋部》、"才"入《手部》（"才"與"手"的變體"扌"形近）等。

（3）小篆部首字隸變後而發生形體離析或改易，新形中包含另一部首字。如"它""宁"小篆分別作"⾪""宁"，隸變後分別離析爲"宀、匕""宀、丁"的組合，《字彙》將二字歸入《宀部》；"泉"小篆作"泉"，隸變後訛爲"白、水"的組合，《字彙》將其歸入《水部》；"旨"小篆作"旨"，"從甘匕聲"，隸變後"甘"

197

訛爲"日",故《字彙》將"旨"歸入《日部》;"重"小篆作"𢅜","從壬東聲",隸變後訛爲"千、里"的組合,《字彙》將其歸入《里部》等。

這三種部首歸并情形中,第一種情形實際上與隸變無關。換言之,即使隸變沒有發生,從部首設立的經濟性角度考慮,這些合體部首也是有歸并餘地的。後兩種情形則與隸變明確相關,即隸變是形成部首字形體相近或包含進而發生歸并的前提條件。但從發生數量及比例上看,從《説文》到《字彙》的 300 餘例部首歸并中,合體部首的歸并是大宗①,與隸變明確相關者僅占 1/3 强。正如張曉明所指出的:"後代字書減省歸并部首……合體的會意字與形聲字是減省歸并的主要對象。"②可見,部首精簡是一項龐雜的系統性工程,受到多種因素的交互制約,隸變只是其一。隸變雖然導致了大量的構件訛混,但構件訛混與部首歸并非一碼事,因此不能簡單地認爲隸變是部首體系簡化的主因。

3. 關于部首構義功能的演變

前文指出,今文字階段部首的構義功能仍處于擴展和强化的進程中,但也有部分學者認爲這個階段部首的構義功能不是强化而是弱化了。例如丁秀菊指出:"漢字部首在初創時具有明顯的表義功能。隨着漢字字體的不斷演變,漢字符號性增强,漢字部首也隨之發生了分化、混同、變異等方面的變化。適應不同時代、不同社會、不同編纂目的的需要,《説文》後的字書部首多用于被檢索,表義功能大大降低。事實證明,漢字部首表義功能弱化、檢字功能增强是歷史的必然。"③我們認爲,兩種觀點看似相左,但實質上并不矛盾。

首先,從形體來源上看,部首可分爲單源部首和多源部首兩類。爲保證部内轄字與部首的意義關聯可以説解,《説文》立部時所擇取的部首多數形源單一④、本義及構義明確。如部首字"田",象有縱橫田埂的規整田地之形,本義表田地。《説文·田部》除部首字以外的 31 個轄字(正篆 28 字及重文 3 字)所表示的意義皆與"田"的本義或引申義(農事、疆土等)存在明確關聯,如"畦""町""疇""畇""畛""畯""畬""畜""甸"等。而在今文字階段,隸變導致大量文字及構

---

① 據我們統計,《説文》設 213 個合體部首,《字彙》設 48 個合體部首,減少 165 個,約占全部部首歸并的半數。
② 張曉明《〈説文解字〉部首文字學原則解析》,《漢字漢語研究》,2018 年第 2 期。
③ 丁秀菊《漢字部首表義功能的弱化》,《山東大學學報(哲學社會科學版)》,2004 年第 6 期。
④ 少數《説文》部首是多源的,如"尸"。董蓮池:"從'尸'的字,得義比較複雜,有的和蹲卧伏等相關,有的和行動不便捷等相關,有的和屍體相關,有的和某一地區所穿鞋子名稱相關。還有的和屋相關,總的看都跟人相關。"參氏著《説文部首形義新證》221 頁,作家出版社,2007 年。從《尸部》所轄諸字分析,"尸"至少有三個形源:一是象人蹲踞之形,"居""尻""屍"等字從之;二是象房屋形,"屋""屏""層"等字從之;三是由眉形訛變而成,如"屖"。

件的混同，故隨着同形部首的羼入，很多檢字法部首實際上由單源變成了多源。如《字彙·田部》所兼并的《説文》部首包括《男部》《畫部》《畾部》《甲部》《申部》《甶部》《甾部》《異部》。其中，"男""畫""畾"中的"田"仍具有構形和構義（表田地義）的雙重功能；"甲""申""甶""甾""異"中的"田"則分别源自各字篆形中部分形體的隸變，其構義功能已經喪失。《字彙·田部》的148個轄字，一部分是由于隸變後字形包含"田"形而從他部并入的，如"甶""畏"來自《説文·甶部》、"甾""䎿""畬""甂"來自《説文·甾部》。這些字中的"田"只是記號構件，不具有構義功能。因此從這個角度可以説，從《説文》到《字彙》，由于《田部》轄字數量大幅增加，"田"作爲部首字的檢字功能增强了，而其構義功能似乎是弱化了。

其次，漢字從古至今一直屬于表意體系文字，歷代漢字自然發展的結果是理據的保留情況都在90%以上。① 與漢字的基本屬性相一致，單源部首的構義功能通常具有繼承性，受自身形體變遷的影響不大。如部首字"水"，小篆作"𣲙"，象河流之形，隸楷書作"水（氵）"，字形已經筆勢化，不大能表現河流的形象，但其參構時的表義作用依然被完整地保留下來。《説文·水部》收正篆464字，除部首字外，部内轄字按意義大致可分爲水流名、水流聲或水流貌、水域及泥沙等與之相關的事物、水利及人在水中的行爲、雨水及下雨的狀態、水狀貌、飲水與用水及人的體液等類。② 《字彙·水部》雖然兼并了《永部》《蟲部》《次部》《泉部》《沝部》《瀕部》，但諸部字所表示的詞義皆與"水"顯著相關，故《水部》整體上仍基本維持着單源的局面（不排除個别廢部字的并入，如"求"），也就是説部首"水"的構意功能并未弱化。并且隨着構字量的不斷增加及近義部首的歸并，很多單源部首的構義功能呈現出進一步强化和擴展的趨勢，如"黽""犬""虫""竹"等。多源部首的情況則相對複雜，它實際是一組同形異質部首的糅合體。如部首字"田"，在"畛""畯""畲""畜"等字中仍具有構形、構義雙重功能，而在"畏""異""甾"等字中只具有構形功能，即正源的"田"（表田地義）的構義功能依然存在，而他源的"田"（來自篆形隸變）并不具備構義功能，二者應區分對待。

粗略統計，《字彙》從《説文》繼承的208部中，維持單源局面的部首約150部，占《字彙》部首總量的70%左右。但由于多源部首絕對數量大幅增加，一些常見的高頻部首如"火（灬）""口""宀""木""田""艹"等都由單源變爲多源，這在一定程度上掩蓋了一部分部首的構義功能仍在擴展的事實，造成了部首構義

---

① 王寧《漢字構形學導論》70頁，商務印書館，2015年。
② 王寧《漢字構形學導論》135頁，商務印書館，2015年。

功能弱化的印象。對多源部首來説,隨着構字量的增加,其構義功能的擴展(或維持)與弱化是同時并行的,只是從不同角度而言。

綜上,我們認爲漢字部首的沿革與漢字構形系統的發展、書體的演化、書寫元素的更替都存在緊密關聯。通過《説文》部首與《字彙》部首的縱向對比分析可以看出,在今文字階段,《字彙》中所留存的《説文》部首仍處于持續類化的進程中,具體表現在構形功能和構義功能的擴展兩個方面。據此,可將部首的這一發展階段稱爲"部首體系精簡時期"。隸變是部首體系精簡的影響因素之一,但并非主因。部首構義功能的演變以擴展爲主流,同時伴隨着弱化的情況。

四、類化與傳統六書理論

"六書"是最早的關于漢字構造和使用的系統理論,大約形成于戰國末期至西漢之間。其名始見于《周禮・地官・保氏》:"保氏掌諫王惡,而養國子以道。乃教以六藝:一曰五禮,二曰六樂,三曰五射,四曰五馭,五曰六書,六曰九數。""六書"的具體名目則始見于東漢,班固《漢書・藝文志》列"六書"名爲"象形、象事、象意、象聲、轉注、假借",《周禮・地官・保氏》鄭玄注引鄭衆《周禮解詁》列"六書"名爲"象形、會意、轉注、處事、假借、諧聲",班、鄭皆有目而無説。許慎《説文・叙》列"六書"爲"指事、象形、形聲、會意、轉注、假借"并舉例加以定義:

> 一曰指事,指事者,視而可識,察而見意,上下是也;二曰象形,象形者,畫成其物,隨體詰詘,日月是也;三曰形聲,形聲者,以事爲名,取譬相成,江河是也;四曰會意,會意者,比類合誼,以見指撝,武信是也;五曰轉注,轉注者,建類一首,同意相受,考老是也;六曰假借,假借者,本無其字,依聲託事,令長是也。

以上三家"六書"之説,名目、次第雖不全同,但實出一源。[①]其後唐張參在《五經文字・序》中取許慎之名目、班固之次序,列"六書"爲"象形、指事、會意、形聲、轉注、假借",至此"六書"名目、次序遂成定例。

清代語言學家戴震在明人研究基礎上,依據性質的不同,將"六書"分爲造字、用字兩類,提出了"四體二用"説,影響較大,清代學者大多遵從此説,亦爲章黃學派所沿用:

---

① 通常認爲三家淵源均可上溯至西漢劉向、劉歆父子。參見萬獻初《〈説文〉學導論》90頁,武漢大學出版社,2014年。

大致造字之始，無所憑依，宇宙間事與形兩大端而已。指其事之實曰指事，一、二、上、下是也；象其形之大體曰象形，日、月、水、火是也。文字既立，則聲寄於字，而字有可調之聲；意寄於字，而字有可通之意，是又漢字之兩大端也。因而博衍之，取乎聲諧曰諧聲，聲不諧而會合其意曰會意。四者，書之體止此矣。由是之於用，數字其一用者，如初、哉、首、基之皆爲始；卬、吾、台、予之皆爲我，其義轉相爲注，曰轉注。一字具數用者，依於義以引申，依於聲而旁寄，假此以施於彼，曰假借。所以用文字者，斯其兩大端也。①

要之，"六書"理論産生年代久遠，沿用至今，尤其是前"四書"在分析漢字構造方面具有很强的解釋性。類化則是漢字形體演變過程中所遵循的一則通例，在分析漢字形體演變方面具有一定的解釋力。前者偏重對字形的静態解析，後者偏重對字形來源的動態闡釋，後者可視爲前者的有益補充。經由類化途徑産生的字形或合于"六書"，或無法以"六書"解析。此外，類化與轉注、假借兩種"用字"之法的關聯亦值得關注。

（一）類化字形合于"六書"

張涌泉指出"受構形法影響的類化"也是"類化"的一種表現形式："漢字有一種最普通的結構——形聲字……由於漢字的絕大多數是形聲字，人們的心目中無形之中就形成了一種'形聲化'的潛意識，覺得一個字總該有個形符纔對，于是往往用類推的方法，給没有形旁的字加上一個形旁，原有形旁而不容易辨認的，重複亦所不恤。"②從廣義類化的角度看，新字的創製及字形的改造大多以形聲（少量爲會意，如"泵""歪"等）爲基本指向，可與"六書"條例相合。

1. 新字的創製多合于"六書"

以記録外來詞的新字創製爲例。董琨所舉數例比較能説明問題，轉引如下：

> 例如《説文解字》的"玉部"中就有一個"㻌"字，注爲："璧㻌也。出西胡中。"據現代學者考證，它是梵文俗語 velūriya（後譯作"璧流離"或"吠琉璃"）漢譯省稱的新造專用字。古波斯國（今伊朗）傳來一種花卉，原譯作"抹利、抹厲、末麗、末利"，後來造出"茉莉"二字，成爲規範字形，加草字頭表示它們的意義類别是植物。又有一個"魔"字，則

---

① （清）戴震《答江慎修先生論小學》，載《戴震文集》，中華書局，1980年。
② 張涌泉《敦煌俗字研究（第二版）》62頁，上海教育出版社，2015年。

是梵文 māra 的漢譯省稱的新造專用字，唐代和尚玄應，編了一部佛經字典《一切經音義》，指出："魔，書無此字，譯人義作。"（卷二一）說明是佛經的譯者依義所造的新字。

　　近代俄國門捷列夫的元素周期表傳入中國以後，化學家們充當倉頡，更創造了許多新字，例如氯（chlorine）、氖（neon）、鎂（magnesium）、鈧（scandium）、砷（arsenic）、硒（selenium）等。這些字一般使用形聲方法組造，如金字旁表示是金屬元素，石字旁表示是非金屬固體元素，气字旁表示非金屬氣體元素，其餘部分則表示讀音。這些新形聲字構造合理，符合需要，很快就通行開了。①

上述"㗋""茉莉""魔"及元素周期表"氯""鎂""硒"諸字，皆依形聲方法創製。其中"魔"字，古人多以爲本作"磨"，梁武帝時改從"鬼"而得來。鄭賢章考察佛經用例，認爲"魔"可能在東漢就已產生，作爲音譯字，採用了形聲造字法，形體上具有表意的特點（《佛典》17）。

2. 字形的改造多合於"六書"

　　前文各章節所舉增加或改換形符而生成的很多異體字例（包括累增字），亦可視爲受構字法影響而類化的產物，不煩贅述。此外，一些經過由類化作用參與而產生的特殊字形，結構上仍合形聲、會意等條例，可以"六書"說解。例如：

【翔—翱、羪】北魏太和二十年《姚伯多兄弟造像碑》："虛中遊翱，梵音希聲。"（《校注》3/287）《校注》釋碑字爲"翔"的異體，可從。《說文・羽部》："翔，回飛也。從羽羊聲。"因飛翔的主體多爲鳥類，故此處換聲符"羊"爲"鳥"，作"翱"，新字形可解析爲"從鳥從羽"的會意字。或易形符"羽"爲"鳥"，作"羪"②，仍可解析爲形聲字。《集韻・陽韻》："羪，（翔）或從鳥。"《漢書・禮樂志》："聲氣遠條鳳鳥羪，神夕奄虞蓋孔享。"顏師古注："羪，古翔字。"

【老—鬿】"老"，甲骨文作"🔲"（《合集》17179），象老者倚杖之形。金文改杖爲"匕"，如《殳季良父壺》作"🔲"（《金文集成》9713）。《說文・老部》小篆作"🔲"，"考也。七十曰老。從人、毛、匕（化）。言須髮變白也"。許慎析形恐誤。碑誌或作"耂"。東漢延熹七年《孔宙碑》："祇傅五教，尊賢養耂。"（《北圖》1/123）"匕"增筆作"𠙴"，與"亡"之或體"𠃑"形近。"耂"除"人"形以外的部分與"先"近似，故字形再變作"鬿"，北朝碑誌常見。如北魏建義元年《王

---

① 董琨《中國漢字源流》162-163 頁，商務印書館，1998 年。
② "羪"又兼"鶺羪"字。《字彙・鳥部》："羪，鶺羪，鳥，舞則將雨。《家語》作商羊。"

誦墓誌》"誰言福謙，豈錫難老"之"老"作"㔽"（《北圖》5/104），建義元年《元洛神墓誌》"宜享難老，垂此庭範"之"老"作"㔽"（《北圖》5/83），北齊武平七年《孟阿妃造像記》"老君像一區"之"老"作"㔽"（《北圖》8/77）等。

"老"本爲會意字，其形體變易爲"先""人"的組合，仍可解爲會意字。《顏氏家訓·雜藝》："北朝喪亂之餘，書跡鄙陋，加以專輒造字，猥拙甚於江南。乃以百念爲憂，言反爲變，不用爲罷，追來爲歸，更生爲蘇，先人爲老，如此非一，遍滿經傳。"所謂"先人爲老"，正指"㔽"字。

糅合字的結構類型取決於甲乙字原本的結構類型及取形要素。若取甲字的表意構件（形符）與乙字全形或表音構件（聲符）相互糅合，則新字從結構類型上來說屬於形聲字，亦可視爲甲字的聲符代換異體。試舉兩例：

【紂】《小說集成》清刊本《忠烈全傳》第六回："方紂與他炒（吵）了一場，他就不許我在家。"（《明清小說俗字典》52）《玉篇·糸部》："緇，黑色也。紂，同緇。"但結合文意，此處"紂"當是"才（纔）"的異體，表剛剛義。在這個意義上，"才"是本字，"纔"是借字，二者存在同用關繫。《說文·才部》："才，艸木之初也。"徐鍇繫傳："古亦用此爲纔始字。"朱駿聲通訓定聲："才，引申爲僅暫之義。""才"的本義是草木初生，引申而有剛剛義。而"纔"的本義指一種黑裏帶紅的顏色。《說文·糸部》："纔，帛雀頭色。一曰微黑色，如紺。纔，淺也。讀若讒。從糸毚聲。""纔"在"僅""始"等義下用同"才"，文獻常見。如唐元稹《新竹》詩："新篁纔解籜，寒色已青蔥。"故上例的"紂"字當是取"纔"之形符與"才"糅合而來。從字形結構上說，"紂"也可視爲"纔"的換聲異體字。

【䋤】清無名氏《萬年清奇才新傳》第八回："我今特來爲使君太守辦賊，取回兩䋤印信，將功底罪何如？"周志鋒釋："'䋤'同'顆'。同書同回：'在懷中取出一顆銅印。'可參比。《漢語大詞典》'科'字條義項二十一云：'用同"顆"。'取'顆''科'兩字各一半，遂成俗字'䋤'。"①說是。《說文·頁部》："顆，小頭也。從頁果聲。"段玉裁注："引申爲凡小物一枚之稱。珠子曰顆，米粒曰顆，是也。"又《禾部》："科，程也。從禾從斗。斗者，量也。"此以"科"爲會意字。實際上，"禾"古音在匣紐歌部，與"科"音近，故"科"當是"從斗禾聲"的形聲字。在表小物計量單位義上，"顆"是本字，"科"是借字。"䋤"是取"顆"之聲符"果"與"科"之形符"斗"構成的糅合字。在結構類型上仍可以分析爲形聲字。

---

① 周志鋒《明清小說俗字俗語研究》33頁，中國社會科學出版社，2006年。

若取甲乙字的表意構件（形符）相互糅合，由此構成的新字形有些可以從會意的角度説解其構造理據。如"䤴"，《大字典·舌部》（3139）據《改併四聲篇海》所引《搜真玉鏡》載其音"口禁切"而未載其義。《漢語俗字叢考》（第二版591）認爲此字是受"矜"和"舲"（"矜"的換形字）交互影響産生的會意俗字。又如"軀"，由"體""軆"糅合而成："體"是"從骨豊聲"的形聲字，"軆"是"體"的換形異體，是"從身豊聲"的形聲字，取二字形符糅合即成"軀"，可解析爲"從身從骨"的會意字。①

3. "多形一聲字或多聲一形字"

嚴格來説，此類形聲字與"六書"中形聲條例相違背，因爲一個形聲字若有多個形符或聲符，其意義類屬或得聲依據便難以判定。然而，《説文》中確實存在少量被解説爲多形或多聲的形聲字。唐蘭考察這些字的形體演變源流，認爲它們或是析形錯誤的結果（如"㲋"），或是構件歷時疊加的産物（如"寶""糳""梁"），并總結道：

> 關于三體或四體的諧聲，後人分析做二形一聲、三形一聲和二聲，共有三類，這實在是錯誤的。我認爲形聲字在造字時，只有一形一聲（當然有些聲母本身已是形聲字），絶對没有同時用兩個形或兩個聲的。……形聲文字，不是一個時期造的，它是由于歷時的累積造成的。……凡所謂二形一聲、一形二聲的字，如其不是錯誤，就都是緟益字或複體形聲字。②

《説文》因漏收了"寶""糳"等字原本的複體形旁或聲旁，只能把全字分析爲多形或多聲，故這些字實際上仍可析爲單形單聲字。③加注形符、聲符也是義化、音化的表現形式之一，與類化作用的促動密切相關。

(二) 類化字形不合于"六書"

喻遂生指出："六書説是漢儒在分析小篆造字結構的基礎上歸納出來的，當然不可能盡合于不同時代、不同地區所造，并且經過了演變甚至訛變的漢字。雖然後代學者對六書説不斷地進行補充，使之細目繁多至數十類，但仍然不能盡合所

---

① 張涌泉《漢語俗字研究（增訂本）》70頁，商務印書館，2010年。
② 唐蘭《中國文字學》85-86頁，上海古籍出版社，2005年。
③ 喻遂生對"菩""寶""鑄""梁"等字的形體由來進行了較爲詳細的分析。參氏著《文字學教程》328-330頁，北京大學出版社，2014年。

有漢字。"①漢字形體是不斷發展演變的,"六書"的局限明顯與其只能對漢字結構作靜態分析的特性相關。對于一些不合于"六書"或"六書"説解迂曲的字形,我們可以嘗試從動態的類化(包括糅合)視角對其來源成因進行解釋。

1. 兩聲字或兩形字

兩聲字就是由都是音符的兩個偏旁組成的字。②一些兩聲字可視爲字形糅合的結果,即由甲乙字的表音構件(聲符)相互糅合而成。如"覎",《大字典·見部》(3906)據《龍龕》收爲"覎"的異體。《漢語俗字叢考》(第二版651)認爲此字是受"覎"、"訝"("覎"的換聲字)的交互影響產生的二聲俗字。又如:

【聝】《説文·耳部》:"聝,軍戰斷耳也。《春秋傳》曰:'以爲俘聝。'從耳或聲。䤋,聝或從首。""聝"指古代戰争時割取所殺敵人之左耳(以論數計功)。東漢永和二年《裴岑紀功碑》:"斬聝部衆,克敵全師。"(《北圖》1/88)碑字與《説文》或體同構。由于語音演變,"聝(䤋)"與聲符"或"在音讀上產生了較大差别,"或"不能準確標音,故或换聲符爲"國"。"國""聝"古音同在見母職部。《龍龕·首部》:"䤋,俗聝"。

再變作"聝"。東漢光和三年《趙寬碑》:"國聝滅狂狡。"(《北圖》1/170)熹平六年《斥彰長田君斷碑》:"討聝畔夷。"(《隸續》卷二十)洪适跋:"碑書之者好用奇字……聝即聝字。"二碑皆變左側形符爲"國",全字變爲雙聲符字。張涌泉認爲"聝"形的產生與隱性類化有關,可從。③

【邨】《小説集成》明刊本《雲合奇蹤》第十八則:"孫炎望見舉動,不是個邨夫俗子行藏,心中想道:'三人之中,或是宋景濂在内,也未可知。'"(《明清小説俗字典》114)"邨"即"邨(村)"的俗體。《説文·邑部》:"邨,地名也。從邑、屯聲。"段玉裁注:"邨,本音屯,屯聚之意也,俗讀此尊切,又變字爲村。"《集韻·魂韻》:"村,聚也。通作邨。"蓋"邨"初爲地名,後表村落,在"村落"義上流俗又造形聲字"村",與"邨"并行流通。上例之"邨",當是取"邨"之聲符"屯"與"村"之聲符"寸"糅合而成,"屯""寸"都有標示全字讀音的作用。

兩形字是由兩個表形或表意偏旁構成的字。如"頇",《玉篇·耳部》訓癡,與《廣韻·賄韻》訓癡癲貌的"聃顈"義近,"聃"與"顈"字多連用,受"顈"字影響,"聃"類化作"頇","耳""頁"皆形而無聲,只能解析爲兩形字。④

---

① 喻遂生《文字學教程》168頁,北京大學出版社,2014年。
② 裘錫圭《文字學概要(修訂本)》112頁,商務印書館,2013年。
③ 張涌泉《漢語俗字研究(增訂本)》57頁,商務印書館,2010年。
④ 楊寶忠《談談近代漢字的特殊變易》,《中國語文》,2019年第5期。

2. 記號字或半記號字

記號是漢字形體中不能解析的部分。漢字在發展過程中，由于字形和語音、字義等方面的變化，很多構件失去了原本的標音或示義功能，變成了記號。純粹由記號構成的字叫記號字；記號與意符或音符複合構成的字叫半記號字。①裘錫圭指出記號字和半記號字的逐漸增多是漢字結構的發展趨勢之一。②一些記號字或半記號字的産生與類化作用相關。

【㮇】"㮇"即"稽"之異體。"稽"，《説文·稽部》小篆作"𥝩"，"留止也。從禾、從尤、旨聲"。徐鍇繫傳："禾，木之曲止也。尤者，異也。有所異處，必稽考之。考之，即遲留也。"隸楷書中，"稽"的構件各自受形近字影響而發生變化："禾"訛作"禾"，"尤"或變作"火""犬"等，"旨"常省作"盲"，繼而黏合作"目""日"等，全字構件布局亦常調整，故變體豐富。如東漢永壽二年《禮器碑》作"稽"(《北圖》1/110)，熹平六年《尹宙碑》作"稽"(《北圖》1/169)，北魏孝昌二年《侯剛墓誌》作"㮇"(《北圖》5/36)，東魏武定元年《元悰墓誌》作"㮇"(《校注》7/324)等。"禾""火"或成"秋"字，"日"居其下，全字便訛爲"秋""日"的組合，字形既不能標音也不能示義，完全喪失了構字理據，淪爲記號字。如東晉永和十二年《高崧妻謝氏墓誌》作"㮇"(《校注》2/367)，北魏永安二年《元維墓誌》作"㮇"(《北圖》5/118)等。

【遷】"遷"即"遷"之異體。"遷"，《説文·辵部》小篆作"𨑭"，"登也。從辵䙴聲"。隸楷書作"遷"，聲符"䙴"省作"䙴"。"䙴"或作"䙴"。《説文·舁部》："䙴，升高也。從舁囟聲。䙴，䙴或從卩(巴)。"故"遷"又作"遷"。《龍龕·辵部》："遷，古；遷，正。"

"遷""升"皆有升高義，故或在"遷"形基礎上，就近改"廾"爲"升"，全字變作"遷"。漢魏碑誌所見甚多，如東漢漢安二年《北海相景君碑》作"遷"(《北圖》1/91)，西晉永嘉二年《石尟墓誌》作"遷"(《北圖》2/73)，北魏景明二年《元羽墓誌》作"遷"(《北圖》3/48)，正光元年《司馬昞墓誌》作"遷"(《北圖》4/96)等。"遷"之構件"升""辵"爲表義構件，"西"是不具備構義功能的記號構件，全字可視爲半記號字。

此外，類成字化也是記號化的一種重要表現形式。就類成字化的結果來看，新産生的字形屬于記號字或半記號字。二者的主要區別在于是否有明確的演變指

---

① 柳建鈺《記號字、半記號字及其在現代漢字中基本情況探討》，《寧夏大學學報（人文社會科學版）》，2005年第4期。

② 裘錫圭《文字學概要（修訂本）》42頁，商務印書館，2013年。

向:類成字化通常有明確的演變指向,即原有形體向形近的高頻構件或構件組合體靠近;而記號化的成因則比較多樣,如構件的訛變、黏連、合并等,其結果也未必以"成字"爲最終指向。例如隸楷書"春""奏""秦""奉""泰"等字的小篆形體互異,它們共有構件"夫"的產生是各字内部不同構件黏連的結果,產生途徑不一。①"夫"是個記號構件,但本身并不"成字",很難説它是一個類成字構件。

3. 其他

一些俗字的形體繁複,結構類型較難説解。如曾良所舉"誔"字,由"誕""旦"糅合而成:"誕"有出生義,在這個義項上明清小説或假"旦"爲之。②"誔"是以"旦"代"誕"右上之"正"構成的字形,其構字理據遭到破壞,從"六書"角度不易解析。前文所舉"儑"字,亦屬此類情況。

此外,楊寶忠舉例説明了近代漢字存在會合四字構成的俗體會意字、異體部件替换、形隨音變、兩形字、異體疊加等五種特殊變易。③其中一些不合"六書"的特異字形的產生與類化作用密切相關:如"叒"(同"五")、"曷"(同"匄")、"塊"(同"塊")等異體疊加字,參構的甲乙字與糅合字音義皆同,兼具標音、示義屬性,故全字從結構類型上較難明確歸屬。

(三)類化與假借

《説文·叙》:"假借者,本無其字,依聲託事。"即是説,語言中早已存在的某個詞有音有義,但無法依義構思出字形,只好借已有的同音(音近)字來表達它的詞義,即把已有的表意字作爲音標來使用。④廣義的假借,還包括"通假",即"本有其字"的假借,指某個詞原本已有專門記録它的字,但由於各種原因,書寫者没有使用本字,而是用同音(音近)的字來替代。

假借與類化的本質屬性不同,二者之間既有區别又有關聯。一方面,狹義上的類化與假借是不同性質的文字現象。二者的區别在于:

其一,假借是用字法,本身不產生新字形;類化則是因類推而產生的文字形體變異,許多異體字形在這個過程中產生。

---

① 如"春"小篆作"萅",其"夫"符源自"艸""屯"的黏合;"泰"小篆作"𠘓",其"夫"符源自"大""廾"的黏合等。
② 曾良《明清小説俗字研究》218頁,商務印書館,2017年。
③ 漢字的"特殊變易",指不符合漢字演變一般規律的變易或不常見的變易現象。這個概念由楊寶忠首倡。參氏著《談談近代漢字的特殊變易》,《中國語文》,2019年第5期。
④ 萬獻初《〈説文〉學導論》102頁,武漢大學出版社,2014年。

其二，假借具有穩固性：假借是一種普遍的社會用字現象，與具體的語境不存在直接的依存關繫，文獻用例往往較多。類化具有臨時性：類化是文字受到特定的語境或思維類推的影響，臨時產生變異，如脱離具體的語言環境，類化字的使用就要受到一定的制約，因而類化字一般不具備較強的生命力，在文獻中的複現率較低。

其三，假借的實質是借音表義，本字與借字之間必然有語音上的聯繫，而字形上可能毫無共同之處。類化字大多在原字形基礎上增加或改换構件，新字與原字在形體上必然有相同之處。

其四，類化與假借的發生期不同。根據劉又辛的闡述，漢字的發展存在一個假借字階段，時間從商代甲骨文到秦朝統一。①中古時期文字假借已趨于衰落，這段時期的一些假借用法，多是承襲前代的用字習慣。毛遠明對該時期碑刻材料的窮盡統計結果也很好地證明了這一點。②這也給我們一個有益的啓示，即漢代及其後的文字"假借"現象，不少可以從類化的角度加以闡釋。

從表現形式上看，類化與假借有一定的相似之處，即類化字與原字、假借字與本字之間往往讀音近同。如果對這種相似性渾然不辨，忽視字形產生的語境依據，就可能將類化字誤認作假借字。例如：

【姪】東漢中平元年《郭究碑》："耆姪士女，嗚悒惟感。"（《隸釋》卷十）洪适跋："碑以姪爲耋。"《隸辨·屑韻》引注碑字："姪娣之姪。……蓋同音而借也。"耆耋，指老年（人）。《禮記·射義》："幼壯孝母，耆耋好禮。"鄭玄注："耆、耋皆老也。"姪，本義爲侄女。《説文·女部》："姪，兄之女也。""耋""姪"古音都在定紐質部，字義没有明顯的關聯，很像假借。但從碑文來看，"耆姪士女"當是采用了并提的修辭方式，應理解爲"耆士姪女"。"耋"寫作"姪"，當是受下文"女"字影響而類化换旁。因"老"義已經由"耆"字體現，故徑改"耋"之"老"旁爲"女"旁。"姪"是類化字，而并非"耋"的通假字。如果視二字爲通假關繫，在典籍中很難找到其他用例，通假作爲普遍的用字現象，不應該是孤例，而類化是受語境影響，臨時改變字形，允許有孤例。《康熙字典·女部》引此例以證"耋""姪"爲通假字，值得商榷。

【遱】東漢建寧元年《楊著碑》："追遱曾參，繼迹樂正。"（《北圖》1/132）《隸釋》卷十一洪适跋："遱即蹤字。"追蹤，本義爲"按蹤迹或綫索追尋"，引申

---

① 劉又辛《通假概説》附録《論假借》，巴蜀書社，1988年。
② 毛遠明《漢字假借性質之歷時考察》，《西南大學學報（社會科學版）》，2010年第7期。

指"追隨""效法"。《三國志·蜀志·黄權傳》:"君捨逆效順,欲追蹤陳韓邪?"北周庾信《燕射歌辭·徵調曲四》:"將欲比德於三皇,未始追蹤於五霸。""足""辵"意義相近,作偏旁時經常换用。"邀"當是受"追"的影響,而改形符"足"爲"辵"。《隸辨·鐘韻》:"《類篇》'邀,步緩也'。乃借邀爲蹤,非即蹤字也。""邀"不見於《説文》,字書多以爲是"從"的累增字,其與碑字爲同形關繫,顧氏以"邀"爲"蹤"的假借字,不可信。

另一方面,假借與廣義的類化共同作用于漢字的發展。王寧指出,完全音化的假借字不適應漢字構形系統,總要增加意義信息,再造形聲字。此類形聲字的産生經歷了"借義分化"的過程,即假借字與本字共享一字,加表義構件將它們分化:或在假借字上加表義構件,使假借字轉化爲後出本字,如"采—彩""辟—僻、譬、璧、避、闢、癖";或實詞借作虛詞後,在記録實詞的本字上再加表義符號,使原來的實義更加突出,并使虛詞分化出去,如"然—燃""莫—暮"。①這種通過加注義符(形符)而使原字形聲化的手段,在形式上與許多類化字的生成途徑并無二致。

(四)類化與轉注

《説文·叙》:"轉注者,建類一首,同意相受,考老是也。""轉注"所指爲何,千百年來,聚訟紛紜,主形説、主音説、主義説、主源説各有擅場,可謂言人言殊。隨着漢字學系統性與理論性的不斷增強,學者們嘗試從漢字構形系統及其發展的大背景下對"轉注"及許慎的十二字釋文進行更高層次、更爲科學的解讀。試舉幾種較具代表性的觀點:

> 轉注是考慮自身形體與其表現對象之間關繫,同時兼顧字形個體之間關繫的造字方式,是對漢字兼顧單字群組關繫這一構形方式的説明。"建類一首"是説建立事物的類别,每類用一個字做代表,這個代表就是部首。"建類一首"即《説文》全書分爲540部,每部設立一個部首。《説文·叙》"其建首也,立'一'爲端,方以類聚,物以群分。同條牽屬,共理相貫,雜而不越,據形繫聯",就是對"建類一首"的具體説明。②
>
> "六書"中的"轉注"在《説文解字》的結構分析中没有對應的字例,因爲"轉注"既不是造字方法,也不是析字方法,而是編纂漢字的類聚

---

① 王寧《漢字構形學導論》29-30頁,商務印書館,2015年。
② 王貴元《漢字構形系統的發展與六書"轉注"》,《漢字漢語研究》,2018年第3期。

方法。《説文》540部的設立倒是按照"轉注"方法來進行的，所謂"建類一首，同意相授"，就是把具有相同構件的字歸爲一類，用共同具有的構件字作部首，部首的意義授予屬于這個部首的每一個字，所以同部首的字都跟部首的意義相關（或者説都包含着部首的意义）。换句話説，凡是屬于某一個部首的字，形體上都包含着這個部首，意義上也都屬于跟部首義相關的類，所以説"凡某之屬皆從某"。①

"六書"中的"轉注"造字法，簡單地説，就是將一個"轉注原體字"移附授注到一個"類首"形體上的一種造字之法。换言之，也就是對一個"轉注原體字"加注一個"類首"符號（即意符）的造字之法。對于"轉注原體字"來説，實質上就是一种加工改造的過程，一種在"轉注原體字"的形體上冠加一種"類首"符號而構成一個新字的過程。②

諸説可謂對以清代學者江聲爲代表的"部首説"的延續和發展，但更强調部首（或"類首"）在漢字構形體系中的統攝作用和樞紐功能。這與我們前面提及的類化在部首體系生成和簡化中的作用有頗多契合之處。但類化與轉注之間到底存在何種關聯？對這個問題的深入探討，或許仍要以"轉注"謎題的破解爲前提條件。但我們似乎又可以肯定地説，所謂"建類一首"中的"類"字，無論其所指是形類、聲類、義類抑或事類，均已經在很大程度上將轉注與類化綁定在了一起。

第四節　類化與其他漢字演變通例

黄德寬通過對商代到秦代漢字發展的綜合考察和動態分析，指出漢字形體在漫長的演進歷程中體現出"簡化""分化""類化""優化"四個主要發展趨勢。③縱觀漢字的歷時發展進程，無論在古文字階段還是在今文字階段，類化都作爲趨勢或言通例之一，與分化、簡化、繁化等其他通例互爲表裏，協同發揮作用，共同推動漢字系統走向成熟、優化。

---

① 李運富《〈説文解字〉的析字方法和結構類型非"六書"説》，載《中國文字研究》第14輯，大象出版社，2011年。
② 孫雍長《轉注論（增補本）》，語文出版社，2010年。
③ 黄德寬《古漢字發展論》503-504頁，中華書局，2014年。

一、類化與簡化

趨簡求易是人們書寫漢字的共同心理，簡化是提高書寫效率的必然需求。因此，文字從產生之時就沿着簡化的總趨勢不斷地發展演變。[1]在漢字系統簡化的進程中，類化發揮着至關重要的整合與調節作用，這在筆畫系統、構形系統及部首體系等子系統的發展過程中均有體現。以下就筆畫和構形兩方面簡要論述。

（一）筆畫系統的生成

從古文字到今文字，漢字的書寫元素從綫條逐步演變爲筆畫，隸變則標示着現代筆畫系統的最終生成。在隸變過程中，人們採取了直、縮、拆、連等一系列改造篆書綫條爲隸書筆畫的常規手段。[2]王鳳陽從中歸納出"趨直"和"反逆"兩個基本原則。[3]王貴元又進一步將兩個原則整合爲"書寫便捷原則"，并認爲它是漢字筆畫系統生成的首要支配原則。[4]以"直"和"拆"兩種手段爲例（見表7-4、表7-5）：

表7-4　隸變手段"直"的運用

小篆偏旁	艸（艸）	竹（竹）	刀（刀）	丂（丂）
漢碑字例	草 桐柏廟碑	芉 史晨後碑	刜 景雲碑	丂 曹全碑

表7-5　隸變手段"拆"的運用

小篆偏旁	禾（禾）	爪（爪）	斤（斤）	豕（豕）
漢碑字例	和 夏承碑	采 白石神君碑	近 趙寬碑	家 曹全碑

"直"通常用于拉直篆書中的弧形筆道，使之平直化或方折化，以縮短書寫軌迹或減少下筆迴旋次數。"拆"通常用于拆散篆書中包含逆筆的複雜連續筆道，因爲左行或上行的逆筆書寫方式不符合生理習慣，會影響書寫速度。"直""拆"等手段在具體字形的隸變中往往是綜合運用的，由此形成了一些將篆書綫條轉化爲隸書筆畫的常規操作模式，具有較強的類推性。而隸書中横、豎、撇、點、折等各種現代筆畫，正在這一過程中孕育產生。以横畫爲例（見表7-6）：

---

[1] 何琳儀《戰國文字通論（訂補本）》202頁，江蘇教育出版社，2003年。
[2] 關于篆書綫條改造爲隸書筆畫的具體手段，趙平安將其概括爲直、減、連、拆、添、移、曲、延、縮九種。參氏著《隸變研究（修訂版）》42-48頁，上海古籍出版社，2020年。葛小冲將其概括爲同、平、直、折、伸、縮、斷、連、轉、移、增、省十二種。參氏著《漢隸與小篆的構形比較》61-67頁，北京大學出版社，2014年。兩位先生的總結大體一致，個別手段名異實同。
[3] 王鳳陽《漢字學（修訂本）》219頁，中華書局，2018年。
[4] 王貴元《漢字形體結構的體系性轉換》，《語文研究》，2014年第1期。

表 7-6　漢隸中橫畫的來源

小篆字例	页（天）	丑（醜）	目（耳）	紊（素）
漢碑字例	天 禮器碑	丑 肥致碑	耳 鄭固碑	素 史晨碑

横畫的主要來源有四類：一是對橫向或近橫向綫條的轉寫，如"天"之首橫、"丑"之中橫；二是對兩端向上或向下的對稱曲綫的取直，如"天"之末橫；三是對包含橫向或近橫向運筆的曲綫的拆分截取，如"耳"之首橫及末橫、"斤"之橫畫；四是對相近綫條的合并拉通，如"素"之中橫及末橫。①

從動因來看，各種隸變手段的使用，與人們追求書寫的快速便捷、減少筆程及降低書寫時間成本的需求密切相關；從結果來看，形態相近的篆書綫條被歸并爲同一種筆畫，多種多樣的書寫元素被整合爲數量有限、形態相對規整的橫、豎、撇、點、折幾個大類。②這是一個簡化的過程，同時也是一個類化整合的過程。

（二）構形方式的演進

黄德寬較早指出漢字構形方式是一個歷時態演進的系統。③大體而言，初期漢字（"初文"）以描摹物象形態爲主流構形方式，隨着象物性綫條不斷簡省、趨同，造成構意的淡化、消減乃至喪失，同時也大大增加了近似字形之間相互混同的可能性。這種形意疏離的情形，可稱爲"構意的筆勢化"④或"漢字理據的消隱"⑤。

"寓意于形"是漢字的基本構形準則。爲了維持字形的表意明晰度及字際區別度，漢字系統主要采取了兩種"修補"手段：一是"圖像補充"，即在表示物象的形體中增加表物象成分；一是"音義參構"，即在原有形體上增加提示意義或讀音的成分。而新舊成分累加而成的二元結構字形又往往經後世的重新解釋，與其所記錄的詞的音義相互挂鈎。由此，漢字構形系統逐步實現了由表示物象的"物符"向表示詞的音義的"詞符"的古今轉變。⑥同時漢字構形的基本方式也發生了重大調整，形聲憑藉其强大的構字能力及表詞上的優越性逐步排擠象形、指事、會意

---

① 漢字筆畫系統中，每種筆畫的來源都比較複雜，其定型過程也通常經歷了戰國文字、秦漢古隸的銜接過渡。爲簡潔行文，此處僅列舉小篆來源。
② 李運富稱之爲"隸書筆法的類化趨勢"。參氏著《漢字學新論》187 頁，北京師範大學出版社，2012 年。
③ 黄德寬《漢字構形方式：一個歷時態演進的系統》，《安徽大學學報（哲學社會科學版）》，1994 年第 3 期。
④ 王寧《漢字構形學導論》65 頁，商務印書館，2015 年。
⑤ 林志强、龔雪梅《漢字理據的顯隱與漢字和漢語的内在關繫》，載《中國文字研究》第 13 輯，大象出版社，2010 年。
⑥ 王貴元《漢字形體結構的體系性轉换》，《語文研究》，2014 年第 1 期。

等初期構形方式而成爲主流。黄德寬統計西周與春秋時期所見新增字發現，西周時期新增字中以形表意類漢字（包括象形字、會意字、形聲字）占 28.1%，形聲字已達 71.9%；春秋時期以形表意類漢字僅有 4.3%，而形聲字高達 95.7%。①尤其在隸變過程中，漢字形體變動劇烈，象形特點和構字理據遭到很大程度的破壞，造成了字形的標音示義功能弱化，于是通過增形、繁聲、構件移位、形體局部改造等手段重新追求形音義之間的對應性。這個過程，反映了人們追求字形優化的多途嘗試，同時伴隨着異體字形的大量滋生。

從早期漢字的多元構形模式發展爲中後期以形聲爲主體的相對單一的構形模式，類化在其間起到了一個"推平山頭"的作用，它通過改易字形、增換形符等表現形式，不斷將不合形聲構造的"游離"字符"收編"改造，使之"改頭換面"，最終往往以形聲字的面貌出現。如"耤"，甲骨文作"𦓐"（《合集》9503），象人持耒耕作；《令簋》作"𦔻"（《金文集成》2803），增"昔"聲；《說文·耒部》小篆作"𦓋"，原本表形的部分類化作"耒"。"虹"，甲骨文作"𧊮"（《合集》13442），象空中彩虹之形，虹的兩頭，象低頭張開巨口啜飲水氣的動物；《說文·虫部》小篆作"虹"，變爲"從虫工聲"的形聲字。"耤""虹"均由具體的會意字、象形字加注聲符轉化而來，最初的形體都比較繁複，後來都改用字形相對簡單的類義形符，在這個形聲化改造的過程中，全字形體也得到了一定程度的簡省。

李國英對小篆字系形聲字義符系統中各義符的構字頻度進行了窮盡性測查後，指出："（小篆字系的）72 個高頻義符達到了很高的類化程度，它們構成了整個義符系統的基礎。同時，低頻義符的數量多，構字能力弱，還存在進一步的類化餘地。這正是小篆字系之後，漢字形聲字的義符系統不斷合并的發展趨勢的主要的内部根據之一。"②在今文字階段，漢字構形的形聲格局不斷趨于穩固。從多元構形走向一元構形，這無疑也是一個類化歸并的過程。

二、類化與繁化

繁化是與簡化相反相成的一則通例。簡化是漢字演進的總體趨勢，繁化則在維持漢字系統平衡方面發揮一定的調節作用，具體表現在提高字形辨識度、增强字際區別度、强化字形表義性等方面。

古文字中因類化作用而導致字形增繁的例子并不罕見。如"姞"，金文大多從女吉聲，《梊車父壺》作"𡢃"（《金文集成》9697），所從女旁受"吉"字旁的影響，也類化而加上一個"口"字；"奠"，金文大多上部從"酉"，《鄭伯筍父甗》

---

① 黄德寬《古漢字發展論》506 頁，中華書局，2014 年。
② 李國英《小篆形聲字研究（修訂本）》70 頁，中華書局，2020 年。

則作"奠"(《金文集成》925),左旁從三點,這是因爲"酒"字也從"酉","奠"字受其影響,也類化爲從"酒"作。①

中古碑誌因類化而增添筆畫、構件的字例亦極夥,前文已叙。張涌泉②、李榮③都認爲"把不常見的偏旁改爲常見的偏旁"常導致字形的繁化,并分別結合敦煌寫卷、明刻本小説列舉了"鐡—鐵""叫—呌""尊—尊""局—局"等例加以説明。此外,李榮還指出明代小説中存在"效仿別的字加筆畫"的俗字,如"俺"效仿"僚""燎"等字右旁加兩點作"俺","凶""兇"效仿"主""立""高"等字上部加一點一横作"㐫""兗"。④這與金文"奠"或從"酒"作的情況比較類似。我們可將其視爲一種隱性類化,即一字与他字具有近似的局部結構形體,于是通過形體改造,使該字具有與他字相同的局部結構特徵。碑誌中可見類似的字例:

如"舊",構件"雈"中部常增"叩"形。北魏正光元年《元孟輝墓誌》作"舊"(《校注》5/92),北魏普泰元年《穆紹墓誌》作"舊"(《北圖》5/153),東魏武定三年《元贍墓誌》作"舊"(《北圖》6/131),隋大業八年蕭瑒墓誌作"舊"(《北圖》10/66)。"萑"《説文•萑部》小篆從"丫"作"萑",隸變後與從"艹"之"雈"相混,又與"蓳"形近。"蓳"即"鸛"的古字,文獻罕用,但常作爲構件參與組字,如"觀""歡""灌""懽"等。故"舊"之增"叩"形的寫法,大概與"蓳"及從"蓳"的一系列字的影響有關。

又如"聰",左旁"耳"下或增"王"形,如北魏正光三年《馮邕妻元氏墓誌》作"聰"(《北圖》4/126);"聯"亦有類似寫法,如隋大業十二年《卞鑒墓誌》作"聯"(《隋彙》5/348)。我們認爲,"聰""聯"的此類增形寫法大概與"聽"的字形影響有關。"聽",《説文•耳部》小篆作"聽",左下"壬"本爲聲符,隸楷書與"王"相混,如北魏正光六年《李超墓誌》作"聽"(《北圖》4/179)。"聰""聯"與"聽"的左旁近似,故或受"聽"的影響而增"王"符。

"聽"之"壬(王)"符或省作"土""丷""一"等形。如北魏普泰元年《元誨墓誌》作"聽"(《北圖》5/145),北齊武平三年《唐邕刻經記》作"聽"(《北圖》8/34),東魏武定四年《盧貴蘭墓誌》作"聽"(《北圖》6/137)等。相應地,"聰""聯"所增的"王"符也有同樣的省形寫法。如"聰",北魏延昌三年《長孫瑱墓誌》作"聰"(《北圖》4/19),隋開皇十一年《尔朱敞墓誌》作"聰"(《隋彙》2/15),唐永徽四年《顏人墓誌》作"聰"(《隋唐》洛陽卷 3/64);"聯",北

---

① 上述二例分別引自劉釗《古文字構形學(修訂本)》97、102頁,福建人民出版社,2011年。
② 張涌泉《漢語俗字研究(增訂本)》85-87頁,商務印書館,2010年。
③ 李榮《文字問題(修訂本)》60-61頁,商務印書館,2012年。
④ 李榮《文字問題(修訂本)》59頁,商務印書館,2012年。

魏正始四年《元鑒墓誌》作"聨"(《北圖》3/100),永平四年《司馬悦墓誌》作"聮"(《校注》4/155)等。

三、類化與分化

在漢字發展演變中,增符或換符式的漢字分化過程本身就伴隨着漢字的類化。例如"祖""神""社""祥"分别是"且""申""土""羊"的分化字,在本義上都屬與神主有關的類别:"祖"指祖先,"神"指天神,"社"指土神,"祥"與"不祥"古人認爲是由神帶來的,所以也加"礻(示)"符;分化前它們從字形上缺乏聯繫,分化後都在"示"的統攝下,從字形上可以看出它們屬于同類。這説明古人造新字并不是完全隨意的,而是有一定的類觀念和分類意識在自覺或不自覺地起指導作用。①添加表義構件既是分化的過程,同時也是類化的過程,只是觀察角度有所差别。以"且""祖"爲例。《甲骨文字典》(1490)"且"解字:"古置肉于俎上以祭祀先祖,故稱先祖爲且,後起字爲祖。""且"增"礻(示)"符作"祖",從字用的角度看,"祖"分擔了"且"表先祖的記詞職能,這是分化;從歸類的角度看,"祖"被納入"示"部的統攝之下,這是類化。

在漢字形聲格局確立的過程中,類化與分化也是相輔相成、密不可分的。王寧指出早期形聲字有三個來源:強化形聲字(在象形字基礎上增加音義信息)、分化形聲字(又分爲借義分化、廣義分化、引義分化三種情況)及類化形聲字(形聲字的格局形成之後,有些本來不是形聲字的字,受同類字的影響也加上了形符)。②陳曉强進一步將形聲字的産生途徑概括爲分化、強化、類化、拼合四者:分化漢字記詞職能是形聲造字的主流;強化漢字音義信息是形聲造字的支流;類化(受形聲分化造字的慣性影響)與拼合(受形聲平面布局的視覺影響)是失去動力的形聲造字。③

無論對何種來源的形聲字來説,添加音義信息都是將非形聲字轉化爲形聲字的重要手段,結果都能造成字形的改變。差别在于:分化形聲字及強化形聲字除字形改變外,也往往能在字用上與原字形成區分,它們的産生對明確漢語字詞對應關繫具有積極作用;而類化形聲字及拼合形聲字則通常與原字構成異體關繫,字形改變,字用無别,它們的産生違背了符號的經濟性原則,爲漢字發展帶來消極影響。

中古時期,由于漢字系統已趨于穩定,形聲造字在很大程度上已經失去了分化詞義的内在動力,這一時期産生的形聲字大多爲類化形聲字。如"苂""菓""韮"

---

① 何九盈、胡雙寶、張猛主編《漢字文化大觀》62頁,人民教育出版社,2009年。
② 王寧《漢字構形學導論》28-32頁,商務印書館,2015年。
③ 陳曉强《形聲字聲符示源功能研究》148-176頁,上海古籍出版社,2021年。

等字，它們受大量艸部形聲字的類推影響而產生，與"瓜""果""韭"等字所指完全相同，并未起到分化詞義的作用。①而前文所舉的碑誌類化字例，如"懽""塚""哢"等，這些字形在一定程度上起到了分化"推""冢""弄"部分記詞職能的作用，但在分化記詞職能的形聲造字已趨於式微的大背景下，它們在後世并未得到廣泛承用。

總之，類化作用的參與，一方面促進漢字形體的有序分化，使字符的記詞職能不斷得到維護和鞏固；另一方面也造成漢字形體的無序滋生，使漢字系統呈現出異體、俗體繁雜的局面。這不妨說是一枚硬幣的兩面。

四、類化與優化

漢字系統優化是指漢字系統通過自身調節和人工干預，使其內部結構及外部效用都達到最佳狀態。依靠自身調節的優化稱作自然優化，依靠人工干預的優化稱作整理優化。②類化是促進漢字系統優化的重要推動力之一，在自然優化及整理優化兩方面均有體現。

第一，在自然優化方面，類化字形爲異體字的擇優取用提供選項。

社會用字由於缺乏統一的文字規範的制約，呈現自由發展的態勢，整體上活躍性極強，不僅異體字形多頭并出，而且派生手段多元。但從使用層面上來說，仍體現出一種擇優取用傾向：凡是符合演變規律的、能夠較好體現音義的、繁簡適度、結構安排合理的字形出現頻率較高；反之，則出現頻率較低。③

以"泉"字爲例。"泉"甲骨文作"𤄑"（《合集》21282）、"𤂼"（《合集》8373）等，象水流出山崖泉穴之形。《說文·泉部》小篆作"𤂼"，承襲上述形體構意。碑誌所見變體極爲豐富，大致依形體演變次序臚列如下：

東魏武定元年《王偃墓誌》作"𤂼"（《北圖》6/99），全字仍作篆形。

唐開元十五年《楊孝恭碑》作"𤂼"（《西安碑林全集》9/947）。此據篆形隸定得來。

唐貞觀六年《張濬墓誌》作"泉"（《北圖》11/43），大曆十三年《崔暟墓誌》作"泉"（《北圖》27/169）。此在"泉"形基礎上，外圍"穴"形離析爲"宀""八"的組合。

東魏興和三年《劉幼妃墓誌》作"泉"（《校注》7/307），北齊武平元年《隨

---

① 陳曉強《形聲字聲符示源功能研究》172 頁，上海古籍出版社，2021 年。
② 王立軍《當代漢字系統優化的基本原則》，《語言文字應用》，2015 第 1 期。
③ 劉君敬利用優選論（Optimaility Theory）的思想和分析框架解釋俗語詞規範用字的產生過程，其中的篩選機能包含的四個制約條件爲提示讀音、提示意義、無同形形式及簡約。參氏著《唐以後俗語詞用字研究》196-211 頁，商務印書館，2020 年。這可視爲對漢語用字自然優化機制的一次理論總結。

東王感孝頌》作"泉"(《校注》9/311)。此在"泉"形基礎上,離析爲"白""小"的組合,這是一種類成字化改造。

以"泉"形爲基礎,字形大致依兩路演進:一路是構件"白""小"各自形變并相互組合構成一系列異體。

"白"或混作"自""日"等。北魏正光四年《元尚之墓誌》作"泉"(《北圖》4/154),北魏孝昌二年《侯剛墓誌》作"泉"(《北圖》5/35)。

"小"或混作"水""川"等。東漢中平二年《曹全碑》作"泉"(《北圖》1/176),北齊天保六年《寶泰墓誌》作"泉"(《北圖》7/46),唐開成二年石經《周易》作"泉"(《北圖》31/18),唐永徽五年《王素墓誌》作"泉"(《北圖》12/117)。

另一路是在"泉"及各異體基礎上加注"水(氵)"符。東漢建和二年《石門頌》作"溴"(《北圖》1/101),東漢延熹三年《孫叔敖碑》作"溴"(《隸釋》卷三),北魏正始三年《寇臻墓誌》作"溴"(《北圖》3/91),東漢永和六年《微山桓弄食堂畫像石題記》作"溴"(《漢碑全集》2/453)。①

綜上,上述碑誌諸形的演變路徑可粗略歸納爲:

諸形在構形和表義上各有優劣:如"泉"忠于小篆,但筆畫迂曲且包含逆筆;"泉"便于記寫,但下部之"小"形不顯義;"泉"雖可顯示字義,但"川"不常用爲構件;從"氵(水)"諸形,形體不夠簡約,其中"溴"形包含兩個"氵(水)"符,有疊床架屋之嫌……綜合比較,"泉"形義兼顧,合理性要優于他字:從形源上看,它對小篆的改動幅度較小,符合字形改造的經濟原則;從形體上看,它結體方正,繁簡適度,上下構件皆爲常見字,便于民衆寫記;從字理上看,"泉"從白從水,表義明晰度較高,便于形成俚俗理據。因此,"泉"能在多形競爭中脫穎而出,成爲流通字形,是不無道理的。②

第二,在整理優化方面,類化是簡化字生成途徑之一。

推行簡化字是現代漢字整理工作的一項主要內容,而偏旁類推簡化則是漢字簡化的一個重要原則和方法。簡化一個偏旁,有時可以類推簡化一系列繁體字。

---

① 此外,北朝碑誌可見一些介于篆隸之間的過渡字形,如東魏興和三年《元寶建墓誌》作"泉"(《北圖》6/76),武定元年《元悰墓誌》作"泉"(《北圖》6/92),北齊武平元年《劉悦墓誌》作"泉"(《北圖》8/11)。字書又見"灥""洤""㵗""崒""崞"等異體字形。不贅。

②《後漢書·光武帝紀》:"及王莽篡位,忌惡劉氏,以錢文有金刀,故改爲貨泉。或以貨泉文字爲'白水真人'。"可見至遲在漢代,已析"泉"字爲"白水"組合。作爲唐代儒經標準刻本的開成石經亦以"泉"爲正字。

1964 年公布、1986 年重新公布的《簡化字總表》規定其第二表中的 132 個簡化字和 14 個簡化偏旁在參與構字時可以類推簡化。例如：

车（車）：轧（軋）、轨（軌）、阵（陣）、轩（軒）、斩（斬）、军（軍）
龙（龍）：陇（隴）、泷（瀧）、拢（攏）、宠（寵）、庞（龐）、袭（襲）

  偏旁類推簡化實質上是對漢字形體演進歷程中所呈現出的"類化"發展趨勢的科學總結和利用，有利于簡化字內部保持一致，并使繁簡字形之間保持相對明確的對應關繫。合理地采用這種方法來簡化字形，不但有助于實現漢字的成片簡化及大規模整理，而且便于書寫者把握簡化字與繁體字之間的對應規則，從而强化學習和記憶，減少不規範的書寫現象。然而，現有的類推簡化規則仍存在一些不準確、不明確的地方，需要結合類化研究成果予以修改、優化，以提高人們學習和使用簡化漢字的效率。①

  以上簡略地討論了類化與簡化、繁化、分化、優化之間的關繫。實際上，類化作用滲透于漢字發展演變全過程以及方方面面。正如王夢華所指出的："漢字在漫長的歷史演變過程中，從最初的象形文字直至現代的簡化漢字，每一次形體的變遷都有類化的參與，它是從古至今貫穿始終的，是漢字演變各種方式當中的一種。"② 王鳳陽也認爲"類推律是改造漢字的偉大力量"，他指出："漢字字形演變的全過程中，幾乎都有'類推律'的參與，它是使文字在紛紜中保持相對的規則、在多樣中保證字形的相對統一的力量。行款的形成、綫條的整齊化、筆畫的形成、文字的組織和變化、簡化和繁化……當中都有它的積極干預，文字的訛變和錯別字的產生也有它的份兒。"③

  總之，類化是漢字發展過程中的一則演化通例，它通過替換或調整改造等表現形式，不斷地將漢字系統中的特異成分進行淘汰歸并，使形體符號的系統性不斷得到維護和加强。雖然從具體的、微觀的層面來看，很多類化字因爲其臨時性、無理性而最終遭到淘汰，但從宏觀的、系統的角度來審視，類化的積極作用恐怕遠大于其消極作用。出土文獻及傳世文獻中的漢字類化現象比比皆是，亟待進行系統有效的清理。然而，由于類化對漢字的作用往往與其他影響因素相互交疊，較難完全剥離，目前針對類化現象的研究并不十分到位。因此，我們還需要作大量的原始文獻整理工作，以對類化的性質和作用進行更爲深入的審視和探討。

---

① 費錦昌《簡化字偏旁類推規則需要優化》，《中國文字學報》，2008 年第 2 輯，商務印書館。
② 王夢華《漢字形體演變中的類化問題》，《東北師大學報（哲學社會科學版）》，1982 年第 4 期。
③ 王鳳陽《漢字學（修訂本）》769、777 頁，中華書局，2018 年。

結　語

本書的主旨在于結合中古碑誌字例，對漢字類化現象進行專題性探討。全書共分七章。各章主要內容如下：

第一章：《緒論》。主要包括類化名義說略、前人研究回顧、類化的研究價值、研究對象與字料彙集、研究思路與研究方法等內容。

第二章：《漢字類化的基本類型》。類化類型的劃分是討論漢字類化理論問題的前提工作之一，需要進行全方位的綜合考慮。結合歷代碑刻文獻字料，參考諸家分類及各類名義，以類化的動因、作用範圍、作用對象等要素爲觀察維度，本書將漢字類化劃分爲如下一些類型：第一，根據類化的作用範圍，分爲字內類化與字外類化兩類；第二，根據促動因素的性質，分爲涉形類化、涉義類化與涉聲類化三類；第三，根據促動因素的顯隱，分爲顯性類化與隱性類化兩類；第四，根據類化的作用對象，分爲筆畫類化、偏旁類化與全字類化三類；第五，根據類化路徑的方向性，分爲順推類化與逆推類化兩類；第六，根據是否具有理據性，分爲有理類化與無理類化兩類；第七，根據是否具有系統性，分爲個別類化與系統類化兩類。

第三章：《類化作用對漢字的影響》。類化作用對漢字的影響，在形體、結構、職用三個方面都有體現，漢字形體、結構的演變又可能引發構形理據、職能、字際關繫的變化。本章主要從形体、結構、構字理據、職用、字際關繫五個方面出發，綜合考察類化作用對個體漢字及漢字系統所造成的影響。

第四章：《漢字類化與雙音詞的發展》。漢字屬于意音體系文字，字形與它所記錄的詞義之間存在某種默契和對應，人們對漢字的改造又總是想方設法地讓字形盡可能顯現詞義，以更明確有效地記錄詞語。本章從歷時的、動態的視角出發，通過考察碑誌中的類化詞形，探討漢字類化與雙音詞衍生、發展之間的交互作用，從中提取規律性認識。

第五章：《類化研究與大型字書編纂》。本章基于碑誌材料，從增補字頭、增補條目、增補例證、提前例證、溝通異體、糾正謬誤六個方面舉例論述類化研究在大型字書編纂方面所發揮的作用。

第六章：《類化研究與碑誌文獻整理》。文字釋讀是文獻整理的前提工作之一。進行類化字的考辨工作，既要采用文字考釋的常規手段，同時也要兼顧類化字的性質特點，不斷摸索更爲妥當的新方法。本章首先結合具體字例，從類比文例、審查語境、辨析同形、偏旁分析、追溯形源、明辨典章六個方面對類化字的考辨方法進行嘗試性總結，然後從類化視角切入，對碑誌及釋錄中的部分疑難字詞進行考釋補正。

第七章：《漢字類化的特點、成因及作用》。本章結合前面章節的描寫與考察，對漢字類化的基本特點、促動因素及類化在漢字系統及其演進中的作用、類化與其他文字現象之間的關聯等問題進行綜合討論。

通過研究，本書對漢字類化得出以下幾點初步認識：

第一，類化是語言文字中普遍發生的一種現象，在語音、詞彙、語法、文字各個方面均有體現。其中漢字類化是發生于漢語言文字系統中的類化現象。

第二，類化是一種類推趨同性變化，屬于同化的範疇。促動漢字類化現象發生的因素繁多，在漢字系統、思維、語言、社會等層面均有體現。

第三，類化既是一種漢字現象，也是漢字演變過程中的一則通例，它貫穿于漢字發展的各個時期，與繁化、簡化、優化等通例協同發揮作用，也與音化、義化、記號化、成字化、字形糅合、構件的訛混與換用等文字現象存在密切關聯。當人們有意識地利用這條通例來"規範"歧異字形時，類化也是一種漢字改造和整理手段。

第四，類化有廣義和狹義之分。廣義的類化通常具有系統性和聚合性，狹義的類化通常具有個案性和偶發性。相應地，類化字也有廣義和狹義之分。一般所說的"類化字"指的是狹義類化字，它們通常具有臨時性、無理性和任意性，受限于特定的產生條件，在文獻中出現頻率一般較低，生命力較弱；廣義的類化字則與分化字、增形字、繁聲字、累增字、異體字、同形字、俗字、訛字等均有不同程度的交疊。

第五，類化對個體漢字的影響直接體現爲書寫元素、形體及結構的改變（包括俗變、訛變），形體及結構的改變又可能導致構字理據、記詞職能（包括漢字所記錄詞語的音和義）及字際關繫（異體或同形）的變遷，進而可能引發包含類化字的雙音詞的詞形、理據發生變化。

第六，類化是一種靜態與動態相結合的觀察維度，靜態上表現爲類聚，動態上表現爲類變。類化理論爲傳統六書理論、漢字構形理論提供了有益補充，對漢字、詞彙的產生發展也具有一定的解釋力，同時爲文獻整理、字詞考釋、字書辭書編纂提供了一條思路。

第七，類化作用對漢字系統的影響大致可以用"微觀無序性、宏觀有序性"來描述。在漢字系統趨于穩定的情況下，狹義類化字的存在容易造成異體字和同形字的大量增加，更多地表現爲漢字系統的消極因素。但就整個漢字系統來説，類化促動個體漢字以類（形類、義類或音類）彙聚、分別部居、有序分化，促動書寫元素、構件、部首系統的簡化，通過减少例外和特殊情况來維護漢字系統的穩定發展，推動漢字系統走向形聲化、組群化、優化的道路，更多地表現爲漢字系統的積極因素。因此，我們應該客觀、審慎地評價類化的作用。

總之，類化從微觀和宏觀兩個層面爲我們審視漢字系統提供了一種比較新穎的視角和思路。囿于筆者學力和眼界，以上的認識還很粗淺，難免挂一漏萬。姑且抛磚引玉，以俟來者。未妥之處，祈請方家指正。隨着漢字學理論的不斷完善，相信我們對類化的探討也將走向深入。

參考文獻

一、拓本彙編及釋錄

（宋）洪适：《隸釋·隸續》，中華書局，1986年。

（清）胡聘之輯：《山右石刻叢編》，《石刻史料新編》第1輯第20—21冊，（台北）新文豐出版公司，1982年。

（清）陸增祥：《八瓊室金石補正》，《石刻史料新編》第1輯第6—8冊，（台北）新文豐出版公司，1982年。

（清）沈濤輯：《常山貞石志》，《石刻史料新編》第1輯第18冊，（台北）新文豐出版公司，1982年。

（清）王昶：《金石萃編》，《石刻史料新編》第1輯第1—4冊，（台北）新文豐出版公司，1982年。

羅振玉輯：《山左冢墓遺文》，《石刻史料新編》第1輯第20冊，（台北）新文豐出版公司，1982年。

北京圖書館金石組編：《北京圖書館藏中國歷代石刻拓本彙編》，中州古籍出版社，1989年。

大同北朝藝術研究院編著：《北朝藝術研究院藏品圖錄：墓誌》，文物出版社，2016年。

高峽主編：《西安碑林全集》，廣東經濟出版社，海天出版社，1999年。

故宮博物院編：《故宮博物院藏歷代墓誌彙編》，紫禁城出版社，2010年。

郭宏濤、周劍曙編著：《偃師碑志選粹》，中州古籍出版社，2014年。

河南文物研究所編：《千唐誌齋藏誌》，文物出版社，1984年。

胡海帆、湯燕編：《1996—2012北京大學圖書館新藏金石拓本菁華》，北京大學出版社，2012年。

胡海帆、湯燕編：《1996—2017北京大學圖書館新藏金石拓本菁華（續編）》，北京大學出版社，2018年。

胡戟：《珍稀墓誌百品》，陝西師範大學出版社，2016年。

賈振林編著：《文化安豐》，大象出版社，2011年。

李仁清編：《中國北朝石刻拓片精品集》，大象出版社，2008年。

洛陽市文物工作隊編：《洛陽出土歷代墓誌輯繩》，中國社會科學出版社，1991年。

毛漢光：《唐代墓誌銘彙編附考》，（台北）"中央研究院"歷史語言研究所，1984—1994年。

毛陽光、余扶危主編：《洛陽流散唐代墓誌彙編》，國家圖書館出版社，2013年。

毛遠明：《漢魏六朝碑刻校注》，綫裝書局，2008年。

毛遠明編著：《西南大學新藏墓誌集釋》，鳳凰出版社，2018年。

齊運通、楊建鋒編：《洛陽新獲墓誌二〇一五》，中華書局，2017年。

榮寶齋出版社編：《墓誌書法精選》，榮寶齋出版社，2015年。
上海書畫出版社編：《北朝墓誌精粹》，上海書畫出版社，2021年。
隋唐五代墓誌滙編總編輯委員會編：《隋唐五代墓誌滙編》，天津古籍出版社，1992年。
王連龍：《南北朝墓誌集成》，上海人民出版社，2021年。
王其禕、周曉薇編著：《隋代墓誌銘彙考》，綫裝書局，2007年。
吳敏霞主編：《長安碑刻》，陝西人民出版社，2014年。
徐玉立主編：《漢碑全集》，河南美術出版社，2006年。
顔娟英主編：《北朝佛教石刻拓片百品》，（台北）"中央研究院"歷史語言研究所，2008年。
葉煒、劉秀峰主編：《墨香閣藏北朝墓誌》，上海古籍出版社，2016年。
詹文宏、李保平、鄧子平主編：《燕趙碑刻·先秦秦漢魏晋南北朝卷》，天津人民出版社，2015年。
張沛編著：《昭陵碑石》，三秦出版社，1993年。
張永華、趙文成、趙君平編：《秦晋豫新出墓誌蒐佚三編》，國家圖書館出版社，2020年。
趙君平編：《邙洛碑誌三百種》，中華書局，2004年。
趙君平、趙文成編：《秦晋豫新出墓誌蒐佚》，國家圖書館出版社，2012年。
趙文成、趙君平編：《秦晋豫新出墓誌蒐佚續編》，國家圖書館出版社，2015年。
中國文物研究所編：《新中國出土墓誌·陝西[壹]》，文物出版社，2000年。
周紹良主編：《唐代墓誌彙編》，上海古籍出版社，1992年。
周紹良、趙超主編：《唐代墓誌彙編續集》，上海古籍出版社，2001年。
宗鳴安、陳根遠主編：《豐碑大碣》，陝西人民美術出版社，2017年。

二、字書及字形纂集

（漢）許慎：《説文解字》，中華書局，1963年。

（梁）顧野王：《原本玉篇殘卷》，中華書局，1985年。

（梁）顧野王：《大廣益會玉篇》，中華書局，1987年。

（唐）釋慧琳：《一切經音義》，上海古籍出版社，1986年。

（唐）顔元孫：《干禄字書》，中華書局，1985年。

（宋）陳彭年：《廣韻》，北京圖書館出版社，2004年。

（宋）丁度：《集韻》，上海古籍出版社，1985年。

（宋）郭忠恕：《汗簡》，中華書局，1983年。

（宋）婁機：《漢隸字源》，吉林出版集團，2005年。

（宋）司馬光：《類篇》，中華書局，1984年。

（宋）夏竦：《古文四聲韻》，中華書局，1983年。

（遼）釋行均：《龍龕手鏡（高麗本）》，中華書局，1985年。

（明）梅膺祚、（清）吳任臣：《字彙·字彙補》，上海辭書出版社，1991年。

（明）張自烈：《正字通》，中國工人出版社，1996年。

（清）段玉裁：《説文解字注》，中華書局，2013年。

（清）顧藹吉：《隸辨》，中華書局，1986年。
（清）王筠：《説文釋例》，中華書局，1987年。
（清）邢澍：《金石文字辨異》，《石刻史料新編》第1輯第29册，（台北）新文豐出版公司，1982年。
董蓮池：《説文部首形義新證》，作家出版社，2007年。
高明、涂白奎：《古文字類編（增訂本）》，上海古籍出版社，2008年。
古本小説集成編輯委員會編：《古本小説集成》，上海古籍出版社，1990—1995年。
郭沫若主編、中國社會科學院歷史語言研究所編：《甲骨文合集》，中華書局，1978—1982年。
漢語大字典編輯委員會編纂：《漢語大字典（第二版•九卷本）》，四川辭書出版社等，2010年。
漢語大字典字形組編：《秦漢魏晋篆隸字形表》，四川辭書出版社，1985年。
黄征：《敦煌俗字典（第二版）》，上海教育出版社，2019年。
冷玉龍、韋一心主編：《中華字海》，中華書局，1994年。
李琳華編著：《佛教難字字典》，（台北）常春樹書坊，1990年。
李圃主編：《古文字詁林》，上海教育出版社，2004年。
李學勤主編：《字源》，天津古籍出版社，2012年。
林義光：《文源（標點本）》，上海古籍出版社，2017年。
劉復、李家瑞編：《宋元以來俗字譜》，文字改革出版社，1957年。
羅福頤：《增訂漢印文字徵》，故宫出版社，2010年。
羅振玉、王國維：《流沙墜簡》，中華書局，1993年。
馬向欣：《六朝別字記新編》，書目文獻出版社，1995年。
毛遠明：《漢魏六朝碑刻異體字典》，中華書局，2014年。
秦公、劉大新編著：《碑別字新編（修訂本）》，文物出版社，2016年。
時建國：《金石文字辨異校釋》，甘肅人民出版社，2000年。
王力：《同源字典》，中華書局，2014年。
徐中舒主編：《甲骨文字典》，四川辭書出版社，1990年。
徐中舒主編：《漢語古文字字形表》，四川辭書出版社，2010年。
于省吾：《甲骨文字釋林》，中華書局，2009年。
臧克和主編：《漢魏六朝隋唐五代字形表》，南方日報出版社，2010年。
曾良、陳敏編著：《明清小説俗字典》，廣陵書社，2018年。
臧克和、王平校訂：《説文解字新訂》，中華書局，2002年。
中國社會科學院考古研究所編：《殷周金文集成》（1—18册），中華書局，1984—1994年。

三、學術著作

（清）王引之撰，魏鵬飛點校：《經義述聞》，中華書局，2021年。
（清）葉昌熾撰，姚文昌點校：《語石》，浙江大學出版社，2018年。
（清）俞樾等：《古書疑義舉例五種》，中華書局，2005年第2版。
班吉慶：《漢字學綱要》，江蘇古籍出版社，2001年。

參考文獻

蔡忠霖：《敦煌漢文寫卷俗字及其現象》，（台北）文津出版社，2002年。
陳五雲：《從新視角看漢字：俗文字學》，河南人民出版社，2000年。
陳曉強：《形聲字聲符示源功能研究》，上海古籍出版社，2021年。
程千帆、徐有富：《校讎廣義：校勘編（修訂本）》，中華書局，2020年。
儲小旵、張麗：《宋元以來契約文書俗字研究》，人民出版社，2021年。
鄧福祿、韓小荊：《字典考正》，湖北人民出版社，2007年。
董琨：《中國漢字源流》，商務印書館，1998年。
董憲臣：《東漢碑刻異體字研究》，九州出版社，2018年。
董秀芳：《詞彙化——漢語雙音詞的衍生和發展（修訂本）》，商務印書館，2011年。
方孝坤：《徽州文書俗字研究》，人民出版社，2012年。
馮勝君：《二十世紀古文獻新證研究》，齊魯書社，2006年。
高明：《中國古文字學通論》，北京大學出版社，1996年。
葛小冲：《漢隸與小篆的構形比較》，北京大學出版社，2014年。
郭瑞：《魏晉南北朝石刻文字》，南方日報出版社，2010年。
韓小荊：《〈可洪音義〉研究——以文字爲中心》，巴蜀書社，2009年。
何九盈、胡雙寶、張猛主編：《漢字文化大觀》，人民教育出版社，2009年。
何山：《魏晉南北朝碑刻文字構件研究》，人民出版社，2016年。
何琳儀：《戰國文字通論（訂補本）》，江蘇教育出版社，2003年。
胡安順主編：《説文部首段注疏義》，中華書局，2018年。
黃德寬：《古漢字發展論》，中華書局，2014年。
黃德寬：《古文字學》，上海古籍出版社，2015年。
黃金貴：《古代漢語文化百科詞典》，上海辭書出版社，2016年。
黃文杰：《秦至漢初簡帛文字研究》，商務印書館，2008年。
姜寶昌：《文字學教程》，山東教育出版社，1987年。
姜亮夫：《古文字學》，重慶出版社，2019年。
孔仲溫：《玉篇俗字研究》，（台北）學生書局，2000年。
李國英：《小篆形聲字研究（修訂本）》，中華書局，2020年。
李海燕：《隋唐五代石刻文字》，南方日報出版社，2011年。
李軍：《漢語同形字研究》，商務印書館，2018年。
李榮：《文字問題（修訂本）》，商務印書館，2012年。
李偉大：《明清白話小説字詞考釋》，中山大學出版社，2022年。
李運富：《漢字學新論》，北京師範大學出版社，2012年。
李運富主編：《漢字職用研究·使用現象考察》，中國社會科學出版社，2016年。
李運富主編：《漢字職用研究·理論與應用》，中國社會科學出版社，2016年。
梁春勝：《楷書部件演變研究》，綫裝書局，2012年。
梁春勝：《六朝石刻叢考》，中華書局，2021年。
梁東漢：《漢字的結構及其流變》，上海教育出版社，1959年。

劉道勝：《徽州文書稀俗字詞例釋》，中國社會科學出版社，2019年。
劉君敬：《唐以後俗語詞用字研究》，商務印書館，2020年。
劉又辛：《通假概説》，巴蜀書社，1988年。
劉元春：《隋唐石刻與唐代字樣》，南方日報出版社，2010年。
劉釗：《古文字構形學（修訂本）》，福建人民出版社，2011年。
陸明君：《魏晉南北朝碑別字研究》，文化藝術出版社，2009年。
陸宗達、王寧、宋永培：《訓詁學的知識與運用》，中華書局，2018年。
陸宗達、王寧：《古漢語詞義問答》，中華書局，2018年。
毛遠明：《碑刻文獻學通論》，中華書局，2009年。
毛遠明：《漢魏六朝碑刻異體字研究》，商務印書館，2012年。
歐俊昌、李海霞：《六朝唐五代石刻俗字研究》，巴蜀書社，2004年。
裘錫圭：《文字學概要（修訂本）》，商務印書館，2013年。
商承祚：《説文中之古文考》，上海古籍出版社，1983年。
蘇培成：《現代漢字學綱要（第三版）》，商務印書館，2014年。
孫常叙：《古—漢語文學語言詞彙概論》，上海辭書出版社，2005年。
孫雍長：《轉注論（增補本）》，語文出版社，2010年。
唐蘭：《中國文字學》，上海古籍出版社，2005年。
萬獻初：《〈説文〉學導論》，武漢大學出版社，2014年。
萬業馨：《應用漢字學概要》，商務印書館，2012年。
王鳳陽：《漢字學（修訂本）》，中華書局，2018年。
王力：《古代漢語》，中華書局，1962年。
王力：《漢語史稿（重排本）》，中華書局，2004年第2版。
王寧：《漢字構形學講座》，上海教育出版社，2002年。
王寧：《漢字構形學導論》，商務印書館，2015年。
王寧：《漢字與中華文化十講》，三聯書店，2018年。
王平：《〈説文〉重文研究》，華東師範大學出版社，2008年。
王寅：《認知語言學》，上海教育出版社，2009年。
王雲路：《中古漢語論稿》，中華書局，2011年。
徐彩華：《漢字認知與漢字學習心理研究》，知識産權出版社，2010年。
徐志學：《魏晉南北朝隋唐五代石刻用典研究》，上海交通大學出版社，2013年。
楊寶忠：《疑難字考釋與研究》，中華書局，2005年。
楊寶忠：《疑難字續考》，中華書局，2011年。
楊寶忠：《疑難字三考》，中華書局，2018年。
姚美玲：《唐代墓誌詞彙研究》，華東師範大學出版社，2008年。
于淑健：《敦煌佛典語詞和俗字研究》，上海古籍出版社，2012年。
于省吾：《甲骨文字釋林》，中華書局，1979年。
語言學名詞審定委員會：《語言學名詞》，商務印書館，2011年。

喻遂生：《文字學教程》，北京大學出版社，2014年。
曾良：《俗字及古籍文字通例研究》，百花洲文藝出版社，2006年。
曾良：《隋唐出土墓誌文字整理及研究》，齊魯書社，2007年。
曾良：《明清小説俗字研究》，商務印書館，2017年。
曾榮汾：《字樣學研究》，（台北）學生書局，1988年。
張書岩主編：《異體字研究》，商務印書館，2004年。
張舜徽：《漢書藝文志通釋》，華中師範大學出版社，2004年。
張素鳳：《漢字結構演變史》，上海教育出版社，2012年。
張涌泉：《敦煌俗字研究導論》，（台北）新文豐出版公司，1996年。
張涌泉：《漢語俗字叢考（修訂本）》，中華書局，2020年。
張涌泉：《漢語俗字研究（增訂本）》，商務印書館，2010年。
張涌泉：《敦煌俗字研究》，上海教育出版社，2015年第2版。
張永言：《詞彙學簡論（增訂本）》，復旦大學出版社，2015年。
趙紅：《敦煌寫本漢字論考》，上海古籍出版社，2012年。
趙平安：《隸變研究（修訂版）》，上海古籍出版社，2020年。
趙平安：《〈説文〉小篆研究（修訂版）》，上海古籍出版社，2022年。
真大成：《中古文獻異文的語言學考察——以文字、詞語爲中心》，上海教育出版社，2020年。
鄭賢章：《〈新集藏經音義隨函録〉研究》，湖南師範大學出版社，2007年。
鄭賢章：《漢文佛典疑難俗字彙釋與研究》，巴蜀書社，2016年。
周志鋒：《明清小説俗字俗語研究》，中國社會科學出版社，2006年。
竺家寧：《古音之旅》，（台北）國文天地雜誌社，1989年第3版。

四、學術論文

鮑善淳：《漢字字義類化初探》，《安徽師大學報（哲學社會科學版）》，1990年第2期。
曹錦炎：《甲骨文合文研究》，載《古文字研究》第19輯，中華書局，1992年。
陳會兵：《"從容"源流考》，《古漢語研究》，2009年第3期。
陳淑梅：《漢字書寫元素的演變與漢字的符號化》，載《中國文字研究》第9輯，大象出版社，2007年。
鄧章應、張永惠：《漢魏六朝石刻專用字類型、特點及與類化字的區別》，載《漢語史研究集刊》第26輯，四川大學出版社，2019年。
丁秀菊：《漢字部首表義功能的弱化》，《山東大學學報（哲學社會科學版）》，2004年第6期。
董憲臣、毛遠明：《漢字類化研究與碑刻文獻整理》，《古籍整理研究學刊》，2012年第2期。
董憲臣：《漢魏六朝碑刻文字類化與雙音詞的發展》，載《繼承與創新：慶祝西南大學漢語言文獻研究所建立三十周年論文集》，西南師範大學出版社，2014年。
董憲臣：《東漢碑刻文字類化現象研究》，《重慶與世界》，2015年第4期。
董憲臣：《論漢字形體發展中的類化作用》，載《後學衡》，西南師範大學出版社，2017年。
董憲臣：《利用類化思路考釋碑刻疑難字例説》，《漢字漢語研究》，2018年第4期。

董憲臣：《漢字類化與碑刻典故變體》，載《出土文獻綜合研究集刊》第 12 輯，巴蜀書社，2020 年。

董憲臣：《論類化字研究對大型字書編纂的意義——以中古石刻文獻爲中心》，《古漢語研究》，2020 年第 3 期。

董憲臣：《論漢字類化同形現象——以中古石刻文獻爲例》，《古漢語研究》，2021 年第 1 期。

董憲臣：《論字形糅合——漢字的一種特殊變易現象》，載《語言研究集刊》第 28 輯，2021 年。

董憲臣：《漢字發展中的類成字化現象探討》，《辭書研究》，2022 年第 6 期。

董憲臣：《漢字部首在今文字階段的沿革》，載《近代漢字研究》第 3 輯，2023 年。

杜瑩：《〈漢魏六朝碑刻校注〉未收北魏碑刻整理與研究》，西南大學碩士學位論文，2014 年。

費錦昌：《簡化字偏旁类推規則需要優化》，載《中國文字學報》2008 年第 2 輯，商務印書館。

郭愛平：《從"糸"字彙的類化看中國古代漢字文化》，《湖北民族學院學報（哲學社會科學版）》，2006 年第 1 期。

郭瑞：《魏晉南北朝石刻文字類化現象分析》，載《中國文字研究》第 14 輯，大象出版社，2011 年。

何家興、劉靖宇：《楚文字類化例釋》，《巢湖學院學報》，2014 年第 1 期。

何余華：《秦簡牘習用後世改換的用字現象考察》，載《近代漢字研究》第 3 輯，河北大學出版社，2023 年。

洪承裕：《〈說文〉小篆類化現象研究》，台灣逢甲大學中國文學系碩士學位論文，2011 年。

黃文杰：《戰國文字中的類化現象》，載《古文字研究》第 26 輯，北京：中華書局，2006 年。

黃曉偉：《從"搢紳"和"縉紳"看形符類化的動力》，《牡丹江大學學報》，2009 年第 11 期。

何家興：《"通假糅合"補說——兼釋〈郭店楚簡〉中的"彖"》，載《中國文字研究》第 23 輯，上海書店出版社，2006 年。

何儀琳：《句吳王劍補釋——兼釋冢、主、开、丂》，載《安徽大學漢語言文字研究叢書·何儀琳卷》，安徽大學出版社，2013 年。

黃德寬：《漢字構形方式：一個歷時態演進的系統》，《安徽大學學報（哲學社會科學版）》，1994 年第 3 期。

黃德寬、常森：《漢字形義關繫的疏離與彌合》，《語文建設》，1994 年第 12 期。

黃天樹：《說文部首與甲骨部首比較研究》，《文獻》，2017 年第 5 期。

賈愛媛：《論漢字構形中的類化現象》，《青海師範大學學報（哲學社會科學版）》，2007 年第 4 期。

賈愛媛：《試論漢字偏旁的同化與類化——兼談"尸"部字類意義的形成》，《青海師範大學學報（哲學社會科學版）》，2008 年第 3 期。

賈愛媛：《漢字形體類化現象綜析》，《青海師範大學學報（哲學社會科學版）》，2014 年第 1 期。

江藍生：《語法化程度的語音表現》，載《中國語言學的新拓展》，香港城市大學出版社，1999 年。

江學旺：《淺談古文字異體揉合》，《古漢語研究》，2004 年第 1 期。

金國泰：《同形字來源例析》，《吉林師範學院學報》，1991年第2期。
李恩江：《說文部首的成因及構成》，《鄭州大學學報（哲學社會科學版）》，2002年第5期。
李海霞：《〈說文〉部類及其文化探索》，《松遼學刊（社科版）》，2000年第3期。
李建廷：《魏晉南北朝碑刻疑難字例釋》，載《中國文字研究》第13輯，大象出版社，2010年。
李運富：《論漢字的字際關繫》，載《語言》第3卷，首都師範大學出版社，2002年。
李運富：《〈說文解字〉的析字方法和結構類型非"六書"說》，載《中國文字研究》第14輯，大象出版社，2011年。
李運富：《論漢字職能的變化》，載《漢字職用研究·理論與應用》，中國社會科學出版社，2016年。
李運富、蔣志遠：《論王筠"分別文、累增字"的學術背景與研究意圖》，《勵耘學刊（語言卷）》，2012年第2期。
李運富、牛振：《少數民族漢字族名用字考察》，《漢字漢語研究》，2018年第3期。
李朝虹：《"瓠"與"匏"辨》，《古漢語研究》，2011年第2期。
林清源：《楚國文字構形演變研究》，台灣東海大學中國文學系博士學位論文，1997年。
林澐：《釋古璽中從"束"的兩個字》，載《古文字研究》第19輯，中華書局，1992年。
林志強、龔雪梅：《漢字理據的顯隱與漢字和漢語的內在關繫》，載《中國文字研究》第13輯，大象出版社，2010年。
劉婕：《漢字類化偏誤與對外漢字教學》，《青年文學家》，2013年第36期。
劉新暉：《〈秦晉豫新出墓誌蒐佚〉（東漢至隋）墓誌研究》，西南大學碩士學位論文，2015年。
柳建鈺：《記號字、半記號字及其在現代漢字中基本情況探討》，《寧夏大學學報（人文社會科學版）》，2005年第4期。
魯普平：《馬王堆簡帛校讀札記二則》，《古漢語研究》，2018年第1期。
陸丙甫：《語句理解的同步組塊過程及其數量描述》，《中國語文》，1986年第2期。
陸錫興：《論隸變研究的新進展》，載《中國文字學報》第1輯，2006年。
羅立勝、張宵宵、王立軍：《試論"過度類推"觀點與"過度類推"現象》，《外語教學》，2006年第2期。
羅琦、何山：《論詞義制約與中古碑刻類化字偏旁選擇》，《綿陽師範學院學報》，2022年第4期。
羅慶雲：《漢字的類化對雙音詞的影響》，《語言研究》，2002年特刊。
呂蒙：《魏晉六朝碑刻類化異體字研究》，載《第二屆古文字與出土文獻語言研究學術研討會論文集》，2017年。
馬丹丹：《〈祖堂集〉類化俗字之探析》，《赤峰學院學報（漢文哲學社會科學版）》，2012年第6期。
馬嘯：《隋〈古寶輪禪院記〉考釋》，《文物鑒定與鑒賞》，2017年第12期。
毛遠明：《字詞考釋兩篇——從"息""媳"二字看形旁類化對詞義的影響》，《中國語文》，2006年第4期。
毛遠明：《漢字形旁類化研究》，《西南師範大學學報（社會科學版）》，2006年第6期。
毛遠明：《釋"忏悋"》，《中國語文》，2008年第4期。

毛遠明：《漢字假借性質之歷時考察》，《西南大學學報（社會科學版）》，2010年第7期。

毛遠明：《典故破解與石刻文字考證》，《古漢語研究》，2013年第3期。

穆聰：《語境對外國留學生漢字字形偏誤的影響及教學對策》，《教育教學論壇》，2012年第S3期。

潘重規：《龍龕及其引用古文之研究》，載《敦煌學》第7輯，台灣敦煌學會，1985年。

齊元濤：《重新分析與漢字的發展》，《中國語文》，2008年第1期。

齊元濤、符渝：《漢字發展中的成字化》，《語言教學與研究》，2011年第3期。

師爲公：《由"瑯璫"說漢字的類化》，《語文研究》，2006年第1期。

宋建華：《從〈說文·黽部〉收字看小篆構形演變之類化現象》，載《（台灣）第九屆中區文字學學術研討會集》，2007年。

宋建華：《〈新集藏經音義隨函錄〉類化字釋例》，《台灣東海中文學報》，第28期，2014年。

沈家煊：《認知語言學與漢語研究》，載《語言學前沿與漢語研究》，上海教育出版社，2020年。

孫機：《鷙鳥、神面與少昊》，載《遠望集》卷上，陝西人民美術出版社，1998年。

孫建偉：《從聚合與組合視角看漢字的"類化"與"同化"現象》，《內蒙古社會科學（漢文版）》，2016年第1期。

孫鵬飛、裴蓓：《基于認知的漢字類化探研》，《現代語文（語言研究版）》，2012年第12期。

孫偉龍：《也談文字雜糅現象——從楚文字中的倉、寒等字說起》，載《古文字研究》第29輯，中華書局，2012年。

唐蘭：《論馬克思主義與中國文字改革的基本問題》，《中國語文》，1956年第1期。

唐智燕：《論民間契約文書用字的和諧美——基于〈石倉契約〉類化字的考察》，《湘南學院學報》，2013年第4期。

王迪：《〈說文解字〉二徐本"犬"部字比較》，《語文學刊（教育版）》，2013年第14期。

王貴元：《漢字發展史的幾個核心問題》，《中國語文》，2013年第1期。

王貴元：《漢字形體結構的體系性轉換》，《語言研究》，2014年第1期。

王貴元：《漢字構形系統的發展與六書"轉注"》，《漢字漢語研究》，2018年第3期。

王貴元：《漢字部首的形成過程與機制》，《中國語文》，2018年第4期。

王赫崗：《由〈詩經〉看連綿詞偏旁的類化現象》，《漢字文化》，2019年第24期。

王力：《漢字的形體及其音讀的類化法》，載《王力文集》第19卷，山東教育出版社，1990年；原載《國文月刊》，1946年第42期。

王麗：《〈說文〉手部字研究》，三峽大學碩士學位論文，2016年。

王力波：《〈說文〉部首部內字字義關繫考》，《古籍整理研究學刊》，2002年第1期。

王立軍：《當代漢字系統優化的基本原則》，《語言文字應用》，2015第1期。

王立軍：《從"篆隸之變"看漢字構形系統發展的方向性調整和泛時性特徵》，《語文研究》，2020年第3期。

王夢華：《漢字形體演變中的類化問題》，《東北師大學報（哲學社會科學版）》，1982年第4期。

王寧：《再論漢字簡化的優化原則》，《語文建設》，1992年第2期。

王鵬遠：《古漢字"變形意化"現象初探》，《漢字漢語研究》，2022年第4期。

王泉：《從中古碑刻看字義對字形的影響》，載《學行堂語言文字論叢》，四川大學出版社，2012年。

王挺斌：《論字形對詞彙的反作用》，《古漢語研究》，2018年第1期。

王雲路：《釋"零丁"與"伶俜"》，《古漢語研究》，2007年第3期。

王雲路：《論類推在詞語產生方式中的作用》，載《中古漢語論稿》，中華書局，2011年。

王占馥：《論比喻的類化思維》，《江西社會科學》，2004年第11期。

王振枝：《〈戰國古文字典〉中的字形類化現象考察》，《漢字文化》，2016年第6期。

王宗維：《"敦煌"釋名——兼論中國吐火羅人》，《新疆社會科學》，1987年第1期。

韋良玉：《太平天國文獻特殊用字研究》，載《漢字職用研究：使用現象考察》，中國社會科學出版社，2016年。

聞一多：《周易義證類纂》，《清華學報》，1941年第2期。

沃興華：《類化字及其訓詁法》，載《于省吾教授誕辰100周年紀念文集》，吉林大學出版社，1996年。

吳國升、俞紹宏：《從構字類化角度談漢字的優越性》，《巢湖學院學報》，2005年第4期。

吳吉煌：《"莊稼"構詞理據探析》，《民俗典籍文字研究》，2021年第2期。

吳繼剛、毛遠明：《漢魏六朝碑刻異體字研究的幾個問題》，《古漢語研究》，2012年第2期。

吳振武：《戰國文字中一種值得注意的構形方式》，載《漢語史學報專輯：姜亮夫、郭在貽先生紀念文集》第3輯，上海教育出版社，2003年。

蕭欣浩：《略論戰國文字構形特徵》，載《（台灣）第16屆中區文字學學術研討會集》，2014年。

謝國劍：《說"瓊"及相關諸字》，《中國語文》，2017年第1期。

謝國劍、李海燕：《〈隋代墓誌銘彙考〉文字校讀13則》，載《中國文字研究》第15輯，大象出版社，2011年。

熊加全：《〈玉篇〉疑難字考釋與研究》，中華書局，2020年。

徐超、朱小平：《固原出土北周宇文猛墓誌考》，《文物天地》，2020年第11期。

徐明軒：《漢語"類化"試說》，《中文自學指導》，1994年第5期。

徐正考、焦英傑：《漢鏡銘文類化字研究》，《復旦學報（社會科學版）》，2020年第4期。

許嘉璐：《漢字形符的類化與識字教學》，《漢字文化》，1992年第1期。

楊寶忠：《談談近代漢字的特殊變易》，《中國語文》，2019年第5期。

楊淑茜：《論古文字演變中的類化與美化》，《麗水學院學報》，2015年第1期。

楊淑茜：《古文字中類化結果研究》，《湖南廣播電視大學學報》，2015年第3期。

楊淑茜：《古漢字演變類化現象研究》，蘭州大學碩士學位論文，2016年。

易敏：《〈文選〉漢大賦用字中的義符類化現象》，《北京師範大學學報（人文社會科學版）》，2002年第4期。

于淼：《漢隸"糅合"現象補說——兼談糅合現象發生的條件》，載《古文字研究》第32輯，中華書局，2018年。

于省吾、陳世輝：《釋"庶"》，《考古》，1959年第10期。

俞紹宏：《漢字構字類化現象研究》，寧夏大學碩士學位論文，2003年。

俞紹宏、許光輝、王光海、王海嘯、黃振：《漢字構字類化動因探析》，《巢湖學院學報》，2006年第1期。

曾良、李偉大：《佛經字詞札記六則》，《文史》，2013年第4期。

詹鄞鑫：《俗文字學研究綜述及相關問題》，載《中國文字研究》第10輯，大象出版社，2008年。

張海媚：《類化字產生的理據及其影響》，《安陽師範學院學報》，2006年第3期。

章紅梅：《漢魏六朝石刻典故詞研究》，西南大學碩士學位論文，2006年。

章紅梅：《〈二聖廟碑〉產生時間辨誤》，《江海學刊》，2012年第4期。

章瓊：《談漢字部首的立部與歸部》，《語文建設》，1997年第8期。

章瓊：《漢語異體字論》，載《異體字研究》，商務印書館，2004年。

張瑞鵬：《上下文語境對留學生漢字書寫偏誤的影響因素分析》，《語言教學與研究》，2015年第5期。

張世禄：《字形孳乳說》，《中國文字》，1945年第1卷第5期。

張素鳳：《記錄職能對漢字形體結構的影響》，《河北師範大學學報（哲學社會科學版）》，2009年第2期。

張焉：《字用學視角下漢字專字職用問題新探》，《勵耘語言學刊》，2017年第1輯。

張曉明：《〈說文解字〉部首文字學原則解析》，《漢字漢語研究》，2018年第2期。

張涌泉：《敦煌文書類化字研究》，《敦煌研究》，1995年第4期。

張涌泉：《試論漢語俗字研究的意義》，《中國社會科學》，1996年第2期。

張涌泉：《大型字典編纂中與俗字相關的若干問題》，《中國社會科學》，1997年第4期。

張育州：《從唐代墓誌觀察楷書的類化現象》，載《（台灣）第16屆中區文字學學術研討會集》，2014年。

趙超、趙久湘：《成都新出漢碑兩種釋讀》，《文物》，2012年第9期。

趙誠：《古文字發展過程中的內部調整》，載《古文字研究》第10輯，中華書局，1983年。

趙平安：《漢字聲化論稿》，《河北大學學報（哲學社會科學版）》，1990年第2期。

趙平安：《漢字形體結構圍繞字音字義的表現而進行的改造》，載《中國文字研究》第1輯，廣西教育出版社，1999年。

鄭張尚芳：《合口音辨義分化》，載《胭脂與焉支——鄭張尚芳博客選》，上海教育出版社，2019年。

周薦：《同部首詞的構成和結構分析》，《中國語文》，2006年第2期。

周秀紅：《漢字字形類化的可能性及其動因分析》，《現代語文（語言研究版）》，2007年第10期。

朱慶之：《佛教混合漢語初論》，載《語言學論叢》第24輯，商務印書館，2001年。

鄒虎：《隋代石刻俗字考釋六則》，《中國語文》，2018年第4期。

引書簡稱表

《北大》:《1996—2012北京大學圖書館新藏金石拓本菁華》
《北大續》:《1996—2017北京大學圖書館新藏金石拓本菁華(續編)》
《北圖》:《北京圖書館藏中國歷代石刻拓本彙編》
《北藝》:《北朝藝術研究院藏品圖錄:墓誌》
《大字典》:《漢語大字典》
《佛典》:《漢文佛典疑難俗字彙釋與研究》
《合集》:《甲骨文合集》
《校注》:《漢魏六朝碑刻校注》
《金文集成》:《殷周金文集成》
《龍龕》:《龍龕手鑒(高麗本)》
《墨香閣》:《墨香閣藏北朝墓誌》
《秦蒐》:《秦晉豫新出墓誌蒐佚》
《秦蒐續》:《秦晉豫新出墓誌蒐佚續編》
《秦蒐三》:《秦晉豫新出墓誌蒐佚三編》
《石刻叢考》:《六朝石刻叢考》
《説文》:《説文解字》
《隋彙》:《隋代墓誌銘彙考》
《隋唐》:《隋唐五代墓誌滙編》
《唐附考》:《唐代墓誌銘彙編附考》
《唐彙編》:《唐代墓誌彙編》
《唐彙續》:《唐代墓誌彙編續集》
《小説集成》:《古本小説集成》

後　記

　　這本小書是我的第二部學術著作，也是我在漢字理論方面所作思考的一次粗淺總結。從最初構思到最終出版，不經意間，十餘年的時光竟已匆匆而過。"十年磨一劍"，今日把示諸君，只覺鋒刃尚鈍，不免惴惴。若本書的出版能爲相關領域研究提供些許助益，亦筆者之大幸也。

　　2009年，我考入西南大學漢語言文獻研究所，師從毛遠明教授攻讀博士學位。在毛師的建議和指導下，我選擇了碑刻文獻語言文字研究作爲今後的主要學術方向。讀博期間，曾拜讀毛師發表在《中國語文》上的兩篇文章——《字詞考釋兩篇——從"息""媳"二字看形旁類化對詞義的影響》及《釋"忏怿"》，從而產生了對漢字類化現象的研究興趣，是爲本書的寫作緣起。2012年，我與毛師合作發表了《漢字類化研究與碑刻文獻整理》一文，其後又圍繞該主題陸續在《古漢語研究》《語言研究集刊》《辭書研究》《漢字漢語研究》等刊物上發表了一系列論文。這些論文可以看作本書研究的階段性成果。2014年，我以"歷代碑刻文字類化現象研究"爲題，申報教育部人文社會科學研究項目（14YJC740018）并獲准立項；五年後的結項成果，即本書的初稿，得到了張春泉、鄧章應、譚代龍、葛佳才、劉元春五位鑒定專家的一致好評，同時他們也十分中肯地指出了書稿存在的諸多不足。2022年，本書榮幸入選"漢唐文獻用字研究叢書"，由清華大學出版社負責出版。近年來，我又結合專家意見及新近思考所得，對初稿進行了持續的修訂、增補工作。古人云："當校訂時，有不愜心處，輒數易稿，稿定後，仍多遲疑，以一人而前後意見參差如此，其他謬誤爲己所不及辨，洎挂一漏萬處，固無論矣。"（清鐵珊《增廣字學舉隅》序）修訂是一個充滿"昨是今非"的不斷自我否定的過程，如今書稿之舊貌雖已基本換了新顏，但其中必然還存在不少疏漏之處，懇請讀者朋友、學界同好幫助我繼續打磨。

　　却顧所來徑，無雨亦無晴。這十來年的問學之路，總的來說是平實又寂静的。在山重水複的独行中，不時能體驗到曲徑通幽的妙趣。而把我領進碑刻研究這扇大門的人，就是先師毛遠明教授。錢鍾書先生曾言："大抵學問是荒江野老屋中，二三素心人商量培養之事。"毛師就是這樣一位"素心人"。他治學嚴謹、孜孜不倦，同時又淡薄名利、謙和待人，在我讀博期間和畢業後，對我的生活、學業都

後　記

予以了無微不至的關懷和照顧。雖然毛師已于2017年仙逝，但他的音容笑貌、與他對談時的那種如坐春風之感，至今仍縈繞心頭、難以忘懷。夫子之牆數仞，我雖不敏，亦冀窺其室家之好。未來必定加倍努力，方能不負毛師悉心栽培。

拙作即將付梓，心中充滿感恩之情。感謝汪維輝、真大成、周阿根、蔡夢麒、虞萬里諸位先生的支持提攜，感謝東北老鄉、責編張維嘉女士的高效工作，感謝張顯成先生于百忙中慷慨賜序，感謝科斗詩社老友們帶來的思想碰撞，感謝文學院及文獻所師友的關愛鼓勵。最後還要感謝我的家人，你們是我最堅強的後盾。妻子給予我無盡的愛與包容，岳父岳母待我如己出，女兒寫的錯別字激發了我的創作靈感。科研之暇，家人閒坐，倍覺燈火可親。

落筆百端，思緒萬千，不如適可而止。四十歲生日那天，曾自作一首述志小詩（後經楊懷源先生斧正潤色）。今置文末，權當收尾：

歲曆初開五秩新，舊時花木逐年春。
誰知東北西南客，長作雕蟲自在人。

董憲臣
謹識于西南大學桃花山虛白室
2024年元旦